Gerd Theißen

Urchristliche Wundergeschichten

Ein Beitrag
zur formgeschichtlichen Erforschung
der synoptischen Evangelien

Gütersloher Verlagshaus
Gerd Mohn

Studien zum Neuen Testament

Herausgegeben von Professor Dr. Günter Klein, Münster,
Professor D. Willi Marxsen, Münster,
und Professor Dr. Wolfgang Schrage, Bonn

Band 8

CIP-Kurztitelaufnahme der Deutschen Bibliothek

Theißen, Gerd:
Urchristliche Wundergeschichten : e. Beitr.
zur formgeschichtl. Erforschung d. synopt. Evangelien /
Gerd Theißen. – 5. Aufl. –
Gütersloh : Gütersloher Verlagshaus Mohn, 1987.
(Studien zum Neuen Testament ; Bd. 8)
ISBN 3-579-04478-8
NE: GT

Als Habilitationsschrift auf Empfehlung der Evangelisch-Theologischen
Fakultät der Rheinischen Friedrich-Wilhelms-Universität Bonn
gedruckt mit Unterstützung der Deutschen Forschungsgemeinschaft

ISBN 3-579-04478-8
5. Auflage, 1987

Gesamtherstellung: Hubert & Co., Göttingen
Umschlagentwurf: Dieter Rehder, Aachen
Printed in Germany

Inhalt

Vorwort

Die vorliegende formgeschichtliche Untersuchung urchristlicher Wundergeschichten wurde von der Ev.-Theol. Fakultät Bonn im SS 1972 als Habilitationsschrift angenommen. Sie entstand während meiner Tätigkeit als Studieninspektor des Ev.-Theol. Stiftes an der Universität Bonn. Sie konnte zum Abschluß gebracht werden, weil Herr Prof. Ph. Vielhauer mir als seinem Assistenten sehr viel Zeit zu eigener Arbeit zur Verfügung stellte. Darüber hinaus hat er die Arbeit durch Verständnis und Toleranz hinsichtlich neuer literaturwissenschaftlicher Fragestellungen erheblich gefördert, wofür ihm herzlich gedankt sei. Für den Druck wurden Einleitung, Kapitel IV des ersten Teils, Kapitel II des zweiten Teils sowie der ganze dritte Teil neu geschrieben. Dabei wurden auch Einwände und Anregungen verarbeitet, für die ich den Herren Proff. L. Delekat, W. Schrage und G. Klein danken möchte. Angesichts mancher theologisch motivierten grundsätzlichen Kritik, habe ich mich freilich darauf beschränken müssen, den in der Arbeit verwandten religionsphänomenologischen Begriff des „Heiligen" näher zu entfalten (S. 46–50), wobei mir bewußt ist, daß die hier anstehenden Probleme zu ernst und wichtig sind, als daß man sie in einem Exkurs ausreichend erörtern könnte. Den Herausgebern der Reihe danke ich für die Aufnahme in die „Studien zum Neuen Testament", der Deutschen Forschungsgemeinschaft für einen Druckkostenzuschuß, den Herren Dr. H. Kühne und G. Timmer sowie den mir unbekannten Arbeitern und Angestellten in Verlag und Druckerei für Mühe und Arbeit.
Meiner Frau bin ich zu großem Dank verpflichtet, nicht nur wegen Übernahme der üblichen Rollenverteilung und den damit verbundenen Einschränkungen im eigenen Beruf, sondern auch, weil sie jedes Kapitel mit mir kritisch diskutiert hat und ich von ihren Fachkenntnissen in Psychologie und Soziologie profitiert habe.

Bonn, im Oktober 1973 Gerd Theißen

Technische Hinweise

In den Anmerkungen wird jede Veröffentlichung beim ersten Zitat mit vollem Titel (ohne Untertitel) und Jahreszahl zitiert, danach nur mit Kurztitel. Ein Doppelpunkt vor dem Titel zeigt, daß der volle Titel, ein Komma, daß ein Kurztitel folgt. Seitenangaben unmittelbar nach der Titelangabe werden ohne „S." angeführt.
Das Literaturverzeichnis beansprucht keine Vollständigkeit. Weitere Literatur zu einzelnen Wundergeschichten habe ich zum Teil im Ergänzungsheft zu R. Bultmann: Geschichte der synoptischen Tradition 1971 (4. Aufl.) kurz referiert.
Die Abkürzungen stimmen mit der RGG 3. Aufl. überein. Weiterhin wurden die Abkürzungen des Lexikons der Alten Welt, Zürich–Stuttgart 1965 benutzt, da dieses Lexikon als dtv-Lexikon der Antike leicht zugänglich ist und bei theologischer Literatur der RGG weitgehend folgt. Die Schriften der Rabbinen, Lukian von Samosatas und Philo von Alexandrien wurden so abgekürzt, daß sie nach verschiedenen gebräuchlichen Abkürzungen entzifferbar sind. Darüber hinaus wurden folgende Abkürzungen verwandt:

AH	O. Weinreich: Antike Heilungswunder 1909.
BL	Bibel und Leben.
EHPhR	Études d'histoire et de philosophie religieuses.
Epidauros W	Inschriften von Epidauros nach der Zählung von R. Herzog: Die Wunderheilungen von Epidauros 1931.
Fab	Fabula. Zeitschrift für Erzählforschung.
FE	M. Dibelius: Die Formgeschichte des Evangeliums 1933.
GRM	Germanisch-romanische Monatsschrift.
GST	R. Bultmann: Geschichte der synoptischen Tradition 1921.
IJR	Internationales Jahrbuch für Religionssoziologie.
JAF	Journal of American Folklore.
LB	Linguistica Biblica. Interdisziplinäre Zeitschrift für Theologie und Linguistik.
PGM	K. Preisendanz: Papyri Graecae Magicae 1928/1931.
PSI	Pubblicazioni della Societa Italiana: Papiri Greci et Latini I–IX 1912–1935.
Q	Logienquelle.
rde	Rowohlts deutsche Enzyklopädie.
SBM	Stuttgarter Biblische Monographien.
SBS	Stuttgarter Bibelstudien.
StANT	Studien zum Alten und Neuen Testament.
StNT	Studien zum Neuen Testament.
StudGen	Studium Generale.
StUNT	Studien zur Umwelt des Neuen Testaments
ThomEv	Thomas-Evangelium
VA	Philostratus: vita Apollonii.
WF	Wege der Forschung.

Aufgabe und Methode

Ein halbes Jahrhundert neutestamentlicher Forschung hat gezeigt: Die formgeschichtliche Betrachtungsweise ist zur klassischen Methode der Exegese geworden. Das Prädikat „klassisch" soll dabei nicht nur die Distanz des Vorbildlichen zum Ausdruck bringen, sondern auch eine historische und sachliche Distanz, die zu eigenen Schritten verpflichtet. Die vorliegende Untersuchung hat sich daher die Aufgabe gestellt, Methoden klassischer Formgeschichte [1] durch Analyse einer synoptischen Gattung weiterzuentwickeln. Zu diesem Zweck werden im folgenden drei Aspekte formgeschichtlicher Fragestellung unterschieden: ein synchronischer, diachronischer und funktionaler Aspekt [2]. *Form*geschichte enthält ein synchronisches Moment: Sie analysiert Gattungen, das heißt, sie klassifiziert Ähnlichkeiten und Beziehungen von Texten, deren Gleichzeitigkeit in einem kulturellen Raum ein methodisches (nicht grundsätzliches) Absehen von ihrem historischem Nacheinander erlaubt. Wenn

1. Unter „klassischer Formgeschichte" werden hier vor allem die Arbeiten von *R. Bultmann*: Die Geschichte der synoptischen Tradition, 1921, *M. Dibelius*: Die Formgeschichte des Evangeliums, 2. Aufl., 1933 und die Werke von *H. Gunkel* verstanden. Vgl. zu letzterem die schöne Darstellung von *W. Klatt*: Hermann Gunkel, 1969. Für die Entwicklung der Formgeschichte bis zur Gegenwart sei auf die Forschungsberichte von *G. Iber*, ThR 24 (1956/7) 283–338, und das Ergänzungsheft zu *R. Bultmann*: Geschichte der synoptischen Tradition, 4. Aufl., 1971, hingewiesen.
2. Im folgenden orientieren wir uns am Modell der Sprache, wie es von der strukturalen Sprachwissenschaft entworfen wurde. Wichtig sind hierbei die grundlegenden Unterscheidungen *F. de Saussure's*: Grundfragen der allgemeinen Sprachwissenschaft, 2. Aufl., 1967 (frz. 1916), der
a) die Sprache (langue) als überindividuelles (unbewußtes) System vom individuellen Sprechakt (parole) unterscheidet, sie
b) im Unterschied zur diachronisch verfahrenden historischen Sprachwissenschaft synchronisch als System analysiert, und dies System
c) als ein Gefüge von syntagmatischen Relationen zwischen Elementen in der Abfolge des Satzes und paradigmatischen (oder: assoziativen) Relationen von Ähnlichkeiten und Gegensätzen (Oppositionen) betrachtet.
Die Unterscheidung von langue / parole, Diachronie / Synchronie und Syntagmatik / Paradigmatik begegnet im folgenden wieder – übertragen auf literarische Gegebenheiten und in abgewandelter Terminologie: virtuelle Gattungsstruktur / Realisation, Diachronie / Synchronie, kompositionelle und paradigmatische Beziehungen. – Die Charakterisierung der Frage nach dem ‚Sitz im Leben' als funktional stammt von *H. Bausinger*: Formen der „Volkspoesie", 1968, 62. Sofern das notwendig ist, wird differenziert: „synchron, diachron, strukturell und funktionell" bezeichnet den Sachverhalt, „synchronisch, diachronisch, struktural und funktional" dessen Betrachtungsweise.

zum Beispiel Texte als Gleichnisse eingeordnet werden, geschieht das unabhängig von deren chronologischem und traditionsgeschichtlichem Verhältnis[3].

Form*geschichte* verfährt dagegen diachronisch, oder genauer: Sie erweitert die diachronische Frage nach Herkunft und Veränderung eines Textes um eine neue Dimension. Denn erst der „Sitz im Leben", also eine wiederkehrende soziale Überlieferungssituation wie Gottesdienst, Mission, Unterweisung, bietet über die schriftliche Fixierung hinaus eine Grundlage für kontinuierliche Überlieferung mündlicher Formen. Wenn solch ein „Sitz im Leben" auch nicht die Kontinuität der Schrift garantieren kann, so ist doch a priori nicht ausgeschlossen, daß mit Hilfe typischer Überlieferungstendenzen die mündliche Vorgeschichte eines Textes rekonstruiert werden kann. Formgeschichte wird so zur „Geschichte der synoptischen Tradition" (*R. Bultmann*).

Die Frage nach dem *Sitz im Leben* betrachtet Texte funktional[4], das heißt als Momente eines übergreifenden Zusammenhangs von Bedingungen, Wirkungen und Intentionen des (sozialen) Lebens. Eine funktionale Analyse kann sich dabei nicht auf die Beschreibung typischer Erzählsituationen beschränken. Sie möchte den Stellenwert von Gattungen innerhalb der jeweiligen sozialen Gruppen umfassender bestimmen. Dazu gehört auch eine Analyse geschichtlicher Entwicklungen, sozialer Bedingungen und anthropologischer Voraussetzungen, die verständlich machen, warum Menschen zu einer bestimmten literarischen Form greifen und sie zur Entfaltung bringen. Synchronie (Analyse sozialer Strukturen) und Diachronie (Beschreibung geschichtlicher Entwicklungen) lassen sich hier kaum trennen, wohl aber unterscheiden.

Unsere Aufgabe ist, diese zusammengehörenden Betrachtungsweisen weiterzuführen: Synchronisch betrachten wir Wundergeschichten als strukturierte For-

3. Wenn *R. Bultmann*, GST, 236ff. Parallelen zu den einzelnen Wundermotiven zusammenstellt, ohne ihre Chronologie zu beachten, verfährt er synchronisch. Diese Betrachtungsweise ist nicht unhistorisch, sofern sie nur Parallelen aus einem historisch abgrenzbaren Raum zusammenträgt. Sie wird erst unhistorisch, wenn der antike Raum verlassen und Parallelen aus allen möglichen volkstümlichen Überlieferungen zusammengetragen werden. Darauf wird im folgenden verzichtet. – Etwas anderes ist es, wenn „Strukturalisten" synchronische gegen diachronische Betrachtungsweise ausspielen und für eine ahistorische oder gar antihistorische Betrachtungsweise plädieren. Das ist wohl eher eine Modeerscheinung. Zu den geistesgeschichtlichen Hintergründen dieses antihistorischen Affekts vgl. *G. Schiwy*: Der französische Strukturalismus, 1969, 24ff., 86ff.

4. Der soziologische Begriff „Sitz im Leben" wurde bald ausgeweitet: auch der historische und existenzielle Ort einer Überlieferung wurde mit ihm bezeichnet. Zur Klarheit des Begriffs hat diese Entwicklung gewiß nicht beigetragen (vgl. dazu *E. Güttgemanns*: Offene Fragen zur Formgeschichte des Evangeliums, 1970, 167f.). Sie ist jedoch verständlich.

men, diachronisch als reproduzierte Erzählungen, funktional als symbolische Handlungen.

A. Die synchronische Betrachtungsweise

Die formgeschichtliche Analyse von Gattungen, Kompositionen und Motiven kann durch die Aufnahme strukturalistischer Verfahren vertieft werden. Dazu gehören drei Schritte. Der erste Schritt besteht darin, alle zusammenhängende Texte einer Gattung in kleinere Einheiten aufzulösen und eine möglichst vollständige Zusammenstellung aller Einheiten vorzunehmen, seien es nun Personen, Motive oder Themen. Stünden alle Einheiten in einer Beziehung von gleicher Wahrscheinlichkeit, so hätten die Texte überhaupt keine Struktur. Jedoch merkt auch der flüchtige Leser von Wundergeschichten sehr bald, daß ein bestimmtes Motiv mit sehr viel größerer Wahrscheinlichkeit in der Einleitung einer Erzählung steht als an anderem Ort, daß gewisse Reihenfolgen von Motiven wiederkehren, daß die Beziehungen der Motive und Personen im Nacheinander eines zusammenhängenden Textes nicht beliebig sind. Auf die Inventarisierung aller literarischen Einheiten einer Gattung folgt daher die Untersuchung ihrer kompositionellen Beziehungen. Damit ist die Analyse jedoch noch nicht bis zu Ende geführt. In einem dritten Schritt sind die unabhängig vom kompositionellen Nacheinander existierenden sachlichen Beziehungen zwischen allen gattungsspezifischen Einheiten zu untersuchen. Wo diese drei Schritte vorliegen, kann man von strukturalistischen Verfahren reden: Strukturalistisch sind Methoden, die einen Text als Gefüge von Beziehungen analysieren. Denn nichts anderes bedeutet „Struktur": das Gefüge aller Beziehungen zwischen Elementen zusammenhängender und abgrenzbarer Gebilde.
Jeder der skizzierten drei Schritte wirft besondere Probleme auf. Schon die Abgrenzung erzählerischer Einheiten ist ein Problem. Wir unterscheiden im folgenden drei Einheiten: Personen, Motive und Themen. Bevor diese im einzelnen definiert werden, sei darauf hingewiesen, daß es sich nicht um nebeneinander existierende „Bausteine" des Erzählens handelt. Personen und Themen haben kein Sonderleben neben den Motiven, sondern begegnen nur in ihnen, lassen sich aber ohne Schwierigkeiten von ihnen abheben: Wenn wir alle Motive einer Erzählung in beliebiger Reihenfolge nebeneinander stellen, können wir aus diesen Motiven die Personen der Erzählung abstrahieren; sie kehren in verschiedenen Motiven wieder, sind aber nicht mit den Motiven identisch. Stellen wir weiterhin alle Motive in ihrer erzählerischen Reihenfolge zusammen, so können wir aus dieser Folge das Thema abstrahieren, das einer Folge von Motiven Einheit und Abrundung verleiht. Die unterschiedenen erzählerischen Einheiten liegen also auf verschiedener Abstraktionsebene, verhalten sich aber nicht wie genus und species. Vielmehr handelt es sich um wechsel-

seitig voneinander abhängige Größen: Bestimmte Themen bevorzugen bestimmte Motive und Personen, Personen bestimmte Motive und Themen usw. Die Beziehungen zwischen diesen verschiedenartigen Einheiten ist für die Analyse der gattungsspezifischen Struktur nicht weniger wichtig als die Untersuchung von Beziehungen zwischen Motiven, Personen und Themen auf gleicher Abstraktionsebene.

Ferner ist daran zu erinnern, daß die Abgrenzung von Einheiten auf gleicher Abstraktionsebene immer auch eine Sache des Ermessens ist. Man kann hier verschiedene Abgrenzungen vollziehen. Ob man etwa zwei Motivvarianten desselben Motivs annimmt oder zwei Motive unterscheidet, ist eine Frage der Zweckmäßigkeit. Leitende Frage muß immer sein: Trägt die Differenzierung etwas zur Erhellung der Gattung bei? Das sei im folgenden an den drei Einheiten: Personen, Motiven und Themen verdeutlicht.

Was sind *Personen* – als literarische Einheiten? Die Antwort wäre leicht, könnte man alle in Wundergeschichten auftretende Menschen einfach aufzählen: Jesus, die Jünger, den Hauptmann von Kapernaum. Aber für eine Analyse der Gattung sind nicht die einzelnen Menschen entscheidend, entscheidend ist ihre Rolle in der Erzählung. Aber auch diese ist vielschichtig. So ist zum Beispiel der Hauptmann von Kapernaum zunächst „stellvertretend Bittender", das heißt der Kranke bittet nicht selbst, ein anderer tut es für ihn. Ein Blick auf andere Wundergeschichten zeigt, daß derartige Personen häufig auftreten – mögen es Eltern oder Herren des Kranken sein, Freunde oder Träger. Es läge nahe, aus solchen verschiedenen „Personvarianten" die Person des „stellvertretend Bittenden" zu abstrahieren. Jedoch würde man dann die Träger des Kranken in Mk 2,3 und Mk 7,32 nur deswegen nicht zusammenfassen, weil sie in Mk 2,3ff. nicht für den Kranken bitten. Es ist gewiß zweckmäßiger, auch diese Personvariante mit zu erfassen. Man gelangt dann zu einer Rolle „Begleiter des Kranken" – eine für Wundergeschichten charakteristische Person, die wir von ihren einzelnen Personvarianten unterscheiden[5] können. Ingesamt erhalten wir sieben solcher Personen, Abstraktionen aus konkreten Verhaltensvariationen, wobei

5. Die Unterscheidung konstanter Personen und variabler Individuen geht der Sache nach auf *W. Propp*: Morphologie des Märchens, 1971 (russ. 1928) zurück. Propp spricht schlicht von Personen. An ihn anknüpfend unterscheidet *A. J. Greimas*: Strukturale Semantik, 1971 (frz. 1966) 157–177 zwischen Aktanten und Akteuren, was unserer Unterscheidung von Personen und Personvarianten entspräche: „eine Artikulation von Akteuren konstituiert ein einzelnes Märchen, eine Struktur von Aktanten eine Gattung" (S. 159) Greimas weitet dann diese Begriffe in einer Weise aus, die mit der Analyse von Erzählgut nur noch sehr wenig zu tun hat. An ihn knüpft *E. Güttgemanns*: Strukturalgenerative Analyse des Bildwortes ‚Die verlorene Drachme' (Lk 15,8–10), LB 6 (1971) 2–17, bes. 12–16 an.

die Höhe des gewählten Abstraktionsgrades ein Moment des Ermessens enthält.

Wir müssen jedoch noch weiter fragen: Gewöhnlich tritt der stellvertretend Bittende hinter den Kranken zurück. Ist der Kranke jedoch gar nicht anwesend (so bei Fernheilungen), so wird der „Begleiter des Kranken" zum „Gegenspieler" des Wundertäters. Er war bisher ein „Zwischenspieler", jetzt tritt er aus dem Feld des Zwischenspielers in das des Gegenspielers. Diese beiden Felder aber gehören zu jeder Wundergeschichte: Immer gibt es einen Gegenspieler sowie Personen, die zwischen Haupt- und Gegenspieler stehen. Wir erhalten hier nicht irgendeine beliebige Abstraktion, sondern eine für die Gattung „Wundergeschichte" spezifische Struktur. Gehen wir nun alle Wundergeschichten durch, so werden wir feststellen, daß die sieben aus Personvarianten abstrahierten Personen mit sieben Möglichkeiten, das Feld des Gegenspielers zu füllen, identisch sind, das heißt auch diese sieben Personen gehören zur gattungsspezifischen Struktur, die sich in den Personvarianten konkreter Texte realisiert. Damit wird die wichtige Unterscheidung zwischen gattungsspezifischer Struktur und deren Realisierung eingeführt. Strukturen dieser Art existieren virtuell[6]. Sie normieren die konkrete Erzählung. Gattungsspezifisch sind sieben Personen und ihre Konstellationsmöglichkeiten in den drei Feldern des Haupt-, Gegen- und Zwischenspielers. In den einzelnen Gattungsexemplaren wird diese Struktur durch verschiedene Personvarianten gefüllt. Dabei ist zu beachten: Wir gehen bei der Analyse gattungsspezifischer Einheiten und Strukturen (hier: von Personen und Personfeldern) zwar von allen Exemplaren synoptischer Wundergeschichten aus, aber deswegen sind nicht alle Elemente dieser Struktur in jedem Exemplar realisiert[7]. Wenn sie realisiert sind, sind sie jedoch meist in einer bestimmten Ordnung realisiert (die nur ein Ausschnitt aus einer stillschweigend vorausgesetzten Ordnung ist). Aber auch so haben sie nur den Status einer Norm, die sich keineswegs automatisch in jeder Erzählung durchsetzt, deren Durchbrechung, Abwandlung und Weiterentwicklung zu den positiven Möglichkeiten des Erzählers gehört: Das Spiel mit der Regel zeigt die Kunst.

6. Über den „ontologischen" Status von Gattungsstrukturen kann man lange philosophieren. Realisten und Nominalisten werden sich hier nie einigen können. Bedenkenswert scheint mir die vermittelnde Interpretation der Gattungen als „Idealtypen" im Sinne Max Webers bei *L. Honko*: Genre Analysis in Folkloristics and Comparative Religion, Temenos 3 (1968) 48–66, S. 61. Am zutreffendsten ist m. E. die Meinung *R. Welleks/A. Warrens* in: Theorie der Literatur, 1963 (engl. 1942), 203: Gattungen sind soziale Institutionen, d. h. sozial fundierte Gefüge von Normen.

7. Vgl. ein ähnliches Problem bei W. Propp, Morphologie, 28: Nicht jedes Märchen muß alle als gattungsspezifisch erkannten Funktionen enthalten.

Die für eine Analyse der Personen aufgezeigten Probleme wiederholen sich bei den *Motiven:* Unter Motiven sollen kleinste unselbständige Erzähleinheiten verstanden werden, die oft als einfache Sätze begegnen oder sich als solche wiedergeben lassen, auch wenn sie an anderer Stelle mehrere Sätze oder nur ein Satzglied umfassen. Daß auch hier Entscheidungen mit Ermessensspielraum unvermeidbar sind, braucht nicht eigens betont zu werden; jedoch bieten gerade Wundergeschichten eine günstige Ausgangsbasis für praktikable Abgrenzungen. Denn sie bestehen in ungleich größerem Maße als andere neutestamentliche Gattungen aus wiederkehrenden, stereotypen Erzählmomenten. Wollen wir hier Motive voneinander abgrenzen, so müssen wir nur alle Wundergeschichten nebeneinander legen: Eine Zusammenfassung der Erzählmomente x, y, z zum Motiv A ist dann möglich, wenn eben diese Erzählmomente auch in anderen parallelen Wundergeschichten verbunden auftreten, vorher und nachher aber variierende Erzählmomente vorangehen bzw. folgen[8].

Ein anderer Weg läge darin, grammatische Merkmale zu finden, die eine Unterteilung des Erzählverlaufs in Motive ermöglichten (wenn wir uns oben auf den einfachen Satz bezogen, so war das ja nur ein Notbehelf, um den Umfang eines Motivs anzudeuten). Dieser linguistische Weg verspricht zweifellos mehr Exaktheit. Er ist vielleicht einmal möglich. Hier

8. *St. Thompson* definiert: „A motiv is the smallest element in a tale having a power to persist in tradition" (Zit. n. *I. M. Greverus*: Thema, Typus und Motiv, in: Vergleichende Sagenforschung, 1969, 392). In dreifacher Weise weicht unser Begriff davon ab:
a) Das Motiv wird nicht aus seiner Beharrungskraft innerhalb der (diachronen) Tradierung erkannt, sondern aus seiner Konstanz in mehreren Gattungsexemplaren, die in synchronem Verhältnis stehen.
b) Thompson versteht unter Motiven auch Personen und Gegenstände. Unser Begriff ist enger: „Erzähleinheit" meint Abschnitte im Erzählverlauf. Der Begriff ist andererseits weiter, wenn man die Definition des Motivs als Handlungseinheit (*R. Wellek* und *A. Warren,* Theorie, 194) zum Vergleich heranzieht: Schilderungen eines Zustands sind auch Erzähleinheiten, obwohl hier keine Handlung vorliegt.
c) Motive sind nicht „kleinste Einheiten" überhaupt, sondern die erzählerisch relevanten kleinsten Einheiten, bei deren Bestimmung ein Moment des Ermessens unvermeidbar ist. Vgl. die Auseinandersetzung mit Thompson's Motivbegriff in *A. Dundes*: From etic to emic Units in the structural Study of Folktales, JAF 75 (1962) 95–105, S. 96: „A minimal unit may thus be defined as the smallest unit useful for a given analysis with the implicit understanding that although a minimal unit could be subdivided, it would serve no useful purpose to do so."
Der oben verwendete Motivbegriff steht dagegen dem Funktionsbegriff *W. Propps,* Morphologie, 25ff. nahe, besonders hinsichtlich der Forderung, daß Motive zunächst unabhängig von den handelnden Personen zu bestimmen sind. Erst in einem zweiten Schritt ist ihre Persongebundenheit zu untersuchen. Ferner werden hier wie dort Motive (bzw. Funktionen) als Strukturmomente untersucht z. B. hinsichtlich ihres kompositionellen Ortes.

wurde er nicht beschritten, weil die in mehreren Wundergeschichten wiederkehrenden Erzählmomente, die typischen Motive, grammatisch sehr verschieden formuliert sind. Wollte man sie linguistisch abgrenzen, müßte man Transformationsregeln u. ä. angeben. Es könnte aber sein, daß grammatische und erzählerische Struktur eines Textes zwar eng zusammenhängen, aber nicht identisch sind. Der hier eingeschlagene Weg: Vergleich aller Texte einer Gattung und Abstraktion derjenigen wiederkehrenden Momente, die erzählerisch relevant sind, ist auf jeden Fall praktikabel; es ist zudem der Weg der klassischen Formgeschichte.

Motive sind durch Vergleich und Abstraktion gebildete Einheiten, die in den konkreten Texten nur in einer Reihe von Varianten auftreten. Daher unterscheiden wir Motive und Motivvariante[9] und betonen noch einmal, daß die Zusammenfassung von Motivvarianten zu Motiven ein Moment des Ermessens enthält. So läßt sich die Annäherung des Hilfesuchenden als ein Motiv auffassen, das die Motivvarianten Hilferufe, Niederknien, Bitten und Vertrauensäußerung umfaßt. Ebensogut kann man „Bitten und Vertrauensäußerungen" als Motiv bestimmen, das in verschiedenen Varianten existiert: von der vorwurfsvollen Aufforderung zur Hilfe über die skeptische Frage bis zur blinden Vertrauenserklärung. Bei verschiedenen Möglichkeiten der Abgrenzung wird im folgenden meist diejenige gewählt, die näher am Text bleibt. Die so gewonnenen Motive werden dann gegebenenfalls in weiteren Motivgruppen zusammengefaßt. Auch hier ist alles unter dem Gesichtspunkt der Zweckmäßigkeit von Einteilungen und Unterscheidungen für die Analyse der Gattungsstruktur zu sehen; denn wie Personen und Personenfelder zur virtuellen Gattungsstruktur gehören, so auch Motive und Motivgruppen. Der konkrete Text enthält nur Person- und Motivvarianten.

Eine bloße Folge von Motiven ergibt noch keine Erzählung. *Themen* nennen wir jene Grundgedanken von Erzählungen, die einer Folge von Personen und Motiven innere Abrundung und Geschlossenheit verleihen. Die Heilung eines Kranken ist ein anderes Thema als die Rettung aus gefährlicher Situation oder die Gewährung lebenswichtiger Güter. Solche Themen werden zwar häufig Motive genannt. Aber das ist in unserem Zusammenhang ein unzweckmäßiger Sprachgebrauch. Wohl gibt es spezifische Motive eines Themas, aber jedes Thema umfaßt mehrere Motive, auch solche, die in anderen Themen wiederkehren. Themen sind also umfassendere Einheiten: Sie organisieren die einzelnen Mo-

9. *A. Dundes*, From etic to emic Units, 101ff., unterscheidet zwischen Motifemen und Allomotiven. Motifem ist eine Analogiebildung zu Phonem, Lexem usw.: Wie das Phonem sich durch seine Stellung im phonologischen System vom physischen Laut unterscheidet, so das Motifem durch seine strukturelle Bedeutung für die Gattung vom Allomotiv. Daß diese Unterscheidung auch unabhängig von strukturalistischer Esoterik sinnvoll ist, zeigt *A. Laubscher*: Betrachtungen zur Inhaltsanalyse von Erzählgut, Paideuma 14 (1968) 170–194.

tive zu einem kompositionellen Ganzen[10] und gliedern die so abgerundeten Wundergeschichten in Untergattungen. Die Unterscheidung von gattungsspezifischer Struktur und konkreter Realisierung kehrt auch hier wieder: Die von uns aus einer Reihe von Wundergeschichten abstrahierten Themen existieren konkret nur in Themenvarianten.

Nach diesen Abgrenzungen können wir eine erste, noch unzureichende Definition der Gattung versuchen, sofern man diese unter Außerachtlassung diachronischer und funktionaler Aspekte überhaupt definieren kann: Gattungen sind Repertoires von Personen, Motiven und Themen, die wir aus Person-, Motiv- und Themenvarianten der Gattungsexemplare abstrahieren. Unsere erste Aufgabe besteht darin, Personen, Motive und Themen möglichst vollständig zu inventarisieren. Unerreichbares regulatives Erkenntnisziel ist dabei, ihr Repertoire so vollständig zu erfassen, daß jedes Exemplar der Gattung als Kombination von Personen und Motiven innerhalb eines bestimmten Themas beschreibbar wird. Die klassische Formgeschichte hat diese Inventarisierung, besonders bei den Motiven, schon weit vorangetrieben. Sie interessierte sich jedoch fast ausschließlich für Motive, denen auffällige religionsgeschichtliche Parallelen entsprechen; Vollständigkeit wurde nicht intendiert[11].

Die Inventarisierung der verschiedenen literarischen Einheiten ist nur eine Vorarbeit. Entscheidend ist die Analyse ihrer gegenseitigen Beziehungen. Diese Analyse vollzieht sich in zwei Dimensionen: Jeder Text wird erstens durch ein Nacheinander von Personen und Motiven konstituiert, zweitens durch ein Nebeneinander von Texten, insbesondere von Texten dergleichen Gattung. Diese sind immer stillschweigend präsent, auch wenn wir meinen, nur einen bestimmten Text vor uns liegen zu haben. Sprechen wir zum Beispiel von „typischen Motiven" in diesem Text, so haben wir ein solches Nebeneinander schon vorausgesetzt: Typisches läßt sich nur aus parallelen Texten herausarbeiten. Die erste Art von Beziehungen nennen wir kompositionell, die zweite paradigmatisch. Da Gefüge von Beziehungen Strukturen sind, sprechen wir ferner von kompositionellen und paradigmatischen Strukturen: von Folgen und Feldern.

Die Analyse kompositioneller Strukturen bietet keine besonderen Probleme. Von wiederkehrenden Motivfolgen ausgehend versuchen wir, bestimmte Kom-

10. Vgl. *I. M. Greverus*: Thema, Typus und Motiv. Zur Determination in der Erzählforschung, in: Vergleichende Sagenforschung, 390–401: „Unter Thema verstehe ich den Grundgedanken, aus dem eine Erzählung erwächst und der die Erzählung umklammert. Dieser Grundgedanke wird im Stoff realisiert. Der Stoff setzt sich aus den kleinsten stofflichen Einheiten, den Motiven, und den sogenannten ‚epischen Zutaten' zusammen" (S. 397).

11. Wir werden 33 Motive unterscheiden. *R. Bultmann*, GST, 236–241, führt zwar 22 Motive auf; diese werden jedoch im folgenden als Varianten von 7 Motiven zusammengefaßt.

positionsformen zu erkennen. Ziel der Analyse ist, eine allen Wundergeschichten zugrunde liegende kompositionelle Gattungsstruktur zu finden. Diese Gattungsstruktur muß nicht in jeder Wundergeschichte voll realisiert sein: Hin und wieder werden nur Ausschnitte aktualisiert.
Bei der Analyse kompositioneller Strukturen können wir an die Analysen klassischer Formgeschichte anknüpfen. Die Analyse paradigmatischer Beziehungen hat hier jedoch kein Vorbild. Zwar darf man annehmen, daß sich jeder Exeget an solchen Beziehungen orientiert, wenn er bestimmte Einheiten untersucht und interpretiert. Aber das geschieht weitgehend unbewußt – nicht deswegen, weil diese Beziehungen so schwer zu erheben sind, eher weil sie allzu selbstverständlich erscheinen. Die Analyse beruht auf dem nahe liegenden Gedanken, daß ein Repertoire literarischer Einheiten unabhängig von seiner Realisierung in kompositionellen Folgen sachliche Beziehungen aufweist. *H. Bausinger* spricht bei der Analyse von Märchenpersonen und Märchenmotiven von „Verwandtschaftsbeziehungen“: „Wenn wir ‚böse Stiefmutter‘ sagen, so ist damit nicht nur eine Person bezeichnet, sondern es ist mindestens eine weitere Person mit im Spiel – und zwar ist es im allgemeinen die arme und geplagte Stieftochter. Was aber hier reales Verwandtschaftsverhältnis ist, gilt im übertragenen Sinne für alle Motive: sie stehen in ganz bestimmten Verwandtschaftsbeziehungen, und es gibt solche Motive, die fast nach allen Seiten ihre Verbindungen haben, während andere kontaktärmer, im immer gleichen Zusammenhang auftauchen“[12]. Solche Verwandtschaftsbeziehungen gibt es auch in Wundergeschichten, zum Beispiel sachlich entgegengesetzte Motive wie „Glauben“ und „Zweifel“ (entgegengesetzte Motive analog den Oppositionen von Phonemen und Lexemen auf sprachlicher Ebene). Diese entgegengesetzten Motive sind untrennbar, auch dann, wenn sie nicht in ein und derselben Geschichte realisiert sind. Wo immer vom Glauben die Rede ist, steht im Hintergrund Skepsis und Spott als Gegenmöglichkeit, ja man darf sagen: In jeder Wundergeschichte sind alle gattungsspezifischen Motive als ausgeschlossene oder realisierte Möglichkeiten präsent, so wie die Paradigmen einer Sprache (als langue) in jedem Satz mitgegeben sind, obwohl nur eine Form des Paradigmas verwirklicht wird. Zur Unterscheidung von kompositionellen Beziehungen innerhalb ein und desselben Textes nennen wir diese systematisch-sachlichen Beziehungen, die wir auf Grund eines Nebeneinanders von Texten dergleichen Gattung erschließen, „paradigmatisch“ und definieren das „formgeschichtliche Feld“ als Gefüge aller paradigmatischen Beziehungen literarischer Einheiten. Hat man einmal erkannt, daß alle literarischen Einheiten in solche formgeschichtliche Felder eingebettet sind, kann man kein Glied mehr adäquat beschreiben, ohne seine mannigfaltigen Relationen innerhalb des Feldes zu umreißen.

12. Formen der ‚Volkspoesie‘, 155.

Damit wird ein Begriff *A. Jolles'* aufgegriffen, der Gattungen als Felder von Sprachgebärden (Motiven) bestimmte: „Was wir Legende genannt haben, ist zunächst nichts anderes als die bestimmte Lagerung der Gebärden in einem Feld"[13]. Der energetische Feldbegriff *A. Jolles'* wird dabei freilich weitgehend modifiziert. Auch der Begriff des Motivs bei Jolles entspricht eher unserem „Thema". Ferner übertragen wir den Feldbegriff auch auf größere Einheiten wie Gattungen und Untergattungen, wobei wir der Frage Jolles' folgen, „inwieweit die Summe aller erkannten und unterschiedenen Gestalten ein einheitliches, grundsätzlich angeordnetes, innerlich zusammenhängendes und gegliedertes Ganzes – ein System – bildet"[14]. Dabei soll jedoch nicht mit einem zeitlosen System gerechnet werden, sondern mit historischen Strukturen, mit „systemoiden" Zusammenhängen, die sich nicht zu einem geschlossenen System fügen. Der sprachwissenschaftliche Strukturalismus hat für solche Zusammenhänge auch in anderen Wissenschaften die Augen geöffnet. Die hier durchgeführte formgeschichtliche Feldanalyse ist insbesondere durch die im deutschen Raum verbreitete Wortfeldforschung angeregt[15].

Strukturale synchronische Betrachtung untersucht also literarische Beziehungen auf kompositioneller und paradigmatischer Ebene, analysiert kompositionelle Folgen und Felder literarischer Einheiten[16]. Da wir drei gattungskonstituierende

13. *A. Jolles*; Einfache Formen, 1. Aufl., 1930, 46.
14. Einfache Formen, 7.
15. Anregungen verdanke ich vor allem Vorlesungen *L. Weisgerbers* über die „vier Grundformen der Sprachbetrachtung" (1962/3). Vgl. sein in vieler Hinsicht zusammenfassendes Buch: Die vier Stufen in der Erforschung der Sprachen 1963. Einen kurzen Überblick über die Wortfeldforschung findet sich bei *S. Ullmann*: Grundzüge der Semantik, 1967, 141–158.186–289. Einen ausführlichen Forschungsbericht, der vor allem die Weiterentwicklung der Wortfeldforschung durch *E. Coseriu* berücksichtigt, bietet *H. Geckeler*: Strukturelle Semantik und Wortfeldtheorie, 1971.
16. Die strukturale Erzählforschung hat zwei Wurzeln. Die erste liegt in den Forschungen *W. Propps* zur „Morphologie des Märchens" 1928. Hier wird vor allem die kompositionelle Struktur von Erzählungen analysiert. Davon unabhängig ist der Ansatz *S. Lévy-Strauss*, der die paradigmatischen Beziehungen von Erzählmomenten untersuchte: die verborgene Logik von Mythen und Sagen. Vgl. etwa seine klassische Analyse „La geste d'Asdival" 1958, deutsch in: Religionsethnologie, hg. von *C. A. Schmitz*, 1964, 154–195. Während Propp eine ganze Gattung analysierte, analysiert Lévy-Strauss nur verschiedene Einzelerzählungen; er sucht also nicht nach paradigmatischen Beziehungen innerhalb der ganzen Gattung, quer durch alle Gattungsexemplare hindurch. Eine brauchbare Definition der durch diese beiden Anstöße inaugurierten strukturalen Erzählforschung findet sich bei *M. Pop*: Aspects actuels des recherches sur la structure des contes, Fab 9 (1967) 70–77: „Comme dans tout système structural, dans les narrations populaires les motiphèmes, éléments significatifs à fonctions propre, constituent par leurs relations réciproques, des patrons, des modèles, avec lesquels le genre opère. Le déchiffrement des motiphèmes, l'étude de leurs corrélations sur le plan paradigmatique et syntagmatique, le détachement du modèle structuré, constitutent donc l'objet de la recherche structuraliste" (71). Einen Forschungsbericht bietet *E. Meletinskij*: Zur strukturell-typologischen Erforschung des Volksmärchens, in W. Propp,

Einheiten unterscheiden können (Personen, Motive und Themen), da alle Einheiten hinsichtlich kompositioneller wie paradigmatischer Bezüge zu untersuchen sind, Motive außerdem in Beziehungen zu Personen und Themen stehen (et vice versa), erhalten wir eine Fülle von Fragestellungen, die in folgender Tabelle veranschaulicht sind:

Inventar literarischer Einheiten	Strukturen: kompositionelle Folgen	Strukturen: paradigmatische Felder
1. Personen	Personenfolge	Personenfeld
2. Motive	Motivfolge	Motivfeld
a) Bezug zur Person	–	persongebundene Motive
b) Bezug untereinander	verbundene Motive	entgegengesetzte Motive
c) Bezug zu Themen	kompositioneller Ort	thematischer Haftpunkt
3. Themen	Kompositionsformen	Themenfeld

Die Gattung „Wundergeschichte" ist uns jedoch nicht isoliert überliefert, ihre einzelnen Exemplare stehen immer in übergreifenden Zusammenhängen einer Rahmengattung. Zu den in ihr überlieferten Gattungen wiederum steht die Gattung „Wundergeschichte" in bestimmten paradigmatischen Beziehungen, wie auch die verschiedenen Exemplare der Rahmengattung „Evangelium" neben historischen sachliche Beziehungen aufweisen könnten. Wir erhalten danach drei weitere Fragestellungen:

4. Gattungen:	Komposition innerhalb der Rahmengattung	Feld aller synoptischen Gattungen
	=	
5. Rahmenerzählung:	Komposition des Rahmens	Feld der synoptischen Evangelien?

Morphologie, 181–214. Eine ausführliche Bibliographie hat *R. Breymayer*: Bibliographie zum Werk Vladimir Jakovlevič Propps und zur strukturalen Erzählforschung, LB 15/16 (1972) 67–77. Auf dessen Aufsatz über V. Propp, ebd. 36–66 sei ausdrücklich hingewiesen.

Diese verschiedenen Fragestellungen seien jeweils an einem Beispiel erläutert und illustriert:

1. Personen:

a) Personenfolgen: Wundergeschichten weisen zum Beispiel am Anfang eine typische Personenfolge auf. Der Wundertäter tritt zuerst auf, dann die hilfesuchende Person. Die häufig abweichende Personenfolge in der Einleitung von Streitgesprächen läßt diese Beobachtung weniger banal erscheinen als sie für sich betrachtet ist.
b) Personenfeld: Das Feld der Personen ergibt sich aus den typischen Beziehungen aller in Wundergeschichten auftretenden Personen. In den johanneischen Wundergeschichten fehlen zum Beispiel die Dämonen. Durch diese Änderung des Inventars von Personen wird auch das ganze Feld umstrukturiert.

2. Motive:

a) Motivfolgen: Wenn ein Motiv a in zusammenhängenden Texten immer wieder mit Motiv b zusammen begegnet, hätten wir einen Idealfall „verbundener" Motive. Dieser Idealfall ist meines Wissens nirgendwo gegeben. Häufig verbunden sind aber zum Beispiel heilende Berührung und Demonstration durch Kraftbeweis (vgl. Mk 1,31). Wir werden dabei oft feststellen, daß nicht die Motive als solche verbunden sind, sondern spezifische Motivvarianten. – Zur kompositionellen Ordnung der Motive gehört ihr kompositioneller Ort: Die Akklamation steht immer am Schluß, andere finden sich in Exposition und Schluß, zum Beispiel das Glaubensmotiv (Mk 2,5 und 5,34). Faßt man alle Einzelbeobachtungen über den kompositionellen Ort von Motiven zusammen, so erhält man die kompositionelle Struktur der Wundergeschichten überhaupt.
b) Motivfelder: Paradigmatisch entgegengesetzte Motive sind neben Glauben und Zweifel zum Beispiel Ablehnung und Akklamation, Zuspruch und Zurückweisung. Die wichtigsten Motive der Wundergeschichten (bzw. ihre Motivvarianten) lassen sich als Gegensatzpaare anordnen. Jedes Motiv ist aber (unter anderem Gesichtspunkt) auch noch weiteren Motiven entgegengesetzt: Der Schwierigkeiten überwindende Glaube ist nicht nur dem menschlichen Mißtrauen entgegengesetzt, sondern auch den Widerständen, die der Wundertäter selbst dem Hilfesuchenden setzt. Wir erhalten demnach ein mehrdimensionales Gefüge entgegengesetzter Beziehungen. Diese Mehrdimensionalität ergibt sich u. a. daraus, daß Motive mit verschiedenen Personen verbunden sind: mit Dämonen, Menschen und göttlichen Wesen. Es gibt Motive, die grundsätzlich an dieselbe Person gebunden sind, zum Beispiel das heilende Wort, das immer im Munde des Wundertäters erscheint, und andere wie zum Beispiel das Schweigegebot, das nicht nur im Munde des Wundertäters, sondern auch seiner Begleiter (Mk 10,48) begegnet. Aufschlußreich ist neben der Verbindung der Motive mit Personen auch ihre Bindung an bestimmte Themen: So begegnet die heilende Berührung nur in Therapien, nie in Exorzismen. Dies Motiv hat einen relativ festen thematischen Haftpunkt[17], andere Motive sind viel offener.

17. Der Begriff des „Haftpunktes" stammt von *W. Kramer*: Christos Kyrios Gottessohn, 1963, 34 u. ö. „Haftpunkt" bezieht sich dabei auf das Vorkommen eines christologischen Titels in einer Formel. Der Begriff wird hier auf die spezifischen Gegeben-

3. Themen:

a) Kompositionsformen: Neben der allgemeinen kompositionellen Struktur der Wundergeschichten gibt es spezifische Kompositionsformen, ausschnitthafte Realisierungen der Gattungsstruktur, die für bestimmte Themen charakteristisch sind, auch wenn sie nicht ausschließlich an bestimmte Themen gebunden erscheinen. So haben alle Geschenkwunder finalbetonte Kompositionen: Schlußmotive, insbesondere die Demonstration und ihre Varianten, nehmen einen viel größeren Raum ein als der wunderhafte Vorgang selbst (die Vermehrung, Verwandlung oder Sammlung von Gütern).

b) Themenfeld: Verschiedene Themen lassen sich auch als Untergattungen auffassen. Daß diese einen „systematischen" Zusammenhang bilden, sei an einem alttestamentlichen Beispiel gezeigt: Nach *C. Westermann:* Das Loben Gottes in den Psalmen 1954, bilden Bericht der Notlage, berichtendes Lob der Rettung und verallgemeinerndes beschreibendes Lob einen systematischen Zusammenhang, der in den einzelnen Untergattungen ausschnittweise realisiert wird. Im Klagepsalm wird das berichtende Lob antizipiert, im Dankpsalm vollzogen, im Hymnus vorausgesetzt. Themen und Untergattungen des „Psalms" bilden so ein formgeschichtliches Feld.

4. Gattungen:

a) Komposition der synoptischen Gattungen innerhalb der Evangelien: Die Analysen der klassischen Formgeschichte weiterführend unterscheiden wir vier Kompositionsformen: verbindende, gliedernde, typisierende und übergreifende Komposition. Verbindende Komposition liegt zum Beispiel überall da vor, wo durch spezielle erzählerische Mittel der Übergang von einer Perikope zur anderen geschaffen wird; übergreifende dagegen, wo über die unmittelbar folgende bzw. vorhergehende Perikope hinaus an Vergangenes erinnert oder Zukünftiges angekündigt wird.

b) Gattungsfeld: Es gibt hier keine zeitlose Systematik aller volkstümlichen Erzählgattungen[18], aber die Möglichkeit historisch begrenzter formgeschichtlicher Felder läßt sich von vornherein kaum leugnen: Auch die synoptischen Gattungen könnten ein formgeschichtliches Feld bilden. So stehen etwa innerhalb der Wortüberlieferung „Gleichnisse" näher bei den Erzählungen als Weisheitslogien. Indem man solche Beziehungen

heiten der Wundergeschichten übertragen: Er meint das Vorkommen von Motiven in bestimmten Themen, soll aber außerdem auch die Verankerung von Motiven in bestimmten Gattungen beschreiben können: So hat das Admirationsmotiv seinen Haftpunkt sowohl in Wundergeschichten als auch in Streitgesprächen (vgl. Mk 12,17).

18. *W. Kosack*: Der Gattungsbegriff ‚Volkserzählung', Fab 12 (1971) 18–47. hat den interessanten Versuch gemacht, eine Systematik aller volkstümlichen Gattungen allein dadurch festzustellen, daß er die gegenseitigen Beziehungen zwischen den einzelnen Gattungen, ihre Nähe und Ferne voneinander, beschrieb. Man darf gegenüber solchen universalen Entwürfen freilich skeptisch sein. Ein einfacheres zweidimensionales „Feld" entwirft *G. Scott Littleton*: A Two-Dimensional Scheme for the Classification of Narratives, JAF 78 (1965) 21–27. Interessant ist an diesen Entwürfen das einer Feldanalyse nahe kommende Vorgehen. Es scheint mir jedoch vor allem in einem historisch begrenzten Raum sinnvoll zu sein.

von Nähe und Ferne untersucht, kann man möglicherweise ein Beziehungsgeflecht aufdecken.

5. Rahmengattung:

Von einem Feld der verschiedenen Exemplare der Rahmengattung „Evangelium" dürfen wir dann sprechen, wenn in den vier Evangelien die Möglichkeiten der Evangelienform in einer gewissen „Systematik" realisiert sind. In unserem Zusammenhang ist dies jedoch ein Randproblem.

Wir können nun unsere oben gegebene Definition der Gattung verbessern: Gattungen sind Repertoires von Personen, Motiven und Themen, die kompositionell in Folgen und paradigmatisch in Feldern strukturiert sind. Die gattungsspezifischen Einheiten und Strukturen erhalten wir durch Abstraktionen aus konkreten Person-, Motiv- und Themenvarianten. Wir dürfen jedoch annehmen, daß es sich nicht nur um Abstraktionen handelt. Bei menschlichen Schöpfungen gilt das „universalia ante rem"; die Strukturen der Wundergeschichten sind einmal (meist unbewußte) Normen des Erzählens gewesen, nach denen der Erzähler seine Geschichten entwarf, abwandelte und reproduzierte. Es handelt sich um Möglichkeiten des Erzählens, die jeweils verschieden realisiert wurden. Diese Unterscheidung zwischen virtuellen literarischen Strukturen und ihrer Realisation kann an *A. Jolles* anknüpfen, der den „Einfachen Formen" virtuellen Charakter zuschrieb, deren Verwirklichung aber als „Aktuelle und Gegenwärtige Einfache Form" von ihnen abhob[19]. *H. Bausinger* hat dies Verhältnis treffend beschrieben: Das „Feld ist dauernd vorhanden; aber es realisiert sich erst in der sprachlichen Vergegenwärtigung – genau wie ein elektrisches Feld immer vorhanden ist, aber durch eine Probeladung nachgewiesen werden kann"[20]. Um dies Verhältnis von virtuellem Feld und seinen Realisationen analytisch zu erfassen, empfiehlt sich eine Orientierung an jenen strukturalistischen Modellen, die in ihren verschiedenen Varianten auf *F. de Saussure* zurückgehen: Auch in der neutestamentlichen Literatur gibt es eine Art „langue" von Personen, Motiven und Themen, die im konkreten Text realisiert wird[21]; auch hier erfaßt man die Struk-

19. Einfache Formen, 46f., Zitat: 47.
20. Formen der ‚Volkspoesie', 57.
21. Das Modell „langue – parole" wurde zum ersten Mal von *P. Bogatyrev* und *R. Jakobson*: Die Folklore als eine besondere Form des Schaffens, in: Donum Natalicium Schrijnen, 1929, 900–913, für die Analyse mündlichen Erzählguts fruchtbar gemacht: Das Verhältnis eines mündlich tradierten Werks zu seinen verschiedenen Reproduktionen sei analog dem Verhältnis von langue und parole. Das Werk selbst sei der Präventivzensur der Gemeinschaft unterworfen, sei also wie die Sprache ein sozial fundiertes Normengefüge, das individuell variiert werde. – Es wäre besser, nicht das einzelne Werk, sondern seine Gattung als „langue" aufzufassen. Sozialer Kontrolle unterliegen ja insbesondere die gattungsspezifischen Motive, Themen, Stilmomente und Kompositionsformen. Dann wäre es auch nicht möglich, ein dem Verhältnis von langue – parole

turen dieser „langue“ erst, wenn man Synchronie und Diachronie unterscheidet und syntagmatische (wir sagen: kompositionelle) und paradigmatische Relationen voneinander abhebt. Die Formensprache neutestamentlicher Literatur ist dabei analog sprachlichen Normen aufzufassen: als sozial vermittelte Normen, die ein Erzähler gelernt und internalisiert hat und an denen er sich unbewußt ebenso orientiert wie seine Zuhörer. Die strukturale Analyse der Gattung führt daher – wie in der klassischen Formgeschichte – mit innerer Notwendigkeit zu funktionalen Analysen und literatursoziologischen Fragestellungen.

Sprachwissenschaftliche Modelle wie die Differenzierung von Struktur und Realisation, von Synchronie und Diachronie usw. werden für die Literaturwissenschaft immer erhellend sein. Bei der Übertragung sprachwissenschaftlicher Terminologie auf literarische Phänomene ist dennoch Vorsicht geboten: Literarische Formen existieren nur in der Sprache, bilden in ihr jedoch eine besondere Schicht, eine Überformung sprachlicher Schichten. Einige Argumente sprechen dafür, literarischen Formen gegenüber fundierenden sprachlichen Schichten eine relative Selbständigkeit zuzugestehen:

analoges Verhältnis von Werk und seiner Reproduktion als Charakteristikum mündlicher Literatur auszugeben: Denn auch dem schreibenden Dichter sind die Normen der Gattung vorgegeben. In dieser Hinsicht herrscht eine Vergleichbarkeit von mündlicher und schriftlicher Literatur. *R. Jakobson* hat mit Recht (zusammen mit *J. Tynjanow*) kurze Zeit später das Modell „langue-parole“ auch auf die schriftliche Literatur ausgedehnt (vgl. Probleme der Literatur- und Sprachforschung, in: Kursbuch 5 (1966) 74–76) und damit die wenig glückliche Entgegensetzung von mündlicher und schriftlicher Literatur (so *H. Bausinger,* Formen, 44) aufgegeben. Auf dem Hintergrund dieser Gemeinsamkeit von schriftlicher und mündlicher Tradition treten jedoch auch die Verschiedenheiten klarer hervor: Der „schriftliche“ Dichter kann die Gattungsnormen in jedem neuen Werk in viel stärkerem Maße individuell variieren als der mündliche Dichter, denn er ist dem unmittelbar anwesenden Publikum und seinen Erwartungen entzogen. Das einmal geschaffene Werk aber wird nur noch wenig variiert. In mündlicher Überlieferung kann sich ein Erzähler der Präventivzensur der Gemeinschaft nicht entziehen: Was keine Zuhörer findet, hat keine Existenzbasis. Er ist viel enger an die Gattungsnormen gebunden. Die stereotypen Elemente in seinen Schöpfungen treten daher deutlicher hervor. Dafür ist hier jede Reproduktion einer einzelnen Überlieferung eine Variation schöpferischen Charakters. Die Überlieferungen gerinnen nicht zu „authentischen“ Fassungen. – Ein Vergleich zwischen mündlicher und schriftlicher Dichtung ist etwas anderes als die Analyse des Übergangs von mündlicher in schriftliche Dichtung. *E. Güttgemanns* hat das Modell von „langue-parole“ auf den Prozeß der Verschriftlichung angewandt, kommt dabei aber zu widersprüchlichen Bestimmungen: Nach S. 170 (Offene Fragen), entspricht Mündlichkeit der parole, Schriftlichkeit der langue, nach S. 181f. ist es genau umgekehrt: Tradition wird mit „langue“, Redaktion mit „parole“ gleichgesetzt. Daneben findet sich aber auch die richtige Analogie von überindividuellen Gattungsnormen und langue, Gattungsexemplar und parole (S. 181), die ich im Ergänzungsheft zu R. Bultmann, GST, 14 übersehen habe. Inzwischen spricht *E. Güttgemanns* von Kompetenz- und Performanztext.

1. Literarische Formen sind in andere Sprachen übersetzbar. Dasselbe Märchen, in verschiedenen sprachlichen Strukturen realisiert, besitzt formgeschichtliche Identität: Es bleibt ein Märchen[22].
2. Ein formgeschichtlich identisches Motiv kann innerhalb derselben Sprache grammatisch verschieden realisiert werden; es bleibt dasselbe Motiv.
3. Sprachliche Strukturen legen die Möglichkeiten von Äußerungen so weit fest, daß man zwischen ‚richtig' und ‚falsch' gut unterscheiden kann. Die Normativität literarischer Formen ist davon zu unterscheiden: Es gibt keine richtigen und falschen Wundergeschichten, allenfalls schöne und weniger schöne. Literarische Normen seligieren offensichtlich noch einmal unter den vielen Möglichkeiten, die nach sprachlichen Normen zulässig sind[23].
4. Sprachliche Strukturen wollen Verständigung überhaupt garantieren, literarische Formen bringen ein Einverständnis in bestimmten, mehr oder weniger typischen geschichtlichen Situationen zum Ausdruck. Sie sind in weit höherem Maße Ausdrucksformen spezifischer menschlicher Weltdeutungen und sozialer Gruppen als die verschiedenen Sprachen.
Um Mißverständnissen vorzubeugen: Literatur gibt es nur als Sprache. Gewiß kann man den Begriff „Sprache" auf jede sprachlich vermittelte Bedeutung ausdehnen und der Sprachwissenschaft deren Erforschung anvertrauen (obwohl nicht recht einzusehen ist, warum

22. Das Argument der Übersetzbarkeit führen *R. Wellek/A. Warren*, Theorie, 153, gegen eine rein linguistische Analyse sprachlicher Kunstwerke an. Eine relative Selbständigkeit wichtiger Schichten einer Erzählung von der Sprache betont auch *A. Dundes*. Vgl. das Referat bei *B. Nathhorst*: Genre, Form and Structure in Oral Tradition, Temenos 3 (1968) 128–135. Dundes unterscheidet drei Ebenen: „The first is the formal or structural level, which is independent of language. Hence the plot or structure of a folktale can theoretically be put into any language of the world. The second level is that of content. It also survives translation but tends to be variable and less constant than form. The third is the linguistic level, which is completely dependent upon the particular language in question. The elements on this level, often called stylistic features, cannot ordinarily survive translation" (S. 129). Das Argument der Übersetzbarkeit findet sich ferner bei *C. Lévy-Strauss*: Die Struktur der Mythen, in: Strukturale Anthropologie 1967, 230f.
23. *M. Lüthi*: Urform und Zielform in Sage und Märchen, Fab 9 (1967) 41–54, bringt ein schönes Beispiel für die Überlagerung sprachlicher Strukturen durch Gattungsnormen. Obwohl der „grüne Wald" eine sprachlich naheliegende Wendung ist, begegnet sie fast nie in Märchen, „weil das Märchen auf Handlung zielt und nicht auf Stimmungs- und Zustandsschilderung. Es sagt ‚der große Wald' oder ‚der dunkle Wald', der ‚finstere Wald', weil man sich im großen und dunklen Wald verirren kann, weil Gefahren in ihm lauern, während die Prägung ‚der grüne Wald' ohne jeden Handlungsbezug ist ... Die Ziele des Gattungsstils siegen hier über die Selbstbewegung der Sprache ..." (51). – Gegen die Unterscheidung sprachlicher und literarischer Normen kann man nicht gebundene poetische Gattungen anführen: Während sich die Normen sprachlicher Strukturen gewöhnlich wie von selbst durchsetzen, müssen dort mit virtuoser Kunst sprachliche und literarische Normen in Übereinstimmung gebracht werden, soll der Vers oder Reim nicht holprig klingen.

sie für juristische, philosophische, religiöse und literarische Texte gleich kompetent sein soll). Aber gleichgültig, ob man verschiedene Schichten in der Sprache oder spezifische, in primären sprachlichen Gegebenheiten fundierte literarische Schichten annimmt – in jedem Fall gilt: Strukturale Methoden der Sprachwissenschaft, die zur Analyse primärer sprachlicher Gegebenheiten (in Phonologie, Syntax, Semantik) entwickelt wurden, sind auf literarische Formen nicht direkt anzuwenden, sondern dienen auf Grund struktureller Ähnlichkeiten als Modelle. Literaturwissenschaft hat – inspiriert durch diese Modelle –eigene strukturale Methoden zu entwickeln. Methoden, auch wenn sie nicht autochthon sind, müssen doch so beurteilt werden, als seien sie es[24].

24. *B. Allemann:* Strukturalismus in der Literaturwissenschaft, in: Ansichten einer künftigen Germanistik, 1969, 143–152, unterscheidet S. 148ff. vier Formen literaturwissenschaftlichen Strukturalismus: A. Unmittelbare Anwendung der Linguistik auf literarische Texte, B. Verlängerung linguistischer Strukturanalysen in den Bereich der Literaturwissenschaft hinein – so wie die klassische Rhetorik an die Grammatik anknüpfte, C. Spezifisch literaturwissenschaftliche Strukturanalysen, D. Geisteswissenschaftlicher Strukturalismus, der auch die außerliterarischen Faktoren einbezieht. Man könnte auch unterscheiden: textlinguistischen, literaturwissenschaftlichen und geistesgeschichtlichen Strukturalismus. Textlinguistik (A) untersucht sprachliche Strukturen. Das Besondere der Literatur erscheint dann als übergreifende sprachliche Struktur, was zu einer „Dehnung" sprachwissenschaftlicher Begriffe führt: Man spricht von „Makro-Syntax, Super-Zeichen, supra-segmentalen Textemen" usw. Der literaturwissenschaftliche Strukturalismus (C) nimmt dagegen spezifisch literarische Einheiten, Normen und Strukturen an, welche die primären sprachlichen Gegebenheiten überformen. Er kann daher am leichtesten an traditionelle Formanalysen und deren Begrifflichkeit anknüpfen. Die Position B steht zwischen textlinguistischem und literaturwissenschaftlichem Strukturalismus. Ihr Feld ist vor allem die Stilistik. Von Seiten der Lingustik erscheint stilistisch geprägte Sprache als Anomalie, als Abweichung vom normalen Sprachgebrauch. Dieselben Phänomene gelten der literaturwissenschaftlichen Analyse positiv als Ausdrucksformen eines literarischen Gestaltungswillen, der aus den vorhandenen sprachlichen Möglichkeiten bewußt auswählt und hin und wieder neue Möglichkeiten schafft. Hier können sich also textlinguistischer und literaturwissenschaftlicher Ansatz begegnen. Der geisteswissenschaftliche Strukturalismus (D) zieht außerliterarische soziale und anthropologische Strukturen in die Betrachtung mit ein. Die Gefahr eines „Panstrukturalismus" (*B. Allemann*, a.a.O. 150) ist hier besonders groß: Geschichte erscheint als Variation zeitloser Strukturen, obwohl solche Strukturen und insbesondere der Glaube an sie selbst Momente der Geschichte sind. – Alle Ansätze sind legitim, ein spezifisch literaturwissenschaftlicher Strukturalismus dürfte jedoch zur Zeit am fruchtbarsten sein, während ein „auf linguistischer Grundlage errichtetes theoretisches Modell der Literatur", wie *B. Allemann* S. 151 bemerkt, „in fast utopischer Ferne" liegt, so faszinierend auch immer diese Fernen sein mögen.

B. Die diachronische Betrachtungsweise

Diachronische Methoden nennen wir alle Fragestellungen, die Texte als Ergebnis und Ausgangspunkt von Entwicklungen, als Momente eines Traditionsprozesses analysieren[25]. Häufig wird die Diachronie von Texten nach Analogie archäologischer Ablagerungsschichten vorgestellt, deren Abtragung Ursprüngliches freilegen soll. A priori müßte dann Einfaches älter, Kompliziertes sekundär sein – eine Voraussetzung, die berechtigte Kritik erfahren hat[26]. Die entgegengesetzte Annahme, die in allen Prozessen eine Tendenz zur Vereinfachung und Abschleifung wahrnehmen will, wäre gewiß nicht weniger dogmatisch. Das Unzulängliche liegt hier wie dort in der eindimensionalen Betrachtungsweise, welche literarische Entwicklungen ausschließlich als Verhältnis verschiedener Einzeltexte betrachtet. Wenn a, a′,a″ Texte sind, der waagerechte Pfeil die Entwicklung zwischen ihnen bezeichnet, ergibt sich folgendes Bild:

$$a \longrightarrow a' \longrightarrow a''$$

Betrachten wir dagegen Texte nicht nur in ihren gegenseitigen Relationen, sondern als Realisierungen von Kompositions- und Feldstrukturen, so wird die diachronische Analyse um eine neue Dimension erweitert: Virtuelle Gattungsstrukturen realisieren sich nicht nur im Nebeneinander verschiedener Gattungsexemplare, sondern ebenso im Nacheinander verschiedener Fassungen derselben Erzählung[27]. Wir verändern entsprechend unsere Skizze: A soll

25. Das Begriffspaar „Synchronie – Diachronie" wurde zum ersten Mal m. W. von *W. Richter*: Formgeschichte und Sprachwissenschaft, ZAW 82 (1970) 216–225, ders.: Exegese als Literaturwissenschaft 1971, 35f. passim, in die Exegese eingeführt. Es fehlte bisher ein zusammenfassender Begriff, der das Gemeinsame in allen Fragestellungen erfaßt, die Primäres, Sekundäres und Tertiäres unterscheiden und einen Text aus seinen Vorstadien bzw. vorangehenden Stadien seiner Teile verständlich machen. Diachronische Methoden sind z. B. Textkritik, Literarkritik, Redaktions- und Traditionsgeschichte, weitgehend auch die Religionsgeschichte. Hin und wieder wird der Begriff der Traditionsgeschichte in sehr weitem Sinne verwandt, so daß er fast mit „diachronischer Betrachtungsweise" identisch wird. Zur Klarheit des Begriffs hat diese Ausdehnung ganz gewiß nicht beigetragen.
26. Vgl. z. B. *E. P. Sanders*: The Tendencies of the Synoptic Tradition, 1969, 13–26; *H. Bausinger*, Formen, 62; *E. Güttgemanns*, Offene Fragen, 200f. *V. Taylor*: The Formation of the Gospel Tradition, 6. Aufl., 1957, 122ff. 202ff. passim, hält das Kompliziertere für ursprünglich.
27. Dies Verhältnis von Struktur und Realisation haben schon *P. Bogatyrev* und *R. Jakobson* 1929 (siehe oben Anm. 21) als Charakteristikum folkloristischer Überlieferung herausgestellt. *S. Lo Nigro*: Tradition et Style du Conte populaire, in: Internat. Kongreß der Volkserzählungsforscher, 1961, 152–160, beschreibt es mit den Worten: „L'analogie de la poésie populaire avec les phénomènes linguistiques nous a permis

die Gattungsstruktur von a sein, ein senkrechter Pfeil die Realisierung von A in a zum Ausdruck bringen. Dabei nehmen wir an, daß die Texte a und a′ Realisierungen derselben Struktur sind, die Entwicklung von a′ zu a″ jedoch mit einer Veränderung zugrunde liegender Strukturen verbunden ist.

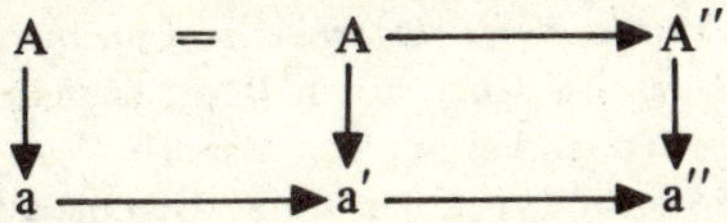

Synchrone Realisierungen einer Gattung in verschiedenen Exemplaren und diachrone Abwandlungen innerhalb der Überlieferungsgeschichte eines einzelnen Gattungsexemplars sind natürlich nur begrenzt vergleichbar. Dort sind die Unterschiede sehr viel größer als hier. Vergleichbarkeit ist aber in einem Punkt gegeben: Diachrone Abänderungen von Texten halten sich meist im Rahmen vorgegebener Gattungsstrukturen, aktualisieren virtuelle Beziehungen innerhalb kompositioneller Folgen und paradigmatischer Felder. Eine Einzelüberlieferung ist einem musikalischen Thema vergleichbar, das in verschiedenen vorgegebenen Variationsformen ausgeschöpft wird. Ohne Bild: Tradition und Redaktion sind Reproduktionen derselben Strukturen, Traditions- und Redaktionsgeschichte Teil einer umfassenden „Reproduktionsgeschichte".
Es gibt keine archäologischen Schichten des Textes, sondern nur jeweils neu aus dem Repertoire der Gattung reproduzierte ganze Texteinheiten. Das archäologische Schichtenmodell wird den Texten nicht gerecht; aber es wäre eine große Übertreibung, wollte man seinen heuristischen Wert bestreiten.
Es ist nach wie vor sinnvoll, auf einem bestimmten Stadium übernommene Teile und neu aus dem Repertoire der Gattung realisierte Züge (sogenannte redaktionelle Zusätze) zu unterscheiden. Außerdem ist damit zu rechnen, daß ein Erzähler das gattungsspezifische Repertoire von Motiven und Motivvarianten erweitern kann; es gibt auch „geniale Erzähler", die nicht nur nach übernommenen Mustern reproduzieren, sondern neue Muster schaffen. Doch dürften sie Ausnahme sein. Zunächst ist immer zu fragen, ob das Neue Aktualisierung gattungsspezifischer Möglichkeiten ist. Die einseitige Entgegensetzung von Tradition und Redaktion muß sich auf dem Hintergrund solcher virtueller Gattungsstrukturen auf jeden Fall etwas relativieren lassen.
Diese neue Sicht überlieferungsgeschichtlicher Diachronie hat zur Voraussetzung, daß die virtuellen Gattungsstrukturen mehr als theoretische Konstruktionen

d'expliquer au mieux la tradition orale des contes. Si chaque langue est un processus vivant qui se réalise par une relation dialectique entre celui qui parle et une institution préexistante, le conte, que nous appelons populaire ne l'est pas moins" (154). Vorgegebene Institution ist jedoch weniger die Einzelgeschichte als solche, sondern als Teil einer Gattung.

des Analytikers sind, daß sie sich im Überlieferungsprozeß als bestimmende Faktoren erweisen. Einige Beobachtungen neuerer Erzählforschung weisen in diese Richtung. Sie sind wert, hier mitgeteilt zu werden.

Die Frage nach strukturellen Folgen und Feldern von Personen und Motiven ist der Sache nach nicht unbekannt. Es sei an die von *H. Bausinger* so genannten „Verwandtschaftsbeziehungen" von Motiven erinnert, von denen er mit Recht annimmt, daß sie bei „der Variation, der Umformung und Verschmelzung von Märchen" eine entscheidende Rolle spielen[28], also bei drei verschiedenen Typen diachroner Überlieferungsprozesse:
1. *M. Lüthi*[29] hat besonders auf eine spezifische Form der Variation aufmerksam gemacht: die Entfaltung von Überlieferungen, bei der bis dahin verborgene Möglichkeiten ans Licht kommen. Er meint, dies Phänomen durch Zielformen und Zielkräfte erklären zu müssen. Was er als den Motiven immanente Entelechie deutet, dürfte der „Sog" paradigmatischer Strukturen sein. Die „Zielkräfte" bestehen vor allem darin, daß jedes Motiv mit Assoziationen verwandter Motive umgeben ist, die sich im Laufe des Überlieferungsprozesses realisieren. Wo zum Beispiel von einem Verbot die Rede ist, wird irgendwann einmal auch von einer Übertretung erzählt: „In Märchen und Sagen rollt das entelechisch im Motiv enthaltene Geschehen aus eigener Schwerkraft ab. Das Motiv folgt dem Gesetz, nach dem es angetreten ist". Schlichter formuliert: Es zieht andere, ihm paradigmatisch zugeordnete Motive nach sich.
2. Eine zweite Möglichkeit diachroner Überlieferungsprozesse ist die Umformung oder „Mutation" (so *M. Lüthi*[30]). Sie wird von ihm ähnlich erklärt: Ein Motiv wird in verschiedenen Fassungen einer Erzählung so lange variiert, bis eine (zufällige) Variation des Motivs ein ganz neues Motivfeld aktualisiert und dadurch die Erzählung umstrukturiert.
3. Verschmelzung und Kontamination wäre eine dritte Möglichkeit diachroner Entwicklung. Für sie hat *G. Ortutay*[31] auf die Bedeutung innerer „Affinitäten" hingewiesen. Es handelt sich hierbei „um ein gewisses Verhalten der Typen, Motive und Formelemente, das als eigenartige Anziehung oder Affinität bezeichnet werden kann: verwandte oder ähnliche Typen und Konstruktionen üben aufeinander eine Anziehung aus, und die Anziehungsgesetze bringen über die Varianten neue Typen, neue Formen hervor."

Schöpferische Entfaltung, Umformung und Verschmelzung von Überlieferungen werden hier jeweils auf dem Hintergrund von virtuellen Beziehungen zwischen Motiven, Personen und Themen gesehen (auch wenn diese Vorgänge terminolo-

28. *H. Bausinger*, Formen, 155.
29. Urform und Zielform, 49; vgl. auch ders.: Aspekte des Volksmärchens und der Volkssage, GRM 16 (1966) 337–350.
30. Urform und Zielform, 49. Die biologischen Metaphern „Entelechie" und „Mutation" muß man natürlich mit Vorsicht verwenden.
31. *G. Ortutay*: Begriff und Bedeutung der Affinität in der mündlichen Überlieferung, in: Int. Kongreß der Volkserzählungsforscher, 1961, 247–252, Zitat S. 248f.; vgl. *ders.*: Principles of oral Transmission in Folk Culture, Acta Ethnographica 8 (1959) 175–221, bes. 216–221.

gisch anders erfaßt werden). Das heißt, diachrone Überlieferungsprozesse erscheinen als Aktualisierungen strukturell vorgegebener Möglichkeiten. Unsere Aufgabe ist, diese Vorgänge bei der Überlieferung von Wundergeschichten nachzuweisen. Dabei beschränken wir uns (meist) auf einen begrenzten Ausschnitt des diachronen Überlieferungsprozesses: auf die im NT selbst faßbaren Veränderungen (vormarkinisches Stadium, Markus, Lukas, Matthäus) und untersuchen nacheinander literarische Einheiten von verschiedenem Umfang: Motive, Einzelerzählungen und Rahmengattung.

1. Die diachronische Untersuchung ausgewählter Motive soll zeigen, daß man Tradition und Redaktion viel weniger durch literarkritische Operationen einander entgegensetzen kann als dies üblicherweise geschieht. Selbst bei allgemein als redaktionell angenommenen Motiven (zum Beispiel den Schweigegeboten) läßt sich wahrscheinlich machen, daß Vorgegebenes schöpferisch modifiziert wurde, daß „Redaktion" zum Beispiel in der Aktualisierung virtueller paradigmatischer Beziehungen besteht, Veränderungen also auf dem Hintergrund virtueller Gattungsstrukturen zu sehen sind.

2. Dasselbe gilt für die Reproduktion ganzer Erzählungen. Hier ist zu zeigen, daß auch sie in strukturell vorgegebenen Dimensionen verläuft – auch dann, wenn sich keine generelle Überlieferungstendenzen für alle synoptischen Traditionen feststellen lassen.

3. Schließlich ist zu zeigen, daß auch die Komposition von Wundergeschichten im Rahmen der Evangelien auf vorgegebenen Möglichkeiten beruht, insbesondere auf erzählerischen Mitteln von Einzeltraditionen. Wir haben dabei nur den Beitrag der Wundergeschichten zu untersuchen. Aus praktischen Gründen wird hier synchronische und diachronische Betrachtung nicht getrennt.

Die diachronische Analyse der Reproduktionsgeschichte führt zu einem vertieften Verständnis virtueller literarischer Strukturen: Es ist ausgeschlossen, alle Modifikationen als Kombinationen begrenzter Elemente zu verstehen. Die Reproduktion bringt immer wieder Individuelles, Neues; Strukturen selbst ändern sich. Sie dürfen nicht statisch verstanden werden. Ihr schöpferischer und geschichtlicher Charakter ist festzuhalten. Festzuhalten ist, daß man auf Grund kompositioneller und paradigmatischer Strukturen weiterhin viele Wundergeschichten erzeugen könnte. Mit anderen Worten: auch literarische Strukturen haben „generativen" Charakter. In diesem Punkt ist dem anspruchsvollen Programm einer „generativen Poetik" des Neuen Testaments (*E. Güttgemanns*) zuzustimmen[32].

32. *A. Dundes*, From etic to emic Units, 104, nennt die von V. Propp inaugurierte strukturale Erzählforschung eine „generative grammar", benutzt den Begriff freilich metaphorisch. Innerhalb der ntl. Wissenschaft wurde eine „Generative Poetik" programmatisch von *E. Güttgemanns* u. a.: Theologie als sprachbezogene Wissenschaft, LB 4/5 (1971) 7–37, entworfen. Eine neuere, m. E. etwas bessere Darstellung findet sich

Die Polemik der „Generativen Poetik" gegen die Traditionsgeschichte ist m. E. jedoch sachlich verfehlt. Auf meine (knappen) kritischen Bemerkungen zu diesem Punkt[33] hin hat *E. Güttgemanns* noch einmal seinen Standpunkt zusammengefaßt: „Wenn dieser Kritiker mir eine absolute Ablehnung der Traditionsgeschichte nachsagt, so beweist das ebenfalls, daß der springende Punkt noch gar nicht erfaßt ist. Ich lehne nicht pauschal die Traditionsgeschichte ab; ich bestreite vielmehr zusammen mit der Mehrzahl der Linguisten lediglich, daß die ‚Sinn'-Funktion eines ‚Textes', zum Beispiel eines Evangeliums, mittels historischer Kategorien als diachronisches Ergebnis eines Additions- und Aggregationsprozesses von kleinen ‚Bedeutungs'-Einheiten zu erklären ist (...). Sie ist vielmehr für den Linguisten die performative Erscheinung einer ‚Sinn'-konstitutiven ‚Basis', nämlich der ‚Grammatik'."[34]
Die zitierte Passage enthält sachlich drei Gegenüberstellungen: Diachronie/Synchronie, Teil/Ganzes, Basis/Performanz, die im folgenden nacheinander besprochen werden.
1. Sprachliche Erscheinungen erhalten ihren Sinn zweifellos durch synchrone sprachliche Strukturen; und auch für die literarische Ebene gilt zunächst: Die Synchronie des Textes ist für seinen Sinn entscheidender als seine Diachronie. An diesem Punkt fällt die Zustimmung leicht[35]. Eine Abwertung diachronischer Forschung läßt sich daraus jedoch nicht ableiten:
a) Der synchrone Sinn wird zweifellos besser erfaßt, wenn man ihn mit dem Sinn vorhergehender Fassungen eines Textes vergleichen kann. Textdiachronie ist zumindest als ratio cognoscendi von großer Bedeutung. Man braucht deswegen nicht dem genetischen Trugschluß zu verfallen, Herkunft und Ursprung eines Phänomens mit seinem Sinn gleichzusetzen.
b) Unbestreitbar ist ferner, daß den Texten Rückgriffe auf Vergangenes immanent sind. Das beginnt mit der ausdrücklichsten Form diachronen Rückgriffs, dem Zitat, und setzt sich fort über exzerpierte Quellen, umgearbeitete Vorlagen, thematische Vorbilder, bewußte Archaismen usw. In besonderem Maße aber ist der mündlichen Überlieferung ein Rückgriff auf Vorgegebenes immanent. Ihre Reproduktion geschieht ja im Bewußtsein, etwas zu überliefern. „Die Variante ist immer eine Abwandlung von irgend etwas (eines Märchentypus, eines Motivs, einer Weise etc.), das in der Variante lebendig wird und mit dem sie doch nicht ganz identisch ist, das sie stets reproduzieren möchte – das ist doch der innere Antrieb der Überlieferung – und von dem sie dennoch immer abweicht, bald in unwichtigen, bald in wichtigen Zügen. Wohl ist die Variante stets eine im gegebenen Augenblick verwirklichte Schöpfung, doch kündet sie immer von einer historisch bereits verwirklichten Form, sagt also nur im Verhältnis zu jener etwas Neues, etwas Anderes aus,

bei *E. Güttgemanns*: Linguistisch-literaturwissenschaftliche Grundlegung einer Neutestamentlichen Theologie, LB 13/14 (1972) 2–18.

33. in: Ergänzungsheft zu *R. Bultmann*; GST, 4. Aufl., 13f. Eine ausführlichere Begründung meiner Kritik war dort nicht möglich. Die vorliegende Untersuchung setzt sich auch implizit an vielen Stellen mit *E. Güttgemanns*: Offene Fragen zur Formgeschichte des Evangeliums, 1970, auseinander.
34. *E. Güttgemanns*, Grundlegung, 12.
35. Mir ist etwas unklar geblieben, warum mir in diesem Punkte Unverständnis vorgeworfen wird. Im Ergänzungsheft, S. 14, schrieb ich zustimmend, „daß Inhalt, Gestalt und Wahrheit einer Aussage traditionsgeschichtlich nicht zu deduzieren sind ..."

wodurch sie eben das Recht erwirbt, als Variante bezeichnet zu werden" (*G. Ortutay*)[36]. Auch wenn man stärker betonen möchte, daß hinter allen diachronen Varianten relativ gleichbleibende Gattungsstrukturen stehen, kann man nicht davon absehen, daß die Erzähler etwas ihnen Überkommenes weitergeben wollen – ein Bewußtsein, das uns beim Gebrauch sprachlicher Strukturen fehlt. Bewußte Rückgriffe gehören zum Text selbst. Hier ist die Diachronie nicht nur ratio cognoscendi, sondern ratio essendi synchronen Sinnes.

c) Ein Text läßt sich jedoch nicht auf das beschränken, was in ihm bewußt zum Ausdruck gebracht wird; das wäre ein intentionaler Trugschluß. Auch die den Erzähler unbewußt leitenden Gattungsstrukturen sind in einem historischen Prozeß übernommen worden. Vielleicht können Texte durch historische Analyse „für uns" einen Sinn gewinnen, den in der Vergangenheit niemand gesehen hat und niemand sehen konnte. Möglicherweise gibt es keinen „Sinn an sich", sondern nur eine Fülle von Möglichkeiten, die auf ihre Realisierung warten – was nicht ausschließt, daß wir eine Reihe vorgeschlagener Sinndeutungen von Texten eindeutig falsifizieren können. Textsynchronie konstituiert also gewiß den Textsinn – zumindest jene Sinnaspekte, welche mit den Texten von jenen Menschen verbunden wurden, die in ihnen so unmittelbar lebten wie wir in unserer Sprache. Aber dieser synchrone Sinn ist durch einen diachronen Prozeß entstanden, dessen Analyse uns neue Sinnaspekte eröffnet.

2. Das Verhältnis von Teil und Ganzem fällt nicht prinzipiell mit dem Gegensatz von Diachronie und Synchronie zusammen (wie in den Evangelien): Die Beziehung von Teil und Ganzem ist jedem Text immanent, unabhängig von dessen Vor- und Nachgeschichte. Die Forderung, einen Text immer als Ganzen zu interpretieren, ist als hermeneutischer Zirkel von Teil und Ganzem allgemein anerkannt. Wenn die Teile jedoch einmal ein unabhängiges Ganzes waren (wie in den Evangelien), so lassen sie sich natürlich auch für sich interpretieren.

E. Güttgemanns hat nun Gestalt- und Ganzheitspsychologie herangezogen[37], um seine exegetische Forderung zu untermauern, jede kleine Einheit im Evangelium im Rahmen des Ganzen zu interpretieren. Nun haben Gestalt- und Ganzheitspsychologie nicht nur die Bedeutung des Ganzen für die Wahrnehmung experimentell nachgewiesen, sondern in unserer Wahrnehmung auch eine Tendenz zur „prägnanten Gestalt" aufgedeckt, welche etwa einen unvollkommen gezeichneten Kreis als Kreis erscheinen läßt. Erst bei näherem Hinsehen entdeckt man die unstimmigen Einzelelemente. Auf das von *Güttgemanns* diskutierte Problem der Evangelienform übertragen: Auch wenn man das Evangelium als ganzheitliche Gesalt (synchronisch) betrachten muß, ist es sinnvoll, die Einzelelemente auf Sprünge, Spannungen und Unstimmigkeiten hin zu untersuchen, welche Hinweise auf eine Reproduktionsgeschichte des Textes geben können.

Das Problem der Erkennbarkeit der diachronen Dimension eines Textes ist natürlich zu trennen, von der Frage nach der sachlichen Bedeutung des Ganzen für den Textsinn. Ganzheitsprinzipien lassen sich hier nicht unterschiedslos auf alle Texte anwenden: Unsere Erwartungen homogener Gestaltung ist bei einer Sammlung geringer als bei einem zusammenhängend geschriebenen Brief. Wenn die Teile einer Gattung nicht

36. Affinität, 246.
37. Offene Fragen, 184ff.

synchron entstanden sind, müssen sie jeweils für sich als Ganzes interpretiert werden. Und wenn ein Text mehrere diachrone Fassungen aufweist, so ist jede Fassung als Ganzes auszulegen – selbstverständlich auch die Endfassung. Diachronie und Synchronie lassen sich hier nicht gegeneinander ausspielen.

3. Die Argumentation mit Ganzheits- und Gestaltpsychologie ist neuerdings zugunsten einer generativen Denkweise zurückgetreten: „Ich hatte in meinem Buch demonstriert, daß die in der Form- und Redaktionsgeschichte der Gattung ‚Evangelium' herrschende Theorie von der traditionsgeschichtlichen Addition und Aggregation von einzelnen ‚Bedeutungs'-Einheiten zum christologischen ‚Sinn' der ‚Text'-Sorte linguistisch unhaltbar ist. Diese Unhaltbarkeit hatte ich mit Hilfe der ‚Ehrenfels-Kriterien' der ‚Gestalt' demonstriert, weil ich annahm, die ‚Gestalt'-Theorie lasse sich am einfachsten als zwischen herkömmlicher Exegese und Linguistik gemeinsamer Punkt herausstellen. Genausogut hätte ich natürlich bereits damals noch massiver mit Noam Chomsky, generativer Denkweise und moderner Syntax kommen können, obwohl ich bezweifele, daß dann das Verständnis größer gewesen wäre. Die meisten Kritiker haben denn auch nicht einmal entdeckt, wo die Grundlagenkrise für die herrschende Forschung angesichts der linguistischen Ergebnisse entsteht"[38]. Der Übergang zur generativen Denkweise ergibt jedoch kein Argument gegen die Traditionsgeschichte: Es gehört ja zur Definition der „generativen Basis" oder „Kompetenz", daß sie immer mehrere Performanztexte „erzeugt", u. a. auch als verschiedene Fassungen eines Textes innerhalb einer Überlieferungsgeschichte. Gerade wenn man der Unterscheidung einer virtuellen Gattungsstruktur und ihrer Realisation in verschiedenen Gattungsexemplaren zustimmen möchte, ergibt sich die Notwendigkeit, traditionsgeschichtlich zu fragen.

Etwas unklar bleibt, was unter „generativer Basis" verstanden wird. Hin und wieder scheinen spezifische Gattungsstrukturen gemeint zu sein. Wenn es dann aber heißt, der Weg vom Text zur Predigt sei „nichts anderes als eine methodisch kontrollierte Transformation des griechischen Performanz-‚Textes' in unseren deutschen Kompetenz-‚Text'"[39], stutzt man: Weder vollzieht sich der Weg vom Text zur Predigt innerhalb derselben Gattung, noch wäre eine einzelne Predigt als „Kompetenztext" anzusprechen, sondern allenfalls die gattungsspezifischen Regeln der Predigt. In dem oben wiedergegebenen ersten Zitat wurde nun konkretisiert: sinnkonstituierende Basis sei die Grammatik. Ist hier metaphorisch von den gattungsspezifischen Normen als „Grammatik" einer Gattung gesprochen? Oder werden Sätze und literarische Gefüge auf eine Ebene gestellt? Die Normen der Sprache sind jedoch von anderem Status als die Normen von Gattungen, mögen sie auch nicht unabhängig voneinander sein. Und abgesehen davon: regulatives Erkenntnisziel generativer Grammatik muß die exakte Rekonstruierbarkeit der Sprache durch Formations- und Transformationsregeln sein. Bei literarischen Formen scheint mir das unmöglich zu sein. (Im Hinblick auf die biblischen Texte wäre hier an eine andere ‚generative Methode', die *F. Oetingers,* zu erinnern, die mit „pflanzendem Schriftvortrag" methodisch nicht beweisbare biblische Wahrheit gegen ein more geometrico argumentierendes Bewußtsein zu verteidigen suchte)[40].

38. Grundlegung, 10.
39. Theologie als sprachbezogene Wissenschaft, 30.
40. Vgl. die Darstellung bei *H. G. Gadamer*: Wahrheit und Methode, 2. Aufl., 1965, 24–27.

Was an der „Generativen Poetik" wertvoll ist, steht nicht in Widerspruch zur Form- und Traditionsgeschichte. Die Aufarbeitung linguistischer Forschungsergebnisse ist positiv zu beurteilen. Es kann m. E. kein Zweifel daran bestehen, daß die Linguistik zu einer entscheidenden Grundlagenwissenschaft aller auslegenden Wissenschaften wird. Man muß diese neuen Ansätze daher ernst nehmen, auch wenn vorerst noch allerlei Nebengeräusche eine sachliche Diskussion erschweren: der Anspruch methodischer Universalität, eine hin und wieder stark übertriebene Polemik[41], eine wenig kommunikative Terminologie. Grundsätzlichere Bedenken sind m. E. vor allem gegen die Ablehnung „historischer Kategorien" zu erheben.

C. Die funktionale Betrachtungsweise

Wir verstehen Überlieferungen erst, wenn wir sie aus ihrem geschichtlichen Lebenszusammenhang heraus begreifen. Weder läßt sich ihre Abwandlung allein aus gattungsspezifischen Strukturen herleiten, noch sind diese dem historischen Lebenszusammenhang entnommen. Gattungen sind vielmehr Ausdruck geschichtlicher Lebenswelten; ihre Variationen gehen auf Veränderungen des geschichtlich-sozialen Lebens zurück. Synchronische und diachronische Betrachtungsweise führen so mit innerer Notwendigkeit zur funktionalen. Diese betrachtet Texte als Moment eines übergreifenden Lebenszusammenhangs von Bedingungen, Intentionen und Wirkungen, analysiert sie nicht mehr als *ἔργον*, sondern als *ἐνέργεια*[42].

Obwohl dieser Lebenszusammenhang kausale und intentionale Momente umfaßt, kann er weder ausschließlich kausal noch intentional betrachtet werden. Die kausal-genetische Betrachtungsweise hat dort Grenzen, wo in derselben geschichtlichen Situation verschiedene geistige Bewegungen wurzeln. Ein Beispiel: Zwischen den eschatologischen Erwartungen des Judentums um die Zeitenwende und der historisch-sozialen Situation Palästinas bestehen gewiß kausale Zusammenhänge. Aber es gab verschiedene Formen eschatologischer Erwartung: Es gab Messiasprätendenten, Qumrangemeinde, Täuferbewegung, Urchristen-

41. Vgl. Theologie als sprachbezogene Wissenschaft, 37: Danach wird die „Universalität der Methode" angestrebt; ferner Grundlegung, 3: Danach soll „der herkömmlichen Exegese das Ende ihrer traditionellen Argumentationsfähigkeit in aller Klarheit vor Augen" geführt werden.

42. Die Unterscheidung von Ergon und Energeia stammt bekanntlich von *W. Humboldt*: Schriften zur Sprachphilosophie, Werke III, 1963, 418. Seine energetische Sprachbetrachtung wurde vor allem durch *L. Weisgerber* fortgeführt (vgl. Stufen, 16, 92ff.), aber auch von *E. Cassirer*: Philosophie der symbolischen Formen, 4. Aufl. 1964. *A. Jolles* übertrug sie auf die Betrachtung literarischer Gattungen: „Aus welchem Gedankengang, aus welcher Lebenshaltung, aus welcher Geistesbeschäftigung wird jene Formenwelt geboren ...? (Einfache Formen, 34).

tum und außerdem uneschatologische geistige Haltungen. Es gab verschiedene Antworten auf dieselbe Situation. Ihre rein intentionale Betrachtung wäre freilich sehr einseitig. Geschichtliche Wirkungen lassen sich nie allein aus Intentionen erklären. Wäre etwa die urchristliche Botschaft vom nahen Ende nur von ihrer Intention her zu verstehen, bliebe unerklärlich, warum das Ausbleiben des Weltendes keine tiefgehende Krise auslöste, warum eschatologische Aussagen so lange tradiert, warum sie immer wieder lebendig wurden. Die Vermutung liegt nahe, daß sie jenseits ihrer Intention eine Funktion hatten, die ihnen einen objektiven Sinn verlieh, auch als ihr Selbstverständnis durch die fortschreitende Zeit widerlegt war. Man könnte etwa an die Funktion denken, durch Vernichtung der Welt in mythischen Bildern innere Freiheit gegenüber der antiken Gesellschaft und ihren Normen zu schaffen. Die Funktion einer Überlieferung umfaßt immer sowohl kausale als auch intentionale Momente. Damit versucht funktionale Analyse zu verbinden, was zunächst in unauflöslichem Widerspruch steht: Zunächst führt die Aufdeckung historisch-sozialer Bedingungen religiöser Texte und die Auslegung ihres Selbstverständnisses zu einem „hermeneutischen Konflikt"[43], wie immer man das Verhältnis von kausalen Bedingungen und geistigen Intentionen bestimmt. Zu unterscheiden sind geschlossene Determinations- und offene Handlungsmodelle:

Determinationsmodelle entstammen dem Wunsch, a priori die verschiedenen Faktoren hinsichtlich Reichweite und Grenzen zu bestimmen. Dabei ist es gleichgültig, ob man eine kausale oder eine teleologische Determination annimmt und die Probleme der Geschichte „materialistisch" oder „heilsgeschichtlich" löst. Oder ob man mit *Max Scheler*[44] eine doppelte Determination annimmt: geistige Intentionen, die den Gehalt einer Überlieferung (ihr „Sosein") bestimmen und kausale Faktoren, von denen die Realisierung dieses Gehalts (ihr „Dasein") abhängt. In jedem Fall wird das Ergebnis antizipiert. Daher sind solche Modelle für die Forschung wenig hilfreich.

Auszugehen ist vielmehr von der unbestreitbaren Tatsache, daß Überlieferungen Ergebnis menschlicher Handlungen sind. Verschiedene Aspekte lassen sich dann voneinander abheben:

a) Handlungen sind Antwort auf Situationen. Dem Handelnden sind diese Situationen freilich immer nur begrenzt und fragmentarisch bewußt. Er versucht, sie ins Bewußtsein zu heben. Diesen Aspekt betonen „Reflexionsmodelle": In unseren geistigen Überlieferungen vollzieht sich danach ein Bewußtwerden ursprünglich blind wirkender Faktoren, eine Überführung von Determination in Intention[45].

b) Handlungen stehen in Beziehungen zu anderen Antwortversuchen auf vorgegebene Situationen. Es gibt immer mehrere Möglichkeiten der Antwort. Diese werden in den verschiedenen Überlieferungen „ausdiskutiert". Diesen Aspekt stellt das „Bühnenmodell"

43. Vgl. *P. Ricoeur*: Die Interpretation, 1969, 70 passim.
44. *M. Scheler*: Die Wissensformen und die Gesellschaft, 2. Aufl. 1960, 21.
45. Vgl. dazu *K. O. Apel*: Szientistik, Hermeneutik, Ideologiekritik, in: Hermeneutik und Ideologiekritik 1971, 7–44.

heraus[46]: Unsere Überlieferungen stellen konkurrierende Antwortversuche dar, die untereinander in Dialog und Konflikt stehen.

c) Von den möglichen Handlungsversuchen setzen sich einige durch, weil sie am besten der Situation entsprechen. Diese Entsprechung ist relativ unabhängig von den Intentionen der Handelnden, wenn auch immer durch Intentionen vermittelt: Jenseits ihrer eigenen Intentionen können sich Handlungen als „funktional" erweisen. Dies „Funktionsmodell"[47] umfaßt die vorher genannten Aspekte: Intention und Funktion können deswegen divergieren, weil die Situation immer nur fragmentarisch erfaßt wird und einen Spielraum für mehrere Antwortversuche offen läßt.

Innerhalb der funktionalen Betrachtungsweise werden Texte nach einem „Handlungsmodell" analysiert: Texte sind spezifische Formen menschlichen Handelns; sie sind symbolische Handlungen[48], die sich mehrdeutiger Zeichen bedienen und daher der Interpretation bedürfen[49]. Ihre funktionale Analyse fragt nach den Bedingungen ihrer historisch-sozialen Situation wie nach ihren Intentionen, vor allem aber danach, inwiefern sie eine objektive Aufgabe, die Gestaltung mensch-

46. Der Begriff findet sich bei *H. J. Habermas*: Zur Logik der Sozialwissenschaften, Phil. Rundschau Beiheft 5, 1967, 82.

47. Für den Bereich soziologischer Funktionsanalyse vgl. *O. Schreuder*: Die strukturell-funktionale Theorie und die Religionssoziologie, IJR 2 (1966) 99–134.

48. *K. Burke*: Dichtung als symbolische Handlung, edit. suhrkamp 153, 1966, hat den Begriff geprägt. Seine aphoristischen Ausführungen lassen sich nur schwer systematisieren (vgl. aber S. 11). Hervorgehoben seien drei Aspekte: 1. Symbolische Handlungen beziehen sich auf herausfordernde Situationen, denen sie in spezifischer Art (Stil/Strategie) begegnen wollen (S. 7ff.) 2. Symbolische Handlungen greifen auf Unbewußtes zurück. Einerseits wird daher auf psychoanalytische Interpretationsweisen zurückgegriffen, andererseits gelten die Symbole nicht als Ergebnis unbewußter Prozesse, sondern als Akte des Ich's, das sich behaupten und verwandeln will (S. 42ff.). 3. Symbolische Handlungen haben kommunikative Funktion (S. 11), sind Teil eines Gesprächs (S. 106). Dieser Aspekt wird mit Hilfe soziologischer Kategorien untersucht.

49. Diese Zuordnung von Symbolik und Hermeneutik nimmt *P. Ricoeur*, Interpretation, 20f., vor. Seine Definition des Symbolbegriffs ist etwas einseitig: „Symbol ist dort vorhanden, wo die Sprache Zeichen verschiedenen Grades produziert, in denen der Sinn sich nicht damit begnügt, etwas zu bezeichnen, sondern einen anderen Sinn bezeichnet, der nur in und mittels seiner Ausrichtung zu erreichen ist" (S. 29). Bei mehrdeutigen Zeichen (also bei Polysemie) läßt sich jedoch oft gar nicht entscheiden, was erster und was zweiter Sinn ist – allenfalls durch diachronische Untersuchungen. Allerdings ist auch hier strittig, ob alle Symbole ursprünglich Metaphern waren. Vielleicht gibt es eine ursprüngliche Verbindung mehrerer Sinnelemente und nicht nur Sinnübertragungen (vgl. *Ph. Weelwright*: The Semantic Approach to Myth, in: Myth, 1958, 95–103, der hier von „Diaphern" spricht). Unter „Symbolen" sollen also mehrdeutige Zeichen verstanden werden, wobei offen bleiben kann, wie sich die verschiedenen zu deutenden Sinnelemente verhalten.

lichen Daseins im weitesten Sinne, bewältigen. Eine solche Analyse verbindet, was im „hermeneutischen Konflikt" auseinandertritt, teils dadurch, daß sie in den Überlieferungen einen objektiven Sinn sucht, der in ihren Intentionen nicht enthalten ist, teils dadurch, daß sie zeigt, wie in ihnen die Macht bedingender Faktoren in menschliche Intention verwandelt wird. Zwischen hermeneutischer Restauration des überlieferten Selbstverständnisses und seiner desillusionierenden Zerstörung geht sie einen dritten Weg des Verstehens. Sie relativiert, ohne zu desillusionieren. Sie interpretiert, ohne sich dem Selbstverständnis der Überlieferung zu unterwerfen.

Die übergreifenden Lebenszusammenhänge, in denen Überlieferungen funktional wirksam sind, lassen sich nur analysieren, wenn man vereinseitigend Aspekte herauslöst. Im folgenden werden drei funktionale Aspekte von Wundergeschichten unterschieden: ihre soziale Funktion in Urchristentum und antiker Gesellschaft, ihre religionsgeschichtliche Funktion innerhalb der antiken religionsgeschichtlichen Entwicklung und ihre existenzielle Funktion innerhalb antiker Lebenswelt. In einem ersten Arbeitsgang wird jeweils von den erkennbaren sozialen, religionsgeschichtlichen und existenziellen Bedingungen ausgegangen, in einem zweiten von den sozialen, religionsgeschichtlichen und existenziellen Intentionen.

1. Die soziale Funktion urchristlicher Wundergeschichten: Ihre literatursoziologische Analyse

Literatursoziologie untersucht das Verhältnis von Texten und zwischenmenschlichem Verhalten. Sie untersucht das Verhalten derer, die Texte schaffen, tradieren, interpretieren und rezipieren[50]. Diese Definition ist etwas mißverständlich, da Texte und zwischenmenschliches Verhalten als verschiedene Größen

50. Vgl. die Definition bei *H. N. Fügen*: Die Hauptrichtungen der Literatursoziologie, 4. Aufl. 1970, 14: „Die Literatursoziologie hat es ... mit dem Handeln der an der Literatur beteiligten Menschen zu tun; ihr Gegenstand ist die Interaktion der an der Literatur beteiligten Personen." Fügen unterscheidet von der literatursoziologischen Methode eine „sozialliterarische" (bes. S. 23ff.): „Der sozialliterarischen Methode geht es um die Erkenntnis von Einzelnem am literarischen Werk und dessen kausaler Bedingtheit durch ein soziales Einzelfaktum" (S. 27). Literatursoziologie beschränke sich dagegen „auf die Feststellung typischer Abläufe und Verhaltensweisen und deren funktionaler Erklärung" (S. 29). Versteht man die literatursoziologische Fragestellung als einen historischen Weg zur Erhellung überlieferter Texte, so läßt sich beides freilich kaum trennen. Angemessener wäre m. E. die Unterscheidung einer allgemeinen Literatursoziologie und konkreter (das heißt immer historischer) literatursoziologischer Forschung. Auf keinen Fall kann man die Untersuchung von „Einzelheiten" und die Frage nach kausalen Zusammenhängen a priori aus der Literatursoziologie ausschließen.

erscheinen, während Texte selbst Formen zwischenmenschlichen Verhaltens sind: symbolische Interaktionen, die in andere Formen menschlichen Verhaltens eingebettet sind. Genauer muß es daher heißen: Literatursoziologie analysiert Texte als symbolische Interaktionen. Der spezifisch soziologische Aspekt dieser Analyse besteht darin, daß das in den Texten aufbewahrte zwischenmenschliche symbolische Handeln 1. als typisches, 2. als bedingtes Verhalten untersucht wird[51].

Zu den typischen Momenten dieses Verhaltens gehören vor allem: Tradenten (aktive Traditionsbewahrer), Adressaten (passive Traditionsbewahrer)[52] und wiederkehrende Intentionen ihrer Beziehung, etwa Belehrung, Unterhaltung, Werbung. Diese drei Momente bilden den „Sitz im Leben".

Die Bedingungen dieses Verhaltens lassen sich in drei Gruppen aufgliedern: 1. sozioökologische Faktoren wie städtisches und ländliches Milieu, 2. sozioökonomische Faktoren wie verschiedene Schichten, 3. soziokulturelle Faktoren wie die Normen und Werte verschiedener Volksgruppen.

Nun sind uns nur die Texte erhalten. Das Verhalten, das sich in und mit ihnen einmal vollzog läßt sich nur noch erschließen: analytisch, konstruktiv und analogisierend[53].

a) Der analytische Rückschluß schließt von Form und Inhalt einer Überlieferung auf ihren Sitz im Leben. Da nur typisches Verhalten interessiert, liegen diesem Rückschluß vor allem die typischen Züge von Texten zugrunde, also gattungsspezifische Motive, Themen und Strukturen.

b) Das konstruktive Verfahren sammelt alle direkten Aussagen über den vermuteten Sitz im Leben, sei es referierende Notizen oder erzählerische Darstellungen von Überlieferungssituationen, um dann zu fragen, inwiefern dieser Sitz im Leben die Texte geprägt hat.

c) Das analogisierende Verfahren schließt von verwandten zeitgenössischen Phänomenen (die wiederum analytisch und konstruktiv untersucht werden) auf die zu untersuchende Überlieferung.

51. *M. Scheler*, Wissensformen, 17, nennt diese beiden Aspekte als Merkmale spezifisch soziologischer Fragestellung. Zum Begriff der „symbolischen Interaktion" vgl. *G. M. Vernon*: The Symbolic Interactionist Approach to the Sociology of Religion, IJR 2 (1966) 135–155.

52. *C. W. v. Sydow*: On the Spread of Tradition, in: Selected Papers on Folklore 1948, 11–43, bes. S. 15–18; *ders.*: Folk-Tale Studies and Philology, ebd., 189–219: „Most of those who have heard a tale told and are able to remember it, remain passive carriers of tradition, whose importance for the continued life of the tale consists mainly in their interest in hearing it told again, wherefore they point out the active carrier of tradition, the traditor, as a good narrator, and call upon him to narrate" (S. 204). Diese Unterscheidung wurde von *Th. Boman*: Die Jesusüberlieferung im Lichte der neueren Volkskunde 1967, 11ff., in die ntl. Exegese eingeführt. Mit ihr läßt sich jedoch kaum die Bedeutung des Sitzes im Leben für die Überlieferungsgeschichte synoptischer Tradition relativieren, ganz gewiß nicht mit Berufung auf die neuere Volkskunde. Vgl. etwa *H. Bausinger*, Formen, 43ff.

53. Vgl. die methodologischen Erwägungen bei *R. Bultmann*, GST, 4ff.

Literatursoziologie untersucht also Bedingungen und Intentionen von Texten als typischen Formen symbolischer Interaktion. Bedingungen und Intentionen werden dabei im Hinblick auf die Funktion der Überlieferung untersucht, die weder aus Bedingungen noch Intentionen einfach folgt. Dabei orientieren wir uns an zwei religionssoziologischen Funktionsmodellen: dem Integrations- und Konfliktmodell[54].

Nach dem Integrationsmodell dienen religiöse Akte vorwiegend der Integration des Individuums in die Gesellschaft: Sie stabilisieren ihn angesichts von Grenzsituationen des Leidens, der Aussichtslosigkeit und der Ungerechtigkeit. *B. Malinowski*[55] hat unter diesem Aspekt die religiöse Überlieferung einfacher Kulturen untersucht. Wie die klassische Formgeschichte ging er davon aus, ihren „Sitz im Leben" zu bestimmen, wobei er den Vorteil hatte, in Feldforschung unmittelbar beobachten zu können, was historische Analyse mühsam erschließen muß.

Das Integrationsmodell ist jedoch einseitig[56]: Keine Gesellschaft ist voll integriert; jede ist von Konflikten durchzogen, die sich in ihren Überlieferungen niederschlagen. Oft liegt ein Konfliktmodell näher. Die Funktion religiöser Überlieferungen liegt dann weniger in der Integration des Einzelnen in die Gesellschaft, sondern im Konflikt verschiedener Schichten und Gruppen, sei es daß hier Ansprüche erhoben, kompensiert oder domestiziert werden.

Aufgabe literatursoziologischer Forschung wäre es demnach, Wundergeschichten als symbolische Interaktionen zu verstehen, in denen sich Integrations- und Konfliktprozesse vollziehen. Ihr Selbstverständnis transzendiert selbstverständlich diese Funktion innerhalb eines bestimmten sozialen Kontextes. Dennoch können wir sie nur aus diesem Kontext heraus verstehen. Denn nur hier gewinnen sie

54. Vgl. etwa *F. Fürstenberg*: Religionssoziologie, 1964, 13ff., wo eine Integrations- und Kompensationsthese unterschieden wird. „Kompensation" ist jedoch nur eine Möglichkeit der Funktion religiöser Texte in sozialen Konflikten. Protest wäre z. B. eine andere.

55. *B. Malinowski*: Myth in Primitive Psychology, 1926. Direkt zugänglich war mir daraus nur das Kapitel: The Role of Myth in Life, S. 11–45, deutsch in: *Kerényi*: Die Eröffnung des Zugangs zum Mythos, Darmstadt 1967, 177–193. Das Buch war im deutschen Leihverkehr nicht erhältlich.

56. Vgl. die Kritik an funktionalistischen Analysen mündlicher Überlieferung bei *H. Baumann*: Mythos in ethnologischer Sicht, StudGen 12 (1959) 1–17.583–597; vgl. bes. die Betonung des Konflikts S. 588. Integrations- und Konfliktmodell schließen sich einander nicht aus: Jede Integration läßt sich als Versuch verstehen, Konflikte zu neutralisieren, jeder Konflikt als mißlungener Integrationsversuch und Suche nach neuen Integrationsformen. Zudem bedeutet Integration in eine bestimmte Gruppe meist auch Konflikt mit anderen usw. Aus der breiten soziologischen Diskussion zwischen Integrations- und Konflikttheoretikern nenne ich in *T. Parsons*: Beiträge zur soziologischen Theorie 1964, die Einleitung von *D. Rüschemeyer*, S. 9–29.

überzeugende Kraft. Sie mögen die Wirklichkeit einseitig wiedergeben, sie mögen aller Erfahrung widersprechen, von all dem hängt nicht ihre Glaubwürdigkeit ab. Ihre Überzeugungskraft ist vielmehr sozial fundiert: In symbolischen Handlungen interpretieren soziale Gruppen die Realität, verwandeln sie in „symbolische Sinnwelten“[57], in denen sie wohnen können. Erst wenn die symbolische Konstitution der Wirklichkeit von mehreren vollzogen wird, kann sich der einzelne in der „gedeuteten Welt“‘ heimisch fühlen[58] – und das um so mehr, je weniger er ihre Konturen ahnt. Mögen symbolische Sinnwelten auch mit dem Anspruch objektiver Wirklichkeit an uns herantreten, ein Anspruch, ohne den sie keine Wirksamkeit entfalten könnten, so sind sie doch nichtsdestoweniger durch menschliche Akte geschaffen.

2. *Die religionsgeschichtliche Funktion urchristlicher Wundergeschichten*

Religionsgeschichtliche Forschung fragt nach dem Beitrag urchristlicher Wundergeschichten zu Entwicklungsprozessen: Inwiefern sind sie von vorhergehenden Traditionen abhängig, inwiefern geben sie der weiteren Entwicklung neue Impulse? Daß es kurzsichtig wäre, soziologische und historische Fragestellungen zu trennen oder gar gegeneinander auszuspielen, liegt auf der Hand: Der Beitrag urchristlicher Wundergeschichten zu Konflikt- und Integrationsprozessen gibt immer Aufschluß über ihren Beitrag zu übergreifenden Entwicklungsprozessen und umgekehrt. Es handelt sich um verschiedene Aspekte derselben Sache. Das Spezifische religionsgeschichtlicher Fragestellung liegt allein im strengeren Beachten der zeitlichen Folge von Texten und Ereignissen sowie in der sorgfältigen Beschreibung des Individuellen, Untypischen und Unverwechselbaren. Historische Betrachtungsweise hat einen Zug zum Idiographischen, Soziologie zum Nomothetischen – trotz allem, was man gegen deren allzu simple Entgegensetzung einwenden kann[59].

57. Vgl. *P. Berger/Th. Luckmann*: Die gesellschaftliche Konstruktion der Wirklichkeit: „Die symbolische Sinnwelt ist die Matrix *aller* gesellschaftlich objektivierten und subjektiv wirklichen Sinnhaftigkeit zu verstehen. Die ganze Geschichte der Gesellschaft und das ganze Leben des Einzelnen sind Ereignisse *innerhalb* dieser Sinnwelt. Von besonderer Wichtigkeit ist, daß auch die Grenzsituationen im Leben des Einzelnen von der symbolischen Sinnwelt umfaßt werden“ (S. 103). Daß die Wundergeschichten solche Grenzsituationen thematisieren, braucht nicht eigens betont zu werden.
58. *R. M. Rilke*: Duineser Elegien 1: „... und die findigen Tiere merken es schon, daß wir nicht sehr verläßlich zu Hause sind in der gedeuteten Welt.“
59. Soziologisch-funktionalistische Betrachtungsweisen gelten oft als „unhistorisch“. Dies Mißverständnis resultiert aus der Herkunft des Funktionsbegriffs aus biologischem Bereich. Funktion meint hier die objektive Zweckmäßigkeit von Teilen eines Organis-

Es gibt keine zeitlose Funktion des Wunderglaubens. Was in einer Zeit Umwälzung des Lebensverständnisses bedeutet, ist in anderen Zeiten rückständiger Aberglaube. Nun ist das ganze Urchristentum Zeichen eines tiefgreifenden Wandels, in dem sich die antike Kultur einem „neuen" Irrationalismus zuwandte, der sich in den großen sozialen und politischen Krisen des 3. Jahrhunderts allgemein durchsetzte. Die Funktion der Wundergeschichten, die bisher mit den sehr allgemeinen soziologischen Kategorien von „Konflikt" und "Integration" erfaßt wurde, muß in diesem Zusammenhang historisch konkretisiert werden. Sie muß im Rahmen eines Wandels beschrieben werden, der sich allgemeinen Kategorien entzieht. Auch hier kommt man zu einer zweifachen Betrachtungsweise, je nachdem ob man vom historischen Selbstverständnis der Wundergeschichten oder ihren historischen Bedingungen ausgeht.
Die Wundergeschichten haben ja selbst ein „historisches" Bewußtsein: Sie wollen von den einzigartigen Wundern Jesu zeugen. Sie sind symbolische Handlungen, die durch den historischen Jesus provoziert wurden. Sie geben aber nicht die historische Wirklichkeit wieder, sondern deren gesteigerte Gestalt. Gleichzeitig ist unverkennbar, daß sie in eine allgemeine Expansion antiken Wunderglaubens hineingehören, also Momente einer übergreifenden Entwicklung sind, die sich im Rücken menschlicher Intentionen durchsetzt und erst historischem Rückblick sichtbar wird. Der Widerspruch von historischer Intention und Bedingtheit urchristlicher Wundergeschichten führt zu einer zweiten Form des „hermeneutischen Konflikts". Funktionale Analyse kann freilich auch hier Zusammenhänge aufdecken: Wo in symbolischen Handlungen ein neues Daseinsverständnis erschlossen wird, das durch Traditionen nicht legitimiert ist, kann der Widerspruch gegen gültige Werte, Normen und Symbole durch Offenbarung begründet werden.

3. Die existenzielle Funktion urchristlicher Wundergeschichten

So gewiß die Strukturen einer geschichtlichen Lebenswelt dem einzelnen vorgegeben sind, so gewiß existiert diese Lebenswelt doch nur in der Weise, daß

mus für das Überleben des Ganzen. Menschliche Akte lassen sich jedoch nie ausschließlich auf den Nenner des „Überlebens" bringen. Vielmehr gibt es wohl keine Kultur, in der nicht verschiedene Versuche des Überlebens immer ein Mehr-als-Überleben-Wollen zum Ausdruck bringen. Es ist gerade eine funktionalistische Einsicht, daß schon das bloße Überleben von Individuum und Gesellschaft die Annahme von Werten und Normen voraussetzt, die ihrerseits zu Bedingungen des Überlebens werden. Was in einer Kultur „funktional" und „dysfunktional" ist, wird geschichtlich sehr verschieden bestimmt und wandelt sich. *T. Parsons*: Das System moderner Gesellschaften, 1972, bietet unter diesem Titel mit Recht eine Sozialgeschichte Europas, die mit dem Urchristentum einsetzt.

sie von einzelnen Menschen angeeignet wird: sozial fundierte Gewißheit muß „internalisiert“, geschichtlicher Wandel vollzogen, überlieferter Sinn in Motivation verwandelt werden. „Existenziell“ ist nur, was in den Horizont[60] der jeweils individuellen Lebenswelt tritt. „Existenziell“ meint hier schlicht: was für die Frage relevant ist, wie der einzelne sein Leben bewältigen soll. Diese Frage ist gewiß eng damit verbunden, wie eine Gesellschaft ihre Integrations- und Konfliktprobleme löst und ihre geschichtliche Entwicklung verläuft. Aber sie geht in diesen Fragen nicht auf. Man denke nur daran, daß die Lebenswelt jedes einzelnen vergeht, während Gesellschaft und Geschichte weiter existieren.

Urchristliche Wundergeschichten setzen sich mit konkreten existenziellen Problemen auseinander, mit den Grenzsituationen menschlicher Aussichtslosigkeit. Sie sind keine „enacted parables“[61], die ganz anderes meinen, etwa die Überwindung von Sünde oder dergleichen; sie beziehen sich auf wirkliches Elend, auf wirkliche Not. Dabei ist zu beachten, daß auch so „zeitlos“ existenzielle Notlagen wie Krankheit und Gefahr in historischem Sinnhorizont erlebt werden: Krankheit in der Antike ist etwas anderes als Krankheit in einer industrialisierten Gesellschaft. Auch die existenziale Analyse der Wundergeschichten ist eine historisch-kritische Aufgabe[62].

Gegenstand existenzialer Analyse sind symbolische Handlungen, sofern sie existenzielle Situationen bewältigen. Handeln heißt: Situationen bewältigen und verändern. Veränderung von Situationen aber geschieht nicht nur durch praktische Eingriffe; Veränderung geschieht ebenso durch symbolische Ver-

60. Die Begriffe „Horizont“ und „Lebenswelt“ stammen aus der Phänomenologie. Beide Begriffe wurden von Hermeneutik (vgl. *H. G. Gadamer,* Wahrheit und Methode, s. v. „Horizont“) und Soziologie (vgl. *P. Berger/Th. Luckmann*: Die gesellschaftliche Konstruktion der Wirklichkeit, 1966) übernommen.

61. *A. Richardson*: The Miracle Stories of the Gospels, 1941, 57. Davon zu unterscheiden ist der metaphorische Gebrauch von Heilungsvorstellungen in biblischer Sprache, den *J. Hempel*: Heilung als Symbol und Wirklichkeit im biblischen Schrifttum, 2. Aufl. 1965, bes. 302–312, untersucht; daneben spricht Hempel allerdings auch von Heilungen selbst als Symbolen (S. 302), jedoch unter starker Betonung ihres materiellen Charakters.

62. Hier gilt, was *H. Bausinger,* Formen, 56, für die Gattung „Legende“ formulierte: Die jeweilige Geistesbeschäftigung sei „provoziert von dem vorgegebenen Material, von den Daten der Wirklichkeit. Die Vorgänge der Christenverfolgung rufen eben nicht nach Verrätselung, naiver Moral oder Komik, sondern nach Imitatio, und diese schafft aus dem Material die neue Wirklichkeit in ihren Sprachgebärden.“ Was *E.* und *L. Edelstein*: Asclepius II, 1945, S. 162, von Wundern sagen, gilt auch für Wundergeschichten: „Even miracles, one should think, can be accounted for only against the background of the society in which they happen ...“

wandlung von Erfahrung, durch ein Handeln mit Hilfe von (mehr oder weniger) komplexen Zeichen, also durch Nennen, Urteilen, Interpretieren, durch Erzählen, Spekulieren und Phantasieren. Diese symbolische Handlungen sind nicht weniger wichtig als praktische Veränderungen. Der Mensch könnte die vorfindliche Wirklichkeit nicht bestehen, würde er sie nicht durch symbolische Handlungen transzendieren, um sie in eine menschliche Sinnwelt umzuschaffen[63]: in jenes Sinngewebe von Symbolen, das alleine Kommunikation ermöglicht, traumatisierende Erfahrung überwindet, Sinngebung ermöglicht. Tagtäglich sind wir so mit der symbolischen Transformation der Wirklichkeit beschäftigt. Noch des Nachts hören wir damit nicht auf. Unsere Träume beweisen es: „Die Bildung von Symbolen ist eine ebenso ursprüngliche Tätigkeit des Menschen wie Essen, Schauen oder Sichbewegen. Sie ist der fundamentale, niemals stillstehende Prozeß des Geistes.“ [64] Die existenzielle Funktion von Texten besteht in der symbolischen Bewältigung der Wirklichkeit[65]. Dieser Prozeß läßt sich von zwei Seiten her analysieren: von seiten seiner existenziellen Intentionen und Bedingungen. Ihren Intentionen nach wollen urchristliche Wundergeschichten existenzielle Grenzsituationen durch Zeugnis von Offenbarung bewältigen: Sie zeugen vom Handeln einer göttlichen Gestalt, von dem „Heiligen Gottes“ (Mk 1,24), der Krankheit und Not wenden kann. Auf der anderen Seite aber erscheinen sie als Ausdruck menschlichen Wunsches nach einem von Not befreiten Leben, ein Wunsch, der um so stärker in den Vordergrund drängt, je mehr die religiöse Atmosphäre urchristlicher Wundergeschichten eine strenge Realitätskontrolle zu suspendieren scheint. Mag man auch gegenüber psychoanalytischer Hermeneutik skeptisch sein: Von vornherein läßt sich wohl kaum bestreiten, daß religiöse symbolische Handlungen auf tiefliegende Wünsche, Ängste und Erfahrungen zurückgreifen, die von der beherrschbaren Sprache abgetrennt sind, als undurchschauter Hintergrund in ihnen mitschwingen und gerade deswegen einen so anziehenden Charakter haben, der

63. Zu dieser anthropologischen Einsicht vgl. neben *E. Cassirer's* Philosophie der symbolischen Formen vor allem sein im Exil entstandenes Werk: „Was ist der Mensch? Versuch einer Philosophie der menschlichen Kultur, 1960. Ferner *W. E. Mühlmann:* Umrisse und Probleme einer Kulturanthropologie, in: Homo Creator 1962, 107–129.

64. *S. K. Langer:* Philosophie auf neuem Wege. Das Symbol im Denken, im Ritus und in der Kunst, 1965, 49. Von *S. K. Langer* stammen die Begriffe „Symbolische Transformation“ (S. 34ff.) und „Sinngewebe“ (S. 261ff.).

65. Ansätze zu solch einem Verständnis von Texten liegen in der existenzialen Interpretation vor, ferner in der (hin und wieder verspotteten) Lehre von den „Einfachen Formen“ von *A. Jolles*, deren Einseitigkeiten vermeidbar sind; vgl. die umsichtige Diskussion bei *H. Bausinger,* Formen, 51–64. Ausdrücklich auf E. Cassirer beruft sich *H. Bausinger* in: Strukturen des alltäglichen Erzählens, Fab 1 (1958) 239–254, 245f.

sich bewußter Rechenschaftsablegung entzieht[66]. Der hermeneutische Konflikt zwischen reduzierender und restaurativer Exegese nimmt hier seine schärfste Form an. Zweifellos wollen die Wundergeschichten etwas ganz anderes: Sie wollen den Menschen als Adressaten eines Kerygmas anreden, das nicht nur untergründig anspricht, sondern verpflichtet.

Der hermeneutische Konflikt zieht sich durch alle funktionalen Analysen. Er sei hier noch einmal zusammenfassend diskutiert. Grundfrage ist immer: Sind die Wundergeschichten Projektionen sozialer, historischer und psychischer Faktoren oder Zeugnis von göttlicher Offenbarung? Reduzierende und restaurative Hermeneutik stehen sich hier unversöhnlich gegenüber. Beide lokalisieren das Sinnzentrum der Texte jenseits menschlicher Subjektivität, sei es in einer hinter ihrem Rücken sich vollziehenden historischen, sozialen oder psychischen Dynamik, sei es in einer von außen dem Menschen begegnenden unbedingten Offenbarung. Beide neigen zu der Auffassung, daß die Texte etwas widerspiegeln: menschlich-allzumenschliche Wirklichkeit oder Offenbarung. Dieser hermeneutische Konflikt dürfte heute geistiges Schicksal eines jeden sein, der ernsthaft nach Sinn und Wahrheit religiöser Überlieferung fragt. Wir verfügen über keine allgemeine Hermeneutik, die diesen Konflikt überbrücken könnte. Es wäre jedoch eine auf die Dauer unerträgliche hermeneutische Resignation, wollte man ihn einfach hinnehmen. Soll er überwunden werden, so müssen restaurative wie reduzierende Hermeneutik Abstriche machen.
Wir können heute Wundergeschichten nicht mehr als Zeugnisse göttlichen Eingreifens in den normalen Gang der Dinge verstehen. „Krankheiten und ihre Heilungen haben ihre natürlichen Ursachen und beruhen nicht auf dem Wirken von Dämonen bzw. auf deren Bannung. Die Wunder des Neuen Testaments sind damit als Wunder erledigt."[67] Natürlich hat es wunderhafte Phänomene gegeben: unwahrscheinliche Heilungen und Wundercharismatiker. Aber erst durch symbolische Steigerungen wurden diese wunderhaften Phänomene in ein paradoxes Handeln göttlicher Wesen verwandelt. Vergleichbare symbolische Steigerungen der Realität charakterisieren aber das ganze Neue Testament: Der historische Jesus wird zum kerygmatischen Christus, urchristliche Gemeinschaften zum „Leib Christi", eine neue religiöse Bewegung zum Beginn einer

66. Deswegen ist das psychoanalytische Dogma noch lange nicht richtig, nur Verdrängtes werde symbolisiert, Symbolisiertes sei nur Verdrängtes. Das trifft z. B. bei dem bekanntesten Beispiel psychoanalytischer Mythendeutung, der Ödipusinterpretation S. Freuds, nicht zu: Tötungswunsch und Inzest werden keineswegs symbolisiert: der Vater wird tatsächlich getötet, die Mutter tatsächlich geheiratet. Zur Diskussion dieser Deutung sowie zur psychoanalytischen Hermeneutik überhaupt vgl. die besonnene Arbeit von *W. Schmidbauer*: Mythos und Psychologie, 1970.

67. *R. Bultmann:* Neues Testament und Mythologie, 30f. (in: Offenbarung und Heilsgeschehen 1941, 27–69).

neuen Welt. Überall transzendieren symbolische Handlungen die historische, soziale und existenzielle Realität. In der „empirischen" Realität wird jeweils mehr gesehen als ein gewöhnliches Geschehen. Sie wird transparent für eine Offenbarung des Heiligen. Wundergeschichten wären dann weder bloße Projektionen nicht-intentionaler Faktoren noch Widerspiegelungen göttlichen Eingreifens. Sie wären symbolische Handlungen menschlicher Subjektivität, in denen eine Offenbarung des Heiligen gestaltet und die „empirische" Realität transzendiert wird[68]. Dies bedarf der Erläuterung.

Die Beschreibung der inneren Struktur des „Heiligen" ist Aufgabe der Religionsphänomenologie. Wie jede Erfahrung ist auch die Erfahrung des Heiligen durch menschliche Akte konstituiert. Es ist daher nach ihren anthropologischen Bedingungen zu fragen (was nicht heißt, sie aus diesen Bedingungen abzuleiten). Deskriptiv läßt sich diese Erfahrung durch fünf Merkmale charakterisieren: Prägnanz, Konkurrenz, Dominanz, Transparenz und Ambivalenz. Diese Merkmale seien nacheinander besprochen[69].

1. *Prägnanz*: Das Heilige erscheint in Gegenständen und Ereignissen von prägnanter Gestalt: man denke an den nächtlichen Mond, den einsamen Berg, den Dornbusch in der Wüste oder jene wunderhaften Phänomene, die den Wundergeschichten zugrunde liegen. Es

68. Der verwandte Begriff des „Symbols" und der „symbolischen Handlung" ist durch drei Traditionen geprägt:
a) Die von Kant inspirierte Philosophie *E. Cassirers* versteht unter „symbolischen Formen" alle objektivierenden Akte des Geistes, in denen er Erfahrung kategorial gestaltet: in Mythos, Sprache, Erkenntnis, wobei er jeweils sinnlicher Vermittlung bedarf. Vgl. neben der „Philosophie der symbolischen Formen", 4. Aufl., 1964, auch: Wesen und Wirkung des Symbolbegriffs, 4. Aufl., 1969.
b) Für die Psychoanalyse *S. Freuds* (vgl. etwa: Neue Folge der Vorlesungen zur Einführung in die Psychoanalyse, GW XV 1940, 13ff.) ist das Symbol Verschleierung: Sein wahrer Sinn ist ins Unbewußte abgedrängt und tritt im Symbol, in Mythos, Kult und Träumen verstellt ins Bewußtsein. Eine kritische Darstellung findet sich in *A. Lorenzer*: Kritik des psychoanalytischen Symbolbegriffs, 1970. Bei *C. G. Jung* hat das Symbol eine sehr viel positivere Funktion: Es lenkt die Libido auf neue Ziele. Vgl. die systematische Darstellung bei *J. Jacobi*: Komplex Archetypus Symbol in der Psychologie C. G. Jungs, 1957.
c) In der klassischen Epoche deutscher Philosophie und Dichtung wurde „Symbol" zum Gegenbegriff zur „Allegorie" (vgl. die Darstellung bei *H. G. Gadamer*, Wahrheit und Methode, 68ff.). Neuplatonische Gedankengänge stehen im Hintergrund, wenn der künstlichen Verbindung von Sinn und Mehr-an-Sinn in der Allegorie deren wesenhafte Zusammengehörigkeit im Symbol entgegengesetzt wird. In dieser Tradition steht auch *P. Tillich*: Symbol und Wirklichkeit, 1962.

69. Seit *R. Otto*: Reich Gottes und Menschensohn, 1934, sind ntl. Exegese und Religionsphänomenologie meist getrennte Wege gezogen. Das Gespräch zwischen Religionsphänomenologie und Theologie wurde vor allem durch „philosophierende" Christen weitergetrieben: *P. Tillich* und *P. Ricoeur* (Symbolik des Bösen, 1971).

fällt immer aus seiner Umgebung heraus. Ein „ontologischer Bruch“[70] durchzieht die Realität. Die Gestalten des Heiligen heben sich scharf von allem Profanen ab. Nun haben diese Gestalten dieselben Merkmale wie verhaltensauslösende Signale tierischer Umwelt: Unwahrscheinlichkeit und Einfachheit[71]. Deswegen lassen sich die Menschen in der Religion nicht „wie das Vieh“ imponieren, wie *K. Marx* in einer scharfsinnigen Bemerkung meinte[72]; denn sie können auf die prägnanten Gestalten dieser Welt nicht wie Tiere antworten. Zwischen „auslösender“ Gestalt und antwortendem Verhalten schiebt sich ein Hiatus, bedingt durch die entdifferenzierte Antriebsstruktur des Menschen, die einen Spielraum für sehr verschiedenes Verhalten offen läßt. Den verhaltensauslösenden Signalen entsprechen daher beim Menschen nur allgemeine Appellqualitäten, die als unbestimmter Imperativ erfahren werden, bei dem offen bleibt, was zu tun sei. Der Mensch muß die Antwort auf die ihn bedrängende Wirklichkeit selbst artikulieren. Und er gibt sie zunächst im rituellen Verhalten, das sich im Unterschied zum praktischen dem Gegenstand unterordnet, sich von ihm verpflichten läßt, ihn darstellt und sich so zu seinem Dasein bekennt. Die Antwort geschieht aber auch in anderen symbolischen Handlungen: in Mythen, Spekulationen und Erzählungen.
2. *Konkurrenz:* Der Mensch ist nicht nur für wenige lebensspezifische Gestalten sensibilisiert (wie das Tier), sondern für alles, was in seinem Wahrnehmungsfeld prägnante Gestalt hat: für die ganze Welt in ihrer andrängenden und erregenden Mächtigkeit, für die vielen miteinander konkurrierenden Appellqualitäten der Welt. In der Religionsgeschichte ist daher fast alles als Gegenstand der Offenbarung des Heiligen verehrt worden: Himmel, Sonne, Mond, Sterne, Bäume, Erde, Berge, Menschen usw.[73]. Gewiß hat jede Kultur spezifische, für sie relevante Hierophanien. Betrachtet man jedoch die Religionsgeschichte insgesamt, so könnte es scheinen, als taste der Mensch die ganze Welt ab, um die seinem Wesen entsprechende Hierophanie zu finden. Eben darin zeigt sich seine Weltoffenheit. Er ist an keine Hierophanie endgültig gebunden. Immer wieder kann er die in seiner Kultur gültigen Appellqualitäten verwerfen. Er kann anderen Göttern dienen. Er ist konstitutioneller Häretiker. Um sein Verhalten dennoch festzumachen, muß er aus der Fülle der Gestalten einige „auswählen“ und deren Appellqualität symbolisch steigern: Im Kultbild wird die prägnante Gestalt überprägnant, im Mythos die dominante Gottheit überdominant; sie siegt über alle anderen. Götter sind gesteigerte Appellqualitäten dieser Welt. Und nur als gesteigerte Gestalten können sie das über die wahrnehmbare Welt allein nicht zu stabilisierende Verhalten des Menschen verpflichtend (vor allem aber: sozial verpflichtend) machen[74].

70. *S. S. Acquaviva*: Der Untergang des Heiligen in der industriellen Gesellschaft, 1964, bes. 24ff. (zum „ontologischen Bruch“ vgl. S. 33ff.).
71. Für die anthropologischen Aspekte religiöser Erfahrung stütze ich mich weitgehend auf *A. Gehlen*: Urmensch und Spätkultur, 1964. Dies Buch will zwar keine Religionstheorie geben, enthält aber entscheidende Elemente für sie.
72. *K. Marx:* Die deutsche Ideologie, in: Die Frühschriften, hg. von S. Landshut, 1964, 357.
73. Vgl. bes. *M. Eliade:* Die Religionen und das Heilige, 1954, 19ff. sowie jede andere Religionsphänomenologie.
74. Der Begriff der „gesteigerten Gestalt“ stammt von *W. E. Mühlmann*, Kulturanthropologie, 37ff.: „Die symbolische Welt ist nicht einfach ‚die Realität noch einmal‘, sie

3. *Dominanz:* Appellqualitäten haben verpflichtende Macht für menschliches Verhalten. Darin besteht ihre Dominanz[75]. Sie werden als anredendes und gebietendes Du erfahren[76]. Sie gebieten apodiktisch und kategorisch. Ihr Gebot steht jedoch in Spannung zur konstitutiven Unbestimmtheit des Appells. Es ist immer schon eine Verwandlung unbestimmter Verpflichtung in eine bestimmte. Immer wieder kann daher das bestimmte und „gültige" Antwortverhalten in Frage gestellt werden. Auch diese Unsicherheit führt zu symbolischen Steigerungen: In seinen symbolischen Handlungen ist der Mensch auf der Suche nach einer Welt, die sein Handeln eindeutig motiviert, nach jener Heimat, aus der er sich durch seine Weltoffenheit ausgeschlossen weiß. Immer, wenn er sein Handeln motivieren will, entwirft er daher überprägnante Gestalten des Guten und Bösen, der Liebe und des Hasses, des Göttlichen und Dämonischen. Jede dieser durch symbolische Steigerungen gebildete Sinnwelt ist mit einer bestimmten geschichtlichen Lebensform, mit einer bestimmten Motivationsstruktur, verbunden. Ein Wandel in der Motivationsstruktur ist immer mit einem Wandel in der symbolischen Sinnwelt verbunden, wird durch neue symbolische Handlungen herbeigeführt, die oft mit Absolutheitsanspruch gegen die bisher gültige Sinnwelt gewandt werden. Das Urchristentum ist zweifellos einer der radikalsten Versuche, menschliche Motivation bis in die Tiefe hinein umzustrukturieren, den „neuen Menschen" zu schaffen. Daher stammt seine faszinierende mythenbildende Kraft, die Größe seiner symbolischen Steigerungen. Das Bild des historischen Jesus allein, so beeindruckend es sein mag, hätte jene tiefe Umstrukturierung antiker Lebensformen und Motivationsstrukturen nicht herbeiführen können. Die Gestalt des historischen Jesus mußte zum mythischen Christus gesteigert werden, zur Dominanz des eschatologischen Weltenherrn und Kosmokrators. Und noch heute dürften alle Versuche vergeblich sein, auf den „historischen" Jesus Glauben zu bauen, nicht wegen der prekären Quellenlage, sondern weil allein der gekreuzigte und über alle anderen Mächte herrschende Sohn Gottes jene motivierende Kraft hat, die der Unbedingtheit christlichen Glaubens entspricht.

4. *Transparenz:* Wahrnehmbare und gesteigerte Gestalt sind nicht identisch, in der wahrgenommenen (der historischen, „empirischen") ist jedoch ihre gesteigerte Gestalt mitgegeben. Darauf beruht die den Hierophanien eigentümliche Transparenz: Nicht der verehrte Baum ist heilig, sondern die in ihm erscheinende gebietende Gottheit. Nicht der Mensch Jesus ist Gegenstand des Glaubens, sondern der Offenbarer Gottes. Die konkrete Gestalt, die Manifestation des Heiligen, steht jeweils in Spannung zum unbestimmten Charakter des in ihr erscheinenden Appells. Je bewußter der unbestimmte Appell gehört wird, um so größer wird die Transzendenz der Gottheit gegenüber ihren konkreten Manifestationen, um so mehr wird deutlich, daß die Manifestation des Heiligen nicht nur offenbart, sondern auch verbirgt. Der unbedingte Appell, die heilige Verpflichtung kann letztlich ihren Grund in keiner wahrnehmbaren Gestalt haben, sondern nur im nicht wahrnehmbaren transzendenten Grund. Ihre angemessene Manifestation ist dann allein

ist Steigerung der Realität" (S. 37). Terminologisch knüpft Mühlmann an Goethe an, vgl. etwa die Rede von den „gesteigerten Gestalten" in: Schillers Reliquien, 9. Strophe.

75. Den Aspekt der Macht hat vor allem *G. van der Leeuw:* Phänomenologie der Religion, 2. Aufl. 1956, herausgestellt.
76. Dieser Aspekt ist häufig beschrieben worden, besonders gut m. E. von *H.* und *H. A. Frankfort* u. a.: Frühlicht des Geistes, 1954, 9–16.

jene konkrete Gestalt, die ganz auf das Erscheinende hinweist, in der Offenbarung nur in der paradoxen Gestalt der Verhüllung sich ereignet[77]. Transparent wird die konkrete Manifestation des Heiligen aber auch für die Welt: Theo- und Ontophanie gehören zusammen[78]. Der Lebensbaum wird transparent für das Leben überhaupt. Der „historische" Jesus für die ganze Geschichte, in deren Mitte er steht. Jede Offenbarung des Heiligen eröffnet so ein gestaltetes Universum, zentriert um sich eine symbolische Sinn*welt.* Die Transparenz der Hierophanien enthält somit ein rationales Moment, ein Moment der Ordnung, der Struktur, der Gestaltung. Das Heilige ist alles andere als das „Irrationale".

5. *Ambivalenz: R. Otto* hat in seiner klassischen Analyse des Heiligen[79] die Ambivalenz von tremendum und fascinosum als eine Grundstruktur des Heiligen aufgewiesen, jene Ambivalenz von Anziehung und Niedergedrücktwerden durch eine Macht, die den Menschen in Staub versinken läßt. Es handelt sich dabei nicht um aufwühlende, emotionale Erlebnisse. Diese sind nicht das Wesentliche. Wesentlich ist vielmehr die durch symbolische Handlungen von Ritus und Sprache zu erringende stabilisierte Spannung zwischen den widerstrebenden Impulsen des Angezogen- und Abgestoßenwerdens. Auch diese Spannung ist in der conditio humana begründet: Beim Tier ist jede „Appellqualität" eindeutig, bewirkt Annäherung oder Flucht, beim Menschen konkurrieren widerstrebende Impulse. Er weiß sich von allem, was er als Appellqualität wahrnimmt, zugleich angezogen und weggestoßen. Er nimmt Widersprechendes zugleich als Appell wahr. Diese Ambivalenz schafft ein labiles Gleichgewicht, eine Zone höchster Wachsamkeit. Das gelungene Gleichgewicht zeichnet sich durch Ruhe, Freiheit und Klarheit aus und ist von einem Überwältigtwerden durch Emotionen weit entfernt. Aber dies Gleichgewicht ist gefährdet. Das zeigt die Religionsgeschichte mit ihren Eruptionen und Revolten. Dies Gleichgewicht kann sich ferner auf verschiedenem Niveau stabilisieren. Dem abgründigen Rätsel der Wirklichkeit wird der Mensch erst gerecht, wenn er die extremsten Widersprüche als Appell und Beunruhigung erfährt, wenn er in seinen Symbolen radikalste Absurdität und radikalste Heilserfahrung verbindet: Im zentralen biblischen Symbol des Kreuzes ist beides verbunden[80].

Die Erfahrung des Heiligen ist nur durch ihre Geschichte zu erfassen. Allgemeine anthropologische Überlegungen können nur Aspekte beitragen. Innerhalb unseres Kulturraumes gab es dreimal entscheidende Umstrukturierungen des Heiligen: in Griechenland, in Israel[81] und im Urchristentum. Man hat die griechischen Götter mit Recht als Gestalten (besser: als gesteigerte Gestalten) unserer Wirklichkeit interpretiert[82]. So überzeugend

77. Vor allem *P. Tillich* hat diese Transparenz in der Manifestation des Heiligen betont und die paradoxe Transparenz des Heiligen im Symbol des gekreuzigten Christus zum Mittelpunkt seiner Christologie gemacht. Vgl. Systematische Theologie II, 3. Aufl., 1958.
78. Die Zusammengehörigkeit von Theo- und Ontophanie wird besonders von *M. Eliade* betont, zum Beispiel in: Mythen, Träume und Mysterien, 1961, 9–18; *ders.:* Das Heilige und das Profane, 1957.
79. *R. Otto:* Das Heilige, 1917.
80. Die „coincidentia oppositorum" ist ein Strukturmerkmal des Heiligen und seiner Symbole (vgl. *M. Eliade,* Die Religionen und das Heilige, 474ff.).
81. Vgl. dazu *H.* und *H. A. Frankfort,* Frühlicht des Geistes, 242–270.
82. So vor allem durch *W. F. Otto:* Die Gestalt und das Sein, 1955; *ders.:* Thephania, 1956; *ders.:* Die Wirklichkeit der Götter, 1963.

sind sie geschaut und gebildet, daß sie in der Dichtung bis in unsere Tage lebendig blieben. Charakteristisch ist: Sie fordern kaum. Sie haben keinen autoritativen Offenbarungsanspruch. Sie sind einfach da. Solchen Gestalten ohne autoritative Dominanz kann der Mensch frei gegenübertreten. Er kann sie vergegenständlichen, schauen, bilden. Kein gebietender Imperativ drückt seine Blicke nieder. Ganz anders geschah die Umstrukturierung des Heiligen in Israel. Man denke nur an das Gebot, sich kein Bild der Gottheit zu machen. Dies Gebot setzt jedes Überwältigtwerden von wahrnehmbaren, prägnanten Gestalten dieser Welt außer Kraft. Die Appellqualität der Welt – alles, was im Himmel, auf Erden und unter der Erde ist – hat ihre Macht verloren. Gott offenbart sich nicht in sichtbarer Gestalt, sondern im geistigen Geschehen des Wortes: Im Wort des gebietenden Imperativs und des verheißenden Futurs, hinter dem die absolute Dominanz Jahwes steht. In Griechenland und Israel wurde jeweils ein charakteristisches Merkmal des Heiligen vereinseitigt, dort sein Gestalt-, hier sein Dominanzcharakter. Das Urchristentum brachte dagegen mehr als eine Vereinseitigung und Läuterung. Hier geschah eine radikalere Umwälzung der Erfahrung des Heiligen. Das Heilige erscheint von da an nicht mehr in der beeindruckenden Gestalt griechischer Götter noch in der Dominanz eines absoluten Imperativs. Offenbarung vollzieht sich vielmehr in der zerbrochenen Gestalt des Kreuzes, das den gebietenden Imperativ als Fluch entlarvt. Das Kreuz ist den Griechen eine Torheit und den Juden ein Ärgernis (1 Kor 1,23). Die hier definierte Gestalt des Heiligen ist m.E. auch heute noch gültig.[83]

Vielleicht läßt sich nun im Konflikt von reduzierender und restaurativer Hermeneutik vermitteln. Die symbolische Steigerung der Wirklichkeit, nach reduzierender Hermeneutik nur Projektion nicht-intentionaler historischer, sozialer und psychischer Faktoren, läßt sich nun als intentionaler Grundzug menschlichen Daseins verstehen: Weltoffenheit und entdifferenzierte Antriebsstruktur treiben den Menschen dazu, Handeln und Motivation durch überprägnante Gestalten zu begründen. Es sind hier nicht nur naturwüchsige Faktoren am Werk, sondern die schöpferische Subjektivität des Menschen. Gewiß ist damit noch nicht alles über religiöse Texte gesagt. Als symbolische *Handlungen* bleiben sie Momente eines funktionalen Lebenszusammenhangs; als *symbolische* Handlungen transzendieren sie ihn. Sie weisen auf eine Offenbarung des Heiligen. Und es gibt m.E. keine ausreichenden Gründe, den Sinn solcher Offenbarung auf seinen „funktionalen Lebenszusammenhang" zu reduzieren.

Abschließend sei betont: Die hier aufgeworfenen Fragestellungen wollen allein an den auszulegenden Texten gemessen werden. Wohl wurden viele Anregungen aus anderen Wissenschaften übernommen. Leitender Gesichtspunkt für ihre

83. Der Begriff des „Heiligen" ist zunächst ein religionsphänomenologischer Begriff. Er ist neutral. Denn die Phänomenologie suspendiert die Frage nach der Realität und Geltung eines Phänomens. Man mag die Verwendung dieses „neutralen" Begriffs kritisieren. Er empfiehlt sich m. E. dann, wenn man Bedenken hat, ohne genaue Klärung des Sachverhalts von „Gott" zu sprechen und zugleich die vielen theologischen Ersatzformeln ablehnt. Ich darf noch auf den angekündigten Sammelband: „Die Diskussion um das Heilige" hg. von C. Colpe (Wiss. Buchgemeinschaft Darmstadt) hinweisen.

Übernahme war die Exegese ganz bestimmter Texte. Ziel dieser Exegese ist in allen ihren Betrachtungsweisen, eine Überlieferung im Rahmen ihrer Zeit auszulegen. Diese historische Ausrichtung der Arbeit erhellt schon daraus, daß synchronische, diachronische und funktionale Analysen ohne Verarbeitung religionsgeschichtlicher Parallelen nicht möglich wären. (Das Besondere des religionsgeschichtlichen Teils besteht nur darin, diese Parallelen noch einmal im Zusammenhang entwicklungsgeschichtlich zu untersuchen.) Alle allgemeinen Erwägungen und methodische Fragen müssen sich also an einer historisch-kritischen Aufgabe messen: an der Exegese urchristlicher Wundergeschichten. Sie wurden daher nur so weit entfaltet, wie sie exegetisch Anwendung finden: Methodenreflexion ohne Exegese wäre leer, Exegese ohne Methodenreflexion blind.

Erster Teil: Wundergeschichten als strukturierte Formen (Synchronische Betrachtungsweise)

I. Personen: Inventar, Feld und Komposition

Erste Aufgabe ist, ein Inventar aller Personen zusammenzustellen. Es umfaßt bei allen drei Synoptikern dieselben Personen (einschließlich der Dämonen); in einzelnen Wundergeschichten werden jedoch durch Mt und Lk Personen gestrichen (Mt: 5 Mal; Lk: 2 Mal)[1] oder hinzugesetzt (Mt: 2 Mal; dazu zwei Verdoppelungen)[2]. Die folgende Tabelle gibt einen Überblick: W = Wundertäter, K = Kranker, D = Dämon (sofern er in den Wundergeschichten als handelnde Person auftritt), B = Begleiter (Vater, Mutter, Träger des Kranken)[3], M = Menge, G = Gegner, J = Jünger[4].

WKDBMGJ	Mk 9,14ff.	WKM	Mk 1,40ff.
WKBMJ	Mk 5,21ff.	WKJ	Mk 1,29ff.
WKBMG	Mk 2,1ff.	WMJ	Mk 6,34ff. 8,1ff.
WKDM	Mk 1,21ff. 5,1ff.	WKB	Mk 7,24ff.
WKMG	Mk 3,1ff. Mt 9,32ff. 12,22ff	WGJ	Mt 17,24–27
	Lk 13,10ff.	WKG	Lk 14,1ff.
WKMJ	Mk 5,25–34 10,46ff.	WJ	Mk 4,35ff. 6,45ff.
WKBM	Mk 7,31ff. 8,22ff.	WK	Lk 17,11ff.
	Mt 8,5ff.		

Das ganze formgeschichtliche Feld der Personen ist nur in der Mk-Fassung des ‚epileptischen Knaben' realisiert. Deren Personenstruktur sei exemplarisch analysiert. Es heben sich zwei Pole heraus: Wundertäter und Dämon. Der eine gehört zur göttlichen, der andere zur widergöttlichen Sphäre. Sie sind die eigentlichen Gegenspieler, alle anderen Personen Zwischenspieler: auf Seiten des Kranken der Vater, auf Seiten des Wundertäters die Jünger, zwischen ihnen das Publikum, das sich in ablehnendes (Schriftgelehrte) und zustimmendes (Menge) aufgliedert. Graphisch dargestellt:

1. Mt 8,1ff. 14ff. 20ff. 17,14ff. 20,29ff.; Lk 9,37ff. 18,35ff.
2. Mt. 8,23ff. 15,21ff. Verdoppelungen: Mt 8,28ff. 20,29ff. Bei der Realisierung des Personenfeldes ist Mt wesentlich selbständiger gegenüber Mk als Lk: 9 mt Änderungen stehen 2 lk gegenüber.
3. Unter „Begleitern" werden auch die stellvertretend bittenden Gesandten verstanden: alle Personen, die auf Seiten des Kranken oder Besessenen stehen.
4. Man könnte erwägen, ob diese Liste auch die Natur umfassen muß. Stellt man sich diese aber als handelnde Person vor (etwa in Mk 4,35ff. Wind und Wellen), so hat man sie dämonisch aufgefaßt.

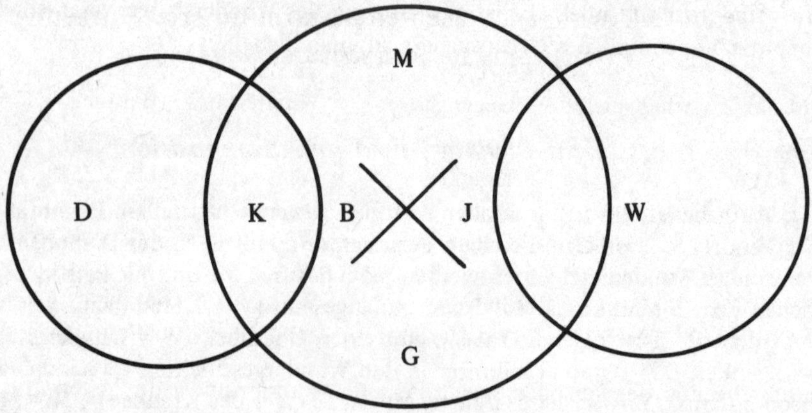

Dämonische Sphäre Gegenspieler | Menschliche Sphäre Zwischenspieler | Göttliche Sphäre Gegenspieler

Die Dreigliedrigkeit des Feldes charakterisiert alle Wundergeschichten, auch wenn ein Zwischenfeld von Personen zu fehlen scheint:

1. In der Sturmstillung (Mk 4,35ff.) sind nur Jesus und die Jünger anwesend; es macht sich jedoch eine Tendenz zum dreigliedrigen Feld bemerkbar: Mk spricht von „anderen Booten" (4,36); Mt führt am Ende akklamierende „Menschen" ein (Mt 8,27).
2. Beim Seewandel (Mk 6,45ff.) sind nur Jünger anwesend. In der mt Version tritt jedoch Petrus hervor (Mt 14,27ff.). Er wird zum eigentlichen Gegenspieler Jesu, die anderen Jünger nehmen das Feld der Zwischenspieler ein und akklamieren (wie sonst das Publikum).
3. In der Heilung der zehn Aussätzigen (Lk 17,11ff.) ist einer der Aussätzigen Gegenspieler: der dankbare Samariter, die anderen werden zu Zwischenspielern.
Auch in Mk 1,40–44 (45) scheinen ursprünglich nur zwei Personen gegenüber gestanden zu haben. Hier fungiert der „Priester" (1,44) als Publikum. Alle drei Evangelisten führen außerdem die „Menge" in die Geschichte ein.

Wir sehen: das dreigliedrige Feld kann von verschiedenen Personen gefüllt werden. Die einzelnen Personen haben keinen festen Ort im formgeschichtlichen Feld: Jünger werden zustimmendes Publikum, Gegenspieler werden zu Zwischenspielern. Die Feldstruktur bleibt dieselbe, die Personen wechseln. Die Abschnitte des Feldes bezeichnen nicht bestimmte Personen, sondern ‚Rollen', die von verschiedenen Personen übernommen werden können. Konstant ist nur das Feld des Wundertäters mit derselben Person besetzt, variabel dagegen die Realisierung des Gegenspielers. Alle Personen, die das Zwischenfeld bilden, können in diese Rolle eintreten; das Zwischenfeld wird entsprechend kleiner. In den Epiphanien wird sogar der Wundertäter selbst ‚Gegenspieler': an ihm wird wunderbar gehandelt. Er ist der Adressat des Wunders[5]. Wir veranschaulichen die Variabilität des Gegenspielers an einer Tabelle:

Feld der Zwischenspieler	Gegenspieler	Wundertäter	Beispiel
JGMBK	Dämon	W	Mk 9,14ff.
JMB	Kranker	W	Mk 5,25ff.
(J)MK	Begleiter	W	Mk 7,24ff.
MK	Gegner	W	Mk 3,1ff.
J	Menge	W	Mk 6,34ff.
(M)	Jünger	W	Mk 4,35ff.
J	Wundertäter		Mk 9,2ff.

Da das Inventar der Personen sieben Personen umfaßt und jede Person in das Feld des Gegenspielers eintreten kann, erhalten wir sieben Themen von Wundergeschichten: eine vorläufige Klassifizierung, die später ausführlich zu begründen ist. Beim Dämon als Gegenspieler sprechen wir von Exorzismen, beim Kranken von Therapien, bei Gegnern von Normenwunder (thematisiert werden immer heilige Normen). Die Menge ist in Speisungswundern, die Jünger in Seewundern Gegenspieler: Wir unterscheiden sie als Geschenk- und Rettungswunder. Ein Grenzfall sind die Epiphanien. Wundergeschichten, in denen der Begleiter (als Bittsteller) hervortritt (Mk 7,24ff. Mt 8,5ff.) verteilen sich auf Exorzismen und Therapien. *R. Bultmann*[6] behandelt sie als Anhang zu den Apophthegmen; sie gehören zusammen, bilden jedoch eine Untergruppe innerhalb von Exorzismen und Therapien.
Die Analyse des formgeschichtlichen Personenfeldes synoptischer Wundergeschichten kann für den Vergleich mit anderen Wundergeschichten fruchtbar gemacht werden. Die joh Erzählungen weichen in zweifacher Hinsicht ab: 1. Sie kennen keine Dämonen, 2. sie polarisieren das Zwischenfeld viel stärker, denn so verschieden Volk und jüdische Autoritäten reagieren, beide verfehlen den Offenbarer und stehen damit den „Glaubenden" gegenüber. Da Änderungen des Feldes immer eine Umstrukturierung des Ganzen sind, könnten beide Änderungen zusammen hängen, konkret: die ‚Juden' könnten im JohEv die Rolle der Dämonen übernommen haben (vgl. bes. Joh 5,1ff. 9,1ff.), die den geheilten Kranken nicht freigeben sollen, die sich aktiv der Offenbarung widersetzen und als Repräsentanten des *κόσμος* vom Offenbarer gerichtet werden (9,39). Im formgeschichtlichen Feld der Personen fehlen die Dämonen, dafür sind die Menschen (repräsentiert durch die ‚Juden') dämonisch geworden. Diese Entwicklung muß man heute mit gemischten Gefühlen konstatieren.

5. In der Verklärung sind die Jünger Begleiter des Wunderadressaten, Mose und Elia aber nehmen die Stelle ein, die ihnen sonst zukommt: Begleiter des Wundertäters zu sein.
6. GST, 38f.

Die Analyse auf paradigmatischer Ebene muß durch Untersuchung kompositioneller Strukturen ergänzt werden. Hier lassen sich drei Charakteristika der Personenfolge beobachten:

1. Der Wundertäter tritt immer als erster auf. Ausnahmen finden sich nur bei Mk (1,40 5,25 8,1) sowie in Q (Mt 12,22ff. parr.). Daß die älteste Traditionsschicht gelegentlich abweicht, wird Ansatzpunkt für eine diachronische Analyse sein.

2. Der Gegenspieler erscheint erst auf der Szene, nachdem vom Kommen bzw. der Existenz des Wundertäters (sowie der ihn begleitenden und zu ihm strömenden Menge) die Rede war. Das typische Nacheinander rechtfertigt, von einer „zweigliedrigen Einleitung" zu reden.

3. So konstant der Wundertäter die Erzählung einleitet, so variabel ist der Schluß: In 16 von 21 Fällen bilden eben die Personen den Schluß, die am Anfang an zweiter oder dritter Stelle auftraten[7].

7. Die Ausnahmen sind neben Mk 1,40ff. bezeichnenderweise die vier Wundergeschichten des mt Sonderguts.

II. Motive

A. Das Inventar der Motive

Die Motivanalysen der klassischen Formgeschichte sollen in verschiedener Hinsicht fortgeführt werden: Erstens sollen die Motive vollständig erfaßt werden, so daß sich (im Idealfall) jede Wundergeschichte als Kombination von Motiven verstehen ließe. Zweitens werden auch Motivbeziehungen untersucht (also der kompositionelle Ort oder der Haftpunkt eines Motivs usw.). Manchmal lassen sich keine relevanten Beziehungen erkennen; oft sind sie trivial; oder sie werden erst sichtbar, wenn das Gesamtinventar der Motive bekannt ist. Drittens werden zu den einzelnen Motiven religionsgeschichtliche Parallelen aufgeführt. Hier sind zwei Gesichtspunkte zu beachten. Der erste bezieht sich auf die formale Verschiedenheit der Parallelen: Parallelen aus erzählenden Texten sind selbstverständlich von größerem Gewicht als vergleichbare Motive aus anderen Gattungen, aus medizinischen Traktaten, Zauberanweisungen, Reflexionen, Sprüchen usw. Vorstellungs- und Erzählmotive lassen sich grundsätzlich unterscheiden[1]. Da Motive jedoch durch verschiedene Gattungen „wandern" können, werden sie zusammen aufgeführt. Der zweite Gesichtspunkt bezieht sich auf die zeitliche Verschiedenheit der Parallelen. Gegenstand synchronischer Betrachtung ist immer nur ein abgrenzbarer historischer Bereich, in diesem Falle der antike Raum, von dessen innerer zeitlicher Gliederung bei der Inventarisierung von Motiven methodisch (und vorläufig) abgesehen werden soll; alle antiken Texte entstammen ja demselben kulturellen Raum und lassen sich daher synchronisch betrachten[2]. Bei der Analyse gattungsspezifischer Strukturen soll dagegen ein strengerer Begriff von Synchronie zugrunde gelegt werden und als synchron nur die synoptischen Wundergeschichten (einschließlich der Apg) gelten; das JohEv wird nur in zweiter Hinsicht herangezogen. Praktische Gründe hat es, daß zu einigen Motiven auch diachronische Beobachtungen gesammelt werden: Diese Motive werden im zweiten (diachronischen) Teil nicht mehr besprochen.

1. Vgl. *F. Harkort*: Volkserzählungstypen und -motive und Vorstellungsberichte, Fab 8 (1966) 208–223.
2. Anders als bei *R. Bultmann*, GST, 236ff. werden keine Parallelen aus volkstümlicher Überlieferung anderer Zeiten aufgeführt. Gegen strukturale Analysen wird hin und wieder eingewandt, sie verführen „ungeschichtlich". Dieser Vorwurf ist unberechtigt. Er träfe ebenso die klassische Formgeschichte, wenn sie zum Beispiel synoptische Überlieferungen und Motive mit volkstümlichen Traditionen aus ganz anderen Bereichen zusammenstellt, „Synchronie" ist nicht gleichbedeutend mit Zeitlosigkeit, sondern bedeutet „Gleichzeitigkeit" unter verschiedenen Aspekten.

1. Das Kommen des Wundertäters

Varianten: Meist wird das Kommen des Wundertäters durch *ἔρχεσθαι εἰς* (o. ä.) und Ortsangabe beschrieben. Entweder sind Herkunfts- und Zielangabe differenziert („Synagoge" und „Haus" Mk 1,29), oder zur ersten Ortsangabe tritt eine spezifierende Lokalisierung (Kapernaum und Synagoge in Mk 1,21). Alle drei Momente: Herkunftsort (Mt 8,1 9,27 9,32), Zielangabe (Mk 4,35 6,45 u. ö.), spezifizierender Ort (Mk 3,1 u. ö.) treten auch für sich auf. Kompositioneller Ort ist immer die Einleitung. Das Motiv steht nie an zweiter Stelle. Nur ein Teilmoment, die spezifizierende Ortsangabe („Haus"), kann zur Einleitung des Mittelteils dienen (Mk 5,38 Mt 9,28 17,25) und am Schluß stehen (Mk 9,28 vgl. 7,17 10,10).
Das Motiv hat seinen Haftpunkt in fast allen Themen ntl. Wundergeschichten, begegnet dagegen kaum in Streitgesprächen, die meist mit dem Auftreten des Gegners beginnen (vgl. Mk 2,15.18 7,1 8,11 10,35 12,13.18.28.35). Die Streitfrage erscheint dadurch als von außen an Jesus herangetragen, das Wunder dagegen mehr als Tätigkeit Jesu, zu der er von „innen" gedrängt wird (vgl. Lk 5,17).

2. Das Auftreten der Menge

Varianten: Der Wundertäter kann die Menge antreffen (Mk 1,21 3,1 9,14 Lk 8,40), mitbringen (Mk 5,24 10,46 Mt 8,1 14,13 Lk 7,11) oder durch seine Tätigkeit anziehen (Mk 1,45 2,1f. 5,14f. 5,21 6,30ff. 7,32). Die einleitende Szene kann durch ein „Lehren" Jesu ausgeweitet werden (Mk 2,1f. 6,34)[3]. Kompositioneller Ort ist gewöhnlich das erste Glied der Einleitung; handelt es sich jedoch um die Variante „Anziehen des Publikums", so kann das Motiv auch im zweiten Glied (Mk 7,32) oder nach dem Wunder stehen (Mk 1,45 5,14f.) und in dieser Stellung zum selbständigen Summarium ausgeweitet werden (Mk 1,32–34 3,7–12 6,53–56).
Haftpunkt sind neben Wundergeschichten auch Apophthegmen (Mk 2,13 3,20 10,1) und Redekompositionen (Mk 4,1ff. vgl. Mt 4,23–25 9,35–38 Lk 6,17–19). Bei Mk muß der vergleichbare Aufbau des Motivs (6 Mal) hervorgehoben werden: Der Zustrom der Menge wird mit ähnlichen Verben (*συνάγεσθαι*, *-ἔρχεσθαι*, *-πορεύεσθαι*) beschrieben, durch einen *ὥστε* – Satz unterstrichen, der die einschränkenden Folgen hervorhebt (dreimal) und mit der Bemerkung abgeschlossen, Jesus habe gelehrt (viermal). Wahrscheinlich hat Mk das Motiv aus seinem ursprünglichen Haftpunkt (Wundergeschichten) in andere Gattungen übertragen.

3. Vgl. *E. Schweizer:* Anmerkungen zur Theologie des Markus, in: Neotestamentica, 1963, 93–104, bes. 93ff.

3. Das Auftreten des Hilfebedürftigen

Varianten: Der Kranke wird angetroffen (Mk 1,23 u. ö.), in den meisten Fällen (fünfmal von 9 Fällen) in Haus und Synagoge. Der Kranke kommt (Mk 1,40 5,25f. (10,49) Mt 9,27), er wird herbeigetragen (Mk 2,1ff. 7,32 8,22 Mt 9,32 12,22). Bei Totenerweckungen begegnet der Wundertäter dem Leichenzug (Lk 7,11ff. VA IV,45 Apul. Florida 19). Weiteres vgl. bei *O. Weinreich*, AH 171–174. Haftpunkt sind alle Themen der Wundergeschichten. Bei Geschenkwundern werden die Notleidenden immer angetroffen. Welche Variante des Motivs zum Zuge kommt, hängt ferner davon ab, ob die Erzählung im Freien spielt – dann kommt der Kranke oder wird herbeigetragen (Ausnahmen: Mk 5,1ff. Lk 17,11ff.) – oder in geschlossenem Raum; dann ist er präsent (Ausnahme Mk 2,1ff.). Insofern liegen Ansätze zu „verbundenen Motiven" vor.

4. Das Auftreten von Stellvertretern

An außerneutestamentlichen Parallelen seien genannt: Genesis Apokryphon XX, 21f., VA III,38; Strab. (XVII 801) weiß vom Serapeion zu Kanopos, daß man dort stellvertretend für andere den Heilschlaf suchte (*ὑπὲρ ἑαυτῶν ἢ ἑτέρους*). Der Stellvertreter ist Paradigma gläubigen Bittens (Mt 8,5 ff. Mk 5,21ff. 7,34ff. 9,14ff.). Zwar ist das Glaubensmotiv unabhängig vom „Stellvertreter", dieser jedoch im NT nie vom Glaubensmotiv. Es handelt sich um verbundene Motive. Vgl. auch Strab. XVII 801: *πιστεύειν καὶ ἐγκοιμᾶσθαι* ... .

5. Das Auftreten von Gesandtschaften

Varianten: Eltern oder nahestehende Personen senden nach dem Wundertäter und bitten ihn zu kommen (Lk 7,1ff. Apg 9,36 Joh 11,1ff. b. Ber. 34b, Lukian. Philops. 11, VA IV,10). Oder: der Wundertäter ist schon gebeten worden, Gesandtschaften bringen neue Nachrichten vom Zustand des Kranken (Mk 5,35 Joh 4,51). In Lk 7,6 übermittelt eine zweite Gesandtschaft eine Vertrauens- und Demutserklärung des Bittenden. – Kompositioneller Ort ist meist die Einleitung bzw. die Exposition. Das Motiv kann aber auch in der Mitte der Erzählung spannungserregendes Moment sein (Mk 5,35 Lk 7,6) oder am Schluß die Spannung lösen (Joh 4,51).
Haftpunkt sind vor allem Therapien, hier besonders Totenerweckungen (Mk 5,35 Joh 11 Apg 9,36ff.) oder Heilungen Todkranker (Joh 4,46ff., Lukian. Philops. 11). Da eine räumliche Trennung von Wundertäter und Hilfsbedürftigen vorausgesetzt ist, finden wir das Gesandtschaftsmotiv häufig in Fernheilungen: Mk 7,24ff. Mt 8,5 ff b. Ber. 34b.

Das Motiv ist oft mit einem Verzögerungsmotiv „verbunden", was vor allem bei Todkranken Spannung erregt: „Zögere nicht!" (Apg 9,38) lassen die Jünger aus Joppe dem Petrus bestellen. Der Basilikos bittet Jesus (Joh 4,49) zu kommen, „ehe mein Sohn stirbt". Apollonius erweist seine übernatürliche Fähigkeit darin, daß er Verzögerung nicht kennt. Als die von Pest heimgesuchten Epheser nach ihm senden, meint er: „man dürfe die Reise nicht verzögern, sondern sprach: ‚Laßt uns gehen' und war auch schon in Ephesus, wobei er es, wie ich glaube, dem Pythagoras gleichtat, als der zugleich in Thurioi und Metapontion war" (VA IV,10). Jesus zeigt seine Souveränität gegenüber Raum und Zeit in entgegengesetzter Weise; er verzögert in Joh 11 bewußt den Aufbruch: „Herr, wärest du hier gewesen, mein Bruder wäre nicht gestorben" (11,21.32). Die schönste erzählerische Gestaltung des Verzögerungsmotivs liegt in Mk 5,21–42 vor. Gehört das Gesandtschaftsmotiv in Verbindung mit „Verzögerungen" in die Exposition, so in Verbindung mit „Demonstrationen" an den Schluß. Als die Gesandten von R. Hanina ben Dosa zurückkehren, stellen sie fest, daß der Kranke genau zu der Stunde geheilt wurde, als der Wunderrabbi betete (b. Ber 34^{b}). Die Uhrzeit beweist in Joh 4,51f. den wunderbaren Charakter der Fernheilung. Bei Mt begegnet das Motiv der Stunde viermal: 8,13 und 15,28 ist es mit der Rückkehr des stellvertretend Bittenden verbunden. Daß es 9,22 und 17,18 unabhängig von diesem sinnvollen Zusammenhang erscheint, zeigt: es ist formelhaft geworden[4].

6. Das Auftreten von Gegnern

Varianten: Die Gegner treten auf, um Jesus von vornherein aufzulauern (Mk 3,1ff. Lk 14,1f. Mt 17,24), oder sie antworten auf das Handeln Jesu (Mk 2,1ff. Lk 13,10ff. Mt 9,32ff. 12,22ff.) mit feindseligen Fragen. Während die Streitgespräche meist mit dem Auftreten der Gegner einsetzen, werden diese in Wundergeschichten erst nach dem Kommen des Wundertäters (Mk 3,1 9,14 Lk 14,1 Mt 17,24), in der Mitte der Erzählung (Mk 2,6) oder erst nach dem Wunder erwähnt (Lk 13,14ff. Mt 9,34 12,24). Haftpunkt des Motivs sind beide Gattungen, gattungsspezifisch ist jedoch der kompositionelle Ort.

7. Motivierung des Auftretens von Gegenspielern

Im NT wird das Kommen hilfesuchender Menschen hin und wieder dadurch motiviert, daß sie von Jesus „gehört" haben (Mk 5,27 7,25 10,47 Lk 7,3 Joh

4. Dazu vgl. *H. J. Held*: Matthäus als Interpret der Wundergeschichten, 4. Aufl., 1965, 155–287 vgl. 218f.

4,47 Apg 9,38. Vgl. Mk 3,8 Lk 6,8). In kultischen Heilstätten wird das Kommen der Hilfesuchenden zum Teil durch göttliches Orakel erklärt[5]: ἐχρημάτισεν ὁ ϑεὸς ἐλϑεῖν lautet die Formel im römischen Asklepieion (SIG³ III, 1173), Apellas beginnt seine Dankinschrift: μετεπέμφϑην ὑπὸ τοῦ ϑεοῦ (IG IV 955). Aristides erwähnt, daß er vom Gott gerufen wurde (or. II § 83 § 103). Die Konkurrenz verschiedener Heilinstanzen spiegelt sich in Überweisungen durch göttliche Eingebung. Eratokles kommt so von Trozen nach Epidauros (Epidauros W 48), Asklepios schickt Kranke zu Apollonius v. Tyana (VA I,9; IV,1), Serapis zu Vespasian (Tac. hist. IV 81, Suet. Vesp. 7, Dio Cass. LXV 8). Die Konkurrenz von Wundertäter und etabliertem Heiligtum spielt auch im NT am Rande eine Rolle: Jesus weist den geheilten Aussätzigen an die Priesterschaft, die offiziell mit Gesundsprechungen zu tun hat (Mk 1,40ff.). In Joh 5,1ff. konkurriert Jesus mit antiken Heilstätten. Wunderbare Überweisungen, Sendungen an Jesus durch Orakel fehlen jedoch im NT, obwohl diese Motive ihm nicht grundsätzlich fremd sind (Mt 2,12 u.ö. Apg 8,26ff. 9,10ff. 10,4ff.).

8. Charakterisierung der Not

Die Varianten des Motivs entsprechen verschiedenen Notsituationen und Themen: Krankheit, Besessenheit, Seenot, Mangel. Krankheit und Besessenheit werden oft durch Namen charakterisiert: Mk und Mt sprechen vom „Aussätzigen" (Mk 1,40 par). Lk qualifiziert dagegen oft einen Gattungsnamen (ἀνήρ u.ä.) durch Attribut oder Relativsatz und spricht zum Beispiel vom „Mann voll von Aussatz" (5,2 vgl. Lk 5,18 8,27.35 13,11 14,2 17,12, ferner 4,33). Die epidaurischen Iamata beginnen mit kurzen Charakterisierungen des Kranken: „Ein Knabe stumm. Dieser kam in das Heiligtum ..." (W 5). Der Blick kann über den gegenwärtigen Zustand in die Vergangenheit und Zukunft gehen. So wird die Dauer der Notsituation betont, besonders bei Krankheiten: Mk 5,25f. 9,21 Lk 13,11 Apg 3,2 4,22 9,33 14,8 Joh 5,5 9,1. Vgl. *R. Bultmann*, GST, 236. Füge dort hinzu: VA VI,43, Epidauros W 1. Die in der Dauer der Krankheit implizierte Vergeblichkeitserfahrung wird durch mißglückte Versuche zur Heilung betont: Mk 5,26 9,14ff. Joh 5,1ff. Vgl. *O. Weinreich*, AH, 195–197. Füge hinzu: Genesis Apokryphon XX,20, Lukian. abdic. 4, Diog. Laert. VIII, 69. Bei Exorzismen können vergebliche Fesselungsversuche erwähnt werden (Mk 5,4). Das Motiv „Dauer der Not" fehlt auch in Geschenk- und Rettungswundern nicht: Jesus kommt erst in der vierten Nachtwache zu den von Wind und Wellen bedrohten Jüngern (Mk 6,48). Die Menge ist schon drei Tage bei Jesus – offensichtlich ohne Nahrung (Mk 8,2). Der „Dauer der Not" entspricht in die Zukunft gerichtet

5. *O. Weinreich:* Antike Heilungswunder, 1909, 112 (abgekürzt: AH).

die „Tendenz zum bösen Ende". Der Zustand der Blutflüssigen hat sich verschlimmert (Mk 5,26). Der besessene Knabe nimmt ab (9,18). Der Dämon hat die Absicht, ihn umzubringen (9,28). Der von einer Natter Gebissene sieht schon wie verwest aus (Lukian. Philops. 11). Die Witwe von Sarepta rechnet mit dem Hungertod (1 Kg 17,12). Besonders Seerettungsgeschichten können die Tendenz zum bösen Ende anschaulich ausmalen: Mk 4,37 Apg 27,20 Homer Hymn. 33,11f.
Kompositioneller Ort ist die Exposition. Das Motiv kann wiederholt werden. So finden wir zwei Charakterisierungen des epileptischen Knaben in der Exposition (Mk 9,17f. und 21f.) oder eine Wiederholung nach dem Wunder, wenn die Gesundung durch Vergleich mit dem bösen Zustand vorher demonstriert wird: Mk 5,15 5,34 (Gegenüberstellung von „Frieden" und „Geißel"), Lk 13,16 Joh 9,8 Apg 3,10, Epidauros W 1.
Haftpunkt: Während die Charakterisierung der Notlage für Exorzismen, Therapien und Rettungswunder unerläßlich ist, kann sie bei Geschenkwundern auch fehlen. Vgl. Mk 6,35ff. In Joh 2,1ff. wird man kaum von einer Notlage sprechen können.

9. Erschwernis der Annäherung

Varianten: Der Auftritt des Hilfesuchenden bedeutet noch nicht, daß er Kontakt mit dem Wundertäter hat. Diesem stehen oft Hindernisse im Wege. Sie liegen meist in der den Wundertäter begleitenden Menge (und seinen Jüngern): Der Gelähmte muß der Menge wegen durch das Dach zu Jesus herabgelassen werden (Mk 2,4). Auch die blutflüssige Frau trifft Jesus in einer ihn umdrängenden Menge an (5,24). Der Vater des epileptischen Knaben muß erst die unfähigen Jünger passieren, ehe er zu Jesus gelangt (Mk 9,14ff.); und der blinde Bartimäus wird von den Begleitern Jesu abgewiesen, ehe er von Jesus beachtet wird (Mk 10,48). Welch ein Trauma es ist, die Quelle möglicher Heilung vor Augen zu haben, aber nicht zu ihr gelangen zu können, zeigt Joh 5,1ff. Die Erschwernis der Annäherung kann jedoch auch in Jesu Wort selbst liegen. Vgl. Mk 7,27, womöglich auch Mt 8,7 (so *R. Bultmann,* GST, 39).
Die Personverbundenheit des Motivs haben wir schon berührt. Grund der Erschwernis können Menge, Jünger (9,14ff., wahrscheinlich auch 10,48) und Jesus selbst sein. Mt hat das Motiv in der „Syrophönizierin" zum Teil von Jesus auf die Jünger übertragen (15,23).
Erschwernis und Glaube sind „verbundene Motive". Der Wunderglaube ist Überwinden von Hindernissen[6]. Das Wort „Glauben" wird dabei immer von Jesus

6. *J. Roloff:* Das Kerygma und der irdische Jesus, 1970, 160 Anm. 198, beobachtet zutreffend, „daß Jesusgeschichten zum Thema Glaube das Widerstandsmotiv gern an sich ziehen".

gebraucht: *Er* sieht in den ungewöhnlichen Anstrengungen, zu ihm zu gelangen, Glauben (Mk 2,5). Er benutzt das Wort im Zuspruch von Vertrauen (Mk 5,36 und 9,23). Er stellt den Glauben in der Entlassung fest (Mk 5,34 10,52 Mt 15,28 vgl. Mk 7,29), das heißt bei den Hilfesuchenden liegt die Überwindung der Erschwernis, bei Jesus dessen Anerkennung als Glauben. Die schönste Entfaltung der Motivverbundenheit „Erschwernis – Glaube" liegt dort vor, wo Stellvertreter zu Jesus kommen. Gerade hier findet sich auch die größte Erschwernis: die Ablehnung durch Jesus selbst (Mk 7,24ff. Mt 8,5 ff). Hier wird in unübertrefflicher Weise die Ambivalenz dieses Glaubens als Zudringlichkeit und Demut formuliert: „Ich glaube, hilf meinem Unglauben" (Mk 9,24). Die Zudringlichkeit liegt in der Beanspruchung von „Allmacht" („Alles ist möglich dem, der glaubt" 9,23), die Demut in der Distanzierung von solcher Allmacht.

10. Niederfallen

Varianten: Kranke (Mk 1,40), Besessene (5,6) und deren Stellvertreter (5,22 7,26) fallen vor Jesus nieder, um Aufmerksamkeit zu erwecken und Vertrauen zu äußern. Ähnlich knien die von Serapis zu Vespasian Geschickten vor diesem nieder (Tac. hist. IV, 81). Die Proskynese kann mit der Bitte vor dem Wunder (Mk 1,40 5,6 5,22 7,26) oder dem Bekenntnis nach dem Wunder (Mt 14,33 Lk 5,8 17,16) verbunden sein, mit Vertrauenserklärungen (Mk 1,40ff. 5,22ff. 7,26ff.) und titularen Akklamationen Jesu (als ‚Sohn Gottes' Mk 5,6 Mt 14,33, als ‚Kyrios" in Lk 5,8): den verschiedenen verbundenen Motiven entspricht jeweils ein anderer kompositioneller Ort.

11. Hilferufe

Varianten: Hilfesuchende nähern sich Jesus, indem sie schreien (Mk 10,47 Lk 17,13 Mt 15,22). Anders ist das Schreien der Besessenen (bzw. der Dämonen) zu verstehen. Sie sind Abwehr des Wundertäters (Mk 1,23f. 5,7 Apg 16,17): Der Dämon wittert seinen Herrn.
Verbundene Motive: Mt verdoppelt häufig die Hilfesuchenden (Ausnahme: 15,22) des schlichten Gedankens wegen, daß zwei lauter schreien als einer. Wenigstens verdoppelt er nur dort, wo auch das Motiv des Hilferufes begegnet. Vgl. 8,29f *δύο δαιμονιζόμενοι ... ἔκραξαν*, 9,27 *δύο τυφλοὶ κράζοντες*, 20,30, *δύο τυφλοὶ ... ἔκραξον*. Die Ausnahme (15,22) erklärt sich dadurch, daß hier die Mutter in Stellvertretung ihrer Tochter bittet. Ansonsten sind ‚Verdoppelung' und ‚Hilferufe' bei Mt verbundene Motive und erklären sich gegenseitig. Ist von zwei Geheilten die Rede, so sollte man keine juristisch notwendige

Zeugenzahl (*G. Braumann*)[7] und auch keine Kombination zweier Wundergeschichten (*E. Haenchen*)[8] zur Erklärung bemühen.

12. Bitten und Vertrauensäußerung

Varianten: In den Bitten schlägt sich die Ambivalenz der Notleidenden gegenüber dem Wundertäter nieder. Die Nuancen reichen von der vorwerfenden Klage: „Meister, kümmert es dich nicht, daß wir zugrunde gehen?" (Mk 4,38), über zweifelnde Bitten: „Wenn du etwas vermagst, hilf uns ..." (Mk 9,22), über den Hilferuf: „Sohn Davids Jesus, erbarme dich meiner!" (Mk 10,48 Lk 17,13 Mt 9,27 15,22) bis zur reinen Vertrauenserklärung: „Wenn du willst, kannst du mich rein machen" (Mk 1,40; 5,23.28 Lk 5,5).
Verbundene Motive: Diese Varianten stehen jedoch nicht nur paradigmatisch nebeneinander, sondern können auch kompositionell verbunden werden. Bitte und Vertrauenserklärung bilden dann zwei getrennte Momente der Erzählung. Zwischen ihnen steht jeweils ein die Situation zuspitzendes Wort, ein Verhalten oder ein Ereignis:

Mk 7,24ff.	Bitte (7,26)
	Abweisung (7,27)
	Demuts- und Vertrauensklärung (7,28)
Mk 9,14ff.	Bitte (9,22)
	Zuspruch (9,23)
	Vertrauenserklärung (9,24)
Mk 10,46ff.	Bitte (10,47f.)
	Abweisung (10,48)
	Erneute Bitte (10,48)
	Zuspruch (10,49)
	Vertrauensäußerung (10,51)
Mt 8,5ff.	Bitte (8,6)
	Ablehnung/Zusage? (8,7)
	Vertrauensäußerung (8,8ff.)
Mt 9,27ff.	Bitte (9,27)
	Eintritt ins Haus (9,28)
	Vertrauensäußerung (9,28)

Die Vertrauensäußerung ist hier jeweils provoziert, ist ein Schritt über die Bitte hinaus: Die Abweisung muß überwunden, der Zuspruch aufgegriffen

7. *G. Braumann:* Die Zweizahl und Verdoppelungen im Matthäusevangelium, ThZ 24 (1968) 255–266. Ähnlich *J. M. Gibbs:* Purpose and Pattern in Matthew's Use of the Title ‚Son of David', NTS 10 (1963/64) 446–464, bes. 457.
8. *E. Haenchen:* Der Weg Jesu, 1966, 197 (zu Mt 8,28).

werden. Die so aufgebauten Wundergeschichten gehören zu den schönsten des NT. Wenn andere dagegen abfallen (Mk 7,31ff. 8,22ff.), so nicht wegen mirakulöser Manipulationen, sondern weil eine entsprechende innere Dramatik fehlt.
Haftpunkt der Bitte und Vertrauensäußerung sind Therapien, Exorzismen, Rettungswunder. In Geschenkwundern fehlen sie weitgehend. Hier geht die Initiative vom Wundertäter aus. Auch in Joh 2,3 liegt keine direkte Bitte vor, sondern eine Feststellung: Der Wein ist ausgegangen.

13. Mißverständnis

Varianten: Das Wunder wird oft nicht erwartet. Man erhofft Hilfe im Rahmen des Normalen. So meinen die Jünger, sie sollen eine Menge Brot kaufen (Mk 6,37). Der Kranke am Teich von Bethesda wartet auf jemanden, der ihn rechtzeitig ins Wasser bringt (Joh 5,7). Der Lahme an der Tempelpforte meint, Petrus und Johannes wollten ihm ein Almosen geben (Apg 3,5). Unerwartet geschehen insbesondere Totenerweckungen. Jesu Wort: „Das Mädchen ist nicht gestorben, sondern schläft" (Mk 5,39) wird mißverstanden. Martha bezieht die verheißene Totenerweckung auf das zukünftige eschatologische Leben (Joh 11,24). Als Apollonius einen Leichenzug anhält, meinen die Trauernden, „er werde eine Rede halten, nach der Art der Leichenreden, die Wehklage hervorrufen" (VA IV,45). Eine interessante Variante des „Mißverständnisses" liegt 2 Kg 5,5–7 vor. Mißverstanden werden nicht nur sich ankündigende, sondern auch schon geschehene Wunder. Die Jünger halten den übers Meer wandelnden Jesus für ein Gespenst (Mk 6,49). Der Speisemeister meint, es sei ein neuer und besserer Wein aufgetischt worden (Joh 2,10).
Haftpunkt des Mißverständnisses sind vor allem unerwartete und außergewöhnliche Wunder: Totenerweckungen, Rettungs- und Geschenkwunder. Mit ihnen rechnet man am wenigsten. Kompositioneller Ort ist entweder die Exposition, sofern das Wunder durch ein (nicht eindeutiges) Wort oder Verhalten angekündigt wird, oder der Schluß.
Verbundene Motive: Mißverständnis und Initiative des Wundertäters sind verbundene Motive. Wo die Menschen bevorstehende oder schon geschehene Wunder mißverstehen, haben sie keine Wunder intendiert, vielmehr ging die Initiative vom Wundertäter aus (Ausnahme vielleicht Joh 2,1ff.). Es handelt sich um mißverstandene Initiativen. Der Wundertäter stößt in einen Raum vor, der das Feld des Möglichen weit überschreitet.

14. Skepsis und Spott

Varianten: Auch wenn der Mensch die Möglichkeit des Wunders ahnt, bleibt er skeptisch. Die Trauernden verlachen Jesus (Mk 5,40). In der Bitte: „Wenn du etwas vermagst, dann hilf uns ..." (9,22) klingt Skepsis nach. Resignierend und skeptisch ist das *τί ἔτι σκύλλεις* (5,35). Die Überführung von Skeptikern durch Wunder ist das Thema einiger epidaurischer Iamata (W 3,4,9,36). Teils wird an den Skeptikern selbst ein Wunder vollzogen (W 3,4,36) – nicht ohne ihren Unglauben zu strafen; teils behält der von Anfang an Vertrauende gegen den Spott anderer recht (W 9). Der Zweifel wird *ἀπιστεῖν* (W 3), *ἀμαθία* (W 4) genannt, das blinde Zutrauen *εὐηθία* (W 9). Bezieht sich hier die Skepsis auf die Möglichkeit des Wunders überhaupt, so können in anderen Erzählungen die Heilmittel Gegenstand des Mißtrauens sein: 2 Kg 5,11, Epidauros W 37 (in der Rekonstruktion von *R. Herzog,* 23f.), Lukian. abdic. 5: *παρῆν δὲ καὶ ἡ μητρυιὰ φοβουμένη καὶ ἀπιστοῦσα* (als der enterbte Sohn den Vater heilen will). – Haftpunkt sind vor allem Therapien. Daneben auch Exorzismen (Mk 9,22).

15. Kritik durch Gegner

Varianten: Skepsis und Resignation wird bei Gegnern zur Kritik am Wundertäter. Die Kritik trifft entweder die mit der Heilung verbundene Sündenvergebung (Mk 2,5ff.) bzw. den Sabbatbruch (Mk 3,1ff. Lk 13,10ff. 14,1ff. Joh 5,1ff. 9,1ff.) oder ein unterstelltes Satansbündnis (Mt 9,34 12,24). Es geht also um die Behauptung, Jesus sei ein Sünder, er übertrete heilige Normen, ja habe sich mit dem Widerheiligen verbunden. – Der kompositionelle Ort der Kritik liegt vor dem Wunder (wobei Jesus die Ablehnung antizipiert; vgl. Mk 2,5ff. 3,1ff. Lk 14,1ff.) oder nach seinem Vollzug (Lk 13,10ff. Joh 5,1ff. 9,1ff. Mt 9,32ff. 12,22ff.). – Haftpunkt sind die apophthegmatischen Wundergeschichten, die wir Normenwunder nennen, da sie die Frage der Normenübertretung thematisieren.

16. Gegenwehr und Unterwerfung des Dämons

Varianten: Der Dämon wittert seinen Herrn. Seine Verhaltensskala reicht von direkter Aggression bis zur totalen Kapitulation. Apg 19,16 greift er die Exorzisten gewalttätig an. Die Dämonin Agrat droht mit dieser Möglichkeit, ohne sie benutzen zu können: „Hätte man im Himmel über dich nicht ausgerufen, daß man mit Hanina und seiner Gesetzeskunde vorsichtig sei, so würde ich dich in Gefahr gebracht haben" (b. Pesachim 112b/113a). In Mk 1,23 und

5,7 schimmert der apotropäische Charakter der Dämonenworte durch die Kapitulation hindurch: ὁρκίζω σε und οἶδα σε sind abwehrende Beschwörungsformeln (*O. Bauernfeind*)[9]. Die Evangelisten werden sie als Kapitulation verstanden haben[10]. Vgl. Mk 5,6 προσεκύνησεν. Eine solche Kapitulation liegt in der Geschichte vom Dämonen austreibenden Gott Chonsu vor, den der böse Geist anredet: „Du kommst in Frieden, du großer Gott, der die bösen Geister niederwirft ..." (AOT, 78f. Vgl. ferner *R. Bultmann,* GST, 239).
Verbundene Motive: Häufig wird die Spannung von Gegenwehr und Kapitulation durch eine Konzessionsbitte gelöst: Der Dämon ist zwar bereit, sein Opfer zu verlassen, bittet aber, daß er in die Schweine fahren darf (Mk 5,12), daß ihm ein Opfer gebracht wird (AOT, 78f.) oder daß er weiterhin an bestimmten Tagen umherschweifen darf (b. Pesachim 112b/113a).

17. Pneumatische Erregung

Der Wundertäter reagiert auf Notsituationen mit seinem Affekt, seiner pneumatischen Erregung. Diese wird mit den Verben σπλαγχνίζεσθαι (Mk 1,41 6,34 8,2), ὀργίζεσθαι (Mk 1,41 v.l.), ἐμβριμᾶσθαι (Mk 1,43 Joh 11,33.38), συλλυπεῖσθαι (Mk 3,5) und στενάζειν (Mk 7,34) beschrieben. In Mk 9,19 ist der Seufzer zu dem Ausruf artikuliert: „O du ungläubiges Geschlecht, bis wann soll ich bei euch sein? Bis wann soll ich euch ertragen?" Einen ähnlichen Inhalt dürfen wir überall voraussetzen: Der Wundertäter leidet an der Schranke zwischen menschlicher Not, Verblendung, Unglaube und dem Raum übermenschlichen Heils[11]. *M. Dibelius*[12] – und in seiner Nachfolge *C. Bonner* – haben das Seufzen als ein Aufgefülltwerden mit göttlicher Kraft interpretiert. Es liegt in der Tat ein „pneumatisch erregter Zustand" vor, ein Hereinbrechen numinoser Macht. Die Nuance des Leidens und Klagens sollte man jedoch nicht übersehen.
Haftpunkt des Motivs sind vorwiegend Therapien. Die „Trauer" des Wundertäters bezieht sich in einem Normenwunder (Mk 3,5) auf menschliche Verblendung gegenüber dem Heiligen. – Persongebundenheit: Die pneumatische Erregung betrifft zunächst nur den Wundertäter. Jedoch sei auf das verwandte

9. *O. Bauernfeind:* Die Worte der Dämonen im Markusevangelium, 1927, 3ff.
10. So *E. Haenchen,* Weg, 88 Anm. 7; *G. M. de Tillesse:* Le secret messianique, 1968, 79.
11. *E. Lohmeyer*: Das Evangelium des Markus, 16. Aufl. 1963, 69f.: „‚Zorn und Trauer' oder auch ‚Zorn und Mitleid' – beides charakterisiert die auf Erden weilende göttliche Gestalt, die um der Menschen willen kam und von den sündigen Menschen gehaßt wird."
12. FE, 82; *C. Bonner*: Traces of Thaumaturgic Technique in the Miracles, HThR 20 (1927) 171–181.

Motiv der ἔκστασις des Publikums nach dem Wunder hingewiesen: hier wie dort liegt ein ekstatischer Zustand vor.

18. Zuspruch

Varianten: Der Wundertäter kann Glauben selbst provozieren, nach ihm fragen (Mt 9,28 vgl. Joh 9,35ff.), sein Fehlen tadeln (Mk 4,40/Mt 8,26, Joh 4,48 Lk 17,17) oder – so die häufigste Variante – ihn durch Zuspruch schaffen:

Mk 2,5	Kind, dir sind deine Sünden vergeben[13]
Mk 5,36	Fürchte dich nicht, glaube nur!
Mk 6,50	Seid getrost, ich bin's. Fürchtet euch nicht.
Mk 7,29	Wegen dieses Wortes geh, der Dämon ist aus deiner Tochter gefahren!
Mk 9,23	Alles ist möglich dem, der glaubt!
Mk 10,49	Sei getrost, steh auf, er ruft dich!

Stilgemäß ist das ϑάρσει (Mk 6,50 10,49), das Mt in Mk 2,5 und 5,36 (vgl. Mt 9,2.22) einfügt[14] (das Motiv begegnet ferner Mt 8,13 Lk 7,13 13,12 Joh 4,50 Apg 3,6 20,10 27,22). Lk 8,50 ist die Umwandlung eines Tadels in einen Zuspruch. In Joh 11 findet sich der Zuspruch allein fünfmal (V. 4.11.15.23.25), eine barocke Steigerung. Auch aus außerntl. Texten lassen sich Parallelen aufführen. Während der Zuspruch im NT sehr allgemein ist und vor allem zum Glauben aufruft, liegt hier jeweils eine konkrete Verheißung vor:

VA III,38	Sei getrost, sagte der Weise, er wird ihn nicht töten, wenn er das liest ...
VA IV,10	Seid getrost, sagte er, heute werde ich die Krankheit beenden ...
VA IV,45	Setzet, sagte er, die Bahre nieder, denn ich will eure Tränen über das Mädchen beenden.
VA VII,38	Ich habe dir einen Beweis meiner Freiheit gegeben. So sei getrost.
Lukian. Philops. 11	Sei getrost, sagte er, ich werde sofort einen Babylonier, einen der sogenannten Chaldäer herbeischaffen, der den Mann heilen wird.
Hymne des Isyllos (IG IV,128)	Sei getrost; zur rechten Zeit werde ich kommen. Aber warte hier!

13. *A. Dupont-Sommer:* Exorcismes et Guérisons dans les écrits de Quomrân, Suppl. Vetus Testamentum VII 1960, 246–261, will im Gebet Nabonids Zuspruch der Sündenvergebung durch einen jüdischen Exorzisten entdecken. Die Übersetzung ist jedoch umstritten.

14. Ein ϑαρρεῖν fügt Josephus zweimal in seine Wiedergabe eines Eliawunders ein: ἀλλὰ ϑαρροῦσα ἄπιϑι (ant. Iud. VIII, 322); παρεπελεύετο ϑαρρεῖν (ant. Iud. VIII, 326).

Kompositioneller Ort des Motivs ist entweder die Exposition oder der Schluß (sofern das Wunder in der Erzählung nur verheißen wird zum Beispiel Mk 7,29). Es gibt außerdem noch einen konstatierenden Zuspruch des Glaubens nach der Heilung (Mk 5,34 10,52), der jedoch an diesen kompositionellen Ort versetzte Modifikation des verheißenden Zuspruchs ist, wie Mk 5,34 zeigt: „Geh in Frieden und sei gesund von deiner Plage!" Der Wortlaut setzt voraus, daß die Heilung erst nach diesem Wort eintritt. Mt ändert konsequent so, daß die Heilung dem Zuspruch folgt (9,22). – Haftpunkt sind alle ntl Wundergattungen. Nur in Speisungswundern fehlt das Motiv.

19. Argumentation

Varianten: Der Zuspruch von Vertrauen begegnet der immer nahe liegenden Resignation, die Argumentation der normativ begründeten Ablehnung. Das Argument hat dabei häufig die Form einer Alternativfrage:

Mk 2,9 Was ist leichter, dem Gelähmten zu sagen: Dir sind deine Sünden vergeben, oder zu sagen: Steh auf und nimm dein Bett und wandle?

Mk 3,4: Ist es erlaubt, am Sabbat Gutes zu tun oder Böses, ein Leben zu retten oder zu vernichten?

Lk 14,3 Ist es erlaubt, am Sabbat zu heilen oder nicht?

Mt 17,25: Von wem nehmen die Könige der Erde den Zoll oder die Steuern, von ihren Söhnen oder von den Fremden?

Eine andere Form der Argumentation besteht darin, das Verhalten der Gegner gegen ihren eigenen Einwand auszuspielen: Auch sie retten am Sabbat Tiere (Lk 13,15f. 14,5), auch ihre Schüler treiben Dämonen aus (Mt 12,27). Kompositioneller Ort der Alternativfrage ist immer die Exposition. Das Wunder ist Antwort auf die aufgeworfene Frage. In diesem Sinne wird es in Mk 2,10 eingeführt: „ ... damit ihr sehet, daß ...". Andere Argumentationen folgen dem Wunder (Lk 13,14ff. Mt 12,25ff.) Haftpunkt der Argumentationen sind ausschließlich Normenwunder.

20. Sich-Entziehen des Wundertäters

Varianten: Der Wundertäter erscheint angesichts der Not indifferent. Er schläft im Boot (Mk 4,38). Er will vorübergehen (Mk 6,48) – wie ein überirdisches Wesen, das nicht zur menschlichen Sphäre gehört. Hilfesuchende kann er ablehnen (Mk 7,27 Joh 2,4), tadeln (Joh 4,48), ihre Bitte ignorieren (Joh 11,6). Hinter diesen Motiven erscheint der fremd über die Erde gehende göttliche

Wundertäter, der nur vorübergehend auf Erden ist (Mk 9,19)[15]. Auch der Rückzug Jesu in die Einsamkeit (Mk 1,35.45 6,32), seine Abweisung des Geheilten (Mk 5,19f.) muß in diesem Zusammenhang erwähnt werden. – Kompositioneller Ort des Motivs ist die Exposition, wo es mit der Notlage und den Bitten der Notleidenden konstrastiert. Bei Mk finden wir es (wohl in redaktioneller Komposition) am Schluß der Wundergeschichten (1,35.45 5,19).

21. Szenische Vorbereitung

Varianten: Dem Wunder gehen Vorbereitungen voraus, zum großen Teil Ortsveränderungen. Der Kranke muß herbeigeholt werden (Mk 10,49 9,19). Er soll aufschauen (Apg 3,4), in die Mitte treten (Mk 3,3) oder einfach herzutreten (Lk 13,12). Die Leichenträger sollen die Bahre niedersetzen (vitAp IV 45). Die Jünger werden über den See geschickt (Mk 4,35 6,45). All diese Anordnungen betreffen diejenigen Menschen, an denen das Wunder vollzogen wird. Andere wenden sich an das Publikum. Es wird ausgeschlossen: Mk 5,40 7,33 8,23 Apg 9,40 1 Kg 17,19 2 Kg 4,4.33. In Mt 9,28 beginnt die Heilung erst nach dem Eintritt in „das Haus", in Mk 9,25 soll das Wunder vollzogen sein, bevor das Volk zusammengeströmt ist. Der Ausschluß des Publikums hat zahlreiche religionsgeschichtliche Parallelen. Nach Ov. met. VII 255 ff. werden die Anwesenden bei einem Verjüngungszauber wegbefohlen: „Fern den Iason nunmehr, fern heißt sie die Diener hinweggehn und sie ermahnt, vom Geheimnis die weltlichen Blicke zu wenden. Schleunig gehorcht man dem Wort." Bei einer Totenbeschwörung beklagt sich der Gestorbene (Hld. 6,15): „Auch hast du es sogar gewagt, diese so unziemlichen, mit Schweigen und Finsternis zu bedeckenden Mysterien nicht für dich allein zu begehen, sondern vor solchen Zeugen die Schicksale der Toten zu enthüllen." Dem Apuleius (Apul. apol. 42) wird vorgeworfen, er habe an einem abgelegenen Ort nach Entfernung aller Unberufenen und in Gegenwart weniger eingeweihter Zeugen (remotis arbitris, secreto loco ... paucis consciis testibus) vor einem kleinen Altar und einer Lampe einen Knaben mit einem Zauberspruch besprochen, der zusammengestürzt und nachher seiner selbst nicht mehr bewußt gewesen sei. Lukian berichtet (Philops. 16) von einem Exorzisten, der die Menschen beiseite nimmt. In den Zauberpapyri wird befohlen, die magische Handlung „an einsamen Ort" zu vollziehen (PGM III, 616f.). Niemand soll zugegen sein (PGM XII, 36f.). Bei kultischen Heilungen ist die Absonderung des Publikums selbstverständlich. Der Heilraum ist tabu, es ist das Abaton, das Unzugängliche. Epi-

15. Vgl. *M. Dibelius*, FE, 278. *E. Lohmeyer:* „Und Jesus ging vorüber", in: Urchristliche Mystik, 1955, 57–79. Auch Vespasian entzieht sich zunächst, aber aus anderen Gründen: Er ist skeptisch (Tac. hist. IV, 81).

dauros W 11 erzählt, wie ein Neugieriger von einem Baum hineinlugt, sich beim Fall vom Baum die Augen verletzt, aber dennoch von Asklepios geheilt wird. Im römischen Asklepieion unterscheidet man in den Inschriften deutlich zwischen der Heilung im Inneren und dem öffentlichen Dank und Jubel (SIG^3 III, 1173). Zweifellos: das Wirken der Gottheit soll im Geheimen geschehen[16].

Der kompositionelle Ort szenischer Befehle ist zweimal die Einleitung von Seerettungswundern: Mk 4,35 6,45. Sonst gehen sie meist dem eigentlichen Wundergeschehen unmittelbar voran. – Verbundene Motive sind verschiedene geheimnisvolle Züge: Geheimhaltungsgebote (Mk 5,43 7,36 8,26 Mt 9,30), *ῥῆσις βαρβαρική* (Lukian. Philops. 16, Mk 5,41 7,34), auffällige Wunderhandlungen: 1 Kg 17,21 2 Kg 4,34f. Apg 9,40.

22. Berührung

Varianten: Die Berührung hat „in erster Linie den Zweck, den körperlich oder geistig Schwächeren zu stärken" (*H. Waagenvoort*)[17]. Sie heilt Fieber (Mk 1,31 Apg 28,8), Aussatz (1,41), Blutfluß (5,27), Stummheit (7,33), Blindheit (8,23 Mt 9,27ff. 20,29ff.), Verkrümmung (Lk 13,13), Wassersucht (Lk 14,4), Lahmheit (Apg 3,7) und errettet vom Tode (Mk 5,41 Lk 7,14 Apg 9,40 vgl. VA IV,45 Ov. fast. VI, 753f.). Meist geschieht sie als Handauflegung, eine bekannte Wundergeste: Als solche wird sie gesucht (Mk 5,23 7,32), wahrscheinlich auch dann, wenn nur *ἅπτεσθαι* da steht (Mk 3,10 8,22 Vgl. 10,13 mit 16). Die Berührung wird auch mit anderen Körperteilen vollzogen: Pyrrhus heilt mit seinem Fuß Milzsüchtige. In dem Fuß soll eine „göttliche Kraft" gewesen sein (Plut. Pyrrh. 3, 7–9); Totenerweckungen werden durch Berührung mit dem ganzen Körper gewirkt 1 Kg 17,21 2 Kg 4,34. Aber auch der Kontakt mit einem Gewand (Mk 5,28 6,56), Schweißtüchern (Apg 19,12), ja sogar die Berührung durch Schatten (Apg 5,15) kann heilende Kraft haben. Immer ist vorausgesetzt, daß dabei wunderbare Lebenskraft auf den Kranken ausstrahlt (vgl. bes. Mk 5,30 Lk 6,19). Je intensiver die Berührung, um so mehr Lebenskraft kann übertragen werden: daher die Berührung mit dem ganzen Körper bei Toten. Je geringer der heilende Kontakt ist, um so größer erscheint die überfließende Kraft: daher die vermittelten Berührungen durch Gewand, Tücher usw. Weiteres vgl. *R. Bultmann,* GST, 237f.

Ein verbundenes Motiv ist die Demonstration gewonnener Kraft durch Aktivität: Die Schwiegermutter des Petrus „dient" (Mk 1,31), das ins Leben zurückgekehrte Mädchen geht umher und ißt (5,41f.), der Stumme bewegt die

16. Vgl. *Th. Hopfner:* Griechisch-ägyptischer Offenbarungszauber II, 1924, 17.
17. *H. Waagenvoort:* Art. Contactus, RAC III, 405.

Zunge (7,35), der Blinde kann Jesus folgen (Mk 10,52) usw. Überall ist Belebung und Stärkung vorausgesetzt. – Haftpunkt sind daher immer Therapien (im NT!). Es gibt keinen ausgeführten Exorzismus mit Handauflegung[18]. In den Therapien wird dabei ansatzweise ein Verständnis der Krankheit als Schwäche, als *ἀσθένεια* sichtbar, das sich von dämonologischen Krankheitsaitiologien unterscheidet, auch wenn formelhaft vom *πνεῦμα ἀσθένειας* (Lk 13,11) geredet wird.

23. Heilende Mittel

Die heilende „Kraft" kann von materiellen Mitteln ausgehen. So unterhalten sich in Lukians Philopseudes die Gäste über Tierfelle u. ä., die dem kranken Gastgeber Gesundheit und Kraft verleihen können. Zugrunde liegt die Vorstellung sympathetischen Zaubers. Schlangenbiß wird durch einen Stein vom Grabe einer Jungfrau geheilt (Lukian. Philops. 11). Speichel gilt als Mittel gegen Augenkrankheit (Plin. nat. 28,7) und begegnet daher in Blindenheilungen (Mk 8,22ff. Joh 9,1ff. Tac. hist. IV,81). In Epidauros streicht man den Blinden und Augenkranken ein Heilmittel in die Augen (W 4,9). Es handelt sich keineswegs um primitive Manipulationen. Daß es wirkende Zusammenhänge von Ganzem und Teil, Urbild und Abbild, Verwandtem und Sich-Berührendem gibt, ist Grundzug mythischen Denkens überhaupt: sublimste Mythen und primitivste Wundergeschichten lassen sich unter diesem Aspekt nicht unterscheiden. Wenn man schon medizinische Maßstäbe anlegt, so sollte man zugeben, daß in Epidauros eine archaische Medizin getrieben wurde. *R. Herzog* hat in seinem Buch über die epidaurischen Wunder die Parallelen aus der zeitgenössischen Medizin zusammengestellt, an denen allein die epidaurische Praxis gemessen werden darf[19]. Im Grunde ist die Heilung durch Wort und Befehl der Medizin viel fernstehender als die Suche nach irgendwelchen „Mittelchen". – Thematischer Haftpunkt für „heilende Mittel" sind fast ausschließlich Therapien. In Jos. ant. Iud. VIII 2,5 wird jedoch auch ein Dämon mit Hilfe einer Wurzel durch einen Ring aus der Nase des Besessenen gezogen.

18. *O. Böcher:* Dämonenfurcht und Dämonenabwehr, 1970, 171 meint: „Der urtümliche Gestus des Exorzisten ist die Handauflegung". Die von ihm angeführten Therapien des Asklepios sind jedoch so wenig Exorzismen wie die Totenerweckung durch Apollonius (VA IV, 45) oder die Heilungen des Vespasian (Tac. hist. IV, 81). Richtig dagegen *S. Eitrem:* Some Notes on the Demonology in the New Testament, SO Fasc. Suppl. XII, 1950, 37: „Often it was simply impossible to any exorcist to place his hand on a furious madman." Das gilt natürlich nur für richtige Besessenheit. Bei dämonisch verursachten Krankheiten finden wir die Handauflegung z. B. im Genesis Apokryphon XX, 29.
19. *R. Herzog:* Die Wunderheilungen von Epidauros, Philol. Suppl. XXII, 3, 1931, 65ff., 139ff.

Varianten: Das Wort wirkt entweder als Machtwort (Befehl, Drohung, Beschwörung), durch seinen geheimnisvollen Inhalt, oder indirekt, insofern einem Befehl gefolgt wird und sich dabei das Wunder einstellt.
a) Das Machtwort ist besonders angebracht, wenn es sich um eine feindliche dämonische Macht handelt. Dämonen werden durch das Wort vertrieben: *ἐξέβαλεν τὰ πνεύματα λόγῳ* (Mt 8,16). Sie werden bedroht (*ἐπιτιμᾶν*: Mk 1,25 9,26 [Lk 4,41])[20]. Vgl. die Drohungen in Lukian. Philops. 16 und 31, VA III,38. Apollonius vertreibt eine Empusa durch Schmähworte (VA II,4). Zum Dämon des albernden Knaben spricht er „wie ein Herr zu seinem schelmischen, ränkevollen und schamlosen Knechte" (VA IV,20). Machtworte begegnen auch in Therapien: Der Aussätzige wird angefahren (Mk 1,43), das Fieber bedroht (Lk 4,38f.). Die Heilverfahren sind hier exorzistisch gefärbt. Dasselbe gilt für den Verstummungsbefehl in der Sturmstillung (Mk 4,39), dessen Nähe zu Mk 1,25 und antiken Katadesmoi[21] unübersehbar ist. Eine Sturmbeschwörung ist in PGM III,226–228 angedeutet, wo von dem Siegel des Gottes die Rede ist, „vor dem ... die vornehmsten Dämonen (erschauern) und vor dem das Meer schweigen muß, wenn es ihn hört".
b) Die Wirkung des Machtwortes wird durch die Aura des Geheimnisvollen verstärkt. Es wird in ausländischer Sprache gesprochen: *αἰγυπτιάζων* (Lukian. Philops. 31), als *ῥῆσις βαρβαρική* (Philops. 9. vgl. Philops. 16; dial. meretr. 4; Plut. Quaest. conv. 706, Mk 5,41 7,34)[22]. Dabei handelt es sich meist um mächtige Namen, die *βαρβαρικὰ ὀνόματα* (Lukian, Menippus 9, Philops. 12; Plin. nat. 28,4.6; Hld. VI,14; PGM VIII,20f. Weiteres *Th. Hopfner*, Offenbarungszauber I, 181–188). Diese fremden Namen sind geheim, weswegen sie auch *κρυπτὰ ὀνόματα* genannt werden (PGM IV,1609–11 vgl. PGM I,216f. XII,236f. 240 XXI,1). Folgerichtig dürfen sie nicht laut bekannt gemacht werden. Die Zauberer und Wundertäter sprechen immer leise. Apollonius spricht die entscheidenden Worte heimlich: *τι ἀφανῶς ἐπειπών* (VA IV,45), ebenso die Zauberer Lukians (Menippus 7, Lukios 12). Eucrates, ob-

20. *H. C. Kee:* The Terminology of Mark's Exorcism Stories, NTS 14 (1967/8) 232–246, will *ἐπιτιμᾶν* auf atl.-jüdische Tradition zurückführen. Ursprünglich habe der Begriff seinen Ort in der kosmischen Auseinandersetzung zwischen Gott und den dämonischen Mächten gehabt. Vgl. Genesis Apokryphon XX, 29.

21. Vgl. *E. Rohde:* Psyche, 5/6. Aufl., 1910, 87f. (Anm. 3), 356, 424. Ferner *S. Eitrem*, Notes, 30f. Vgl. PGM VII, 396.967ff. IX, 4. XXXVI, 164.

22. Das Motiv hat ein literarisches Nachleben. Vgl. *G. E. Lessing:* Der junge Gelehrte I, 1: „Der Arzt endlich glaubt sich wirklich deiner bemächtigt zu haben, wenn er durch eine Legion barbarischer Wörter die Gesunden krank und die Kranken noch kränker macht."

wohl er von sich sagt *πάντων ἐκοινώνει μοι τῶν ἀπορρήτων* (Philops. 34), erfährt die Zauberworte zur Verwandlung der Mörser nicht von seinem großen Meister Pancrates. Er muß sie sich erschleichen: „Eines Tages aber hörte ich heimlich den Zauberspruch, als ich an einem dunklen Ort stand: er bestand aus drei Silben." Wunderwirksame Worte werden daher *πρὸς τὸ οὖς* rezitiert (PGM IV, 2164f. 909f.). Lautloses Sprechen gilt als Verdacht für Zauberei. „Dieses Geheimhalten der magischen *πράξεις* ist allen Völkern und Zeiten eigentümlich, schon aus dem einfachen Grund, weil man ja durch Weitergeben der zauberkräftigen Formeln und Namen auch andern Leuten eine unerhörte Macht mitteilen würde, die sie unter Umständen sogar zum Schaden dessen gebrauchen könnten, von dem sie diese Macht erhielten"[23].
c) Das Wort ist nicht nur direkte Ursache des Wunders. Oft tritt bei seiner Ausführung das Wunder ein: Lk 5,4 17,14 Joh 9,7 Mk 8,6f. Joh 2,7. Haftpunkt sind alle Themen. Jedoch gehören Nuancen jeweils verschiedenen Themen in besonderem Maße zu: Macht- und Drohworte zu Exorzismen, geheimnisvolle Worte zu Therapien (Mk 5,41 7,34). In den Geschenkwundern fehlen dagegen mirakulöse Worte. Der Befehl ist ganz „normal": Brot und Fische sollen verteilt, Wasser geholt, Netze ausgeworfen werden. – Die verbundenen Motive ergeben sich aus den verschiedenen bevorzugten Haftpunkten: Macht- und Drohworte sind mit einer Gegenwehr des Dämons, seinem gewalttätigen Ausfahren und der zerstörerischen Demonstration seiner Kraft verbunden, geheimnisvolle Worte werden durch Handberührung begleitet (Mk 5,41 7,33 VA IV,45) und mit Geheimhaltungsgeboten (die von Verstummungsbefehlen zu unterscheiden sind) geschützt (Mk 5,42 7,36).

25. Gebet

Hin und wieder finden sich gebetsähnliche Gesten oder Gebete. In Mk 6,41 und 8,6 handelt es sich um das gewöhnliche Tischgebet. Daß die Brotvermehrung auf dies Gebet zurückgeht, ist nirgendwo angedeutet. Mk 7,34 (*ἀναβλέψας εἰς τὸν οὐρανόν*) ist gebetsähnliche Geste, Joh 11,41f. ein richtiges Gebet: „Vater, ich bitte dich ...". Gebete sind häufig in Heilungen durch Jünger (Apg 9,40 28,8). Die Jünger werden Mk 9,29 auf das Gebet als exorzistisches Mittel ver-

23. *Th. Hopfner,* Offenbarungszauber II, 15. S. 14–19 werden hier verschiedene Geheimnismotive um die Zauberhandlung herum diskutiert. Vgl. ferner *O. Herzig:* Lukian als Quelle für die antike Zauberei, 1933, 10. *H. D. Betz:* Lukian von Samosata und das Neue Testament, TU 76, 1961, 154 Anm. 4. Der „Bonner General-Anzeiger" vom 24.12.71 berichtet von einem britischen Gespenstervertreiber, dem Kanonikus Pearce-Higgins, der für schwierige Fälle ein mittelalterliches Beschwörungsgebet bereithält, das er streng geheim hält: „Es ist so machtvoll, daß ich mich gar nicht getraue, es Ihnen zu sagen."

wiesen. Heilungen durch Gebet finden sich im AT und Judentum: 1 Kg 17,21, Chag 3a (Heilung zweier Stummer) und b. Berachot 34b (zwei Gebetsheilungen Hanina b. Dosas). Gebete führen zur Stillung des Sturms (Jona 1,14, j. Berachot 9,1, b. Baba mezia 59b). Von Pyrrhus wird berichtet, er habe Milzsüchtige durch Berührung geheilt, aber dabei einen weißen Hahn geopfert (Plut. Pyrrh. 3,7–9).

26. Konstatierung des Wunders

Das Wunder kann festgestellt werden, ohne daß der wunderhafte Charakter unterstrichen wird (Mk 1,42 3,5 4,39b 6,51 7,30 8,25 Mt 9,33 12,22 Lk 14,4 17,14 Joh 9,7 Apg 9,40 14,10 20,12 28,8). Oft enthält die Konstatierung des Wunders aber einen besonderen Akzent durch das Plötzlichkeits-, das Stundenmotiv und das gewaltsame Ausfahren des Dämons.
Das Wunder geschieht plötzlich: *εὐθύς* (Mk 1,42 2,12 5,29 5,42 7,35 10,52), *εὐθέως* (Mt 8,3 14,31 20,34 Lk 5,13 Apg 9,34 Joh 5,9). Mt läßt das Plötzlichkeitsmotiv oft weg, Lk formuliert relativ konstant *παραχρῆμα* (4,39 5,25, 8,44.47.55 13,13 18,43). Eine Fülle außerntl. Belege ist bei *O. Weinreich*, AH, 197f. gesammelt. Füge hinzu: Lukian Philops. 7; Lex 12, abdic. 5, ver.-hist. I 40 II 41, Charon 7, asin 12 (weitere lukianische Belege bei *H. D. Betz*, Lukian, 157 Anm. 3), Antiph. Metragyrtes Fragm. 154 (*θᾶττον*), PSI IV,435. Auch Rettungen aus Seenot geschehen plötzlich: BGU 423,8; Hymn. Hom. 33,23. Zu vergleichen ist ferner die stereotype Zauberformel: „Schnell, schnell, bald, bald" (PGM III,35f. 84f. 123f. IV,122.153 1593 1924 2037 2098 2911f. VII,248 254 259 331 373 472f. 993 VIII,52 63 84 XII,58 81 143 396 u. ö.). Das dem Plötzlichkeitsmotiv entgegengesetzte Motiv stufenweiser Heilung begegnet nur Mk 8,24f. Eine andere Möglichkeit, die Wunderhaftigkeit des Geschehens herauszuheben, ist das „Stundenmotiv", oft in Verbindung mit Fernheilungen (Mt 8,13 15,28 Joh 4,52 b. Berachot 34b) und unabhängig davon (Mt 9,22 17,18 Apg 16,18). In Exorzismen wird das Ungewöhnliche der „Heilung" durch das gewaltsame Ausfahren des Dämons unterstrichen: Mk 1,26 9,26. Es handelt sich um das letzte Aufbäumen des Dämons.

27. Demonstration

Varianten: Das Wunder wird meist nicht nur festgestellt sondern durch einen neuen Akt demonstriert. Die Form der Demonstration ist je nach thematischem Haftpunkt verschieden:
a) Bei Therapien wird die gewonnene Lebenskraft durch Aktivität demonstriert: Der ehemals kranke Mensch dient (Mk 1,31), trägt sein Bett (Mk 2,12 Joh 5,9

Lukian. Philops, 11), einen Stein (Epidauros W 15), kann gehen und nachfolgen (Mk 5,42 10,52, Plut. Cor. 13: zu den Überlieferungsvarianten dieses Motivs vgl. *O. Weinreich,* AH, 174). Die ins Leben Zurückgekehrte ißt (Mk 5,43) und gibt einen Laut von sich (VA IV,45).

b) Demonstration durch zerstörerische Gewalt des ausfahrenden Dämons liegt oft in Exorzismen vor. Der Dämon beweist seine Austreibung, indem er außerhalb des Menschen sichtbare Spuren hinterläßt, eine Schweineherde in einen See treibt (Mk 5,13), einen Becher voll Wasser umwirft (Jos. ant. Iud. VIII,2,5) oder eine Säule umstößt (VA IV,20[24]). In Lukian. Philops. 16 entweicht er als sichtbarer schwarzer Rauch. Den gesteinigten (als Bettler verkleideten) Pestdämon findet man unter dem Steinhaufen als erschlagenen Hund wieder: ein Beweis, daß es kein Mensch war (VA IV,10).

c) In Speise-, Wein- und Fischwundern (die wir als Geschenkwunder zusammenfassen) wird die Existenz der wunderbar vermehrten, verwandelten oder erarbeiteten Güter durch Zählen verbürgt (Mk 6,43f. 8,8f. Joh 21,11), abgewandelt bei Porphyrius (vitPyth 25): Das Wunder besteht in der Voraussage der richtigen Zahl gefangener Fische. Die Menge der Güter kann auch dadurch betont werden, daß sie Bedarf und die technischen Möglichkeiten der Aufbewahrung übersteigen: In 2 Kg 4,6f. reichen die Töpfe nicht für das Öl. In 2 Kg 4,44 bleibt Brot übrig. Beim Fischzug reißen die Netze (Lk 5,6), die Boote sinken unter der Last (5,7). Im Weinwunder geschieht die Demonstration dadurch, daß der unvoreingenommene Speisemeister bestätigt, es handle sich um Wein (Joh 2,10). Die Bedeutung der Zahl und des Überflusses zeigt: Das Wunder hat hier eine quantitative Dimension.

d) Epiphanien enthalten Demonstrationen der Realität des Erschienenen. Jesus zeigt, daß er kein Gespenst ist, indem er ins Boot steigt (Mk 6,51). Der Auferstandene ißt (Lk 24,36ff.), läßt sich berühren (Joh 20,24ff.). Apollonius erscheint seinen Jüngern: „Faß mich, sprach er, und wenn ich dir entfliehe, so bin ich ein Gespenst aus Persephones Reich kommend, so wie die unterirdischen Götter den durch Trauer Entmutigten erscheinen; wenn ich aber berührt bleibe, so überzeuge auch Damis, daß ich lebe und nicht den Körper verlassen habe" (VA VIII, 12).

Verbundene Motive: An die Verbindung von Berührung und Beweis von Lebenskraft sei noch einmal erinnert. In den Demonstrationen von Geschenkwundern fällt auf, daß sie immer mit einer großen Unauffälligkeit des Wunders selbst verbunden sind. Aus der Demonstration kann man erst das Wunder selbst erschließen. Der Vorgang selbst bleibt geheim.

24. Vgl. Act. Verc. 11 und dazu: *R. Reitzenstein:* Hellenistische Wundererzählungen, 2. Aufl., 1963, 54.

28. Entlassung

Varianten: Die Entlassung besteht meist aus einem zweiteiligen Satz des Wundertäters: Einem *ὕπαγε* folgt ein weiterer Imperativ oder die Konstatierung der Heilung. Der Entlassungsschluß ist außerntl nur in zusammenfassenden Referaten belegt: Der Exorzist in Lukian Philops. 16 schickt die Geheilten weg (*ἀποπέμπει*). Von Empedokles lesen wir bei Diog. Laert. (VIII,67) *ἀποστείλας τὴν νεκρὰν ἄνθρωπον*. Innerhalb ntl Wundergeschichten wird konstatierend der rettende Glaube hervorgehoben (Mk 5,34 (7,29) 10,52 Mt 8,13 Lk 17,19), die Geheilten werden zu Dank und Verkündigung entsandt (Mk 1,44 5,19) oder ihren Angehörigen übergeben (Lk 9,42 7,15; vgl. 1 Kg 17,23 2 Kg 4,36f., VA IV,45: „Und das Kind gab einen Laut von sich und kehrte in das Haus ihres Vaters zurück"). Eine solche Entlassung in die Familie könnte auch Mk 2,11 vorliegen, während das Motiv in Mk 8,26 gerade in sein Gegenteil gewandt wird: Der Geheilte soll nicht ins Dorf zurück.
Verbundene Motive: Die Entlassung begegnet dort vor allem, wo die Hilfebedürftigen herbeikommen. Kommt der Wundertäter zum Hilfebedürftigen, so wird der Entlassungsschluß zur Übergabe an die Angehörigen variiert. – Kompositioneller Ort ist immer der Schluß. Das Motiv kann sich jedoch mit anderen Schlußmotiven verbinden und vor dem eigentlichen Abschluß der Wundergeschichte stehen (zum Beispiel Mk 2,11 5,19). – Haftpunkt sind fast ausschließlich Therapien. In den Speisewundern ist jedoch eine Entlassung angedeutet (Mk 8,9). In der Parallele Mk 6,34ff. beginnt die Erzählung damit, daß die Jünger die Entlassung des Volkes vorschlagen (6,36), in 6,45 wird das Volk dann entlassen.

29. Geheimhaltungsgebot

Varianten: Geheimhaltungsgebote begegnen innerhalb von Wundergeschichten (Mk 1,44 5,42 7,36 Mt 9,30), selbständigen und überleitenden Apophthegmen (Mk 8,30 9,9). Indirekte Geheimhaltungsgebote sind Mk 8,26 und vielleicht Mk 5,19: Der Geheilte wird nur in sein Haus zur Verkündigung des Geschehenen entlassen, übertritt aber das Gebot. Geheimhaltungsgebote sind von Verstummungsbefehlen zu unterscheiden. Das „Verstumme!" (Mk 1,23 4,39) hat seinen kompositionellen Ort im Wundervorgang selbst, ist Variante des Machtwortes; das Geheimhaltungsgebot folgt dem Wunder. Die nächsten Parallen sind die stereotypen Geheimhaltungsgebote in den Zauberpapyri, durch welche die Verbreitung und Weitergabe der wirksamen Zauberformeln untersagt wird. Meist geschieht das durch ein einfaches *κρύβε*. Der Eingeweihte ist ein durch Eid zum Schweigen verpflichteter Myste: *Μύστης με σιγᾶν ὅρκος οὐδ' ἐᾶ φράσαι* (Lukian. trag. 272). „Wenn du aber auch einen Miteingeweihten beiziehen

willst, so daß er allein mit dir die Worte (sc. der Gottheit) vernehme, soll er mit dir (sieben) Tage rein bleiben ..." (PGM IV, 732–735). Will er den Zauber mitteilen, so gilt: „willst du es aber auch ihm (dem Miteingeweihten) zeigen, so prüfe, ob er als Mensch unzweifelhaft würdig ist ... (738ff.). Eine Zusammenstellung von Geheimhaltungsgeboten enthält der zweite Teil I, C. Verbundene Motive sind entweder Entlassungsschlüsse (Mk 1,43f. 5,19 8,26) oder Admirations- und Akklamationsschlüsse (Mk 5,42 7,37). Da die Entlassung in sich Befehls- und Auftragscharakter hat, fügen sie sich dem ersten Zusammenhang formal glatt ein, stehen dagegen mit dem Admirations- und Akklamationsschluß in Spannung: Geheimhaltung und Staunen der Menge widersprechen sich. Gerade an diesen Stellen begegnet nun eine andere Motivverbundenheit: Die Geheimhaltungsgebote sind ja nur ein Motiv, das eine gewisse Geheimhaltungsthematik zum Ausdruck bringt. Sowohl in 5,21ff. wie in 7,31ff. erfolgt vorher eine Absonderung des Publikums und eine Heilung durch *ῥῆσις βαρβαρική*.
Haftpunkt: Geheimhaltungsgebote begegnen im MkEv auch außerhalb der Wundergeschichten in Summarien (1,34 3,12), wobei hier die Nähe zu den Verstummungsbefehlen unverkennbar ist, ferner in einem Apophthegma (8,30) und nach einer Epiphanie (9,9). Der kompositionelle Ort ist in allen vier Fällen der Schluß der erzählerischen Einheit.

30. Admiration

Varianten: Das Admirationsmotiv umfaßt alle erzählerischen Momente, die ein Staunen, Fürchten, Sich-Entsetzen, Verwundern zum Ausdruck bringen. Die Admiration wird entweder verbal: *θαυμάζειν* (Mt 8,27 u. ö.), *ἐξίστασθαι* (Mk 2,12 u. ö.), *φοβεῖσθαι* (Mk 4,41 u. ö.), *θαμβεῖσθαι* (Mk 1,27), *ἐκπλήττεσθαι* (Mk 7,37) zum Ausdruck gebracht oder substantivisch: *ἔκστασις* (Mk 5,42), *φόβος* (Mk 4,41 Lk 7,16), *θάμβος* (Lk 4,36). Diesen sprachlichen Nuancen entsprechen zwei Varianten des Motivs: intentionales und zuständliches Staunen, Sich-Entsetzen und Über-Etwas-Staunen. Bei Mk finden wir häufig das zuständliche Staunen (5,42 6,51 10,32 16,8). Mt und Lk entfalten das Motiv je in eine Richtung weiter. Während Mk meist nicht näher bezeichnete Menschen (3. Pers. Pl.) staunen läßt, nennt Mt fast immer ein bestimmtes Subjekt[25]: Menschen (8,27), Jünger (21,20), die Mengen (9,8 9,33 12,23 15,31). Meist folgt ein Partizip *καὶ λέγοντες* (8,27 9,33 19,25 21,20) bzw. *βλέποντας* (15,31) oder ein nebengeordnetes Verb (12,23 13,54). Das heißt Mt formuliert jeweils explizit, worüber man staunt (Ausnahme: 22,22). Lk substantiviert dagegen ‚Furcht' und ‚Schauder', macht sie zum grammatischen Subjekt, so daß es scheint, als

25. So *K. Tagawa:* Miracles et Évangile, 1966, 96.

überkämen numinose Zustände den Menschen: *καὶ ἐγένετο θάμβος ἐπὶ πάντας* (4,36 vgl. *καὶ ἐθαμβήθησαν* Mk 1,27), *καὶ ἔκστασις ἔλαβον ἅπαντες ... καὶ ἐπλήσθησαν φόβου* (5,26 vgl. *ὥστε ἐξίστασθαι πάντας* Mk 2,12), *ὅτι φόβῳ μεγάλῳ συνείχοντό* (8,37 vgl. *ἐφοβήθησαν* Mk 5,15), *φόβος ἐπέπεσεν 'επ' αὐτόν* (1,12), *θάμβος γὰρ περιέσχεν αὐτὸν* (5,9), *ἔλαβεν δὲ φόβος πάντας* (7,16). Die lk Ausdrucksweise orientiert sich an der Vorstellung eines enthusiastischen Zustandes. Außerntl Parallelen sind nicht sehr häufig. Mit Staunen reagieren Trajan und Hadrian auf ägyptische Wunder. Nachdem die Überlegenheit des Sarapis über den jüdischen Gott gezeigt wurde, heißt es: *θεασάμενος δὲ Τραϊανὸς ἀπεθαύμασεν* (PapOx. X 1242). Hadrian gibt einem Zauberer erhöhten Lohn: *θαυμάσας τὸν προφήτην διπλᾶ ὀψωνία αὐτῷ ἐκέλευσε δίδοσθαι* (PGM IV, 2454f.)[26]. Daneben begegnet das Staunen einer Menge. Nach der wunderbaren Säuberung eines Feldes von Schlangen und Ungeziefer heißt es: *ἡμεῖς δὲ ἐθαυμάζομεν* (Lukian. Philops. 12), nach einer Heilung: *οἱ παρόντες δὲ ἐθαύμαζον* (abdic. 5), nach der Verwandlung des Lucius aus einem Esel in einen Menschen: „populi mirantur religiosi venerantur tam evidentem maximi numinis potentiam" (Apul. met. X,13). Das erste Wunder von Epidauros schließt mit der Wiedergabe einer Weihetafel: *Οὐ μέγεθος πίνακος θαυμαστέον, ἀλλὰ τὸ θεῖον* ... *E. Peterson* hat gezeigt, daß die Admiration in den christlichen Wundergeschichten des 2.–10. Jahrhunderts (in Verbindung mit der Akklamation) zum typischen Abschluß geworden ist[27]. In den vorchristlichen Parallelen ist das Motiv nicht so häufig, daß man von einem stereotypen Schlußmotiv antiker Wundergeschichten sprechen könnte: „ce sont là des exemples isolés" (*K. Tagawa*)[28].

Persongebundenheit: Das Motiv findet sich als Staunen Einzelner (Mk 6,6 Mt 8,10) und einer Menge von Menschen. Der Begriff „Chorschluß"[29] würde nur die letzte Variante des Motivs umfassen und nicht zwischen Admirations- und Akklamationsschluß differenzieren (so eng beide Motive auch verbunden sind). Wir weichen daher von der Terminologie der klassischen Formgeschichte ab.

Haftpunkt: Das Motiv begegnet nicht nur in Wundergeschichten, sondern auch in Reiseberichten, beim Eintreffen von Voraussagen, kurz: bei verschiedenen außergewöhnlichen Phänomenen[30]. Im NT hat es einen zweiten Haftpunkt in Apophthegmen. Hier liegt bei Mk immer ein intentionales Staunen vor, was entweder durch

26. In anderem Zusammenhang begegnet *θαυμάζειν* in den Zauberpapyri recht häufig: PGM IV, 161 775 791f. 2445 3170f. XIII, 239. XIII, 252.
27. *E. Peterson:* ΕΙΣ ΘΕΟΣ 1926, 183–222.
28. Miracles, 93.
29. *M. Dibelius,* FE, 50 54f. 64 72.
30. *G. Bertram,* ThW III, 27–42. *H. D. Betz,* Lukian, 159, findet nur einen Beleg für ein Staunen nach einer Heilung (abdic. 5); ansonsten wird bei Lukian über Auffälliges, Ästhetisches, Erotisches, Phantastisches „gestaunt".

eine Gegenstandsbestimmung (ἐπί mit Dativ: 1,22 10,24 11,18 12,17) oder durch explizite Fragen (10,26 6,2) zum Ausdruck gebracht wird. Die intentionale Ausrichtung des Staunens entspricht mehr dem rationalen Charakter des Apophthegma (bzw. des Lehrens Mk 1,22).
Kompositioneller Ort ist grundsätzlich der Schluß von Wundergeschichten. Unmittelbar am Schluß steht es jedoch nur Mk 5,20. An zwei Stellen ist es in die Einleitung von Wundergeschichten eingedrungen: Mk 1,22 und 9,15. Außerdem kann es mitten in Wundergeschichten oder wunderhaften Erzählungen begegnen (Mk 5,15 16,5 9,6).
Verbundenes Motiv ist der Akklamationsschluß. Es kann jedoch auch selbständig stehen, weswegen die Differenzierung beider Motive gerechtfertigt ist (Mk 5,20.42 6,51). Umgekehrt gibt es auch Akklamationen ohne Admiration (Lk 17,15f. 13,13.17).

31. Akklamation

Varianten: „Unter Akklamationen versteht man die oft rhythmisch formulierten und sprechchorartig vorgetragenen Zurufe, mit denen eine Volksmenge Beifall, Lob und Glückwunsch oder Tadel, Verwünschung und Forderung zum Ausdruck bringt“[31]. Der Unterschied zur Admiration liegt darin, daß immer sprachlich artikulierte Stellungnahme zum Wunder bzw. zum Wundertäter vorliegt, die sehr variabel sein kann. Die Akklamation kann allgemein referiert werden, ohne daß der Inhalt wiedergegeben wird (implizite Akklamation), zum Beispiel *δοξάζων τὸν θεόν* (Lk 18,43 vgl. 8,47 9,43 13,13.17 Apg 3,9). Unter den „ausgeführten Akklamationen“ (Mk 1,27 2,12 4,41 7,37 Mt 9,33 Lk 19,37f.) interessieren besonders die „titularen Akklamationen“, die dem Wundertäter einen Titel zulegen (Lk 5,8 7,16 Mt 12,23 14,33 Joh 1,49 6,14 9,35–38 Apg 8,10 14,12 28,6). Wir benutzen den Begriff ‚Akklamation‘ für alle sprachlichen Stellungnahmen zum Wunder, gleichgültig welche inhaltliche Nuance dabei dominiert: Freude (zum Beispiel Lk 13,17), Lob (zum Beispiel 13,13), Dank (zum Beispiel 17,16), Bekenntnis (5,8). Außerntl. Analogien werden im 2. Teil ausführlich besprochen.
Haftpunkt der Akklamationen sind sehr verschiedene Gattungen und inhaltliche Zusammenhänge. *E. Peterson* hat Akklamationen in Kult, Theater, Recht und Politik beschrieben. Wir beschäftigen uns nur mit den „aretalogischen Akklamationen“, also den in Wundergeschichten vorkommenden. Im NT finden sich jedoch auch andere Akklamationen: im Kult (zum Besipiel 1 Kor 14,25), in der Politik (Apg 12,22 19,34).
Persongebundenheit: Die Akklamation wird in Wundergeschichten meist, jedoch nicht notwendig, von einer Volksmenge gesprochen. Es gibt auch Akkla-

31. *Th. Klausner:* Art. Akklamation, RAC I, 216–233 (Zitat: 216).

mationen einzelner (Lk 5,8) oft in Gegenwart einer Menge, die hin und wieder mit einstimmt (Lk 5,25f. 18,43). Verbundene Motive siehe unter „Admiration".

32. Ablehnende Reaktion

Varianten: Der Admiration und Akklamation entspricht die Ablehnung des Wundertäters. Das Motiv begegnet vor allem in Logien und Apophthegmen, in denen Wunder Gegenstand des *σκανδαλίζειν* sind (Mt 11,6 11,20–24 Mk 6,3). In die Wundergeschichten dringt das durch christliche Missionserfahrung verstärkte, wenn nicht erst geschaffene Motiv in dreifacher Weise. Anstatt Akklamation kann direkte Ablehnung erfolgen (Mk 3,6 5,17 Apg 16,19ff. und Joh 5,9ff.). Lk hat solche Ablehnung in Analogie zu seinen Admirationsschlüssen (siehe oben) gestaltet: *αὐτοὶ δὲ ἐπλήσθησαν ἀνοίας* (6,11) entspricht *ἐπλήσθησαν φόβου* (5,26). Ferner kann die Ablehnung neben die Akklamation treten. Solche gespaltenen Stellungnahmen liegen Mt 9,33ff. 12,23f. Joh 9,8–39 11,45ff. vor (ohne Bezug auf Wunder: Joh 7,12f. 7,40f.). Gespaltene Stellungnahmen zum Wunder sind auch die Volksmeinungen Mk 6,14f., scheinen jedoch nicht grundsätzlich ablehnend zu sein. Eine dritte Möglichkeit liegt darin, die Akklamation zu übernehmen, aber als Mißverständnis abzuwerten: Joh 6,14f. Apg 14,11ff. Für alle drei Formen der Ablehnung wüßte ich keine außerntl Analogien. Die Ablehnung steht der Akklamation formal sehr nahe und könnte auch als paradigmatische Variante dieses Motivs behandelt werden.

33. Ausbreitung des Rufes

Der Ruf des Wundertäters breitet sich schnell aus. In dem entsprechenden Satz ist entweder der „Ruf" Subjekt: *ἀκοή* (Mk 1,28), *λόγος* (Lk 7,17), *φήμη* (Mt 9,26) oder die den Ruf verbreitenden Menschen (Mk 1,45 5,14.20 7,37 Mt 9,31). Bei Lk heißt es hin und wieder *ἐγένετο γνωστόν* (Apg 9,42 19,17)[32]. Eine Parallele findet sich in Paus. II,26,5.

B. Die Komposition der Motive

Nach Inventarisierung und Beschreibung aller Motive können wir an die Aufgabe gehen, ihre gegenseitigen Beziehungen auf kompositioneller und paradig-

32. *G. Schille:* Die Topographie des Markusevangeliums, ZDPV 73 (1957) 133–166, sieht in derartigen Bemerkungen „Findungsnotizen" (S. 135ff.), das heißt Angaben der Landschaften, aus denen man die Wundergeschichten übernommen hat.

matischer Ebene im Zusammenhang zu analysieren. Die Analyse des Kompositionsgefüges haben wir durch die Bestimmung des kompositionellen Ortes der Motive so weit vorbereitet, daß wir hier nur eine zusammenfassende Darstellung geben. Vier mögliche kompositionelle Orte lassen sich unterscheiden: Einleitung (in zwei Gliedern), Exposition, Mitte und Schluß. Die Motive 1–7 gehören zur Einleitung und schildern das Auftreten von Personen, die Motive 8–20 zur Exposition. Sie sind nicht unmittelbare Vorbereitung für die Wunderhandlung, sondern bauen eine innere Spannung auf, die durch die folgende Erzählung gelöst wird. Sachlich lassen sie sich untergliedern in Motive des Annäherns, Motive des Zurückweichens und Motive, die ein Verhalten des Wundertäters beschreiben. Die Motive 21–26 bilden die Mitte, das eigentliche Wundergeschehen, das mit der szenischen Vorbereitung beginnt und mit der Konstatierung des Wunders endet. Die restlichen Motive (27–33) gehören zum Schluß, wo alle beteiligten Personen auftreten können: der Hilfebedürftige (Demonstration), der Wundertäter (Entlassung und Geheimhaltungsgebot), die Zwischenspieler (Admiration und Akklamation). Nach ihrem vorwiegenden kompositionellen Ort unterscheiden wir einleitende, expositionelle, zentrale und finale Motive.

Von all diesen Motiven realisiert der Erzähler einer Wundergeschichte jeweils nur einen Teil. Potentiell verfügt er über alle Motive. Mit jeder erzählerischen Einheit trifft er eine (unbewußte) Wahl. Wenn in der folgenden Übersicht die Motive zu Gruppen zusammengefaßt sind, so werden damit Möglichkeiten der Wahl umrissen: diese Gruppen haben auch paradigmatischen Charakter. Der Erzähler kann an den jeweiligen kompositionellen Orten zwischen ihnen wählen – aber er kann sie auch in kompositioneller Folge realisieren. Bei der Wahl eines Motivs (bzw. seiner paradigmatischen Varianten) ist er nicht absolut frei. Der kompositionelle Ort ist im großen und ganzen schon vorgegeben. Welche schöpferische Freiheit der Erzähler dennoch besitzt, zeigen u. a. die Motive, die an verschiedenen kompositionellen Orten begegnen.

Das Kompositionsgefüge der Motive

Einleitung (einleitende Motive)	1. Kommen des Wundertäters	
	2. Auftreten der Menge	
	Auftreten von	3. Hilfsbedürftigen
		4. Stellvertretern
		5. Gesandtschaften
		6. Gegnern
	7. Motivation des Auftretens von Gegenspielern	

Exposition (expositionelle Motive)	8. Charakterisierung der Not	
	Annäherung an den Wundertäter	9. Erschwernis
		10. Niederfallen
		11. Hilferufe
		12. Bitten und Vertrauensäußerung
	Zurückweichen	13. Mißverständnis
		14. Skepsis und Spott
		15. Kritik
		16. Gegenwehr des Dämons
	Verhalten des Wundertäters	17. Pneumatische Erregung
		18. Zuspruch
		19. Argumentation
		20. Sich-Entziehen
Mitte (zentrale Motive)	21. Szenische Vorbereitung	
	Wunderhandlung	22. Berührung
		23. Heilende Mittel
		24. Wunderwirkendes Wort
		25. Gebet
	26. Konstatierung des Wunders	
Schluß (finale Motive)	Gegenspieler:	27. Demonstration
	Wundertäter:	28. Entlassung
		29. Geheimhaltungsgebot
	Zwischenspieler:	30. Admiration
		31. Akklamation
		32. Ablehnende Reaktion
		33. Ausbreitung des Rufes

C. Das Feld der Motive

In einem zweiten Gedankengang untersuchen wir die gegenseitigen Relationen der Motive im paradigmatischen Feld unabhängig vom Kompositionsgefüge. Ein erster Hinweis auf die Existenz solcher Beziehungen gibt die Einteilung der expositionellen Motive in solche der Annäherung und des Zurückweichens. Diese Motivgruppen sind sachlich einander entgegengesetzt. Im folgenden fragen wir systematisch nach „entgegengesetzten Motiven", die sich inhaltlich gegenseitig bestimmen. Solche Feldanalyse vollzieht sich methodisch in variieren-

den Klassifikationen der durch Zerlegung des kompositionellen Zusammenhangs gefundenen Einheiten.
Auf Grund des Personenfeldes können wir eine erste Klassifizierung vornehmen: Wir unterscheiden Motive, die mit Dämonen, Menschen und göttlichen Wesen (dem Wundertäter) „verbunden" sind. Danach erhalten wir drei Teilfelder.
Wir setzen mit den „menschlichen" Motiven ein, bei denen der Gegensatz von Erschwernis und Glauben schon beobachtet worden ist. Das Erschwernismotiv artikuliert eine Grenzerfahrung: Dem Willen des Menschen zur Überwindung der Not richten sich unübersteigbar scheinende Hindernisse entgegen. Ihm „entgegengesetzt" ist das grenzüberschreitende Motiv des Glaubens, das heißt jene Hilferufe, Bitten und Vertrauensäußerungen, mit denen sich die Hilfesuchenden über die Erschwernis hinwegsetzen. „Glauben" nennt Jesus dies Verhalten, dessen voluntativer Charakter unübersehbar ist: ϑέλειν ist mit πιστεύειν synonym[33]. Wenn das Erschwernismotiv „grenzbetonend" ist, so ist das Glaubensmotiv grenzüberwindend. Beiden gemeinsam ist der voluntative Aspekt.
Mißverständnis, Skepsis und Spott, Kritik sind ebenfalls grenzbetonende Motive. Jedoch erscheint die Grenze nicht als Hindernis eines an ihr sich reibenden Willens, sondern als wahrgenommenes Hindernis, das eine Willensanstrengung zur Überwindung gar nicht erst aufkommen läßt. Diese Motive betonen die Grenze unter kognitivem Aspekt. „Mißverständnis" ist innerhalb der Gewißheit normaler alltäglicher Sinnwelt das einzig verständige Verhalten. Es rechnet mit dem Möglichen und verschwendet keine Aufmerksamkeit auf die Grenze zum Unmöglichen, setzt diese vielmehr mit frageloser Selbstverständlichkeit voraus, ohne ihre Lücken und Einbrüche wahrzunehmen. Das „Mißverständnis" zeigt diese Jedermannswelt, in der die Grenzen unseres Handelns und Erwartens abgesteckt sind, in der wir leben, atmen und existieren, in deren fraglosem Vollzug die Grenze nicht thematisiert, aber um so massiver vorausgesetzt wird.
In „Skepsis und Spott" erscheint diese ihrer selbst gewisse Welt in der Verteidigung: Sie verteidigt sich gegen die prätendierten Grenzüberschreitungen. Die Risse in der Jedermannswelt werden gesehen, aber als nichtig hingestellt – am wirksamsten durch kollektive Verlachung. Mag diese Welt auch noch so wenig heil sein, mögen Tod, Blindheit und Verkrüppelung ihre Signatur sein, so wird die Befreiung vom Übel dennoch als sinnvolle Möglichkeit abgelehnt.
Die „Kritik" geht von der Verteidigung zum Angriff über. Die mögliche Grenzüberschreitungen erscheinen nicht nur als unsinnig, sondern als illigitim, als Verletzung heiliger Normen. Das Heilige, die große Beunruhigung normaler Sinnwelt, wird als deren stärkste Stütze beansprucht, in dessen Namen die Grenze erbittert

33. *H. J. Held*, Matthäus als Interpret, 266ff. Vgl. das Nebeneinander von „nach eurem Glauben geschehe euch" (Mt 9,29) und „es geschehe dir, wie du willst" (Mt 15,28). Entsprechend sind zu vergleichen Mk 10,51.52 und Mt 15,28.

verteidigt wird – selbst wenn Überschreitung dieser Grenze hieße, Leben zu retten und zu bewahren.

Die Betonung der Grenze unter kognitivem Aspekt zeigt also eine noch nicht von ihrem Jenseits her aufgebrochene normale Sinnwelt in ihrem Vollzug, in Verteidigung und Angriff. Die möglichen Grenzüberschreitungen gelten als nicht existierend, als unsinnig oder illegitim. Entgegengesetzte Motive wären Motive bewußter Grenzüberschreitung. Nun wird in Rufen, Bitten und Vertrauensäußerung deutlich, daß die Menschen Grenzüberschreitungen bewußt wagen. Sie reden den Wundertäter als übermenschliches Wesen (zum Beispiel als Sohn Davids) an, wissen also, daß seine Hilfe Einbruch übermenschlicher Kraft wäre. Der Hauptmann von Kapernaum weiß um die (Legitimitäts-) Schranke zwischen ihm als Heiden und Jesus. Er weiß, daß er nicht würdig ist, und bittet dennoch.

Die Syrophönizierin gesteht zu, daß sie zu den Hunden gehört, denen der Abfall zukommt, aber sie läßt nicht nach; und dem Vater des epileptischen Knaben ist bewußt, daß er die Grenze zur Allmacht überschreiten müßte, wollte er sich den Zuspruch Jesu vom alles vermögenden Glauben zu eigen machen – und wagt dennoch zu sagen: „Ich glaube" – trotz Anerkennung der Grenze in der *ἀπιστία*. Hilferufe, Bitten und Vertrauensäußerungen lassen so nicht nur den Willen zur Grenzüberschreitung erkennen, sondern auch das Bewußtsein einer Grenzüberschreitung des Möglichen und Legitimen. Sie schildern Grenzüberschreitungen unter kognitivem Aspekt und sind somit der kognitiven Betonung der Grenze als grenzüberschreitende Motive entgegengesetzt. Die Grenze wird „real" im Wunder transzendiert. Aber auch nach dem Wunder wehrt sich die normale Sinnwelt gegen den Einbruch in ihre Ordnung: Wut erfüllt ihre Vertreter (Lk 6,11), Furcht überkommt die Menschen, so daß sie den Wundertäter wegschicken (Mk 5,15). Die Hindernisse mögen real überwunden sein, die Argumente widerlegt: dennoch bleibt die affektive Ablehnung jedes Transzendierens der vertrauten Sinnwelt, es bleibt das *σκανδαλίζειν* (Mk 6,3 Mt 11,6). Diese „ablehnende Reaktion" ist Betonung der Grenze unter affektivem Aspekt. Das entgegengesetzte grenzüberschreitende Motiv ist „Admiration" und (in ihr meist begründet) „Akklamation". Die Verunsicherung durch den Einbruch in die vertraute, legitimierte und gedeutete Welt klingt unüberhörbar nach: *φοβεῖσθαι*, *θαμβεῖσθαι* und *ἐκπλήττεσθαι* sind ambivalente Begriffe; aber es überwiegt ein faszinierendes Angezogensein das Zurückschrecken vor der Grenze, eine ekstatische Überschreitung das Abgestoßenwerden. Admiration und Akklamation zeigen Grenzüberschreitungen unter affektivem Aspekt. Nicht der Wille, sondern ein auf die Grenzüberschreitung reagierender affektiver Zustand treibt über die vertraute Sinnwelt hinaus.

Das Feld der Motive hat sich somit unter zwei weiteren Gesichtspunkten als strukturiert erwiesen. Grundlegend ist die Entgegensetzung von Betonung und Überschreitung der Grenze. Grenzbetonende und grenzüberschreitende Motive haben darüber hinaus einen voluntativen, kognitiven oder affektiven Aspekt, der jedoch nicht eindeutig voneinander zu trennen ist: jedes grenzbetonende Motiv ist jedem grenzüberschreitenden entgegengesetzt. Aus der Überschneidung beider Gesichtspunkte ergeben sich sechs Teilfelder im formgeschichtlichen Feld der Motive:

Das Feld der Motive (menschliche Perspektive)

	grenzbetonende Motive	grenzüberschreitende Motive
voluntativer Aspekt	Erschwernis	Überwindung der Erschwernis (Glaube)
kognitiver Aspekt	Mißverständnis Skepsis und Spott Kritik	Hilferufe Bitten und Vertrauensäußerung
affektiver Aspekt	Ablehnende Reaktion	Admiration Akklamation

Die zwei genannten Gesichtspunkte reichen jedoch nicht aus, um die Struktur des Motivfeldes zu beschreiben. Wir haben die Grenze bisher nur aus menschlicher Perspektive gesehen. In den Wundergeschichten wird sie aber auch aus der Perspektive des Wundertäters thematisiert und nicht zuletzt auch aus dämonischem Blickwinkel. Wir werden sehen, daß sich die Klassifizierungen der „menschlichen" Motive auch hier bewähren.
„Erschwernis" heißt: Der Mensch kann nicht zum Heil vermittelnden Wundertäter kommen. Dem entspricht auf seiten des Wundertäters dessen „Sich-Entziehen". Er weicht dem Menschen aus, geht an ihm mit Willen vorüber: *καὶ ἤθελεν παρελθεῖν αὐτούς* (Mk 6,48). Er kann die Bitte ablehnen (Mk 7,27) oder gar als Widerspruch zu seiner Sendung zurückweisen (Mt 15,24). Die Bitte des Aussätzigen formuliert deutlich, worauf es auch beim Wundertäter ankommt: *ἐὰν θέλῃς δύνασαί με καθαρίσαι* (Mk 1,40). Auch aus der Perspektive des Wundertäters gibt es eine voluntative Betonung der Grenze – freilich nicht als Widerstand gegen diese Grenze, sondern als bewußte Setzung.
Das entgegengesetzte Verhalten des Wundertäters ist die Initiative zur Wunderhandlung und diese selbst. Auch hier wird der Wille hervorgehoben: *θέλω καθαρίσθητι* (Mk 1,41). Die unwillentliche Übertragung von Kraft erscheint als große Ausnahme (Mk 5,25ff.). Ansonsten sind die meisten „zentralen" Motive (das Herbeizitieren des Notleidenden in der szenischen Vorbereitung, Berührung, heilendes Mittel, wunderwirkendes Wort) willentliche Grenzüberschreitungen von seiten des Wundertäters. Auch bei ihm lassen sich also Be-

tonung und Überschreitung der Grenze unter voluntativem Aspekt herausheben. Dasselbe gilt für den kognitiven Aspekt. Der Wundertäter betont die Grenze durch Absonderung des Publikums und Geheimhaltungsgebot. Er will das wunderbare Handeln der Wahrnehmung und dem Wissen entziehen, will selber inkognito bleiben. Umgekehrt läßt er die ihm begegnenden Menschen kognitiv an den Möglichkeiten jenseits der normalen Sinnwelt partizipieren. Durch Zuspruch eröffnet er neue Aussichten: „Das Mädchen ist nicht gestorben, es schläft" (Mk 5,39). Damit gerät eine Welt von Gewißheiten, der Tod des Mädchens und die Unwiderruflichkeit dieses Todes, ins Schwanken. Der Zuspruch ist Grenzüberschreitung, welche die reale Transzendierung der Grenze im Wunder antizipiert. Auch die Argumentation, mit der Jesus seinen Kritikern begegnet, ist kognitiver Struktur: sie greift die Legitimitätsgrundlagen der gewohnten Sinnwelt an und stiftet einen neuen Begriff des Heiligen.
Die affektive Betonung der Grenze von seiten des Wundertäters besteht in „pneumatischer Erregung", sofern in ihr das Moment der Klage, der Trauer und des Leidens an menschlicher Not, menschlichem Unvermögen und Verblendung überwiegt. Charakteristisch ist der Ruf: „O du ungläubiges Geschlecht, wie lange soll ich noch bei euch bleiben" (Mk 9,19), in dem die Schranke zwischen Menschen und Wundertäter zum Ausdruck kommt. Das entgegengesetzte grenzüberschreitende Motiv ist selten, fehlt aber keineswegs: In Mt 8,10 „staunt" Jesus über den Glauben des Hauptmanns. Auch das Mitleid Jesu (Mk 6,34 8,2) ist solch eine affektive Grenzüberschreitung. Diese „Affekte" Jesu gehören zur Logik des formgeschichtlichen Feldes der Wundermotive, das wir nun durch eine zweite Skizze ergänzen können:

	grenzbetonende Motive	grenzüberschreitende Motive
voluntativer Aspekt	Sich-Entziehen	Initiative Wunderhandlung
kognitiver Aspekt	Absonderung des Publikums, Geheimhaltungsgebot	Zuspruch Argumentation
affektiver Aspekt	Pneumatische Erregung (negativ getönt)	Mitleid Staunen

Feld der Motive (Perspektive des Wundertäters)

Wir haben die in den Wundergeschichten thematisierte Grenze aus menschlicher und göttlicher Perspektive erhellt. Eine dritte Perspektive fehlt noch: die dämonische. Betonung und Überschreitung der Grenze lassen sich auch hier unterscheiden: Grenzbetonend sind Motive, welche die Okkupation des Menschen durch einen Dämon zum Ausdruck bringen, grenzüberschreitend Motive, die sein Ausfahren schildern. Auch hier lassen sich drei Aspekte voneinander abheben. Der voluntative Aspekt zeigt sich in jenen Charakterisierungen der Not, welche den Besessenen als Opfer des Dämons zeichnen (Mk 9,18.22), ferner in der Gegenwehr des Dämons (Apg 19,16). Der kognitive Aspekt zeigt sich in der Abwehr durch wunderbares Wissen: *οἶδα σε* (Mk 1,24), *ὁρκίζω σε* (Mk 5,7), *τὸν Ἰησοῦν γινώσκω καὶ τον Παῦλον ἐπίσταμαι* (Apg 19,15), der affektive Aspekt in der Erregung des Dämons in der Nähe des Wundertäters: er schreit (Mk 1,23), zerrt den Kranken hin und her (9,20). Er wittert seinen Herrn. Diesen grenzbetonenden Motiven entsprechen als grenzüberschreitende das reale Ausfahren: voluntativ die Demonstration des Ausfahrens durch zerstörerische Gewalt, kognitiv die Konzessionsbitte, welche das Ausfahren antizipiert, affektiv das letzte Sich-Aufbäumen des Dämons (Mk 1,26 9,26). Wir erhalten danach eine dritte Tabelle

	grenzbetonende Motive	grenzüberschreitende Motive
voluntativer Aspekt	Okkupation des Menschen	Demonstration des Ausfahrens
kognitiver Aspekt	Wunderbares Wissen des Dämons	Konzessionsbitte, Kapitulation
affektiver Aspekt	Erregung des Dämons	Letztes Sich-Aufbäumen

Feld der Motive (dämonische Perspektive)

Für die Feldstruktur der Motive ist die Unterscheidung von grenzbetonenden und grenzüberschreitenden Motiven grundlegend. Alle anderen Untergliederungen sind auf diese fundamentale Einteilung bezogen. Die Motive beleuchten die Grenze unter verschiedenen Aspekten, die sich nicht scharf voneinander abgrenzen lassen: das Nebeneinander von Wille, Wissen und Affekt bringt vielmehr zum Ausdruck, daß die menschliche Existenz als ganze engagiert ist. Die Grenze provoziert den Menschen in seiner Totalität.

Auch die drei Perspektiven ergänzen sich. Aus menschlicher Perspektive erscheint die Grenze als vorgegeben, aus göttlicher als gesetzt, aus dämonischer als verteidigte Grenze. Die ganze mythische Welt: Göttliches, Menschliches, Dämonisches, ist am Wunder beteiligt.

Rückblickend seien einige grundsätzliche Überlegungen zur formgeschichtlichen Feldanalyse nachgetragen:

Die in Skizzen dargestellten Felder suggerieren eine allzu systematische, symmetrische und statische Ordnung. Die Grenzen einer „Systematik" sind deutlich. Sie erhellen schon daraus, daß nicht alle Motive eingeordnet wurden. Es fehlen z. B. die einleitenden Motive. Außerdem ist die Abgrenzung kognitiver, voluntativer und affektiver Aspekte sehr viel weniger eindeutig als die Unterscheidung von grenzbetonenden und grenzüberschreitenden Motiven oder ihre Gruppierung in dämonische, menschliche und göttliche. Auch sei noch einmal daran erinnert, daß alle Abstraktionen, Klassifikationen, Entgegensetzungen, mit anderen Worten: alle analytischen Akte ein Moment des Ermessens implizieren, einen konstruktiven Einschlag. Alternative Analysen sind durchaus denkbar. Jedoch halte ich die vorgeschlagene Analyse für zweckmäßig. Sie beansprucht nicht, ein System entdeckt zu haben, sondern nur, einige systematische Zusammenhänge deutlich zu machen, die mit dem Begriff des „formgeschichtlichen Feldes" auch in ihrem Unterschied zu einem m. E. nicht existierenden formgeschichtlichen System erfaßt werden sollen.
Auch der Eindruck einer allzu symmetrischen paradigmatischen Struktur muß korrigiert werden. Bekanntlich fällt in Wundergeschichten das entscheidende Licht auf Wundertäter und Gegenspieler. Die mit diesen Personen verbundenen Motive haben jeweils erzählerisch größeres Gewicht. Das ändert jedoch an ihren Beziehungen untereinander nichts.
Schließlich muß betont werden: Nicht die Statik irgendwelcher Strukturen, sondern die Dynamik der „symbolischen Handlung" ist das Ziel dieser Auslegung. Die Analyse von Strukturen ist Vorarbeit. Sie ist so wenig Selbstzweck wie die Formanalyse in der klassischen Formgeschichte Selbstzweck war. Natürlich kann man – wie *K. Burke* ironisch formuliert[34] – einen Text „strukturalistisch behandeln, das heißt ihn betrachten, als ob er nicht von einem lebendigen Individuum geschrieben worden sei, sondern seine Entstehung dem Umstand verdankt, daß jemand ein paar Alphabete in die Luft warf und diese Alphabete zufällig in einer sinnvollen Ordnung zu Boden fielen". Auch die Struktur eines Textes versteht man besser, „wenn man nach der Funktion der Struktur fragt"[35]. Und das heißt nach *K. Burke:* ihn als symbolische Handlung analysiert. (Anstatt von „Alphabeten" muß in unserem Zusammenhang natürlich von Motivinventaren gesprochen werden.)

34. Dichtung als symbolische Handlung, 74.
35. Dichtung als symbolische Handlung, 75.

Wundergeschichten vollziehen keine allgemeine „Grenzüberschreitung"; die erzählende Phantasie beschäftigt sich hier mit ganz konkreten Notlagen. Diese Notlagen erscheinen innerhalb der Gattung „Wundergeschichte" als verschiedene Themen, deren Beziehungen untereinander ein sinnvoll strukturiertes Themenfeld ergeben. Die Feldanalyse bestätigt rücklaufend die Zweckmäßigkeit der Einteilung. Es gibt jedoch noch andere Einteilungen. Wenn man die von der klassischen Formgeschichte benutzten Kriterien zur Abgrenzung von Gattungen zugrunde legt, lassen sie sich in drei Gruppen einteilen, je nach dem, ob sich die Abgrenzung vorwiegend auf funktionaler, kompositioneller oder paradigmatischer Ebene vollzieht, also vom „Sitz im Leben", vom „Aufbau" oder bestimmten typischen Motiven ausgeht. Hin und wieder werden Kriterien verschiedener Ebenen kombiniert. Bisher ist es jedoch nicht gelungen, Abgrenzungen übereinstimmend auf allen drei Ebenen durchzuführen. Hält man nun an der Definition einer Gattung durch das Zusammentreffen von Merkmalen auf allen drei Ebenen fest, so ist es zweckmäßig, bei Unterteilungen von Wundergeschichten in verschiedene Gruppen nicht von „Gattungen" oder „Untergattungen" zu reden. Auch dies ist ein Grund, warum im folgenden von „Themen" gesprochen wird.

a) Einteilungen auf funktionaler Ebene: Eine Einteilung nach funktionalen Gesichtspunkten hat *G. Schille*[1] vorgeschlagen: Alle Wundergeschichten gehören grundsätzlich zu „missionarischen Redegattungen", verfolgen jedoch verschiedene Absichten. „Reine Exorzismen und Wundergeschichten" wollen auf Jesus aufmerksam machen, „Missionslegenden" darüber hinaus bestehende Gemeinden aitiologisch begründen. Die Legenden zerfallen in zwei Gruppen: „Gemeindegründungslegenden" haben die Entstehung einzelner Gemeinden zum Gegenstand, „Gebietslegenden" nehmen auf die Missionierung ganzer Landschaften Bezug. Die Heilung des Bartimäus ist z. B. Gründungslegende von Jericho, die „Syrophönizierin" Gebietslegende von Syrien und Phönizien. Diese Einteilung verbindet fast entgegengesetzte Funktionen: Aitiologie vorhandener Christengruppen und Gewinnung neuer Christen. Die erste Funktion weist in die Vergangenheit, die zweite in die Zukunft. Jene ist eine interne, diese eine externe Funktion. Im Grunde wird nicht mit *einem* Sitz im Leben gerechnet, sondern mit zwei. Wenn aber zwei „Sitze im Leben" einer Gattung zukommen, so kann der Sitz im Leben die Gattung nicht definieren, sondern diese muß unabhängig davon schon feststehen. *Schilles* Vorschlag muß als Beitrag zur Funktionsanalyse der Wundergeschichten später noch diskutiert werden, für eine Gattungseinteilung gibt er nichts her.

1. *G. Schille*: Die urchristliche Wundertradition, 1967, 24–27.

Einen funktionalen Gesichtspunkt enthält auch *M. Dibelius*' Unterscheidung von Paradigmen und Novellen. Grundsätzlich gehören beide zur Mission, unterscheiden sich jedoch dadurch, daß Paradigmen von vornherein als Predigtbeispiele einer Rahmengattung (der Predigt) integriert sind, während die Novellen sich selbst tragen. Erstere werden von Predigern, letztere von Erzählern tradiert. Zu fragen ist, ob nicht auch Novellen predigen, und Paradigmen erzählen[2].
b) Einteilungen auf kompositioneller Ebene: Der Unterscheidung von Paradigmen und Novellen bei *M. Dibelius* liegen primär Beobachtungen auf kompositioneller Ebene zugrunde. Vier der fünf von ihm zusammengestellten Charakteristika[3] des Paradigmas sind hier einzuordnen: Abrundung, Kürze, Hervorhebung des Wortes Jesu, Predigtschluß. Das erste Merkmal haben Novellen und Paradigmen gemeinsam. Die Kürze kann zwischen beiden Gattungen kaum differenzieren. *L. J. McGinley* hat mit Recht darauf hingewiesen[4], daß viele Paradigmen und Novellen gleich lang sind. Das Paradigma Mk 2,1–12 übertrifft an Länge die durchschnittliche Novelle, die Novelle Mk 8,22–26 ist kürzer als etwa Mk 14,3ff. Das dritte Kriterium, die Hervorhebung eines Wortes Jesu, wird von Dibelius nicht konsequent angewandt: Worin unterscheiden sich etwa Verstummungsgebot und Glaubenswort in den Paradigmen Mk 1,23ff. und 10,46ff. von den entsprechenden Worten in den Novellen (Mk 4,39 und 5,34)? In der Heilung der Schwiegermutter Petri findet sich (bei Mk) gar kein Wort Jesu, dennoch behandelt Dibelius diese Geschichte unter den Paradigmen.
Dagegen hat *R. Bultmann* dies Kriterium so konsequent durchgeführt, daß alle Wundergeschichten, welche eine Lehre Jesu enthalten, der Gattung „Wundergeschichte" entnommen und den Apophthegmen untergeordnet werden. Dort bilden sie eine Untergruppe: Heilungen Jesu sind neben anderen Vorgängen „Anlaß" des Wortes[5], das Wunder ist „ganz der apophthegmatischen Pointe dienstbar gemacht"[6]. Die Charakterisierung der Wunder als „Anlaß" ist jedoch teilweise unzutreffend. Kompositionell müßte der Anlaß dem Worte Jesu vorausgehen. Das ist aber in drei von fünf Beispielen nicht der Fall (Mk 3,1–6; Lk 14,1–6; Mk 2,1–12), in denen jeweils eine Alternativfrage durch das Wunder erst entschieden wird. Das Wunder bildet hier zusammen mit dem Wort

2. *E. Schick:* Formgeschichte und Synoptikerexegese, 1940, 107: „Beide Formen, ‚Paradigma' wie ‚Novelle', eignen sich inhaltlich, formal und stilistisch für eine Verwendung in der Predigt." Die Unterscheidung von Paradigmen und Novelle wird ferner kritisiert von *E. Fascher:* Die formgeschichtliche Methode 1924, 57–78; *L. J. McGinley:* Form-Criticism of the Synoptic Healing Narratives, ThSt 3 (1942) 47–68, 203–230, bes. 54–57; 212–216.
3. FE, 34ff.
4. ThSt 3 (1942) 214.
5. GST, 9.
6. GST, 223.

die Pointe. Dagegen ist in Lk 13,10ff. und Mt 12,22ff. das Wunder Anlaß einer Debatte, ebenso wie es in Mk 5,25ff. und Lk 17,11ff. Anlaß eines Dialogs ist, ohne daß man diese Erzählungen deshalb zu den Apophthegmen rechnen müßte. Die Frage nach besonderen Kompositionstypen, in welchen die kompositionelle Grundstruktur der Wundergeschichte variiert oder ausschnittweise realisiert wird, wird damit freilich erst recht aufgeworfen.

c) *Einteilungen auf paradigmatischer Ebene:* Es liegt nahe, die Wundergeschichten durch Angabe verschiedener Motive bzw. Motivkombinationen zu unterteilen. Aber auch dies Kriterium ist für die Abgrenzung von Untergruppierungen nicht ausreichend. Wohl kann man die Wundergeschichten insgesamt durch ihr Motivinventar von allen anderen Gattungen abheben, bei Untergruppierungen ließe sich das allenfalls bei den Exorzismen machen: Mit Recht hat *R. Bultmann* in seiner Zusammenstellung von Wundermotiven die exorzistischen Motive gesondert aufgeführt, aber deswegen nicht grundsätzlich zwischen Heilungen und Exorzismen getrennt[7]. Die Exorzismen sind kein Sonderfall. Wie wir sehen werden, lassen sich zu allen Themen wohl spezifische Motive oder Motivvarianten angeben, zu ihrer Bestimmung ist jedoch eine Rückfrage hinter die Einzelmotive notwendig, weil nicht alle themenspezifische Motive in jeder Realisierung des Themas vorhanden sind, weil einige Motive durch verschiedene Themen wandern, weil Themen wohl in spezifischen Motiven erscheinen, mit ihnen jedoch nicht identisch sind. Die meisten formgeschichtlichen Einteilungen versuchen im Grunde, solche Themen zu bestimmen, unterscheiden sich jedoch dadurch, daß sie verschiedene inhaltliche Elemente zur Grundlage der Einteilung machen.

Es liegt nahe, Wundergeschichten nach ihrem Objekt zu unterscheiden. Diesem Einteilungsprinzip folgt *R. Bultmann,* wenn er Wunder in natürlichem und menschlichem Bereich unterscheidet. Im Felde der Themen wären hier Natur und Mensch einander „entgegengesetzt". Die Objekte lassen sich natürlich weiter differenzieren nach Gegenständen (Brot, Fisch, See usw.) und Personen (Blinde, Aussätzige, Lahme usw.) *H. v. d. Loos* hat solche Einteilungen vorgenommen[8].

Einen anderen Ansatz bietet das *Subjekt* der Wunder, insofern das Wunder verschiedenen Motiven entspringen kann. *O. Perels* unterscheidet danach Hilfs- und Machtwunder[9]. Zu letzteren gehört der Seewandel und die Auffindung der Eselin (Mk 11,1ff.). Wahrscheinlich könnte man die „Schauwunder" des JohEv als Variante des Machtwunders, die Selbsthilfewunder apokrypher Kindheitsevangelien als Variante der Hilfswunder auffassen. Auch die Typologie

7. GST, 238 f

8. *H. v. d. Loos:* The Miracles of Jesus, 1965.

9. *O. Perels:* Die Wunderüberlieferung der Synoptiker in ihrem Verhältnis zur Wortüberlieferung, 1934, 70.

T.A. Burkills[10] setzt mit dem Subjekt des Wunders ein: Er unterscheidet von Gott direkt gewirkte Wunder (die Auferstehung) und menschlich vermittelte Wunder.

Ein dritter Ansatz zur Gattungseinteilung liegt in der Dynamik des *Geschehens* zwischen Subjekt und Objekt. *Burkill* unterscheidet die menschlich vermittelten Wunder 1. in eine „exorcism"- und eine „non-exorcism class", 2. in Wunder im natürlichen und menschlichen Bereich. Beide Einteilungen überlagern sich, es gibt Exorzismen im menschlichen und natürlichen Bereich (Sturmstillung). Durch die sich überlagernden Einteilungen entsteht ein viergliedriges formgeschichtliches Feld. Im Hinblick auf die gesamte antike Wunderüberlieferung hat *G. Delling*[11] eine sehr bedenkenswerte Typologie zugrunde gelegt. Er unterscheidet Heilungen, Prodigien, Epiphanien von Göttern, Erweiswunder (in denen die übernatürliche Art von Menschen erwiesen wird), Rettungs- und Strafwunder. Auch hier steht die Dynamik des Geschehens im Vordergrund: Retten, Strafen, Heilen usw.

Angesichts dieser verschiedenen thematischen Einteilungen stellt sich die Frage, welches Einteilungskriterium den Wundergeschichten am angemessensten ist. Durch die Feldanalyse von Motiven ist diese Frage schon beantwortet: Wenn die „Grenzüberschreitung" ein Grundzug aller Wundergeschichten ist, so sind diese danach weiter zu unterteilen, wie diese Grenzüberschreitung gesehen wird, wo sie stattfindet, welche Personen dabei in den Vordergrund treten. Alle drei Ansätze müssen also kombiniert werden: der Ansatz beim Objekt, beim Subjekt und beim Geschehen zwischen Subjekt und Objekt. Nun ist eine Feldanalyse der Themen ja a priori darauf angewiesen, daß sich die Wundergeschichten unter verschiedenen Gesichtspunkten klassifizieren lassen, sollen sie nicht nur nebeneinandergestellt sondern durch vielfältige Beziehungen verbunden und entgegengesetzt werden: Am besten ist zweifellos die Einteilung, die möglichst viele Gesichtspunkte vereint.

Vor der Feldanalyse von Themen ist deren Inventarisierung notwendig. Die methodischen Probleme der Inventarisierung von Motiven kehren hier wieder. Auch hier ist es oft eine Frage des Ermessens, ob man zwei Themenvarianten oder zwei selbständige Themen annimmt. Deswegen sind die folgenden Unterscheidungen nicht willkürlich. Indem religionsgeschichtliche Parallelen herangezogen werden, können die Einteilungen im einzelnen besser begründet werden. Für die Feldanalyse wird dann wieder ein strengerer Maßstab von Synchronie angelegt: Sie bezieht sich nur auf die neutestamentlichen, insbesondere die synoptischen Wundergeschichten; es ist möglich, ja wahrscheinlich, daß

10. *T. A. Burkill:* The Notion of Miracle with special Reference to St. Mark's Gospel, ZNW 50 (1959) 33–48, bes. 43f.
11. *G. Delling:* Zur Beurteilung des Wunders durch die Antike, in: Studien zum Neuen Testament und zum hellenistischen Judentum, 1970, 53–71, bes. 55f.

eine Feldanalyse anders ausfällt, wenn man zum Beispiel allein die Wundergeschichten aus der vita Apollonii des Philostrat zugrunde legt.

A. Das Inventar der Themen

1. Exorzismen

Nur wenige Exegeten[12] sehen in den Exorzismen ein eigenständiges Thema. Als problematisch gilt ihre Trennung von den Therapien, weil dort ebenfalls Dämonen als Krankheitsursachen gelten[13]. Dennoch ist eine Trennung notwendig. Zunächst zeigen einige ntl Summarien, daß man Exorzismen und Therapien zu unterscheiden wußte (Mk 1,32f. 3,10f. 6,13 Lk 6,18f. 7,21 13,32). Im sekundären Mk-Schluß werden Exorzismen nicht nur gesondert aufgeführt, sondern durch andere Charismen getrennt. (Mk 16,17f.). Auch die exorzistischen Motive in Therapien sprechen eher für als gegen eine Trennung beider Themen. Sie lassen sich in zwei Gruppen einteilen: dämonologische Krankheitsaitiologien und exorzistische Heilverfahren. Dämonologische Aitiologien sind von exorzistischer Besessenheit klar zu unterscheiden: hier bewohnt der Dämon den Kranken, dort verursacht er die Krankheit. Der Therapeut hat es mit den Auswirkungen des Dämons, der Exorzist mit seinem Dasein zu tun. Die dämonologisch erklärbaren Krankheitsbilder in Therapien bestehen in Anomalien, die man auf Einwirkungen eines Dämons zurückführen und als dessen „Geißel" (*μάστιξ*), „Schlag" (*πληγή*) oder „Fesselung" (*δεσμός*) deuten kann. Im Falle der „Dämonengeißel" ist der dämonische Hintergrund schon so verblaßt, daß in Mk 3,10 und Lk 7,21 *μαστίγες* neben den „unreinen Geistern" genannt, nicht aber auf diese zurückgeführt werden. Die Vorstellung von der „Dämonenfessel" hingegen setzt die Anwesenheit des Dämons nicht voraus: Der Satan, der die Frau gefesselt hat, wohnt nicht in dieser Frau[14].

12. Z. B. *T. A. Burkill,* Notion, 43f.

13. Vgl. *F. Fenner:* Die Krankheit im Neuen Testament, 1930, 21–26; *O. Böcher:* Dämonenfurcht und Dämonenabwehr, interpretiert fast alles als dämonisch, was irgendeine Analogie hat, die eindeutig dämonisch zu verstehen ist. Exorzismen und Therapien können dann natürlich nicht mehr unterschieden werden. Jedoch ist die Fragestellung bei O. Böcher auch ganz anders: Er will Glaubensvorstellungen analysieren. Hier geht es dagegen nur um formgeschichtlich relevante Motive und Themen. Unberücksichtigt bleibt daher hier die Frage, ob ein therapeutisches Motiv diachronisch aus einem exorzistischen abzuleiten ist. Entscheidend ist allein seine gegenwärtige Stellung innerhalb der ntl. Gattung „Wundergeschichte".

14. *S. Eitrem,* Notes, 37, will dies Motiv als sekundär streichen. Überhaupt betrachtet er dämonologische Züge oft als eingedrungen. *F. Fenner,* Krankheit, 25, hält dagegen die Unterscheidung von Besessenen und Kranken für ein Kennzeichen einer jüngeren Überlieferungsschicht.

Ein zweiter Berührungspunkt zwischen Exorzismen und Therapien liegt im exorzistischen Charakter mancher Heilverfahren. Das ἐμβριμησάμενος (Mk 1,43) sollte man nicht dafür anführen[15]. Es findet sich auch in der Totenerweckung Joh 11,33, die von einem Exorzismus klar zu unterscheiden ist. Dagegen wird die Heilung der Schwiegermutter Petri bei Lk unverkennbar mit exorzistischen Zügen gezeichnet. Die Umformung gegenüber Mk ist wahrscheinlich kontextbedingt:

Während Mk die staunenerregende „Lehre" Jesu hervorhebt (1,22.27), spricht Lk an beiden Stellen vom „Wort" (4,32.36). Die bei Mk spürbare Spannung zwischen Lehre und Wunder ist damit aufgehoben, der vollmächtige Logos mit dem exorzistischen Befehl identifizierbar. Von diesem Motiv her gestaltet Lk auch die folgende Heilung der Schwiegermutter. Wird sie bei Mk durch Berührung geheilt, so bei ihm durch Bedrohen des Fiebers, als handle es sich um einen Dämon, der durch einen exorzistischen Logos vertrieben werden muß. Fieber gilt häufig als Dämon[16].

Lk hat durch die Eintragung exorzistischer Züge zwei Belege für den vollmächtigen exorzistischen Logos zusammengestellt. Die Heilung der Schwiegermutter ist dennoch nur exorzistisch überformt, aber kein Exorzismus: Es fehlt ein entscheidender Zug, das Ausfahren des Dämons. Ein Exorzismus liegt also erst dann vor, wenn ein Mensch nicht nur in einer Funktion von einem Dämon beeinträchtigt wird, sondern sein Subjekt an diesen verloren hat. Im Falle solcher „Besessenheit" muß der Dämon ausfahren. Formgeschichtlich formuliert: Der Dämon muß Gegenspieler, nicht nur im Hintergrund verborgener Nebenspieler sein[17]. Wir können nun positiv die gattungsspezifischen Merkmale des Exorzismus zusammenstellen:

a) Das Ausgeliefertsein des Menschen an den Dämon wird in zwei Motiven deutlich: in der Charakterisierung der Not und im Ausfahren des Dämons. Die Not wird – vor allem in griechisch-hellenistischen Texten – als Verdrängung menschlicher Subjektivität geschildert:

„... und der Knabe hat nicht mehr seine eigene Stimme, sondern er spricht schwer und hohl wie die Männer, er schaut auch mehr mit fremden Augen als mit seinen eigenen" (VA III,38) – „... nicht du treibst diesen Frevel, sondern der Dämon, der dich ohne dein Wissen beherrscht. Und in der Tat war der Jüngling besessen, ohne daß man es wußte" (VA IV,20) – „... der Kranke selbst aber schweigt, der Dämon aber antwortet auf Griechisch oder in fremder Sprache ..." (Lukian Philops. 16).

15. Gegen *J. M. Robinson:* Das Geschichtsverständnis des Markus-Evangeliums, 1956, 51.
16. Zur Spannung von Lehre und Wunder vgl. *R. Bultmann*, GST, 223f. Zur dämonologischen Aitiologie des Fiebers vgl. *R.* und *M. Hengel:* Die Heilungen Jesu und medizinisches Denken, Festschrift R. Siebeck 1959, 331–361, bes. 340f.
17. Unwichtig ist zum Beispiel, ob die Herablassung des Kranken durch das Dach einmal exorzistische Bedeutung gehabt hat, wie *H. Jahnow:* Das Abdecken des Daches Mc 2,4 Lk 5,19, ZNW 24 (1925) 155–158, vermutet. Gegen diese Annahme argumentiert S. Krauss: Das Abdecken des Daches Mc 2,4 Lc 5,19, ZNW 25 (1926) 307–310.

Der Dämon verdrängt jedoch nicht nur das menschliche Subjekt, er will es töten: „... Er aber droht mit Abhängen und Klüften und damit, mir den Sohn zu töten" (VA III,38) – „... und oft warf er ihn ins Feuer und ins Wasser, damit er ihn vernichte" (Mk 9,22) – „... die Geister böser Menschen, die in die Lebenden fahren und diese töten, wenn nicht früh genug Hilfe kommt" (Jos bell. jud. VII,6,3).
Diese Gewalttätigkeit des Dämons zeigt sich auch bei der Austreibung. Der Dämon bäumt sich zum letzten Mal auf und nimmt Rache an dem unschuldigen Opfer für den Verlust seines Wohnsitzes: „... Und er wurde wie ein Toter, so daß die Menge sagte: Er ist gestorben" (Mk 9,26f.) – „... Der Jüngling aber rieb sich die Augen, als ober aus dem Schlaf erwachte" (VA IV,20) – „... Der Besessene fiel sogleich zusammen" (Jos. ant. Iud. VIII,2,5).

Das Ausfahren des Dämons ist letzte Gefährdung des Besessenen; dessen Leben steht auf dem Spiel. In Jos. Ant. VIII,2,5 fehlt eine Notiz, daß der Geheilte aus seiner Ohnmacht erwacht; in Mk 9,26 bleibt offen, ob es sich um Tod oder Scheintod handelt. Es ist verständlich, wenn Lk beim Exorzismus in der Synagoge von Kapernaum gegen Mk hinzufügt: „Er fuhr aus ihm, ohne ihm zu schaden" (4,35). Er weiß, daß der Dämon den Kranken noch beim Ausfahren schädigen kann. Der Exorzismus ist so oft das Gegenteil einer Heilung: eine Gefährdung, die eine folgende Heilung notwendig macht (Mk 9,27).
b) Der Kampf zwischen Dämon und Exorzist wird darin deutlich, daß die entscheidenden Motive der Auseinandersetzung mit beiden Gegenspielern verbunden sind. Angriff und Gegenwehr geschehen mit denselben Mitteln. Diese Konvertierbarkeit der Motive ist ohne Analogie in Therapien. Sie läßt sich an vier Stellen nachweisen

aa) Die Besessenheit ist nicht nur Kennzeichen des kranken Menschen. Auch der Exorzist muß mit göttlichen Kräften erfüllt sein. Er ist Heiliger Gottes (Mk 1,24) und wird für besessen gehalten (3,20ff.)[18].
bb) Beide Gegenspieler verfügen über wunderbares Wissen. Der Dämon wittert seinen Bezwinger (vgl. die Dämonenbekenntnisse); der Exorzist spürt den verborgenen Dämon auf. Apollonius v. Tyana erkennt in der Braut eines seiner Anhänger eine Empusa (VA IV,25), sieht im Gelächter eines jungen Mannes über seine „tiefsinnigen" Reden dämonische Verschwörung (VA IV,20), entlarvt im schmutzigen Bettler den Pestdämon (VA IV,10) und weiß genau, wo ein tollwütiger Hund zu finden ist (VA VI,43). Philostrat will so zeigen, daß alle Wunder auf sein wunderbares Wissen zurückzuführen sind, daß er gottbegnadeter Weiser, nicht Gott ist.
cc) Beide Gegenspieler benutzen dieselben Beschwörungsmittel: Die *οἶδα*-Formel (Mk 1,24) begegnet im NT im Munde des Dämons, in antiken Zauberpapyri im Munde des Exor-

18. Vgl. PGM, 3205f.: „Ich beschwöre dich, ... , weil ich will, daß du in mich eingehst ..."; PGM XIII, 795f.: „Denn du bist ich und ich du. Was immer ich befehle, muß geschehn. Denn deinen Namen habe ich als einzigen Schutz im Herzen ...". Vgl. *K. Thraede:* Art. Exorzismus, RAC VII, 44–117, bes. 54.

zisten[19]. Die ῥῆσις βαρβαρική ist zunächst Mittel des Exorzisten bzw. Therapeuten (Mk 5,41 7,34). Der ursprüngliche Gedanke einer größeren Macht des Unverständlichen und Archaischen wird bald rationalisiert: Der Exorzist spricht mit dem Dämon in dessen eigenen ausländischen Sprache. So ist es konsequent, daß auch der Dämon ausländisch spricht wie in Lukian. Philops. 16: „ ... der Dämon aber antwortet in Griechisch oder in fremder Sprache (βαρβαρίζων) oder woher er jeweils kommt“[20]. Dieselbe Konvertierbarkeit der Motive liegt beim Onoma vor: Die Dämonen benutzen den Namen Jesu als „Sohn des Höchsten“ (Mk 5,7) und „Heiligen Gottes“ (Mk 1,24), während der Exorzist häufig den Namen einer Gottheit zur Dämonenaustreibung benutzt (Mt 7,22 Apg 19,13ff.).

dd) Auch die Gewalttätigkeit kennzeichnet beide Seiten. Der Dämon ist gegen Menschen gewaltsam, der Exorzist gegen den Dämon. Nur so erklärt sich die Bitte um Verschonung μή με βασανίσῃς (Mk 5,7) und ἐδεῖτο μὴ βασανίζειν αὐτὸ (VA IV,25). Der Dämon seinerseits nutzt die Schwäche des Gegenspielers aus: Er fällt die Söhne des Skeuas an, überwältigt sie, so daß sie nackt entfliehen (Apg 19,13–18)[21].

Das Charakteristische der Exorzismen liegt also nicht nur in bestimmten Motiven, sondern in deren spezifischer Personverbundenheit: Die wichtigsten Motive sind sowohl mit dem Exorzisten wie mit dem Dämon verbunden. Beide Seiten benutzen im Kampfgeschehen im Zuge von Angriff und Verteidigung dieselben Strategien[22]. Der Besessene erscheint als Schlachtfeld, die „Grenze“ als Front.

19. *O. Bauernfeind*, Worte der Dämonen, 13–18. Die Konvertierung des Motivs in den synoptischen Exorzismen ist schon *R. Bultmann*, GST, 223 A. 1, aufgefallen. Er wertet sie als „Seltsamkeit“; sie gehört jedoch zur inneren „Logik“ der Exorzismen.
20. Der Dämon muß sprechen. Vgl. PGM IV, 3041ff.: „So sprich auch du, was für ein Dämon du immer seist, einer im Himmel oder in der Luft oder ein irdischer, oder ein unterirdischer oder unterweltlicher, oder ein ebusäischer oder chersäischer oder pharisäischer, sag, welcher immer du bist.“ PGM XIII, 242–244: „Sag zu einem dämonisch Besessenen den Namen und führ Schwefel und Erdharz gegen seine Nase. Sofort (εὐθέως) wird er sprechen, und wird weggehen.“ Vgl. dazu *C. Bonner:* The Technique of Exorcism, HThR 36 (1943) 39–49, bes. 41–47. Die Parallelen sprechen gegen *O. Herzig*, Lukian, 23 Anm. 68, der in der oben zitierten Stelle aus Lukian Philops. 16 eine spottende Zutat des Lukian sehen will.
21. Zum gewaltsamen Widerstand der Dämonen vgl. *Th. Hopfner:* Griechisch-ägyptischer Offenbarungszauber I, 1921, 56.82ff. Besonders die als Dämonen existierenden Geister von Toten, die aus verschiedenen Gründen nicht zur Ruhe gekommen sind, erweisen sich als rachsüchtig. Um Totengeister scheint es sich in Mk 5,1ff. (vgl. den Aufenthalt bei den Gräbern 5,3.5) zu handeln; vielleicht wußte man einmal, daß sie mit den Gerasenern eine alte Abrechnung zu begleichen hatten; die Vernichtung einer Schweineherde ist wenigstens keine schlechte Rache. Zum Machtkampf zwischen Exorzist und Dämon vgl. auch *H. D. Betz*, Lukian, 153: „Denn die Dämonen fügen sich zwar, aber nur widerwillig, und suchen den Magier zu vernichten, um sich des Zwanges zu entledigen. In diesem Machtkampf ...“
22. Die Konvertierung der Motive sieht auch *O. Böcher*, Dämonenfurcht, 169: „Die Logik

c) Die zerstörerische Tätigkeit des Dämons in der Natur sei als letztes Merkmal hervorgehoben. Teils wird sie in den Demonstrationen der Exorzismen sichtbar, teils in den sachgebundenen Exorzismen, in denen Orte und Zeiten von dämonischem Treiben befreit werden[23]. In diesen Zügen wird deutlich, daß die Austreibungen im Rahmen einer kosmischen Auseinandersetzung zu sehen sind. Der besessene Mensch ist Kampfstätte überirdischer und außermenschlicher Mächte. Gerade angesichts dieses Sachverhalts muß jedoch hervorgehoben werden, daß sich im NT nur Exorzismen aus Menschen finden, keine Ortsaustreibungen. Wohl fehlt es nicht an Hinweisen auf das außermenschliche Wirken von Dämonen, wie die Vernichtung der Schweineherde (Mk 5,13) und der Spruch vom umherschweifenden Dämon (Mt 12,43–45) zeigen. Der Kampf zwischen Jesus und den dämonischen Mächten geschieht jedoch ausschließlich zur Befreiung des entfremdeten Ich. Die Gefährdung durch dämonische Macht wird ausschließlich im Menschen gesehen[24].

2. *Therapien*[25]

Nicht die Abwesenheit dämonologischer Motive überhaupt charakterisiert die Therapien gegenüber den Exorzismen; charakteristisch ist vielmehr, daß an die Stelle der Kampfmotive Bilder einer heilenden Kraftübertragung treten, Bilder, mit denen wir zweifellos näher bei der aufdämmernden Medizin stehen als mit exorzistischen Machtworten. Es hieße jedoch fremde Kategorien an die Wundergeschichten herantragen, wollte man sie durch ihre Nähe bzw. Ferne zum ärztlichen Handeln unterscheiden. Beide Wundertaten, Exorzismen und Therapien, sind Taten numinosen Vermögens. Der Unterschied ist eine Frage der Akzente: in Exorzismen setzt sich diese Macht antagonistisch durch, das mysterium tremendum überwiegt. In den Heilungen dominiert das mysterium fascinosum, als dessen Kehrseite gewiß auch Zurückweisung und Abweisung

des Exorzismus ist weitgehend die der homöopathischen Magie; der Exorzist bedient sich seines Wissens über die Dämonen, um diese gleichsam mit ihren eigenen Waffen zu schlagen."

23. Lukian. Philops. 31; VA II,4; b. Pesachim 112b/113a. Vgl. ferner die Geschichten von Dämonen in der Schule und im Badehaus bei Bill. IV, 535 und IV, 516.
24. *H. D. Betz*, Lukian, 146, bemerkt beim Vergleich von NT und Lukian: „Die Summarien (sc. im NT) und die ausgeführten Wundergeschichten richten sich in erster Linie auf Menschen."
25. Totenerweckungen gehören zu den Therapien: Einmal können fast alle antiken Totenerweckungen durch Wundertäter als Wiedererweckung Scheintoter verstanden werden (*R. Herzog*, Epidauros, 142f.), ferner sind die typischen Motive dieselben: Die Kraftübertragung geht hier wie dort durch Berührung vor sich.

erscheint, das jedoch im großen und ganzen anziehenden, ausstrahlenden Charakter hat. Das eine ist nicht rationaler als das andere[26].

Diese sehr allgemeine Unterscheidung sei an der Logienquelle illustriert. Sie geht (abgesehen von Mt 8,5ff.) vor allem dreimal expressis verbis auf Wunder ein und hat dabei jeweils verschiedene Gattungen des Wunders im Blick. Die in der Versuchungsgeschichte abgelehnten Wunder sind Zeichen bestätigenden Charakters (ebenso Mt 12,38ff.), im Beelzebubgespräch stehen Exorzismen zur Debatte (Mt 12,22ff.), in der Antwort auf die Täuferfrage (Mt 11,2ff.) werden ausschließlich Therapien genannt. Die Exorzismen werden im Zusammenhang der universalen Auseinandersetzung zwischen Gottesherrschaft und Satansherrschaft gesehen. Der Exorzist selbst kann als satanisch, zerstörerisch verdächtigt werden. Die abschreckende Seite der in Jesus wirkenden Macht erscheint hier. Dagegen betont die Antwort auf die Täuferfrage durch die Zusammenstellung von Therapien mit der Evangeliumspredigt die helfende, lichte Seite von Jesu Tätigkeit.

Es fällt bei den Therapien schwer, bestimmte themenspezifische Motive zu nennen, da jedes einzelne Motiv sowohl Moment exorzistischer Auseinandersetzung als auch hilfreicher Kraftausstrahlung sein kann. Die Ambivalenz des wundertätigen Handelns macht sich überall bemerkbar; selbst dort, wo ein Motiv im NT fast durchweg seinen Haftpunkt in Therapien hat (wie die Handauflegung), korrigiert ein flüchtiger Blick in die Religionsgeschichte den ntl Befund.

Diese Ambivalenz der Motive sei am Beispiel der Stellungnahme zum Wundertäter in Admiration und Akklamation gezeigt: In Mk 5,1ff. wird die zerstörerische Auseinandersetzung zwischen Exorzist und Dämon so intensiv empfunden, daß die übliche positive Stellungnahme zum Wundertäter in eine negative umschlägt: Er wird gebeten, das Land zu verlassen. Seine Gegenwart ist unheimlich. Auch in den Akklamationen nach der Dämonenaustreibung in Kapernaum (Mk 1,23ff.) überwiegen Ratlosigkeit und Bestürztsein. Anders in den Heilungen 2,1ff. und 7,32ff. Hier reagiert die Menge mit einem Lob Gottes (2,12). Sie ruft: „Gut hat er alles gemacht." Dasselbe Motiv ist in den verschiedenen Themen etwas anders nuanciert, dort mehr als Schrecken, hier

26. Die Antike hat zwischen Arzt und Exorzisten durchaus unterscheiden können. Vgl. Ulp. dig. L.XIII, 1,3: „Si incantavit, si inprecatus est, si, ut vulgari verbo impostorum utar, si exorcizavit, non sunt ista medicinae genera." Auch innerhalb des Wunderglaubens kann man hier differenzieren. So stehen die Wunderheilungen in Epidauros ärztlichem Handeln näher als die ntl. Heilungen. Charakteristisch ist, daß dort Exorzismen fehlen. Religion und archaische Medizin sind hier verbunden (vgl. *Edelstein*, II, 139–180). Der Gott „acted as a physician; his healings were miracles – for his success was beyond all human reach – but they were strictly medical miracles. On the other hand, this rationality of Asclepius' treatment seems strangely interwoven with the fantastic and the unreal" (*Edelstein* II, 154). Was Edelstein „medical miracle" nennt, nennen wir „Therapien".

mehr als Faszination. Das sei im folgenden an den drei Motiven gezeigt, die im NT ihren Haftpunkt primär in Therapien haben:

1. Die heilende Kraft: Vorstellung und Begriff der *δύναμις* sind an sich noch kein Kennzeichen therapeutischen Wirkens (vgl. Lk 4,36). Die streitende und drohende „Kraft" ist jedoch klar zu unterscheiden von jenem manahaften Fluidum, das von Jesus auf die blutflüssige Frau übergreift und ihre Blutung zum Stillstand bringt. Hier wird kein fremdes Subjekt vertrieben, kein zauberhafter Zwang ausgeübt, vielmehr gesagt, daß die Frau durch wohltätigen Einfluß geheilt wurde[27]. Man mag sich dagegen sträuben, dieser Vorstellung therapeutischen Charakter zuzuerkennen, aber die Geschichte selbst sieht es so. Sie betont am Anfang, die Frau habe von vielen Ärzten Vieles gelitten und sei zu Jesus gekommen – gewissermaßen zu dem wahren Arzt, der die Sehnsucht nach ärztlicher Heilung erfüllen soll. Am Schluß wird zum Glaubenswort: „Dein Glaube hat dich gerettet" hinzugefügt *καὶ ἴσϑι ὑγιὴς ἀπὸ τῆς μάστιγός σου*, was im NT singulär ist. Dieser Zuspruch von Gesundheit gibt zusammen mit der Erwähnung der Ärzte der *δύναμις*-Vorstellung einen therapeutischen Zug[28].

2. Die heilende Berührung: Die Übertragung heilender Kraft geschieht in Mk 5,25ff. durch Berührung. Solche Kraftübertragung wird wohl unausgesprochen immer vorausgesetzt, wo von Berührung und Handauflegung erzählt wird. Einen drohenden Charakter hat die Handauflegung im NT nirgends; sie ist immer helfend, Kraft ausstrahlend[29]. Die Analogien der segnenden und ordinierenden Handauflegung, die stets Verleihung göttlicher Kraft und heiligen Geistes bedeuten, bestätigen das. Die Handauflegung ist somit ein therapeutisches Motiv. Nur in zwei summarischen Notizen des Lk begegnet sie in Verbindung mit dem Ausfahren von Dämonen (Lk 4,40f.; Apg 19,11f.), wobei die Beziehung der Handauflegung in Lk 4,40 bzw. der Berührung in Apg 19,11f. zum Ausfahren der Dämonen nicht ganz eindeutig ist[30]. Außerhalb des NT

27. *K. Thraede*, Exorzismus, RAC VII, 62 fragt: „verrät die Reihe Heilung – Zittern – Niederfallen in Mc 5,33f. einen ursprünglichen und hier deformierten E(xorzismus)?" Eher könnte man an den Begriff *μάστιξ* anknüpfen. Vgl. PGM V, 169f. – im Zusammenhang: „Unterwirf mir alle Geister, damit mir gehorsam sei jeder Dämon im Himmel und in der Luft und auf der Erde und unter der Erde und auf dem Festland und im Wasser und jede Sendung und Geißel Gottes" (164ff.). Der dämonologische Sinn ist jedoch im NT verblaßt. So auch *S. Eitrem*, Notes, 29f.

28. *E. Stemplinger*: Antike und moderne Volksmedizin, 1925, unterscheidet dämonologische Krankheitsaitiologien und auf Kraftbegriffen beruhende volksmedizinische Vorstellungen (S. 40).

29. *J. Behm*: Die Handauflegung im Urchristentum, 1911, versteht die Handauflegung als „Mitteilung heiliger Lebenskraft, als Kraftübertragung im physisch-realen Sinne" (S. 156).

30. *A. v. Harnack*: Lukas der Arzt, 1906, 136, meint, daß Lk in den Summarien im Unterschied zu anderen Evangelisten (was im Hinblick auf Mk bestimmt falsch ist)

finden sich dagegen deutlichere Belege für exorzistische Handauflegungen[31]. Die alte Kirche kennt seit dem 2. Jahrhundert ebenfalls eine exorzistische Handauflegung[32], die später zum festen Bestandteil des Katechumenats wird. Cyprian[33] schildert ihre Wirkung als zwangshafte Machtausübung: „videbis sub manu nostra stare vinctos (sc. die Dämonen) et tremere captivos quos tu suspicis et veneraris ut dominos". Nicht die helfende, sondern die bezwingende Hand ist Kennzeichen des Exorzismus.
Andererseits gilt jedoch auch in der Antike die Handauflegung als spezifisch therapeutische Geste. Vom Arzt sagt Solon: *τὸν δὲ κακαῖς νούσοισι κυκώμενον ἀργαλέαις τε ἁψάμενος χειροῖν αἶψα τίθησ' ὑγιῆ* (frg. 12,61f.)[34]. Und Seneca schreibt: „medico, si nihil amplius quam manum tangit" (benef. VI,16,2), wobei „manum tangere" wohl t.t. für „den Puls fühlen" geworden ist[35], eine sekundäre Rationalisierung der magisch-therapeutischen Heilgeste.
Daß die Berührung im NT vor allem therapeutischen Charakter hat, erhellt nicht nur aus dem bevorzugten Haftpunkt dieses Motivs, aus seiner Nuancierung als helfender, Kraft ausstrahlender Geste, sondern auch aus seiner Motivverbundenheit: Wo Berührung geschieht, wird die Heilung durch Demonstration von Aktivität unter Beweis gestellt. Der Notzustand war vor allem Schwäche, *ἀσθένεια*, ein Mangel an belebender Kraft. Ansatzweise findet sich hier ein neutraleres Verständnis der Krankheit als das dämonologische.
3. Heilende Mittel: Kraft kann nicht nur durch Berührung, sondern auch durch heilende Mittel übertragen werden. Beides gehört zusammen: Medikamente sind *δυνάμεις* und „Hände Gottes" (Plut. Quaest. conv. IV, 1,3)[36]. Im NT ist Speichel „das einzige ‚Heilmittel' in medizinischem Sinn"[37], seine Verbindung mit der Handberührung (Mk 8,22ff. 7,32ff.) zeigt, wie verwandt beide Motive sind. In Mk 8,22ff. schwebt dabei eine ärztliche Handlung vor: Der Arzt erkundigt sich nach erster Anwendung des Mittels nach der Wirkung[38], um dann die

„lediglich die Heilungen erwähnt und dabei sehr scharf zwischen natürlichen Krankheiten und dämonischen unterscheidet (weil sie eine ganz verschiedene ärztliche Behandlung verlangen)".

31. Belege bei *J. Behm*, Handauflegung, 106. Vgl. ferner Genesis Apokryphon XX, 22.29.
32. *J. Behm*, Handauflegung, 65–69.
33. Demetr. 15 (CSEL 3,1,361f.).
34. Vgl. *O. Weinreich*, AH, 35; *J. Behm*, Handauflegung, 115 Anm. 4.
35. So *H. Waagenvoort*, Contactus, 412, gegen *J. Behm*, Handauflegung, 113 Anm. 4.
36. Weitere Belege bei *O. Weinreich*, AH, 37 und *H. Waagenvoort*, Contactus, 412.
37. *R.* und *M. Hengel*, Heilungen, 348. Vgl. auch *E. Stemplinger*, Volksmedizin, 55.
38. *E. Lohmeyer*, Mk, 159: „Was Jesus spricht, das klingt wie die Frage eines Arztes, der sich erkundigt, ob die angewandten Mittel schon gewirkt haben". *R. Otto*: Reich Gottes und Menschensohn, 1934: Das Heilen Jesu „geht über die Übung bloßer Heilkunst hinaus, er ist ein Wunder-arzt. Aber er ist zugleich wirklich Arzt und bedient

Therapie zu wiederholen. Vielleicht kann eine außerntl. Parallele diesen therapeutischen Zug bestätigen: Als Vespasian in Alexandrien auf Weisung des Gottes Sarapis einen Blinden durch Speichel heilen soll, holt er zunächst ein ärztliches Gutachten ein, das eine Heilung nicht für ausgeschlossen erklärt (Tac. hist. IV,81,1–3). Wieder müssen wir jedoch einschränken: Speichel kann auch exorzistisches Mittel sein. Es scheint sich dabei jedoch mehr um den „Gestus verächtlichen Ausspeiens“[39] zu handeln, mit dem wir auch heute noch eine aggressive Bedeutung verbinden. Möglicherweise wurde solch ein exorzistisches Ausspucken in Joh 9,6 umgebogen. Es dient jetzt dazu, um aus Spucke und Erde eine heilende Masse zu bilden[40].

Obwohl Exorzismen und Therapien nahe beieinander liegen, läßt sich das spezifisch Exorzistische und Therapeutische klar voneinander unterscheiden. Kampf und helfende Kraftübertragung sind etwas Verschiedenes. Die erste Vorstellung führt zur Deutung von Krankheit als Okkupation durch fremde Mächte, die zweite zur Deutung als Schwäche. Die Hilfeleistung des Wundertäters ist entsprechend verschieden. Dort geht er antagonistisch vor, zeigt die dunkle, abweisende Seite seiner numinosen Macht; hier dagegen strahlt er positiv Kraft aus und beweist so die lichte, „faszinierende“ Seite seiner Begabung. Das Spezifische der Therapien läßt sich formgeschichtlich weniger durch Angabe bestimmter Motive herausstellen; spezifisch ist vielmehr die kompositionelle Beziehung der Motive, die Verbundenheit von heilender Berührung und heilenden Mitteln mit der Demonstration belebend machender Kraft.

3. Epiphanien

Jedes Wunder kann als Epiphanie verstanden werden. Epiphanien im engeren Sinne liegen dann vor, wenn die Göttlichkeit einer Person nicht nur an ihren Auswirkungen oder Begleiterscheinungen, sondern an dieser Person selbst erscheint. Nur in übertragenem Sinne sollte man andere Wunder Epiphanien oder

sich gelegentlich der Mittel populärer Volksmedizin“ (S. 307). „Der Wunderarzt ist wirklich Therapeut und gibt darum auch die natürlichen Ratschläge des Arztes“ (S. 308). Selbst *R.* und *M. Hengel,* die generell die Inkommensurabilität der Wundertätigkeit Jesu mit dem ärztlichen Handeln herausarbeiten möchten, räumen ein: „Hier könnte man noch unter Umständen das Handeln Jesu mit dem eines antiken Arztes vergleichen“ (S. 346).

39. *K. Thraede*, Exorzismus, 52; *O. Böcher*, Dämonenfurcht, 218–220.

40. Ein weiteres Heilmittel ist Öl. Seine therapeutische Verwendung erhellt aus Lk 10,34. Es dient jedoch auch zu Exorzismen. Vgl. PGM IV, 3008, *K. Thraede,* Exorzismus, 52. Zu weiteren heilenden Mitteln der Volksmedizin vgl. *E. Stemplinger,* Antike und moderne Volksmedizin, 40–44, 56ff.

„Epiphaniegeschichten"[41] nennen. Mit Recht kann man dagegen den Seewandel als Epiphanie auffassen[42]; nur ist sie hier Teil eines Rettungswunders, hat also formal keine Selbständigkeit wie die meisten „soteriologischen Epiphanien"[43], die im Rahmen von Seerettungen und Gefangenenbefreiungen begegnen. Als Sonderfall könnte man die „partielle Epiphanie"[44] verstehen. Hier erscheinen nur die typischen Begleitzeichen einer Epiphanie: Türen springen von selbst auf, die Erde bebt, Schrecken verbreitet sich – das Erscheinen der epiphanen Person wird nur vorausgesetzt, nicht aber erzählt. Beide Sonderformen: soteriologische und partielle Epiphanien lassen sich zur thematischen Analyse heranziehen.

Man kann die Epiphanien (auf paradigmatischer Ebene) in Theo-, Christo-, Angelo- und Pneumatophanien einteilen[45]. *C. H. Dodd* unterscheidet die Erscheinungsberichte nach „knappem" und „umschreibendem" Erzählstil[46], also nach einem kompositionellen Kriterium: Mt 28,8–10 zählt zum Beispiel zur ersten Gattung, Lk 24,13–35 zur zweiten. Streicht man aber etwa in der Emmausgeschichte das lange Gespräch ganz oder teilweise, so ist die übrigbleibende Erzählung nicht weniger „knapp" im Stil als die anderen Erscheinungsberichte[47]. Naheliegend sind auch funktionale Einteilungen: Die auf Verehrung eines epiphanen Wesens tendierenden Erzählungen haben häufig kultaitiologische Züge. Die Beauftragung bestimmter Personen dient zu deren Legitimation oder begründet deren Aktivität[48]. Am besten verzichtet man jedoch auf allzu genaue Abgrenzungen und beschränkt sich auf die Hervorhebung einiger wichtiger Motive.

Charakteristische Motive der Epiphanie sind: die wunderbare optische und akustische Erscheinung, die erschrockene Reaktion des Menschen, das Offenbarungswort[49], der wunderbare ἀφανισμός. Wir haben diese Motive in der Feldanalyse der Wundermotive nicht berücksichtigt. Sie lassen sich jedoch

41. *M. Dibelius*, FE, 91.
42. *T. A. Burkill*, Notion, 42.
43. *E. Pax:* Art. Epiphanie, RAC V, 832–909.
44. *O. Weinreich:* Türöffnung im Wunder-, Prodigien- und Zauberglauben der Antike, des Judentums und Christentums, in: Genethliakon W. Schmid, 1929, 200–464, vgl. 252.
45. *E. Pax:* ΕΠΙΦΑΝΕΙΑ. Ein religionsgeschichtlicher Beitrag, 1955, 171ff.
46. *C. H. Dodd:* The Appearances of the Risen Christ. An Essay in Form-Criticism in the Gospels, in: Festschrift Lightfoot 1955, 9–35.
47. So *P. Schubert:* The Structure and Significance of Luke 24, in: Festschrift R. Bultmann 1954, 165–186. Ebenso *F. Hahn:* Christologische Hoheitstitel, 3. Aufl., 1966, 387–390; *J. Roloff*, Kerygma, 256–258.
48. Begründung der Mission: *H. Kasting:* Die Anfänge urchristlicher Mission, 1969, 34–45; Legitimation einzelner Führer im Urchristentum: *W. O. Walker:* Postcrucifixion Appearances and Christian Origins, JBL 88 (1969) 157–165. Ähnlich *U. Wilckens:* Auferstehung, 1970, 29 passim.
49. „Ich bin's" (Mk 6,50 Lk 24,39 vgl. Apg 9,5), „Fürchtet euch nicht" (Mt 28,5 Lk 2,10 1,13 1,30), der Friedensgruß (Joh 20,19.26), eine Himmelsstimme (Mk 1,11 9,7).

leicht in grenzbetonende (Furcht, ἀφανισμός) und grenzüberschreitende (Erscheinung, Offenbarungswort) einteilen. Zu diesen allgemeinen Motiven treten spezifische: die Verbindung der Epiphanie mit Kult, Auftrag und Rettung.

Die Existenz *kultaitiologischer* Züge ist in den ntl Epiphanien unbestreitbar, auch wenn sich die jeweiligen Erzählungen deshalb nicht als Kultaitiologien verstehen lassen. Wer kann etwa die Emmausgeschichte lesen, ohne an die unerkannte Gegenwart Christi im Abendmahl zu denken[50]? Und beim Hören des Taufberichts wird der Christ an seine eigene Taufe denken: auch er ist ins Wasser gestiegen, hat Pneuma und Sohnschaft empfangen, um gegen die Anschläge des Satans gefeit zu sein[51].

Man kann weiter fragen, ob nicht auch ortsaitiologische Motive in den ntl Epiphanien zu finden sind. Einige Exegeten wollen etwa in der Legende vom leeren Grab eine lokale Kultaitiologie sehen. Die Erscheinung am Grab begründe ein jährliches Ostergedenken am leeren Grab – eine interessante, aber nicht unproblematische Vermutung[52]. Bei der Frage nach lokalaitiologischen Motiven muß die Verklärungsgeschichte erwähnt werden[53], nicht weil hier einem bestimmten Ort Heiligkeit verliehen werden soll, sondern weil dies abgelehnt wird: Der Vorschlag des Petrus, Hütten zu bauen, wird als inadäquate Antwort auf die Erscheinung charakterisiert (Mk 9,6); aber handelt es sich nicht um die „normale" Reaktion auf die Erscheinung einer Gottheit? um den Wunsch, an der Erscheinungsstätte einen Ort zu bereiten, an dem Verehrung möglich ist? „Ist vielleicht das Hütten-Bauen auf die Bereitung

50. Vgl. *H. D. Betz:* Ursprung und Wesen christlichen Glaubens nach der Emmauslegende (Lk 24,13–32), ZThK 66 (1969) 7–21.

51. Gegen die Einordnung des Taufberichts als Epiphanie haben sich ausgesprochen *M. Dibelius,* FE, 271: Er meint, eine Epiphanie setze voraus, daß die Gottheit schon vorher ist, als was sie in der Epiphanie erscheine. Daher könne eine Epiphanie keine Adoption enthalten. Anders *E. Pax,* Epiphaneia, 172f.: Die Taufe sei eine Vision. Außerdem läge eine Epiphanie nur vor, wenn Jesus vorübergehend in seiner Würde erschiene. Aber wie man es auch immer wendet: Unbestreitbar ist, daß hier eine göttliche Person in ihrer Hoheit erscheint. Mit *E. Lohmeyer,* Mk, 21ff. darf man Mk 1,9–11 eine Epiphanie nennen. Nach *R. Bultmann,* GST, 270, ist der aitiologische Einschlag schon bei Lk zu fassen.

52. *G. Schille:* Das Leiden des Herrn, ZThK 52 (1953) 161–205; *L. Schenke:* Auferstehungsverkündigung und leeres Grab, 1968. Problematisch ist vor allem: Warum geriet diese Grabesstätte so bald in Vergessenheit?

53. *H. Schürmann:* Das Lukasevangelium, 1969, 564, lehnt die Bezeichnung „Epiphanieerzählung" für die Verklärungsgeschichte ab: Jesus werde hier transparent, nicht epiphan. Das verstehe ich nicht. Richtig dagegen *M. Dibelius,* FE, 276; *E. Lohmeyer,* Mk, 179; *R. Bultmann,* GST, 278. *H. P. Müller:* Die Verklärung Jesu, ZNW 51 (1960) 56–65, scheidet zwischen einer Inthronisationserzählung und einer Epiphanie.

einer Stätte (eines Zeltes) für die erscheinende Gottheit zu beziehen?"[54]. Es ist innerhalb des Urchristentums eine Merkwürdigkeit, daß niemand daran dachte, die Stätten der Ostererscheinungen durch kultische Heiligung zu ehren. Könnte sich diese Ablehnung lokaler Verehrung von Epiphaniestätten in der Verklärungsgeschichte niedergeschlagen haben?

Falls die aufgeworfenen Fragen berechtigt sind, müßte die Verklärungsgeschichte eine ehemalige Auferstehungserscheinung[55] sein. Der Schluß ist etwas merkwürdig: „Und plötzlich, als sie umherschauten, sahen sie niemanden mehr." Das deutet auf einen wunderbaren ἀφανισμός aller Gestalten. Die Einschränkung: „... außer Jesus alleine bei ihnen" könnte nachgetragen sein, zumal im zusammenhängenden Kontext des Evangeliums die Erzählung mit Jesus weitergehen muß, dieser also nicht verschwunden bleiben durfte. Man kann die ganze Geschichte als einen ausgeweiteten ἀφανισμός verstehen, die Jesu Versetzung in himmlische Herrlichkeit schildert. Erstens sagt die Verwandlung, daß Jesus in die himmlische Welt eintritt: Weiß ist die himmlische Farbe. Ausdrücklich wird betont, daß es auf Erden ein solches Weiß nicht gibt. Zweitens ist nirgendwo von einer Rückverwandlung die Rede. Die himmlische Doxa scheint ursprünglich als bleibend gedacht zu sein. Drittens wäre das Erscheinen Eliae und Moses besser motiviert: Von beiden erzählt man sich Versetzungen in die himmlische Welt (2 Kg 2; AssMos). Ursprünglich könnte dann einmal erzählt gewesen sein, wie Jesus nach seiner Auferstehung in menschlicher Gestalt – so setzten ihn die synoptischen Ostererscheinungen voraus – mit seinen Jüngern auf einen Berg gegangen sei, um dort als Verklärter in die himmlische Herrlichkeit aufgenommen zu werden. Es würde sich dann um eine Art Himmelfahrtserzählung handeln[56].

Insgesamt gesehen haben die ntl Epiphanien weniger kultaitiologischen als *auftragsaitiologischen* Charakter. Bei den Angelophanien versteht sich das von selbst: Engel sind Boten. Nicht ihre Erscheinung, ihre Botschaft ist entscheidend. In den Christophanien erscheint vor allem der Missionsbefehl (Mt 28,16–20 Lk 24,36–49 Apg 26,12–18 parr. Apg 1,2ff.)[57].

54. *W. Bousset:* Kyrios Christos, 6. Aufl, 1967, 61.
55. Vgl. *R. Bultmann,* GST, 278, und die im Ergänzungsheft verzeichnete Literatur.
56. Die Verwandlung wird meist damit erklärt, daß Jesus, um mit Mose und Elia sprechen zu können, ihnen gleich werden müsse. So *M. Dibelius,* FE, 276; *W. Gerber:* Die Metamorphose Jesu, ThZ 23 (1967) 385–395. Aber weder in Tauf- noch Himmelfahrtsberichten verwandelt sich Jesus in dieser Weise, um mit der himmlischen Welt in Verbindung zu treten. Die Rückverwandlung vermißt auch *E. Lohmeyer:* Die Verklärung Jesu nach dem Markus-Evangelium, ZNW 21 (1922) 185–215, vgl. 187. *M. Dibelius* FE, 276 A. 4, sieht sie in V. 8b angedeutet. Faßt man die Erzählung als ehemalige Himmelfahrtserzählung auf bzw. als Ostererscheinung, so ist wie in Mk 16,12 vorausgesetzt, daß Jesus in „anderer Gestalt" nach seinem Tod den Jüngern erschienen ist. Ist der Gedanke einer besonderen μορφή für die nachösterliche Zeit gefaßt, so liegt ein μεταμορφοῦσθαι nicht mehr fern.
57. Vgl. *H. Kasting,* Anfänge, 34–45.

Eine Epiphanie mit *soteriologischem* Charakter ist der wunderbare Seewandel. Typische Motive sind: die wunderbare optische Erscheinung, das *φάντασμα*, das Sich-Entziehen der Gottheit (*παρελθεῖν*), das Offenbarungswort „Ich bin's", das numinose Staunen der Jünger. Ein wunderbarer *ἀφανισμός* ist in der johanneischen Fassung angedeutet: Mit der plötzlichen Landung scheint auch Jesus verschwunden zu sein.

Die Zusammenfassung aller Erscheinungsberichte mit Taufbericht und Verklärung unter dem Begriff Epiphanien ist nicht sehr geläufig. *M. Dibelius* bezeichnet Verklärung und Taufe als „Mythos"[58]. In der Tat liegt diesen Epiphanien ein mythisches Geschehen zugrunde: ein Handeln Gottes an einem von ihm unterschiedenen göttlichen Wesen. Jesus wird zum Sohn Gottes erhoben, tritt in himmlische Herrlichkeit ein. Aber im Gegensatz zum Mythos handeln Epiphanien nur von episodalen Ausschnitten aus mythischem Geschehen. Erst der Zusammenhang, etwa das Wandeln des unerkannten Gottes über die Erde, wäre ein Mythos zu nennen. Die Epiphanie verhält sich zum Mythos wie die Anekdote zur Biographie: Sie kann Teil des Mythos sein, hat aber in sich abgerundete Gestalt. Dazu kommt ein weiterer Unterschied: Die Epiphanie setzt den menschlichen Standort voraus. Göttliche Offenbarung bricht in diesen Bereich ein, bleibt geheimnisvolles Gegenüber. Hört man dagegen einen wirklichen Mythos (z.B. den Philipperhymnus), so hat man seinen Standort in den *μυστήρια τοῦ θεοῦ* genommen: Dieser Mythos spielt im göttlichen Bereich und berührt dabei auch die Erde; in ihm erscheint als Erniedrigung, was in der Epiphanie als Aufleuchten göttlicher Herrlichkeit fasziniert.

In einem Exkurs sei auf jene Wunder eingegangen, die in Legenden, Geschichtserzählungen (und in gewisser Weise auch in Apokalypsen) begegnen. Es handelt sich hierbei immer um „Zeichen", welche die räumliche oder zeitliche Nähe bedeutsamer Ereignisse oder Personen ankündigen. Sie haben immer Hinweischarakter, dienen also einer Pointe, die außerhalb des Wunders liegt. Daher bilden sie keine formgeschichtlich selbständige Gattungen, sondern begegnen im Rahmen von Gattungen, für die das Wunder nicht konstitutiv ist. Sieht man von den apokalyptischen, noch ausstehenden Zeichen ab[59], so ist ihr Haftpunkt die biographische Legende oder der legendarische Geschichtsbericht, das heißt Erzählungen, die ihre „Pointe erst durch die Beziehung auf einen Zusammenhang erhalten"[60]. Merkmale solcher Zeichen sind:

1. Zeichen geschehen spontan. Ein sichtbarer Wundertäter fehlt und damit alle Beschwörungen, Wunderpraktiken usw. Sie kommen *ἀπὸ τοῦ οὐρανοῦ* (Mk 8,11). Sofern die Herkunft

58. FE, 265ff. 270ff. 275ff.
59. *S. V. McCasland*: Portents in Josephus and in the Gospels, JBL 51 (1932) 323–335 hat die interessante These vertreten (bes. 330ff.), die Anzeichen des Falles von Jerusalem seien ursprünglich als apokalyptische Zeichen verstanden worden und erst sekundär ex eventu auf die geschichtlichen Ereignisse bezogen worden. Josephus habe dabei die Erwartung des Messias auf Vespasian übertragen.
60. *R. Bultmann*, GST, 260.

der Zeichen von Gott nicht mehr ganz deutlich ist, hat der moderne Leser manchmal den Eindruck, es spuke. Vgl. etwa das Türöffnungswunder vor der Zerstörung des Tempels (Jos. bell. jud. VI,5,3).

2. Zeichen sind nicht unbedingt wunderbar, wenn man Wunder auf generell unmögliche Ereignisse beschränkt. Der Stern über Bethlehem ist auch in der Antike nur dem Kundigen als Zeichen offenbar. Nicht das Wunderbare, sondern das Auffällige wird zum Zeichen. Auffällig muß es sein, damit der Mensch auf etwas noch Verborgenes aufmerksam wird. Zur Deutung bedarf er freilich „Fachkenntnisse".

3. Zwischen Zeichen und Bezeichnetem herrscht häufig eine Analogie. Die Zeichen beim Tode von Rabbinen „stehen zu der Art und Bedeutung des betreffenden Rabbinen, seiner Haupttätigkeit und seinem Hauptverdienst in Beziehung: bei denen, die gegen das Heidentum kämpften, ereignete sich etwas, was den Sieg über die Götzen bezeichnen soll: die Statuen, die Bilder, das Götzenhaus werden zerstört usw."[61] Der Zerstörung Jerusalems gehen zeichenhafte Vorwegnahmen der Katastrophe vorher: Ein schwertähnliches Gestirn steht über der Stadt, in der Luft erscheinen Wagen und bewaffnete Scharen, ein Geistesgestörter ruft jahrelang „Wehe über Jerusalem" (Jos. bell. jud. VI,5,3).

Auch im NT finden sich Zeichen, vor allem im biographischen Zusammenhang von Geburt und Sterben Jesu. Der Stern über Bethlehem und die Finsternis am Kreuz umrahmen das Leben Jesu. Diese Zeichen sind keine selbständigen Ereignisse, sondern haben ihre Bedeutung nur in Verbindung mit Geburt und Tod Jesu. Sie geschehen spontan, sind auffällig und doch zweideutig (nur der Hauptmann erkennt in den Zeichen bei der Kreuzigung die göttliche Würde des Hingerichteten). Eine Analogie zwischen dem wunderhaften Ereignis und dem bezeichneten Geschehen liegt beim Zerreißen des Tempelvorhangs vor: Der Gestorbene setzte der alten Religion ein Ende, oder: Das Geheimnis über dem Leben Jesus wurde offenbar.

4. Rettungswunder

Zu den Rettungswundern zählen wir neben Seerettungsgeschichten auch Gefangenenbefreiungen (Apg 12,1ff. 16,16ff.). In beiden Gruppen von Wundergeschichten geht es um die Überwindung feindlicher Mächte, die Besiegung von Natur- und Staatsmacht. Daß beide Gruppen eine vergleichbare Topik und Thematik aufweisen, zeigt, wie wenig eine Unterscheidung von Wundern im Natur- und menschlichen Bereich gerechtfertigt ist. Rettungswunder umfassen beide Objektbereiche. Sie unterscheiden sich von den Exorzismen dadurch, daß sich die Wunder an sachlichen Gegenständen vollziehen: an Wind, Wellen, Schiffen, Ketten, Gefängnistüren. Die Nähe zwischen beiden Gattungen wird durch den „exorzistischen" Verstummungsbefehl an das aufgewühlte Meer (Mk 4,39) belegt; jedoch darf man deswegen nicht überall aktiv entgegenwirkende dämonische Mächte vermuten. An den Rettungswundern berührt uns gerade dies, daß sie etwas ahnen lassen vom Sieg über die dumpfe, „gedankenlose", schlicht

61. *P. Fiebig:* Jüdische Wundergeschichten des neutestamentlichen Zeitalters, 1911, 60.

physische Gewalt. Wir besprechen im folgenden drei Motive, von denen das erste allen Rettungswundern gemeinsam ist, das zweite und dritte jedoch alternativ in ihnen erscheint, und zwar unabhängig davon, ob Seerettungs- oder Befreiungswunder vorliegen.

1. Notsituation und Bitte: Schilderungen von Seenot finden sich auch in anderen Gattungen[62], besonders im antiken Roman. Typische Züge sind: Das Unwetter läßt den Himmel nicht mehr sehen, Wasser schlägt ins Schiff, die Mannschaft sucht das Schiff von seiner Ladung zu befreien. Die Situation scheint ohne Hoffnung zu sein (Apg 27,20; Aristeid. Sarapishymnus 33), man schreit nach Hilfe (Hymn. Hom. 33,8ff.): Die Besatzung ruft auf dem Vorderteil des Schiffes die Dioskuren mit dem Versprechen an, weiße Lämmer zu opfern. Aelios Aristeides betet zu Asklepios (Or. 3), die Jünger wenden sich an den schlafenden Jesus: „Meister, kümmert es dich nicht, daß wir zugrunde gehen?“ (Mk 4,38). Das Gebet in Seenot ist vor allem in jüdischen Rettungswundern theologisch bedeutsam gestaltet worden. Die Bitten des Juden zu dem wahren Gott sind stärker als die Gebete der Heiden, auch wenn es sich nur um ein jüdisches Kind handelt, das man am Anfang übersehen hat (j. Berachot IX,1). In der Jonageschichte ist der Sturm Zeichen des Gerichts. Jona, der vor Gott fliehende Prophet, wird durch Los ermittelt und den Wellen geopfert. Diese Verbindung von Schuld und Strafe finden wir auch in einem weiteren jüdischen Rettungswunder:

Und auch Rabban Gamaliel fuhr in einem Schiffe; da erhob sich gegen ihn das stürmende Meer, ihn versinken zu lassen. Da sagte er: mir scheint, daß das nur ist wegen Rabbi Eliezer ben Hyrkanos (das heißt weil ich zu dessen Bannung mitgeholfen habe). Da stellte er sich auf seine Füße und sagte: Herr der Welt! Aufgedeckt und bekannt ist es vor dir, daß ich (es) nicht zu meiner Ehre getan habe und nicht zur Ehre meines Vaterhauses (es) getan habe, vielmehr zu deiner Ehre, damit sich nicht mehrten die Streitigkeiten in Israel. Da beruhigte sich das Meer von seiner Heftigkeit (b. Baba mezia 59b)[63].

Die Erzählung unterstellt in ihrer jetzigen Form Gott einen Irrtum, als habe er einen Unschuldigen gefährdet. Vielleicht war ursprünglich die Schuld des in Seenot Geratenen viel deutlicher. Sein Gebet wäre dann ein Schuldbekenntnis, durch das er Gott versöhnt[64].

Ähnlich wie bei den Rettungen aus Seenot wird bei den Befreiungswundern die Notlage anschaulich geschildert[65]: Die Gefangenen sind gefesselt, es ist Nacht[66], Wächter lassen jeden Gedanken an eine Befreiung absurd erscheinen.

62. Vgl. die bei *H. Conzelmann:* Die Apostelgeschichte, 1963, 151ff. zusammengestellten Texte.

63. *P. Fiebig,* Jüdische Wundergeschichten, 33.

64. Auch *A. Schlatter:* Das Wunder in der Synagoge, 1912, 71, meint, daß ein Schuldbekenntnis zu erwarten wäre.

65. Zu den Befreiungswundern vgl. *O. Weinreich,* Türöffnung.

66. Apg 5,7ff. 12,3ff. 16,9ff.; Artapanus 52ff.

In dieser Situation beten die Gefangenen: *προσευχόμενοι ὑμνοῦν* (Apg 16,25), wobei die Gebete auch magischen Charakter haben können, man denke nur an die Zauberpapyri mit ihren zahlreichen Türzaubern[67]. Noch Origines (c. Cels. II,34) weiß von Goeten, „die durch Beschwörungen Fesseln lösen und Türen öffnen". Apollonius von Tyana, als Goet verdächtigt, kann eben diesen Verdacht gegen seine Fesselung ausspielen: „Wenn du glaubst, ich sei ein Goet, warum fesselst du mich? Wenn du mich aber fesselst, warum sagst du, ich sei ein Goet?" (VA VII,34).

2. Die rettende Epiphanie: Rettung aus Seenot geschieht (vor allem im griechisch-hellenistischen Bereich) durch Epiphanie des Gottes. Die Dioskuren erscheinen in höchster Not: *οἱ δ' ἐξαπίνης ἐφάνησαν* (Hymn. Hom. 33,12). Anschauliche Grundlage dieser Vorstellung dürfte das plötzliche Erscheinen der Sterne sein, wenn Wolken und Sturm gewichen sind: Ihr Glanz gilt als Aufleuchten der Götter, der Dioskuren, des Asklepios oder des Sarapis[68]. Zu letzterem vgl. die Schilderung einer Rettung durch Aelios Aristeides[69]:

„Du, o Beherrscher der schönsten aller Städte, auf die Du niederschaust, die alljährlich zu Deiner Ehre die Festesfeier begeht, o Du Licht, allen Menschen gemeinsam und uns vor kurzem so leuchtend erstrahlt: damals, als das Meer heranbrauste und sich von allen Seiten auftürmte, und nichts mehr zu sehen war als das drohende Verhängnis, und schon fast der Untergang besiegelt schien: da hast Du Deine Hand dagegen erhoben, hast den verhüllten Himmel aufgehellt und hast uns Land schauen lassen und Landung ermöglicht, so wider alles Erwarten (*παρ' ἐλπίδα*), daß wir selbst es nicht glauben wollten (*πίστις*), als wir auf festen Boden traten" (Sarapishymnus 33).

Auch im NT ist Rettung aus Seenot und Epiphanie miteinander in Mk 6,45ff. verbunden: Jesus erscheint, auf dem Meere wandelnd, in Bestürzung erregender Gestalt. Man hat m.E. zu Unrecht versucht, Seerettung und Epiphanie zu trennen. Das zeigen schon die religionsgeschichtlichen Parallelen, die beides verbinden.

Wie bei Rettungen aus Seenot, so finden wir auch bei Gefangenenbefreiungen Epiphanien. Ein überirdisches Wesen erscheint, um die Eingeschlossenen zu erlösen. So in den Befreiungswundern aus dem Kreise des Dionysos: *λύσει μ' ὁ δαίμων αὐτός, ὅταν ἐγὼ θέλω* (Eur. Bakch. 498). In der Apg finden sich zwei Gefangenenbefreiungen mit Angelophanien (5,17–25; 12,3–19).

3. Der rettende Passagier bzw. Gefangene: Die Rettung durch Epiphanie eines göttlichen Wesens erfolgt von außen. In vielen Rettungswundern fehlt ein solcher Eingriff: Die Rettung beruht hier vielmehr auf der numinosen Mächtigkeit

67. Vgl. *O. Weinreich*, Türöffnung, 342ff.; *R. Reitzenstein*, Hellenistische Wundergeschichten, 120–122.
68. Zum Erscheinen der Sterne als Aufleuchten der Götter vgl. *E. Pax*, Epiphaneia, 15f.
69. Übersetzung nach *A. Höfler:* Der Sarapishymnus des Aelios Aristeides, 1935, 20. Vgl. den ausführlichen Kommentar S. 111–113.

eines im Schiff oder im Gefängnis befindlichen Menschen. Beide Varianten des Motivs verbinden sich, wenn der rettende Passagier zugleich ein Gefangener ist (wie Paulus in Apg 27). Meist jedoch ist seine Größe erkennbarer. Man denke nur an Cäsar und seinen Ausspruch in Seenot: „Fürchte nichts! Du trägst Cäsar und Cäsars Glück fährt mit dir" (Plut. Caes. 38; ähnlich Dio Cass. XLI, 46). Auch Apollonius besitzt solche schützende Macht; deswegen drängen sich die Menschen, auf seinem Schiff zu fahren: „Alle nun glaubten, daß dieser Mann mächtiger sei als Sturm und Feuer und die gefährlichsten Dinge, und wollten mitkommen und baten, ihnen die Teilnahme an der Fahrt zu gewähren" (VA IV,13). Hin und wieder bleibt jedoch der rettende Passagier zunächst unerkannt und verborgen. Niemand traut gerade ihm seine Macht zu. In j. Berachot IX,1 ist es ein am Anfang übersehenes Kind, in Apg 27,14ff. ausgerechnet der in Ketten gefangene Paulus. In einer Parallelüberlieferung zu VA IV,13 verläßt Apollonius das Schiff mit den Worten: „Laßt uns dieses Schiff verlassen, denn es wäre nicht gut, mit ihm bis nach Achaia zu fahren" (VA V,18). Kaum jemand beachtet seine Worte. Das Schiff geht unter. Die Nichtbeachtung des *θεῖος ἀνήρ* rächt sich. Lukian parodiert das Motiv vom rettenden Passagier; Peregrinus *ὁ θαυμαστὸς καὶ θανάτου κρείττων εἶναι δοκῶν* heult im Sturm mit den Frauen (Peregr. 43 vgl. auch Demon.35)[70]. Gehörte der Seewandel im NT zu den Wundern, in denen die Rettung durch Epiphanie geschah, so ist die Sturmstillung dem Motiv vom rettenden und schützenden Passagier zuzuordnen: Jesus schläft. Ohne ihn kämpfen die Jünger mit Wind und Wellen. Die bedrohliche Situation wurde vielleicht einmal dadurch veranschaulicht, daß die „anderen Boote" (4,36), die jetzt ohne erzählerische Funktion sind, im Sturme untergingen[71]. Auf jeden Fall will die Erzählung sagen: Die bloße Anwesenheit Jesu ist Grund genug, sich ungefährdet zu glauben.

Auch Gefangenenbefreiungen werden durch die übermenschliche Kraft der Gefangenen selbst bewirkt. Als Pentheus den Dionysos in den Kerker wirft (Eur. Bakch. 519ff.), erschüttert er den Palast, in dem er gefangen ist, und läßt ihn zusammenstürzen (585ff.) Der Gott kann sich selbst befreien, ja,

70. *H. J. Ebeling:* Das Messiasgeheimnis und die Botschaft des Marcus-Evangelisten, 1939, 152, hat das Motiv vom schützenden Passagier sachlich richtig erkannt. *H. D. Betz*, Lukian, 172, hat die beiden Themenvarianten vor Augen, wenn er schreibt: Die Rettung erfolge „durch einen ‚göttlichen Menschen', wenn nicht gar durch die Götter selbst ..."

71. *G. Schille:* Die Seesturmerzählung Markus 4,35–41, ZNW 56 (1965) 30–40, sieht in den anderen Booten einen ursprünglich größeren Zeugenkreis. Mk habe das Wunder zu einem Jüngerwunder umstilisiert. Man kann sich allerdings schwer vorstellen, wie man von einem Boot die Seenot eines anderen Bootes beobachten kann, ohne selbst in Gefahr zu sein.

die Fähigkeit, sich selbst zu befreien, kann zum Ausweis der Göttlichkeit werden (VA VII,38). Solchen Gefangenenbefreiungen vergleichbar ist die Befreiung des Paulus und Silas in Philippi. Gewiß meint Lk, Gott habe die beiden durch seinen Eingriff gerettet. Aber er will wohl bewußt auf eine Zweideutigkeit hinaus: Der Kerkermeister fällt vor den beiden nieder und redet sie als *κύριοι* an, in deren Macht es steht zu retten (Apg 16,30) – ein willkommener Anlaß für Paulus, den Heiden auf den wahren und einzig rettenden *κύριος* hinzuweisen. Selbst wenn man keine direkten literarischen Beziehungen zwischen der Apg und den Bakchen des Euripides annehmen will (wie *O. Weinreich* sie festzustellen meinte)[72], so läßt sich doch die inhaltliche Verwandtschaft der Gefangenenbefreiungen nicht leugnen: in beiden Erzählungen geht die Befreiung letztlich auf die numinose Kraft der Gefangenen zurück.
Zusammenfassend sei festgehalten: In Rettungen aus Seenot und Gefangenenbefreiungen finden wir vergleichbare Motive und Merkmale. Hier wie dort geht die Rettung auffällig und sichtbar vor sich, Hilferufe erflehen sie, Epiphanien bringen die Wende, Ausstrahlungen numinoser Macht bewirken die Rettung. Daher kann man beide Gruppen von Wundergeschichten, Seerettungs- und Befreiungswunder, als Rettungswunder zusammenfassen.

5. Geschenkwunder

Während in Rettungswundern drohende Gefahren abgewendet und der Mensch einer gefährlichen Situation entrissen wird, zeichnen sich Geschenkwunder dadurch aus, daß sie materielle Güter überraschend bereitstellen, sie verleihen überdimensionale und außergewöhnliche Gaben, verwandelte, vermehrte, gehäufte Lebensmittel. Man könnte auch von materiellen Kulturwundern reden, da immer Probleme menschlicher Arbeit thematisiert werden, das Problem, wie man Nahrung zum Leben und Wein zum Feiern erhält[73]. Merkmale dieser Thematik sind die Spontaneität des wunderbaren Handelns, die Unauffälligkeit des Wunders selbst und die Betonung des Demonstrationsschlusses.
1. Die Spontaneität des wunderbaren Handelns zeigt sich darin, daß die Geschenkwunder nie durch Bitten provoziert werden, sondern durch einen Akt des Wundertäters. Formgeschichtlich gesprochen: Das Motiv „Initiative des Wundertäters" hat in besonders ausgezeichneter Weise seinen Haftpunkt in

72. Türöffnung, 335ff.: Die Traditionen der Apg seien „bei der buchmäßigen Redaktion unter dem literarischen Einfluß von Euripides' Bakchen leicht überarbeitet worden" (340).

73. *A. Smitmans:* Das Weinwunder von Kana, 1966, 31, spricht von Luxuswunder. Ebenso *A. Oepke,* ThW III, 207, der mit diesem Begriff eine stark abwertende Haltung verbindet.

Geschenkwundern. Obwohl die Speisungsgeschichten des Elia und Elisa „schreiende" Not voraussetzen, treten die Hunger Leidenden nicht mit Bitten an die Propheten heran: Es findet sich nur eine resignierte Klage (1 Kg 17,12). Man erwartet von den Wundermännern keine Hilfe. In Mk 8,3 wird das Brotwunder zwar damit motiviert, daß die Menge ohne Speise auf dem Rückweg nach Hause verschmachten würde – aber Jesus selbst spricht diesen Gedanken aus, er wird nicht in einer Bitte an ihn herangetragen. Wo aber eine Bitte an ihn herangetragen wird wie in Mk 6,35ff., ist deren Inhalt nicht auf das Wunder bezogen, im Gegenteil: Weil keine Speise da ist, soll Jesus die Menge entlassen. Das anschließende Mißverständnis unterstreicht: niemand erwartet von Jesus ein Wunder. Auch im Fischwunder geht die Initiative von Jesus aus. Niemand hat ihn gebeten, die durch ergebnislosen Fang entstandene Situation zu wenden. Wie überraschend sich Geschenkwunder ereignen können, zeigt ein Brotwunder aus rabbinischer Überlieferung:

Es pflegte seine (Hanina b. Dosas) Frau, den Ofen zu heizen an jedem Vorabend des Sabbats und pflegte Rauchwerk hinein zu werfen wegen der Beschämung (das heißt, weil sie sich vor den Leuten schämte). Sie hatte jene böse Nachbarin. Sie (diese Nachbarin) sagte: dies ist doch merkwürdig, da ich doch weiß, daß sie nichts haben, und zwar gar nichts. Was soll alles dies? Sie (die Nachbarin) ging hin und klopfte an die Tür (des Hauses des Hanina). Da schämte sie (die Frau des Hanina) sich und ging hinein in das Zimmer. Da geschah ihr (der Frau des Hanina) ein Wunder; denn sie sah den Ofen voll von Brot und die Mulde voll von Teig. Da sagte sie (die Nachbarin) zu ihr: (Du) N. N. bringe eine Schaufel; denn deine Brote brennen an. Da sagte sie (die Frau des Hanina) zu ihr: auch ich ging zu diesem Zweck hinein (b. Taanit 24bf.)

Nur an einer Stelle findet sich vielleicht eine Bitte. In Joh 2,3f. sagt Maria zu Jesus: „Sie haben keinen Wein". Man darf aber hier nicht schon deswegen eine Bitte voraussetzen, weil sie in anderen Wundergeschichten stilgemäß ist[74]; fehlt sie doch gerade in vergleichbaren Geschenkwundern, den nächsten Analogien. Auch liegt grammatisch keine Bitte oder Frage vor, sondern eine Feststellung. Es könnte sein, daß Maria an eine ganz natürliche Behebung der Verlegenheit denkt – wie die Jünger im Speisungswunder. Der Leser soll natürlich mehr darin hören[75].

2. Die Unauffälligkeit des Wundervorgangs ist um so bemerkenswerter, als Geschenkwunder sehr viel unwahrscheinlicher als Exorzismen und Therapien sind, aber dennoch weniger „mirakulös" erzählt werden. Wie das Wunder geschieht, bleibt unklar. Vermehrung von Brot und Verwandlung von Wein müssen erschlossen werden. Die Ursache des Wunders bleibt verborgen. Es fehlt jeder Hinweis auf eine Wundertechnik, jede Manipulation, jedes wunder-

74. So *R. Bultmann:* Das Evangelium des Johannes, 10. Aufl., 1964, 80f.

75. Vgl. die Interpretation des Wortes in der Forschungsgeschichte bei *A. Smitmans,* Weinwunder, 15ff.

wirkende Wort. Jesus dankt wohl über den Broten. Aber das tut jeder jüdische Vater beim Mahl. Die Anweisung, Brot auszuteilen, Wasser zu füllen, aufs Meer zu fahren, sind keine wundertätigen Worte, ebensowenig die Weissagung des Elia: „Das Mehl im Topf soll nicht ausgehn ..." (1 Kg 17,14), eine Prophezeiung, die sich ganz natürlich verstehen ließe. Diese Unauffälligkeit des Wundervorgangs beruht kompositionell darauf, daß fast alle zentralen Motive fehlen. Die szenischen Vorbereitungen werden durch andere Vorbereitungen (Danken, Austeilen) ergänzt und unmittelbar durch die Konstatierung des Wunders fortgeführt. Die Motive der Wunderhandlung fehlen[76].

3. Auch die Betonung der Demonstration ist in diesem Fehlen zentraler Motive begründet. Weil das Wundergeschehen unauffällig ist, muß der Leser es aus seinen Folgen erschließen: aus dem Überfluß von Brot, Fisch und Öl und der Qualität des Weins (Die bekannte „Weinregel" muß wohl aus dem Zusammenhang motiviert werden: man wehrt den Einwand ab, man habe Wein durch Wasser gestreckt und darauf gebaut, daß die trunkenen Gäste es nicht merken). Unanschaulichkeit und Unauffälligkeit des Wundergeschehens lassen sich erklären. Sie sind m. E. darin begründet, daß es für Normenwunder, Exorzismen, Therapien und Rettungswunder Analogien in der Erfahrung gibt, also ordalartige Vorgänge, Exorzisten, Ärzte, bei denen man bedeutungsvolle Gesten und Techniken studieren konnte; für die Geschenkwunder dürften solche Anschauungsgrundlagen gefehlt haben. Uns ist nichts bekannt von Leuten, die sich anboten, Brot zu vermehren, Wasser in Wein zu verwandeln. Uns ist nichts bekannt von magischen Techniken, solche Wunder herbeizuführen[77]. Hätte es sie gegeben, so wären in den Geschenkwundern gewiß Spuren davon erhalten. Hätte es Wundertäter gegeben, die solche Dinge versprechen, so hätte man gewiß erzählt, wie man sie um Hilfe bat. Exorzisten konnte man holen, Ärzte bitten, Wundertäter, die fähig waren, natürliche Gaben zu vermehren oder zu verwandeln, müssen dagegen spontan hervortreten. Den Geschenkwundern fehlt als Hintergrund die Lebenspraxis, die anderen Wundern Anschaulichkeit verleiht. Keine Gattung der Wundergeschichten ist so sehr der Phantasie entsprungen wie diese, keine hat so sehr den Charakter der Schwerelosigkeit, des Wunsches, der unbefangenen Märchenhaftigkeit.

Da Geschenkwunder nicht aus einer Lebenspraxis stammen, so werden sie auch nicht tradiert, um solcher Lebenspraxis erzählerischen Hintergrund zu geben (was man für Exorzismen und Therapien vermuten kann). Da bei den Geschenkwundern solch eine Sinn verleihende Lebenspraxis fehlt, wird in

76. Diese „Zurückhaltung" beim wunderbaren Geschehen wird fehlgedeutet, wenn man sie als Hinweis auf historische Tradition wertet. So *V. Taylor:* The Gospel according to St. Mark, 1952, 321.

77. Vgl. jedoch PGM I, 103f.: Der „Beisitzer" bringt auf Befehl des Zauberers „Feuer, er trägt Wasser, er bringt Wein, Brot und was du sonst an Eßwaren willst."

ihnen sehr bald ein hintergründiger Sinn gesehen: Sie werden allegorisiert. Der wunderbare Fischzug gilt als Allegorie der Mission, die Speisung wird auf das Abendmahl gedeutet usw. Trotz solcher frühen Allegorisierung wird man jene Wunder nur verstehen können, wenn man die in ihnen artikulierte Sehnsucht nach unendlich viel Brot, Fisch, Wein, kurz: nach Lebensmitteln für viele ernst nimmt, wenn man sich nicht über die Sehnsucht erhaben glaubt, die Güter dieser Welt möchten ohne Mühe und ausreichend zur Verfügung stehen. Auch in den Geschenkwundern ist die Grenzerfahrung konkret: Materielle Mangelsituationen werden transzendiert, konkrete Negativität wird überwunden.

6. Normenwunder

Normenwunder wollen heilige Forderungen durchsetzen. Sie unterscheiden sich danach, ob sie Normen begründen, normentsprechendes Verhalten belohnen oder normwidriges Verhalten bestrafen.

Begründende Normenwunder sind die Sabbatkonflikte. Die absolute Verpflichtung zu menschlicher Hilfeleistung setzt sich hier gegen rituelle Gebote durch, die Vollmacht zur Sündenvergebung wird begründet (Mk 2,1ff.), die innere Freiheit von Tempelsteuer demonstriert (Mt 17,24ff.). Ein klassisches Beispiel normbegründender Wunder sind einige Wunder R. Eliezers. Dieser hatte – im Gegensatz zu anderen Rabbinen – einen Ofen für rein erklärt, setzt sich aber mit seiner liberaleren Haltung nicht durch und wird gebannt:

Sie wollten den über R. Eliezer ausgesprochenen Bann mitteilen. Sie sagten: „Wer soll gehen und ihn mitteilen?" R. Akiba sagte: „Ich werde gehen und ihn mitteilen". Er ging zu ihm und sagte: „Meister, deine Genossen exkommunizieren dich". Er (R. Eliezer) nahm ihn nach draußen und sagte: „Johannisbrotbaum, o Johannisbrotbaum, wenn die Halacha so ist, wie sie sagen, so sei entwurzelt." Und er wurde nicht entwurzelt. (Darauf) sagte er: „Wenn die Halacha so ist, wie ich sage, so sei entwurzelt." Und er wurde entwurzelt. (Er sagte:) „Wenn die Halacha so ist, wie sie sagen, so soll der Baum zurückkehren." Er kehrte nicht zurück. (Da sagte er:) „Wenn die Halacha so ist, wie ich sage, soll er zurückkehren." Und er kehrte zurück (J. Moed III,1; Parallelfassung: b. Baba Mezia 59b)[78].

In der zitierten Fassung liegt derselbe Aufbau wie in ntl Normenwundern vor: Eine Rechtsfrage wird alternativ zur Diskussion gestellt. Das Wunder entscheidet. Es ist m.E. unverkennbar, daß die Situation eines Gottesurteils zugrunde liegt. Im Wunder bekennt sich die Gottheit zu einer rechtlich-normativen Entscheidung – wenigstens nach Meinung R. Eliezers, mit der er jedoch nicht durchdringt. Normbegründende Wunder stehen in der Tat in scharfem Gegensatz zum

78. Ein genauer Vergleich zwischen beiden Fassungen findet sich in: *A. Guttmann:* The Significance of Miracles for Talmudic Judaism, HUCA 20 (1947) 363–406.

Judentum, das (besonders nach 70 n. Chr.) sein Leben ausschließlich durch Interpretation des überlieferten Gesetzes ordnen will. Wunder und Offenbarungen wären eine charismatische revelatio continua, welche grundsätzlich auch die Legitimität des Überlieferten in Frage stellen könnte. Nach dem rabbinischen Grundsatz: „Man soll Wunder nicht erwähnen" werden sie daher von der Begründung halachischer Normen ausgeschlossen. *A. Guttmann* führt diesen Grundsatz, der erst nach R. Eliezer begegnet, auf dessen Bannung zurück, in deren Hintergrund er mit guten Gründen ein schwerwiegenderes Problem als die Ofenfrage vermutet: die Auseinandersetzung mit einem sich durch Wunder legitimierenden Christentum. R. Eliezer ist vielleicht selbst des Christentums verdächtigt worden, wenigstens wurde er als vermeintlicher Christ von den Römern vorübergehend inhaftiert (b. AbZarah 16b). Es spricht m. E. viel für Guttmanns These: „The decline of miracle as regards influencing law and practice goes parallel with the growth of Christianity."[79]
Ein normenbegründendes Wunder aus hellenistischem Bereich ist das Fischwunder des Pythagoras, der einmal die genaue Zahl der bei einem Fischzug gefangenen Fische vorausgesagt haben soll[80]:

„Und das Erstaunliche geschah: kein Fisch, der während der Zeit der Zählung außerhalb des Wassers blieb, starb, solange er dabei stand. Viele Anwesenden erinnerte er an das vorherige Leben, das ihre Seele einmal gelebt hatte, bevor sie einst in diesem Körper gefesselt wurde" (Porphyr. vit. Pyth. 25)

Das auch im NT belegte Thema dient zur Herausstellung einer apophthegmatischen Pointe: Die Fische sollen lebendig bleiben, weil in ihnen Seelen Verstorbener leben könnten. Das Wunder dient zur Begründung pythagoräisch-vegetarischer Normen und zur Demonstration der Seelenwanderungslehre: Die Norm ist hier freilich nur indirekt in der Lehre enthalten.
In den *belohnenden Normenwundern* steht die gültige Norm schon fest. Wer sie befolgt, wird wunderbar gerettet und beschützt. Ein ntl Beispiel ist Apg 28,1–6: Der aus dem Schiffbruch gerettete Paulus wird von einer Natter gebissen. Alle erwarten seinen Tod und denken, ein Unrechttäter werde von seiner Strafe endlich ereilt: *πάντως φονεύς ἐστιν ὁ ἄνθρωπος* (28,4). Als Paulus zum Erstaunen aller weiterlebt, wird daraus seine Unschuld, ja mehr: seine Göttlichkeit erschlossen. Auch hier liegt die Situation eines Gottesurteils zugrunde. Zur Debatte stand die Alternative: schuldig oder unschuldig. Das Wunder entscheidet. Jedoch schiebt sich über diese Alternative der Gedanke, daß Immunität gegen Schlangenbiß Zeichen des *θεῖος ἀνήρ* und Charismatikers ist (vgl. Mk 16,18 Lk 10,19).

79. *A. Guttmann*, Significance, 405. Zustimmend *M. Hengel*: Nachfolge und Charisma, 1969, 44f. Anm. 14.
80. Zu dem Wunder vgl. *L. Bieler*: θεῖος Ἀνήρ, 1967, 105–108.

Immunität gegen Schlangenbiß findet sich auch in belohnenden Normwundern des Talmuds[81]. Der Grundsatz: „Wohltat errettet vom Tode" (Prov 10,2) wird b. Schab. 156b an zwei Bewahrungen vor Schlangenbiß demonstriert. Eines dieser Wunder sei wiedergegeben: Der heidnische Gelehrte Awlet glaubt an die Astrologie, Sterne determinieren das menschliche Geschick. Schmuel, sein jüdischer Freund, bestreitet das:

Auch von Schmuel lernen wir: Für Israel gilt kein Sternbild. Schmuel und Awlet saßen nämlich da, als einige Menschen gerade zu einem Sumpf gingen. Awlet sagte zu Schmuel: Dieser Mann geht und kommt nicht wieder; eine Schlange beißt ihn und er stirbt. Schmuel sagte zu ihm: Wenn es ein Sohn aus Israel ist, geht er und kommt wieder. Während sie saßen, ging er und kam wieder. Da stand Awlet auf, warf ihm seine Last ab und fand darin eine Schlange, die zerteilt, in zwei Stücken dalag. Schmuel sagte zu ihm: Was hast du getan? Er sagte zu ihm: Jeden Tag sammelten wir das Brot in einen Korb ein und aßen es. Heute gab es einen unter uns, der kein Brot hatte und sich schämte. Ich sagte zu ihnen: Ich will aufstehen und sammeln. Als ich zu ihm gelangte, verstellte ich mich, als ob ich von ihm Brot nähme, so daß er sich nicht zu schämen brauchte. Er sagte zu ihm: Du hast eine gute Tat getan. Da ging Schmuel hinaus und legte aus: Wohltätigkeit aber errettet vom Tode. Und nicht nur vom unnatürlichem Tod, sondern vom Tod selbst.

Auch hier wird eine Alternative klar formuliert. Dabei geht es einerseits um den Sternenglauben, andererseits um einen ethischen Vergeltungsglauben. Das Wunder entscheidet. Es ist ein Gottesurteil. Wohltätigkeit durchkreuzt Unheil verheißende Weissagung. In b. Ber 33a finden wir diesen Grundsatz: Normerfüllung entscheidet über Leben und Tod, ins Grundsätzliche gesteigert:

Die Rabbanan lehrten: Es ereignete sich, daß an einem Ort eine Wasserschlange hauste, welche die Menschen verletzte. Man kam und erzählte es R. Hanina b. Dosa. Er sprach zu ihnen: Zeiget mir ihr Schlupfloch. Man zeigte ihm ihr Schlupfloch. Er setzte seine Ferse auf die Öffnung des Schlupfloches, da kam sie heraus und biß ihn; die Wasserschlange krepierte. Er nahm sie auf seine Schulter, brachte sie in das Lehrhaus und sprach zu ihnen: Sehet, meine Kinder, nicht die Wasserschlange tötet, sondern die Sünde tötet. In dieser Stunde sagte man: Wehe dem Menschen, dem die Wasserschlange begegnet und wehe der Wasserschlange, der R. Hanina b. Dosa begegnet.

Hier immunisiert nicht eine bestimmte Wohltat, sondern Sündlosigkeit überhaupt; sie ist eine Art Charisma. Von anderen belohnenden Normenwundern des Talmuds sei noch ein besonders schönes genannt: Als die römische Regierung die Gebetsriemen verboten hatte, wird ein frommer Jude mit ihnen er-

81. Zu den rabbinischen Wundern vgl. *P. Fiebig*, Jüdische Wundergeschichten, passim, und die sich kritisch mit ihm auseinandersetzenden Untersuchungen von *A. Schlatter*, Das Wunder in der Synagoge; *M. Smith:* Tannaitic Parallels to the Gospel, 1951, 81–84. Ferner: *I. Heinemann:* Die Kontroverse über das Wunder im Judentum der hellenistischen Zeit, Jubilee Volume in Honor of Prof. *B. Heller*, 1941, 170–191. Speziell zu den Schlangenbißwundern vgl. M. Dibelius, FE, 133f.

tappt. Er nimmt sie in die Hand, um sie zu verbergen. Gefragt, was er in der Hand habe, antwortet er: „Taubenflügel". Wie er die Hand öffnet, sind die Gebetsriemen in der Tat zu Taubenflügel geworden, denn: „Wie die Flügel über ihr eine Taube beschützen, so beschützen auch die Gebote über ihnen Israel" (Schab 49a).
Zahlreicher als belohnende sind *bestrafende Normenwunder.* Moderne wie antike Menschen setzen bei der Durchsetzung von Normen mehr auf Angst vor Strafe als auf Verstärkung durch Anerkennung. Um so auffallender ist, daß im NT Strafwunder fast völlig fehlen. Zu nennen ist nur die Geschichte von Ananias und Saphira (Apg 5,1–11), in der ein Schuldspruch durch ein Wunder bestätigt wird. Die Nähe zum Gottesurteil ist wieder unübersehbar. Als Strafwunder läßt sich ferner die Geschichte vom verdorrten Feigenbaum auffassen (Mk 11,12–14.20ff.), auch wenn rätselhaft bleibt, gegen welche Norm der Feigenbaum verstoßen haben soll.
Eine Reihe von Strafwundern findet sich in Epidauros (einige auch bei Lukian[82]). In Epidauros sollen sie die im Tempelbezirk geltenden Normen durchsetzen. Verboten sind: Ausspionieren des Abaton, Äußerungen des Zweifels, Verweigern des Gelübdes, Unterschlagung von Dankgeschenken. Die Inschriften, in denen Strafwunder diese Normen einprägen, dienen an Stelle von Verbotsschildern: Aischines, der unerlaubt ins Abaton schaut, verletzt sich seine Augen an Spitzpfählen (W 11); ein Ungläubiger, der die inschriftlich beglaubigten Heilungen verspottet, wird „Apistos" genannt, nachdem er selbst geheilt wurde (W 3); Amphimnestos erfüllt sein Gelübde nicht, den Zehnten vom Erlös seiner Fische Asklepios zu geben, und wird zur Strafe von den Fischen angefallen (W 47). Pandaros liefert ein Dankgeschenk des geheilten Echedoros nicht ab und erhält zur Strafe die Krankheit des Echedoros zur eigenen hinzu (W 7).
In allen Fällen handelt es sich um ein jus talionis[83], die Strafe entspricht dem Vergehen, zum Beispiel der unerlaubte Blick dem Verlust der Augen. Durch diese Entsprechung erhalten die Strafwunder etwas Automatisches. Mag letztlich Asklepios selbst hinter ihnen stehen, so tritt er doch gegenüber den Heilwundern merklich zurück. Oft wird die Strafe auch zurückgenommen. Man könnte dann von „Erziehungswundern"[84] reden.
Strafende Normenwunder sind im Talmud häufig[85]. Ein Richter, der gegen das Prozeßrecht verstößt, stirbt überraschend (Mech. Mischp. 20). Ebenso ein Schüler, der es wagt, in Gegenwart des Lehrers eine Halacha zu entscheiden (Erub. 63a), oder ein Römer, der auf einem Abort einen Rabbi verdrängt (Ber. 62b). Plötzlicher Tod ist Strafe dafür, daß ein Rabbi einem älteren Rabbinen wider-

82. Vgl. *H. D. Betz,* Lukian, 177–179.
83. *O. Weinreich,* AH, 56 Anm. 1.
84. *R. Herzog,* Epidauros, 123ff.
85. *M. Dibelius,* FE, 142ff.

spricht (Sifre Num 28,26) oder die Regel des Sabbatjahres unzulässig erleichtert (j. Scheb 38d). Die Tochter des Kaisers Hadrian wird aussätzig, weil sie mit Berufung auf eine Bibelstelle Gott spottend herausfordert (Chul 60a).

Fanden wir in den epidaurischen Strafwundern ein „abgewogenes" jus talionis (gemildert durch Zurücknahme der Strafe, welche die uns ungerecht erscheinende Härte jedes jus talionis relativiert), so geht es in jüdischen Normenwundern fast immer um Leben oder Tod: Normübertretung führt zum Tode, Normerfüllung bewahrt vor ihm. Das Gesetz tadelt nicht, es tötet. Das erscheint uns archaisch und inhuman, zumal bei unbedeutenden Verfehlungen, zeugt aber von dem großen Ernst um die Erfüllung des göttlichen Willens; vor Gott geht es um Leben oder Tod. Die griechischen Strafwunder sind humaner, pädagogischer, was gewiß kein Zufall ist.

Daß in der Jesusüberlieferung Strafwunder im engeren Sinne fehlen, wurde schon erwähnt. Die normbegründenden Wunder sind aber insofern vergleichbar, als auch in ihnen eine Norm übertreten wird. Nach dem Vorwurf: „Er lästert" erwartet man, von rabbinischen Parallelen herkommend, daß der Frevler gestraft wird. Das Gegenteil geschieht: Gott stellt sich im Wunder auf die Seite des Normübertreters. Die Unbedingtheit des göttlichen Willens finden wir auch hier: Heilen oder Nichtheilen am Sabbat bedeutet Leben oder Tod. Nur daß diese Unbedingtheit nicht als strafende und bedrohende Macht, sondern als Hilfe und Befreiung erscheint: als Legitimitätsgrundlage zur Durchbrechung von Normen. Innerhalb einer mythischen Welt wird hier der „Ruf zur Freiheit" laut.

Die ntl Normenwunder werden meist zu den Apophthegmen gezählt. Man könnte diese Zuordnung damit rechtfertigen, daß die Durchbrechung des Sabbats auch ohne Wunder geschieht (Mk 2,23ff.). Ist es darum zufällig, wenn sie mit einem Wunder verbunden sind? Ist es zufällig, daß Wunder normdurchsetzende Macht haben? Keineswegs. Noch heute empfinden wir wie zu allen Zeiten eine tiefe Unsicherheit gegenüber Normen, ihrer Legitimation und unseren Bemühungen, sie zu erfüllen. Für den antiken Menschen ist das Problem noch unheimlicher. Jeder Irrtum, jedes Vergehen tangiert heilige Macht, zieht Unheilvolles nach sich. Unsicherheit im normativen Bereich erscheint als Gefährdung durch numinose Macht. Im Wunder gibt diese einen Wink, was ihr genehm ist und welches Verhalten sie verwirft. Nehmen wir die Heilung des Gelähmten: Die Entrüstung der Schriftgelehrten ist alles andere als kleinliche Engherzigkeit: Wo die Souveränität Gottes angetastet wird, da wird die Grundlage der Weltordnung, der Zusammenhang von Schuld und Strafe, in Frage gestellt. Nur das Bewußtsein, daß Gott selbst sich durch Wunder auf die Seite des normdurchbrechenden Handelns stellt, hebt die Verunsicherung auf, führt zum Loben Gottes (Mk 2,12). Es liegt kein äußerliches erzählerisches Arrangement vor, wenn Wunder Pointen dieser Geschichten bilden, sondern

ein innerer Zusammenhang von Norm und Wunder, Wort und Tat (selbst wenn Mk 2,5–10 sekundär eingeschoben sein sollte).
Verlangt die Norm nach einem legitimierenden Wunder, so das Wunder nach Legitimation. Die normative Kraft des Faktischen, sprich: der normalen Sinnwelt und ihrer Erwartungen, muß transzendiert werden. Die Annäherung an den Wundertäter erscheint im NT häufig als etwas Illegitimes: Heiden kommen, Abgewiesene setzen sich durch. In der Tat muß man fragen: Mit welchem Recht nähert sich der Mensch dem Heiligen, das alleine die Grenze überwinden kann? Ist er nicht der normalen Sinnwelt allzu tief verbunden und in sie verstrickt: „Gehe von mir, denn ich bin ein sündiger Mensch, Herr!" (Lk 5,8; vgl. 7,6). Nicht nur die Norm, auch die Grenzüberschreitung verlangt nach Legitimation. Das Illegitime gehört jedoch konstitutiv zu ihr, wenn man Legitimität an der normalen Sinnwelt mißt, ja, man kann fragen, ob nicht die Durchbrechung einer Norm psychische Voraussetzung von Heilungen sein kann. Tabuverletzung versetzt in eine physische Spannung, die somatische Heilung begünstigen kann. Daher wird in Epidauros in einem tabuierten Abaton geheilt und im NT am tabuierten Sabbat. Es ist m. E. sehr wahrscheinlich, daß Jesus und die Urgemeinde am Sabbat heilten.

Die Erkenntnis der Normenwunder als Gattung wurde von *M. Dibelius* vorbereitet, der die um Normen kreisenden rabbinischen Wundergeschichten „Theodizeelegenden" nannte, sachlich aber dasselbe wie Normenwunder meinte: „Das Wunder wird nicht um seiner selbst willen erzählt, sondern zugunsten der Sache, die der Talmud vertritt, der Verkündigung eines göttlichen Rechts, nach dem der Mensch leben soll"[86]. Das Theodizeeproblem ist jedoch nur ein Aspekt der Normenwunder. Die Theodizeefrage geht vom faktischen Geschehen aus, um nach der Übereinstimmung mit der Norm zu fragen. Manche der Wunder setzen jedoch direkt bei der Norm ein, um nach dem entsprechenden Verhalten des Menschen zu fragen. Andere thematisieren die Norm selbst und fragen: was ist heilig, was ist verboten? Der Begriff „Normenwunder" umfaßt alle diese Aspekte und kann vor allem auch auf nicht-jüdische Wundergeschichten angewandt werden. Daß vor allem die jüdischen Normenwunder von der Theodizeefrage provoziert sind, ist richtig. Das Bedrängende dieser Problematik, das unschuldige Leiden, die Tatsache, daß die Geschichte weder im Großen noch im Kleinen nach Normen der Gerechtigkeit abläuft, bildet die Grenze, die in diesen Wundergeschichten transzendiert wird. Sie befinden sich aber schon jenseits dieser Grenze. Sie wollen die Gewißheit stärken, daß Wohltat vor dem Tode rettet, daß die Norm schützende und mächtige Kraft ist. Hier erscheint eine „heile

86. *M. Dibelius,* FE, 144. Die meisten rabbinischen Wunder thematisieren eine Norm. Das zeigt die bei *P. Fiebig:* Neues zu den rabbinischen Wundergeschichten, ZNW 35 (1936) 308–309, referierte Typologie. Auch die von *M. Dibelius* so genannten „Personallegenden" (FE, 146ff.) verherrlichen den Frommen, der die Norm einhält. Anstatt „Normenwunder" schlägt *L. Delekat* den Begriff „Autoritätswunder" vor. Er würde Person und Norm umfassen. Insofern ist dieser Vorschlag in der Tat sehr bedenkenswert.

Welt", der nur indirekt das Eingeständnis der abgrundtiefen ethischen Irrationalität der Welt zu entnehmen ist: Wo Wunderhaftes die Übereinstimmung von Gesetz und Geschichte stiftet, muß es um den Normalfall übel bestellt sein.

B. Die Komposition der Themen

Alle Wundergeschichten haben dieselbe Kompositionsstruktur. Jedoch kann diese variiert werden. Unsere Frage lautet, ob derartige Variationen mit verschiedenen Themen zusammenfallen. Dabei ist es nicht unbedingt notwendig, daß jedem Thema eine verschiedene Kompositionsform zugeschrieben werden kann. Vielmehr ist die Frage so zu stellen, ob verschiedene Kompositionsformen quasi zufällig über alle Themen streuen, oder ob manche mit größerer Wahrscheinlichkeit in bestimmten Themen begegnen, in anderen dagegen nicht. Verschiedene Kompositionsformen, also Abweichungen von der normalen Komposition, ergeben sich aus der auffälligen Betonung eines der Hauptteile, das heißt der akzentuierten Realisierung von expositionellen, zentralen oder finalen Motiven, die häufig mit einer Reduktion anderer kompositioneller Motivgruppen verbunden ist. Entsprechend den drei Hauptteilen unterscheiden wir zentral-, expositions- und finalbetonte Kompositionsformen:
Zentralbetonte Kompositionen haben die häufig als mirakulös bezeichneten Erzählungen Mk 7,31ff. 8,22ff. Eine Exposition fehlt in ihnen. Nach der Einleitung beginnt mit einer szenischen Anweisung unmittelbar die Wunderhandlung, die durch Häufung zentraler Motive (Berührung, heilende Mittel, gebetsähnliche Gesten, Heilendes Wort bzw. wiederholter Heilungsgesten) betont ist. Fast alle epidaurischen Wunder sind in diesem Sinne zentralbetont: der Akzent liegt auf dem Heilungsprozeß.

Expositionsbetonte Kompositionen lassen sich nach zwei in der Exposition hervortretenden Motiven unterscheiden:
1. Erschwernis- und Glaubensmotive dominieren in den Fernheilungen Mk 7,24ff. Mt 8,5ff. Die Exposition ist hier zur selbständigen Erzählung geworden. Die Mitte (zentrale Motive) fehlt völlig. Der Schluß deutet nur kurz die vollzogene Heilung (bzw. den Exorzismus) an.
2. In den Normenwundern (Mk 2,1–12 3,1–6 Lk 14,1–6) beherrscht das expositionelle Argument die ganze Wundergeschichte. Mitte und Schluß sind zwar vorhanden: die zentralen und finalen Motive sind jedoch dem expositionellen Motiv „Argumentation" untergeordnet.

Finalbetonte Kompositionen haben ebenfalls nach den jeweils hervorgehobenen Motiven verschiedenen Charakter:
1. In Geschenkwundern fehlt die eigentliche Mitte. Zentrale Motive werden kaum realisiert, sieht man von der szenischen Vorbereitung ab. Das Wunder

selbst ist aus der Demonstration zu erschließen. Erzählerisch muß diese daher stark akzentuiert werden.

2. In Mk 5,25ff. und Lk 17,11ff. ergibt sich die Schlußbetonung daraus, daß expositionelle Motive der Annäherung (Erschwernis und Glaube) erst nach dem Wunder begegnen. Der ersten äußeren Annäherung folgt hier eine zweite, in welcher der geheilte Mensch erst die eigentliche Schranke zwischen ihm und dem Wundertäter durchbricht.

3. In einigen Normwundern folgt das Argument dem Wunder. In Lk 13,10–17 ist es in die Wundergeschichte integriert: Die abschließende Akklamation rundet Wunder und Debatte erzählerisch ab. In Mt 12,22ff. sprengen dagegen die angefügten Logien den Rahmen der Wundergeschichte: Admiration und Akklamation trennt die Argumentation vom Wunder. Hier ist die Wundergeschichte wirklich (zugleich) Einleitung eines Apophthegmas.

Als Ergebnis ist festzuhalten: verschiedene Kompositionsformen fallen nicht mit verschiedenen Themen zusammen, aber sie bevorzugen dennoch bestimmte Themen: Geschenkwunder sind immer finalbetont, Normenwunder entweder expositions- oder finalbetont. Wir können nun auch begründen, warum Wunder, in denen der Begleiter zum Gegenspieler des Wundertäters wird, nicht als ein eigenes Thema aufgefaßt wurden: Es handelt sich hierbei um expositionsbetonte Therapien und Exorzismen.

C. Das Feld der Themen

Eine Feldanalyse beruht auf variierenden Klassifizierungen der Wundergeschichten, die unabhängig voneinander durchzuführen sind: nach den agierenden Personen, den Objektbereichen, den Perspektiven, unter denen die Grenze gesehen wird, und der spezifischen Art der Grenzüberschreitung.

a) Personen: Schon bei der Analyse der Personen haben wir festgestellt, daß jede der auftretenden sieben Personen(gruppen) zum Adressaten des Wunders werden kann: Der Dämon ist Adressat in Exorzismen, der Kranke in Therapien, der Wundertäter in Epiphanien, die Jünger in (See-)Rettungswundern, die Menge in Geschenkwundern, die Gegner in Normenwundern. Nur die Wundergeschichten, in denen Kranke bzw. Besessene durch einen Begleiter vertreten werden (Mt 8,5 ff Mk 7,24ff.), bilden keine eigene Thematik, sondern sind teils den Therapien, teils den Exorzismen zuzuordnen. Ihre Besonderheit liegt in der expositionsbetonten Disposition, die gerade jene Motive in den Vordergrund stellt, die gegenüber der Unterscheidung Exorzismen und Therapien indifferent sind. Wir erhalten also sechs Themen (und eine Untergruppe, die in zwei Themen ihren Ort hat). Auf Grund der Ordnung der Personen im formgeschichtlichen Feld lassen sie sich noch einmal unterteilen: Dämon, Kranker, Wunder-

täter sind „normalerweise“ Hauptakteure, das heißt wenn sie auftreten, sind sie Gegenspieler, während Jünger, Menge und Gegner gewöhnlich Nebenspieler sind, die in einigen Wundergeschichten jedoch in den Vordergrund treten. Wir können danach zwei Reihen feststellen: Exorzismen, Therapien und Epiphanien auf der einen, Rettungs-, Geschenk- und Normenwunder auf der anderen Seite.
b) Objektbereiche: Bei dieser Einteilung greifen wir *Bultmanns* Unterscheidung von Wundern im natürlichen und menschlichen Bereich auf, müssen sie jedoch weitgehend modifizieren. Besonders der Begriff des Naturwunders wird mit Recht oft als problematisch empfunden. Zwei Überlegungen spielen hierbei eine Rolle:

1. Die Gegenüberstellung von Exorzismen und Naturwundern scheitert daran, daß es sowohl exorzistische Motive in Naturwundern[87] als auch kleine Naturwunder in Exorzismen gibt: die Demonstrationen des ausgefahrenen Dämons an außermenschlichen Gegenständen und Tieren. Es gibt ferner Exorzismen, die sich ausschließlich in der Natur abspielen, wenn etwa ein Dämon aus einem Haus vertrieben wird (Lukian Philops. 31) oder aus bestimmten Zeiten verbannt wird (b. Pesachim 112b 113a). Die Exorzismen stehen also zwischen natürlichen und menschlichen Bereichen. Man kann sie nicht mit *Bultmann* als Untergruppe der Heilungen den Naturwundern entgegensetzen.
2. Problematisch ist ferner der Terminus „Natur“-wunder. Im Hintergrund dieser Einteilung könnte die Unterscheidung von möglichen und unmöglichen Wundern stehen, wie *K. Tagawa* vermutet[88] – ein unsachgemäßer Maßstab. Entscheidender ist, daß Brot, Wein, und Öl nicht einfach Natur, sondern menschliche Verarbeitungen natürlicher Güter sind. Das gilt auch für das Fischwunder. Es liegt hier kein Wunder an den Fischen vor, sondern ein Wunder des Fischens; menschliche Arbeit hat überdimensionalen Erfolg. Es wäre daher viel angemessener, von Kulturwundern zu sprechen.

Erst durch eine Modifikation kann die Unterscheidung von Wundern im menschlichen und natürlichen Bereich fruchtbar gemacht werden. Entgegenzusetzen sind nicht Natur und Mensch, sondern Sache und Person: Auch die Dämonen sind Personen, Sachen auch die Kulturgüter. Wir erhalten danach zwei Objektbereiche des Wunders je nachdem, ob eine Sache oder eine Person wunderhaft geändert wird. Normenwunder gehören zu den Sachwundern: Zwar wird immer eine Person geheilt (anders Mt 17,24ff.), aber wie *Bultmann* richtig gesehen hat, ist dies Wunder ganz der sachlichen Pointe dienstbar gemacht[89]. Das eigentliche Wunder ist die Durchbrechung einer alten und die Stiftung einer neuen heiligen Norm. Wir erhalten danach wieder zwei Reihen: Exorzismen, Therapien, Epiphanien auf der einen, Rettungs-, Geschenk- und Normenwunder auf der anderen Seite. Bei den personorientierten Wundern treten jeweils Hauptakteure auf. Objektbereich und Adressat fallen zusammen. Indirekt wer-

87. *T. A. Burkill*, Notion, 42.
88. *K. Tagawa*, Miracles, 14.
89. GST, 14.223.

den die Nebenpersonen angesprochen. Bei den sachorientierten Wundern fallen dagegen Objektbereich und Adressat auseinander: Handlungen können sich nicht an Sachen „wenden", sondern nur an Personen. Die bei den personorientierten Wundern indirekt adressierten Personen treten nun mit innerer Notwendigkeit in den Vordergrund: Das im sachlichen Bereich sich abspielende Wunder richtet sich – anders als das Wunder im personalen Bereich – direkt an sie.
c) Perspektiven: Im formgeschichtlichen Feld der Motive konnten wir drei Perspektiven unterscheiden: dämonische, menschliche und göttliche. In den Exorzismen tritt die dämonische Perspektive in den Vordergrund, in den Epiphanien die göttliche, während die Therapien sich im Bereich menschlicher Not abspielen. Diese Einteilung gilt auch für die sachorientierten Wundergeschichten. Deutlich ist, daß der tosende See als von dämonischen Kräften beherrscht vorgestellt wird. Ein exorzistischer Verstummungsbefehl kann ihn zum Schweigen bringen (Mk 4,39). Zweifellos: in den Rettungswundern begegnen unterirdische Mächte, wenn auch indirekt, nicht als persönlich agierende Gegenspieler. Den Epiphanien entsprechen die Normwunder: bringen jene das göttliche Wesen zur Offenbarung, so diese den göttlichen Willen. Hier wie dort handelt es sich um Offenbarung aus dem göttlichen Bereich. Die Geschenkwunder bewegen sich dagegen in besonderem Maße in der menschlichen Welt: Essen und Trinken, Arbeiten und Feiern – das ist ihr Problemhorizont. Sie entsprechen den Therapien. Wir erhalten danach Gruppen von je zwei Wundergeschichten: Exorzismen und Rettungswunder, Therapien und Geschenkwunder, Epiphanien und Normenwunder. Die Struktur der mythischen Welt, ihre Gliederung in Dämonisches, Menschliches und Göttliches läßt sich auch im formgeschichtlichen Feld der Themen wiederfinden.
d) Grenzüberschreitungen: Zentrales Thema der Wundergeschichten ist die Grenzüberschreitung konkreter Not. Die einzelnen Gattungen thematisieren verschiedene Aspekte dieser Grenze. In Exorzismen wird die Grenze menschlicher Lebensmöglichkeiten durch feindliche Mächte, Dämonen und tosende See, gesetzt. Der Mensch erfährt aktive Gegenwirkung, erscheint umhergetrieben von Wellen und Dämonen; eine fremde Macht begrenzt seine Lebensmöglichkeiten, beraubt ihn seiner Subjektivität und Steuerungsfähigkeit und droht, ihn am Ende physisch zu vernichten. Therapien und Geschenkwunder zeigen die Grenze unter anderem Aspekt: Nicht Gegenwirkung, sondern Mangel schränkt hier die Lebensmöglichkeiten des Menschen ein. Ihm fehlt gesundmachende, belebende „Kraft"; er hat keine Nahrungsmittel. Seine Arbeit erscheint vergeblich. Hier wird die Grenze durch Mangel gebildet. Der Mensch wird nicht erdrückt, sondern ausgezehrt. In Epiphanien und Normenwundern schließlich bildet die Verborgenheit göttlichen Wesens und Willens die zentrale Grenzerfahrung: Auch in der Welt der Wundergeschichten weiß man, daß der Mensch nicht allein vom Brot lebt, daß menschliche Verblendung und Ver-

stockung das Leben von innen zerstören. Auch der Geheilte ist verloren, wenn er nicht am Heiligen partizipiert. Darum wird ihm gesagt: Sündige hinfort nicht mehr (Joh 5,14).

Der jeweils verschiedenen Grenzbetonung entsprechen verschiedene Weisen der Grenzüberschreitung: dämonische und natürliche Mächte müssen niedergezwungen und unterworfen werden (vgl. *ὑπακούειν* Mk 1,27 4,41). Die Transzendierung der Grenze ist Kampf mit aktiver Gegengewalt. Mangel ist dagegen nur durch Partizipation an Kraft und Gütern, durch Ausstrahlen von *δύναμις* und Schenken von Gaben zu überwinden. Hier wird positiv etwas mitgeteilt. Menschlicher Verschlossenheit und Verblendung begegnet die Offenbarung: ein Sichtbar- und Erkennbarwerden des verborgenen Göttlichen. Hier geht es darum, daß der Menschensohn nicht nur im (verborgenen) Himmel Vollmacht hat, sondern diese Vollmacht auf Erden sichtbar wird (Mk 2,10). Offenbarung, Partizipation und Unterwerfung sind die drei grundlegenden Formen der Grenzüberschreitung; Erleuchtung, Begabung und Befreiung ihr Ziel, Verschlossenheit, Bedrohung und Mangel die Grenze. An ihrer Überwindung wird jeweils das Göttliche „offenbar", jedoch dominieren verschiedene Aspekte: in Epiphanien besonders das majestatum, in Therapien und Geschenkwundern das fascinosum, in Exorzismen und Rettungswundern das tremendum, ohne daß man in dieser Hinsicht eine scharfe Trennung der Aspekte durchführen kann. Wir können nun das Feld der Themen darstellen:

	personorientiert	sachorientiert	
dämonische Perspektive	Exorzismen Dämon	Rettungswunder Jünger	Bedrohung / Unterwerfung
menschliche Perspektive	Therapien Kranker	Geschenkwunder Menge	Mangel / Schenken von Kraft u. Gaben
göttliche Perspektive	Epiphanien Wundertäter	Normenwunder Gegner	Verschlossenheit / Offenbarung
	Hauptspieler	Nebenspieler	

Das formgeschichtliche Feld der Wunderthemen und -motive zeigt uns Ausschnitte aus der Struktur einer vergangenen, mythischen Sinnwelt, die eine erstaunliche Logik aufweist. Ihre literarischen Formen sind geronnene Akte, in denen die Wirklichkeit geordnet und gedeutet wird. Wundergeschichten enthalten eine Sinndeutung konkreter Negativität als Bedrohung, Mangel und

Verschlossenheit; und sie sind symbolische Handlungen, in denen diese Negativität transzendiert wird.

Am Schluß sei noch kurz auf das Problem der eindeutigen Zuordnung von Gattungen zu formgeschichtlichen Feldern erörtert. Zwei der oben behandelten Gattungen werden oft nicht den Wundergeschichten zugeordnet. *M. Dibelius* behandelt die Epiphanien unter dem Begriff „Mythos", *R. Bultmann* die Normenwunder unter den Apophthegmen. Obwohl es m. E. sinnvoll ist, Mythos und Epiphanie, Apophthegma und Normenwunder zu unterscheiden, so kann man den Sachverhalt jedoch auch so auffassen, als gehörten beide Gattungen zugleich zu zwei formgeschichtlichen Feldern: Wundergeschichten und mythische bzw. apophthegmatische Gattungen.

IV. Gattungen

Innerhalb einer synchronischen Analyse der Gattung „Wundergeschichte" kann die Frage nicht übergangen werden, welchen Ort diese Gattung im Felde verwandter Gattungen hat. Dabei ist nicht an eine zeitlose Systematik aller volkstümlichen Gattungen gedacht, sondern nur an Gattungen, die mit den urchristlichen Wundergeschichten historisch zusammengehören und deshalb eine synchronische Analyse gestatten, das heißt an alle synoptischen Gattungen. Auch wenn wir hier diese Gattungen nicht im einzelnen beschreiben können[1], so kann doch die Stellung der Wundergeschichten im formgeschichtlichen Feld aller synoptischen Gattungen kurz skizziert werden; dies ist um so unerläßlicher, je mehr man sich davon überzeugt, daß man jede literarische Einheit erst bestimmen kann, wenn man ihre paradigmatischen Feldbeziehungen umreißt.

Die synoptischen Gattungen lassen sich zunächst unterscheiden in lehrende und erzählende Gattungen, in Wort- und Erzählüberlieferung. Lehre will menschliche Handlungen normieren und reflektieren, Erzählung will sie darstellen, Lehre zielt auf Allgemeingültiges, Erzählung schildert eine Folge mehr oder weniger singulärer Ereignisse. Wir erhalten so eine Polarität „normierende Allgemeingültigkeit – sukzessive Singularität", die es erlaubt, nicht nur zwei Gruppen von Gattungen gegeneinander abzugrenzen, sondern sie entsprechend ihrer Nähe bzw. Ferne zu diesen beiden Polen einzuordnen: Zwischen den rein erzählenden und lehrenden Gattungen stehen nämlich Gattungen, die in verschiedener Weise an beiden teilhaben: Gleichnisse und Apophthegmen. Gleichnisse sind erzählende Lehre, Lehre mittels einer Geschichte, Apophthegmen erzählte Lehre, Erzählung, die den Vorgang des Lehrens zum Gegenstand hat. Gleichnisse sind Lehren in erzählender Form. Apophthegmen Erzählungen mit lehrhafter Pointe. Wir erhalten demnach vier Grundgattungen synoptischer Überlieferung: Logien, Gleichnisse, Apophthegmen, Erzählungen, das heißt reine Lehre, erzählende Lehre, Erzählung mit lehrhafter Pointe und reine Erzählung.

Jede dieser Grundgattungen liegt jedoch in zwei Varianten vor, die sich wiederum einander entgegensetzen lassen. Sowohl die Lehre wie die Erzählung kann sich mehr mit Typischem oder Singulärem beschäftigen. Innerhalb der Logien

1. Eine „Inventarisierung" der synoptischen Gattungen kann hier selbstverständlich nicht vorgenommen werden. Im großen und ganzen kann man sich hier an *R. Bultmann*, GST, orientieren. M. E. müssen Gleichnisse und Apophthegmen in ihrer Eigenständigkeit stärker gewürdigt werden. Die Einordnung der Apophthegmen unter die Worte Jesu auf Grund der diachronischen These, sie hätten sich zu einem großen Teil aus diesen entwickelt, ist problematisch. Auszugehen ist vom vorliegenden Bestand. Synchronie und Diachronie sind zu unterscheiden. Geschichtserzählung und Legende werden oben als „legendarische Berichte" zusammengefaßt.

lassen sich normierende und kerygmatische Logien unterscheiden. Normierend sind alle Logien, die das allgemein Gültige in der Erfahrung oder im Handeln formulieren: Weisheitsworte, Gesetzesworte und Gemeinderegeln. Immer geht es dabei um Normen der Erfahrung oder des Handelns, um das Regelmäßige und Typische, sei es nun die Regel, die man feststellen kann oder die für das Handeln gelten soll. Den normierenden Logien lassen sich alle kerygmatischen Logien entgegensetzen, das heißt Logien, welche ein singuläres Ereignis ankündigen oder verkündigen, sei es, daß dies Ereignis schon stattgefunden hat (Ich-Worte, Menschensohnworte) bzw. gerade stattfindet, sei es, daß es in Zukunft stattfinden soll (prophetische und apokalyptische Worte). Immer enthalten kerygmatische Worte eine Botschaft von Singulärem. Sie deuten die Gegenwart und enthüllen die Zukunft.

Entsprechend ist innerhalb der Gleichnisse zu unterscheiden: Gleichnisse im engeren Sinne schildern typische Ereignisse. Sie appellieren an die allgemeine Erfahrung. Parabeln schildern dagegen einen interessierenden Einzelfall, der auch unwahrscheinliche, singuläre Züge enthalten kann. Ähnlich sind die Apophthegmen aufzugliedern: Die meisten wollen die Lehre Jesu darstellen, das heißt nicht nur das, was er an bestimmtem Ort gesagt hat, sondern, was er grundsätzlich zu den angeschnittenen Problemen lehrte. Diesen Schul- und Streitgesprächen sind die biographischen Apophthegmen entgegenzusetzen, die ein singuläres Ereignis im Leben Jesu schildern wollen – etwa das Messiasbekenntnis des Petrus.

Die rein erzählenden Gattungen liegen uns ebenfalls in zwei Formen vor: Wundergeschichten und legendarischen Berichten. Hier sind es die Wundergeschichten, die Typisches aus dem Leben Jesu erzählen. Daher können sie in Summarien zusammengefaßt werden. Sie sind austauschbare Episoden und haben keinen festen Ort in der Folge des Lebens Jesu. Ihre Reihenfolge ist relativ beliebig. Anders die legendarischen Berichte: Sie beschäftigen sich mit Geburt, Aufwachsen, Versuchung, Zug nach Jerusalem und der Passion. Sie berichten Ereignisse, die einen unverwechselbaren Ort in der zeitlichen Reihenfolge des Lebens Jesu haben.

Das formgeschichtliche Feld der synoptischen Gattung ist demnach von zwei sich überschneidenden Polaritäten bestimmt: „Lehre – Erzählung" und „Typisches – Singuläres". Diese sind freilich nicht ganz unabhängig voneinander: Erzählende Gattungen haben eine größere Nähe zum Singulären, lehrende Gattungen zum Typischen.

Dieser Skizze der paradigmatischen Struktur synoptischer Gattungen fügen wir ein paar Bemerkungen über ihre kompositionelle Struktur an: Die synoptische Überlieferung ist in zwei Rahmengattungen zusammengefaßt worden: in Spruchsammlungen (Logienquelle, Thomasevangelium) und Evangelien (Synoptische Evangelien, JohEv). Diese beiden Rahmengattungen entsprechen den beiden

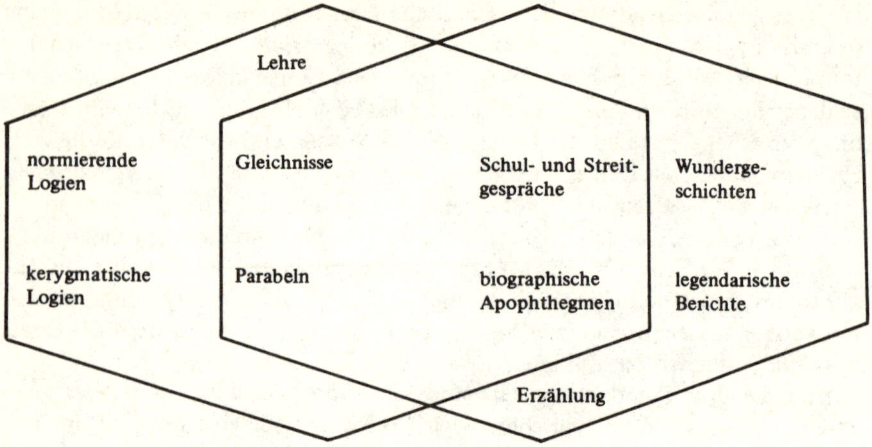

Das formgeschichtliche Feld synoptischer Gattungen

sich überschneidenden Feldern synoptischer Gattungen: Die lehrhaften Gattungen liefern die Grundlage für eine kompositionelle Ordnung, wie sie in den Spruchsammlungen vorliegt, die erzählenden bilden die Grundlage für die Evangelienkomposition. In einer Untersuchung über eine erzählende Gattung interessiert nur die zweite Entwicklung. Die These, daß die Evangelienkomposition auf den erzählenden Gattungen beruht, wird daher im zweiten diachronischen Teil ausführlicher besprochen – wobei nur der Anteil der Wundergeschichten untersucht wird. Da hier Entstehung der Rahmengattung und ihre Form – also Diachronie und Synchronie des Evangeliums – eng zusammengehören, sollen beide Betrachtungsweisen auch zusammen durchgeführt werden.

Zweiter Teil: Wundergeschichten als reproduzierte Erzählungen (Diachronische Betrachtungsweise)

I. Die Variation der Motive

Innerhalb des diachronischen Teils dieser Arbeit betrachten wir diachrone Modifikationen verschiedener literarischer Einheiten: der Motive, Einzelerzählungen und ihrer Komposition. Bei den Motiven müssen wir eine Auswahl treffen. Einerseits analysieren wir Motive, die am Anfang und Schluß der Wundergeschichten stehen, also auf kompositioneller Ebene von entscheidender Bedeutung sind, andererseits Motive, in denen Betonung und Transzendierung der Grenze klar vor Augen treten: das Glaubensmotiv und das Schweigegebot. Die Bedeutung dieser Motive liegt vor allem auf paradigmatischer Ebene.

A. Ein einleitendes Motiv: Das Kommen des Wundertäters

Synchronische Deskription war zu dem Ergebnis gekommen, daß die Einleitungen der Wundergeschichten eine typische Zweigliedrigkeit aufweisen: Zunächst tritt der Wundertäter auf, dann kommen die Hilfesuchenden. Diachronische Untersuchung stellt die Frage, ob dieser Zustand ursprünglich ist. Wurde vielleicht aus kompositionellen Gründen das Kommen des Wundertäters vorgeschaltet, um die in allen Perikopen gleichbleibende Person als Verbindungsglied zu betonen? In der ältesten Schicht (Mk 1,40 8,1 Mt 12,22 = Q?[1]) sind eingliedrige Einleitungen belegt. Auch nimmt man allgemein an, daß Mk die Anfänge der Perikopen gestaltet hat. Wir stellen die Gründe für und gegen die Redaktionalität des ersten Gliedes der Einleitung bei Mk zusammen:
1. Auf mk Redaktionsarbeit weisen alle Notizen vom Kommen Jesu, sofern sie die vorhergehende Perikope voraussetzen. Isolierte Perikopen werden kaum damit begonnen haben, daß Jesus von irgendwoher kam (1,29 5,21 6,34.45 7,24.31). Jedoch könnte man sich damit begnügen, die Herkunftsangaben zu streichen. Das ganze Motiv ist damit noch nicht als redaktionell erkannt.
2. Umstritten sind die Ortsnamen. *R. Bultmann* hält sie mit Ausnahme von Mk 5,2 und 10,46 für „verknüpfende Redaktionsarbeit“[2], *H. R. Preuss* hält sie dagegen weitgehend für traditionell[3]. Nur die Lokalisierung in Galiläa

1. Mt 12,22 könnte in dieser Hinsicht ursprünglicher als Mt 9,32 und Lk 11,14 sein, da eine Streichung der überleitenden Worte kaum denkbar ist. Ansonsten hat *Ch. Burger:* Jesus als Davidssohn, 1970, 77–79, recht, wenn er Mt 9,32ff. für die ältere Fassung hält.
2. GST, 257f.
3. *H. R. Preuss:* Galiläa im Markus-Evangelium, 1966.

stamme zum Teil von Mk, der mit Hilfe ursprünglich unlokalisierter Perikopen seine biographische Idee eines Wirkens Jesu in Galiläa durchführe. *K. Tagawa*[4] nimmt an, Mk denke bei Ortsangaben jeweils an die Orte, wo er sein Material gefunden habe; *G. Schille*[5] will sogar aitiologische Lokaltraditionen christlicher Gemeinden auf Grund der Ortsnamen erschließen. Uns interessiert hier nur die Frage, ob sich in den Texten konkrete Anhaltspunkte für die Redaktionalität der Ortsnamen finden lassen. Das ist in drei Wundergeschichten der Fall:

Mk 7,24–30 handelt von einer Syrophönizierin „der Abstammung nach" (7.26). Man könnte argumentieren, so charakterisiere man niemanden in Syrophönizien selbst, sondern nur im Ausland; die Erzählung sei daher nicht ursprünglich in Syrophönizien lokalisiert gewesen (*T. A. Burkill*)[6]. Bezugsgruppe für die Bezeichnung „Syrophönizierin" ist jedoch nicht der in den Wundergeschichten auftretende Personenkreis, sondern der von den Wundergeschichten angesprochene Hörerkreis. Nun wird die Frau zunächst als „Griechin" charakterisiert. Ein christlicher Hörer oder ein Jude hätte dabei an eine hellenistische Jüdin denken können. Der Zusatz „Syrophönizierin der Abstammung nach" stellt klar: es handelt sich um eine heidnische, einheimische Frau. Die Ortsangabe kann daher auch traditionell sein. Eine andere Möglichkeit ist: „Hellenin" meine hier ein Mitglied der hellenistischen Oberschicht Syriens, die zwar vorwiegend aus Griechen bestand, aber auch viele hellenisierte Einheimische umfaßte. „Hellenin" wäre dann sozial-kulturelle, Syrophönizierin ethnische Bezeichnung[7]. Auch in diesem Fall spricht nichts gegen eine traditionelle Ortsangabe.

Mk 7,31 macht den Eindruck einer redaktionellen Überleitung. Es werden Orte erwähnt, die schon einmal genannt wurden (vgl. 7,24 3,8 5,20). *H. R. Preuss* hat m. E. die Intention des Evangelisten richtig erkannt: Mk wolle zugunsten seiner Galiläaidee die nicht in sein Konzept passenden Ortsangaben mit Galiläa verbinden. Daß er dann mit der Lokalisierung der Geschichte in der Dekapolis wieder aus Galiläa herausgeführt habe, ist unwahrscheinlich[8].

In Mk 8,22 wird häufig eine Spannung konstatiert: Bethsaida sei eine Stadt gewesen, in der folgenden Erzählung aber sei von einem Dorf die Rede. Daher müsse die Ortsangabe sekundär sein[9]. Aber abgesehen davon, daß damit noch nicht ihre Redaktionalität be-

4. Miracles, 15–36. *G. Schille*, Topographie, 133ff., sieht dagegen in Mt 9,26 9,31 u. ä. „Findungsnotizen". Um die Wundergeschichten aitiologisch deuten zu können, muß er natürlich die Ortsnamen für traditionell halten.
5. *G. Schille:* Anfänge der Kirche, 1966.
6. *T. A. Burkill:* The Syrophoenician woman, ZNW 57 (1966) 23–37, vgl. 35; *ders.:* The historical development of the story of the Syrophoenician woman, NovTest 9 (1967) 161–177. Für die Ursprünglichkeit der Ortsangabe tritt *K. L. Schmidt:* Der Rahmen der Geschichte Jesu, 2. Aufl., 1919, 199, ein.
7. *H. Bengtson:* Syrien in der hellenistischen Zeit, in: P. Grimal: Der Hellenismus und der Aufstieg Roms, 1965, 244–254, dort S. 252.
8. So *H. R. Preuss*, Galiläa, 41. Vgl. auch *K. L. Schmidt*, Rahmen, 200: „wer einen Rahmen zu einer Erzählung schafft, macht das nicht so kompliziert umständlich".
9. So *R. Bultmann*, GST, 227; *E. Lohmeyer*, Mk 158f. Dagegen *G. Schille*, Topographie, 142.

wiesen wäre, setzt ἐξήνεγκεν ... ἔξω τῆς κώμης die vorherige Erwähnung eines Ortes voraus[10]. Auch ist die Voraussetzung dieser Argumentation falsch: Bethsaida, auch Julias genannt, war keine Polis im rechtlichen Sinne, sondern Hauptstadt einer Toparchie[11]. Es ist daher nicht unbedingt erforderlich, neben der „Stadt“ Bethsaida noch ein Dorf gleichen Namens anzunehmen[12], um die Ursprünglichkeit der Ortsbezeichnung zu behaupten. Die Wundergeschichte selbst setzt auf jeden Fall erzählerisch einen kleinen Ort voraus: Obwohl Jesus aus dem Dorf geht, ist die Menge noch immer so nahe, daß der Blinde als erstes Menschen sieht. Ein ἔξω τῆς πόλεως wäre hier schon aus erzählerischen Gründen unangebracht.

Diese Einzelanalyse führt zu keinem eindeutigen Ergebnis. Notwendige Gründe zur Streichung gibt es nicht. Da sich der verworrene Weg Jesu als Ergebnis einer konsequenten Redaktionsarbeit kaum verständlich machen läßt, überwiegen hier m. E. die Argumente für Traditionalität.

3. In fünf Wundergeschichten kann die Erzählung kaum mit dem Auftreten der Hilfesuchenden begonnen haben, da das Personalpronomen für „Jesus“ auf dessen vorherige Erwähnung mit Namen zurückweist: *φέροντες πρὸς αὐτόν* (Mk 2,3), *ἰδὼν αὐτόν* (5,23), *ἀκούσασα ... περὶ αὐτοῦ* (7,25), *φέρουσιν αὐτῷ* (7,32), *φέρουσιν αὐτῷ* (8,22).

4. Für mkn Redaktionsarbeit in den Einleitungen sprechen andererseits für Mk typische Motive. Der Geheimnisgedanke steht 2,1 und 7,24 im Hintergrund. Das Motiv vom „Zustrom der Menge“ könnte ebenfalls mkn sein[13].

5. Streicht man jeweils das erste Glied der Einleitung, so ergeben sich Perikopenanfänge, die dem in 1,40 erhaltenen entsprechen (vgl. 1,23 2,3 5,25 7,32 8,22b). Ähnlich beginnen auch die Apophthegmen meist mit dem Auftreten der Gegenspieler. Gegen eine Berufung auf diese Analogie[14] ist jedoch einzuwenden: Wenn Apophthegmen und Wundergeschichten einmal dieselbe Einleitungsform hatten, warum wurden sie in der mkn Redaktion so verschieden behandelt?

10. So *K. L. Schmidt,* Rahmen, 206; Daß sekundär noch nicht gleich redaktionell ist, hat *J. Roloff,* Kerygma, 129, mit Recht betont. Er glaubt, einen Grund für eine sekundäre, vormarkinische Lokalisierung der Geschichte in Bethsaida zu erkennen: Man habe den unbekannten Ort wegen seiner Feindschaft gegen Jesus mit der unbußfertigen Stadt Bethsaida (Mt 11,21f.) sekundär identifiziert. Jedoch ist von einer Feindschaft des Ortes nichts zu spüren.

11. Vgl. *A. H. M. Jones:* The Cities of the Eastern Roman provinces, 1937, 283: „One, Julias, on the site of Bethsaida at the north end of the Sea of Galilee, was not a city: it was merely the capital of the toparchy of Gaulanitis, which remained a ‚clima‘ down to the sixth century. A. D.“ Vgl. ferner *A. N. Sherwin-White:* Roman Society and Roman Law in the New Testament, 1963, 131.

12. So *G. Schille,* Topographie, 142.

13. *R. Bultmann,* GST, 367f.

14. *R. Bultmann,* GST, 258. Dagegen mit Recht *G. Schille,* Topographie, 137.

Unser Ergebnis ist nicht eindeutig: Mk scheint die Einleitungen gestaltet zu haben. Sie restlos als seine Schöpfungen zu erklären, ist unmöglich. Nun braucht zwischen Tradition und Redaktion keine scharfe Alternative zu bestehen: Die Wundergeschichten könnten in mündlicher Tradition durch „Überschrift" eingeleitet worden sein, welche den Namen Jesu und (hin und wieder) eine Ortsangabe enthielt, etwa: *τοῦτο ἐποίησεν ὁ Ἰησοῦς ἐν Καφαρναούμ*. Dieser traditionelle „mündliche Rahmen" wäre dann von Mk in die Erzählung integriert worden, um eine zusammenhängende Komposition zu schaffen; er hätte innerhalb seines Evangeliums ein traditionelles Moment neu „reproduziert". Nun sind Vermutungen über die Gestalt mündlicher Tradition immer etwas hypothetisch. Wir kommen ihr näher, wo in schriftlicher Überlieferung selbst der Prozeß des Tradierens dargestellt wird, wo nicht nur Erzählungen wiedergegeben, sondern auch Szenen ihrer Wiedergabe erzählt werden. Dies ist bei den Gleichnissen der Fall[15].

Bei den rabbinischen Gleichnissen ist der mündliche Rahmen unverkennbar. Die Einleitungsformel „Maschal" ist Abkürzung für: „Ich will dir ein Gleichnis erzählen ..." und wendet sich direkt an den Hörer. Auch in den Evangelien finden wir solche, sich direkt an den Hörer wendenden Einleitungen des „mündlichen Rahmens": „Höret!" (Mk 4,3 vgl. 4,24), „Wem sollen wir das Reich Gottes vergleichen ..." (Mk 4,30), „Wer unter euch?" (Mt 6,27 7,9 12,11 Lk 11,5 14,28 15,4 17,7)[16].

Derartige Einleitungen mußten in Erzähltraditionen wegfallen, sollten diese einen Zusammenhang bilden. Sie blieben dort erhalten, wo man einfach Erzählung an Erzählung reihte. So im Talmud: „Die Rabbanan lehrten ... (b. Berachot 33a; 33b); „Geschichte betreffs ..." (Tos. Hullin II,21). Auch die epidaurischen Wunder haben eine Überschrift, bestehend aus Namen, Herkunftsort oder Krankheit: „Alketas von Halies" (W 18), „Ambrosia von Athen, einäugig" (W 4). Manchmal wird der Inhalt vorweggenommen: „Echedoros bekam Pandaros' Mal zu dem, das er hatte" (W 7). Aber auch in der zusammenhängenden vita des Apollonius fehlen solche Einleitungen von Wundergeschichten nicht: „Auch folgende Tat berichtet man in Tarsos: Ein tollwütiger ..." (vitAp IV,43); „Auch dies ist eine Wundertat des Apollonius: Eine Jungfrau ..." (vitAp IV,45). In Lukians Philopseudes, der durch Dialogform mündlicher Überlieferung nahe steht, wird die Heilung des Midas mit den Worten eingeleitet: „Ich will euch etwas Wunderbares erzählen ..." (Philops. 11). P. Oxyrrh. XI Nr. 1382 beginnt mit der Überschrift: *Διὸς Ἡλίου μεγάλου Σαράπιδος ἀρετὴ ἡ περὶ Συρίωνα τὸν κυβερνήτην*. Im MkEv fehlen derartige Überschriften. Aber in den Notizen über die Verbreitung von Wundern (also über ihre erzählerische Wiedergabe) wird eine solche Einleitung angedeutet. Der Geheilte verkündet

15. Vgl. *J. Jeremias:* Die Gleichnisse Jesu, 7. Aufl., 1965, 99–102.
16. Vgl. *H. Greeven:* „Wer unter euch ...?", in: Wort und Dienst 1952, 86ff.

„in der Dekapolis, was ihm Jesus getan hat“ (5,20). Lautete der einleitende mündliche Rahmen der Erzählung einmal: „Dies tat Jesus in der Dekapolis“ oder: „Dies verkündet man in der Dekapolis“? Auch die joh Zählung der Wunder könnte Rest eines solchen mündlichen Rahmens sein. Zwar stehen die entsprechenden Notizen (Joh 2,11 4,54) nach dem Wunder; aber es ist nicht ausgeschlossen, daß sie auch vorhergehen konnten.
Die durchgehende Zweigliedrigkeit der Wundergeschichten könnte man dann so erklären, daß die mündliche Einleitung regelmäßig in Erzählung umgesetzt wurde. Wenn manche Exegeten das erste Glied mk Wundereinleitungen streichen, haben sie recht, sofern erst mit dem Auftreten der Hilfesuchenden die eigentliche Erzählung begann; sie haben unrecht, sofern der mündliche Rahmen Mk vorgegeben war. Dessen Arbeit (oder die seiner eventuellen Vorgänger) bestand darin, diesen Rahmen erzählerisch zu integrieren. Mt und Lk haben ihn dann formelhaft gestaltet, was im 3. Kapitel dieses Teiles besprochen wird.
Die Analyse des einleitenden Motivs zeigt: Eine scharfe Alternative von „traditionell“ und „redaktionell“ ist unsachgemäß. Die Veränderung ist strukturell. Das Motiv ist aus der kommentierenden Ebene des mündlichen Rahmens in die kompositionelle Ebene zusammenhängender Erzählung gerückt, kündigt die Erzählung nicht mehr an, sondern ist deren Bestandteil geworden.

B. Ein grenzüberschreitendes Motiv: Der Glaube

„Wer Wunder hofft, der stärke seinen Glauben!“ *Goethe*[17] hat das wahrscheinlich ironisch gemeint. Aber man kann es auch ernsthaft sagen, ja man kann in der gegenseitigen Bedingung von Glauben und Wunder das Eigentümliche des ntl Wunderglaubens sehen, das ihn weit über alle antike Magie und Mirakelsucht hinaushebt[18]. Der Sachverhalt erweist sich jedoch als differenzierter, wenn man in die antiken Texte schaut: Wunder und Glaube gehören in antiker Reflexion zusammen und begegnen zusammengehörend in Erzählungen von Wundern. Einblick in die antike Reflexion gewinnen wir in Lukians Philopseudes: Lukian wundert sich über den irrationalen Glauben seiner Zeitgenossen, die sich gegenseitig im Glauben an Wunder übertreffen. Zunächst meint *πιστεῖν* hier schlicht: „etwas für möglich halten“. So sagt Cleomedes: „Ich war früher noch ungläubiger als Du hinsichtlich solcher Dinge, denn ich hielt es in keiner Weise für möglich, daß sie geschehen könnten“ (Philops. 13). Zum „Glauben“ kommt man dadurch, daß man Wunderbares sieht und erfährt. Cleomedes fährt nämlich fort: „Als ich aber zum ersten Mal den Fremden fliegen sah, ... glaubte ich und wurde nach langem Widerstand besiegt.“ Dieser Zusammenhang von *πιστεῖν* und *ἰδεῖν* fin-

17. Faust II,1: Thronsaal.
18. *W. Grundmann,* ThW II, 303.

det sich mehrfach. So hält man dem skeptischen Tychiades vor: *εἰ ταῦτα εἶδει ... οὐκ ἂν ἔτι ἠπίστησας*, was dieser geschickt aufgreift: *εὖ λέγεις ... ἐπίστευσαν γὰρ ἂν εἴ γε εἶδον αὐτά* (Philops. 15) und später noch einmal wiederholt. Derartige skeptische Gedanken scheint auch das JohEv vorauszusetzen, wenn es den Zusammenhang von Glauben und Sehen kritisiert (4,49 21,29). Ehe man nun den „Glauben" im Philopseudes als oberflächliche Haltung abwertet, muß man bedenken: Hier spricht der Skeptiker Lukian. Aus der Perspektive der Wundergläubigen schwingt hier mehr mit. Eines ihrer Argumente lautet: „Wenn du solches sagst, so scheinst du auch nicht an Götter zu glauben (*πιστεύειν*), wenn du denn wirklich meinst, daß Heilungen durch heilige Namen nicht geschehen können" (Philops. 13), worauf Tychiades antwortet, er verehre die Götter und zweifele nicht an den Heilungen des Asklepios, nur geschähen diese durch Ärzte und Medizin. Er nimmt dabei den Begriff *πιστεύειν* durch *σέβειν* auf. Jene Menschen meinten wirklich, die Götter zu verehren, indem sie ihnen alles mögliche zutrauten[19]. Iamblichus definiert die *περὶ θεῶν πίστις* sogar als *μηδὲν θαυμαστὸν ἀπιστεῖν* (vitaPyth. 148).

Interessant ist Plutarchs Stellung zum Wunderglaube, in dem sich aufgeklärte Reflexion und irrationaler Glaube verbinden. In Cor 38 nimmt er in vierfacher Weise zu sprechenden Statuen Stellung. Zunächst gibt er eine kausale Erklärung für das Phänomen: Risse im Holz könnten die Ursache sein; dann erwägt er seine finale Deutung: Die Gottheit könne solchen Ereignissen eine Bedeutung auf Zukünftiges hin geben; drittens schlägt er eine psychologische Erklärung vor: Es könnte sich um Wahrnehmungen wie im Traum handeln. Wer dem Gott leidenschaftlich zugetan sei, dem diene das „von der übermenschlichen Kraft des Gottes Gewirkte sehr zur Stärkung des Glaubens". Schließlich geht er zu einer theologisch-metaphysischen Anerkennung des Wunders über. Gottes Wirken übersteigt unseren Verstand: „ ... wenn er etwas tut, was für uns unmöglich ist, und etwas bewirkt, was uns unerreichbar ist, so ist das nicht widervernünftig; da er vielmehr in allem sich von uns unterscheidet, ist er bei weitem am meisten ungleich und verschieden durch seine Werke. Aber die meisten göttlichen Dinge entgehen nach Heraklit dem Erkennen durch Unglauben" (Cor 38)[20]. Ehe man antike Mirakelsucht und ntl Wunderglauben undifferenziert entgegensetzt, sollte man diesen Text des sympathischen Apollo-Priesters Plutarch lesen; man wird dann manche Urteile nicht mehr aufrecht halten können.

Der Zusammenhang von Glauben und Wunder begegnet auch in Erzählungen. Summarisch schildert Strabo kultische Heilstätten: In Epidauros glaube man von Asklepios, er heile Krankheiten: *Ἀσκληπιοῦ ... πεπιστευμένου* (V,374),

19. *R. Bultmann*, ThW VI, 174–230, zeigt, wie *πιστεύειν* in der Spätantike zunehmend religiösen Sinn gewinnt und zum Schlagwort Propaganda treibender Religionen wird.
20. Vgl. die Interpretation der Plutarch-Stelle bei *G. Delling*, Beurteilung, 70.

in Kanopos „glauben“ (πιστεύειν) angesehene Männer und suchen für sich und andere Heilschlaf (XVII, 1,17). Hier haben wir den Bereich der Reflexion über das Wunder verlassen: πιστεύειν, absolut gebraucht, ist mit dem zur Heilung notwendigen Ikubationsschlaf verbunden. Glaube ist nicht nur Sache derer, die von Wundern hören und dazu Stellung nehmen, sondern Sache der unmittelbar Betroffenen. Es ist daher kein Zufall, wenn wir der Glaubensproblematik auch in einzelnen Heilberichten begegnen:

„Ein Mann, der die Finger der Hand bis auf einen nicht rühren konnte, kam zu dem Gott als Bittsteller. Als er die Weihetafeln in dem Heiligtum sah, glaubte er die Heilungen nicht und machte sich über die Inschriften lustig. Beim Schlaf (im Heilraum), sah er ein Gesicht: es schien ihm, während er unterhalb des Tempels Würfel spielte und mit dem Würfel werfen wollte, als sei der Gott erschienen und ihm auf die Hand gesprungen und habe ihm die Finger ausgestreckt; als er weggetreten sei, so schien ihm, habe er seine Hand gekrümmt und jeden Finger einzeln ausgestreckt; nachdem er alle gerade gestreckt, habe ihn der Gott gefragt, ob er den Inschriften auf den Weihtafeln immer noch nicht glaube; er habe ‚nein‘ gesagt: „Weil du also vorher ungläubig gegen sie warst, die doch nicht unglaubhaft waren, so soll in Zukunft dein Name „Apistos sein“, habe er gesagt. Als es Tag geworden, kam er gesund heraus (Epidauros W 3).

Man sieht hier, wie ein Moment der Reflexion und Skepsis bis in die Wundergeschichten eingedrungen ist. Anders als im NT ist der Glaube nicht Voraussetzung des Wunders, sondern seine Folge. Gerade der Ungläubige wird bekehrt. Es kann also keine Rede davon sein, daß sich dieser Glaube vom ntl psychologisch nicht unterschiede[21]. Es wäre im NT unmöglich, den Glauben auch ἀμαθία (W 4) zu nennen[22].

Es gibt nun aber auch Heilungsberichte, in denen der Glaube dem Wunder vorangeht. Interessant ist, daß dieses, dem ntl Wunderglauben vergleichbare Motiv nie mit dem Begriff πίστις oder πιστεῖν in Verbindung gebracht wird. Wir finden dagegen: εὐηθία, τολμέω, ἐλπίς, βούλομαι. Ein Einäugiger mit leerer Augenhöhle kommt nach Epidauros: ἔψεγον (ἐγέλων?) τινες τῶν ἐν τῶι ἰαρῶι τὰν εὐηθίαν αὐτοῦ (W 9)[23]. Sein Zutrauen wird εὐηθία genannt: Einfalt, Dummheit. Wahrscheinlich gibt die Priesterschaft von Epidauros hier einen Vorwurf zurück, den man den Besuchern des Heiligtums gemacht hat.

21. Gegen *W. Grundmann,* ThW II, 303 A. 69: „Psychologisch gesehen liegen weithin die Glaubensäußerungen der bei Jesus Heilung Suchenden mit dem Vertrauen, das etwa die bei Asklepios Heilung Suchenden haben (...) auf einer Ebene und haben dieselbe Form“. Vgl. *R. M. Grant:* Miracle and Mythology, ZRGG 3 (1951) 123–133, S. 127, der hier Grundmann zustimmt, ansonsten aber gegen dessen Unterscheidung christlicher und nichtchristlicher Wunder polemisiert.

22. *R. Herzog,* Epidauros, 125f., vermutet in dem Schwein, das die ungläubige Ambrosia „zur Strafe“ stiften muß, eine Spitze gegen die Athener, die mit der Redewendung „Boiotisches Schwein“ die ἀπαιδευσία ihrer Nachbarn bespöttelten.

23. Zur Konjektur vgl. *O. Weinreich,* AH, 87.

Sie zeigen: solche Einfalt führt zum Erfolg. Dagegen entsprechen *τολμέω* und *ἐλπίζειν* wohl eher dem Selbstverständnis der Asklepiosanhänger: *τολμῶν* ist als Gegensatz zu *δειλός* in W 35 erhalten: Ein Lahmer führt nur zögernd den Auftrag aus, auf einer Leiter den Tempel zu besteigen. Asklepios ist zunächst unwillig, dann verlacht er ihn wegen seiner Feigheit: *ἀποτολμ[ῶν] δὲ ἀμ[έρας γενομένας ἐπιτελέσαι ἀσκηθὴς ἐ]ξῆλθε.* In einer ähnlichen Situation, als ein Lahmer sich scheut, ins kalte Wasser zu gehen, ist (vielleicht) davon die Rede gewesen, daß Asklepios nur die *ἐόντ[ες εὐελπίδες* ... heile (W 37). Die betreffende Stelle ist jedoch rekonstruiert[24], mit guten Gründen: Denn *ἐλπιϛ* gehört zur Begriffssprache der Wunderheilungen, wie aus dem Epigramm des Rhetors Aischines hervorgeht (AP VI, 330): *Θνητῶν μὲν τέχναις ἀπορούμενος εἰς δὲ τὸ θεῖον ἐλπίδα πᾶσαν ἔχων*[25]. Diese *ἐλπίς* ist m. E. durchaus mit dem ntl Wunderglauben vergleichbar.

Man könnte freilich gegen alle vorgebrachten Belege anführen, *ἐλπίς* und *πίστις* seien nie Bedingung und Grund der Heilung. Dafür gibt es jedoch auch eine vergleichbare Stelle. Philostrat erzählt, wie ein von Asklepios nicht Geheilter zu Apollonius kommt. Dieser klärt ihn über die Ursache des Mißgeschicks auf: *τοῖς γὰρ βουλομένοις δίδοσι* (sc. Gott) (VA I,9). Gewiß ist das ntl: „Alles ist möglich dem, der glaubt" kühner, grundsätzlicher (bei Philostrat geht es nur darum, daß der Kranke die Konsequenzen für seinen Lebenswandel zieht), eine gewisse Vergleichbarkeit ist jedoch nicht zu leugnen: Der ntl Wunderglaube basiert auf traditionellen Motiven, artikuliert diese jedoch neu; das ist im folgenden zu untersuchen.

Innerhalb der synoptischen Evangelien wird das Glaubensmotiv in charakteristischer Weise variiert, indem es seine Motivverbundenheit auf kompositioneller Ebene ändert. Wir beginnen die Analyse mit der einzigen Wundergeschichte (neben der Sturmstillung), in der alle drei Evangelien vom Glauben reden: mit der „blutflüssigen Frau". Beobachtungen, die wir hier machen, dienen als Arbeitshypothesen für die weitere Untersuchung.

Die Geschichte wird bei Mk in einem „kommentierenden-repetierenden" Erzählstil wiedergegeben: Parallele Aussagen schildern jeweils das Geschehen und seine Bewertung:

Geschehen:	Kommentierende Wiederholung:
Notlage und Versagen der Ärzte	Nutzlosigkeit der Konsultation von Ärzten
Annäherung an Jesus und Berührung	Innerer Gedanke dabei: Vertrauen auf Heilung
Heilung	Bewußtwerden der Heilung bzw. der entwichenen Kraft

24. *R. Herzog*, Epidauros, 24.

25. Vgl. *O. Weinreich*, AH, 195; *R. Herzog*, Epidauros, 39.

Frage Jesu nach dem Berührer	Kommentar der Jünger: Die Frage ist zwecklos
Ausschauen nach dem Berührer, Herbeikommen der Frau	Die Frau „weiß“, was ihr geschehen ist
Niederknien und Geständnis	Zuspruch: Dein Glaube hat dich gerettet

Wie man sich leicht überzeugen kann, ergäbe der links zusammengestellte „Text“ einen geschlossenen Erzählzusammenhang. Bewertungen, Reflexionen und Worte bilden seine Innenperspektive, die der Erzähler als entscheidenden Teil bewußt hervorhebt. Der Glaube hat mit dieser inneren Dramatik zu tun, ist zunächst Hoffnung auf Heilung gegen alle Vergeblichkeitserfahrung, aber auch Durchbruch zum Bekenntnis der Wahrheit, das der Frau schwer gefallen sein muß. Über welche Erschwernis hat sie sich hinwegsetzen müssen?

Daß sie jüdische Reinheitsvorschriften verletzt[26], sich ihrer Krankheit geschämt[27], illegitim Kraft geraubt habe[28], kann ihre Furcht nur teilweise erklären. Wahrscheinlich ist sie sich der Mißdeutbarkeit ihrer Handlung bewußt: Die Berührung konnte auch als Versuch verstanden werden, Krankheit durch Übertragung loszuwerden (vgl. Epidauros W 7, wo die Krankheit auf ein Tuch übertragen werden soll). Berührung von menstruierenden Frauen galt ohnehin als schädlich (Plin. nat. VII,64)[29]. Als eine schöne Frau – bei einem letztlich erfolgreichen Annäherungsversuch – Sulla heimlich einen Faden aus seinem Kleid zupft, versichert sie: „ουδὲν" ἔφη, δεινόν αὐτοκράτορ, ἀλλὰ βούλομαι τῆς σῆς καγὼ μικρον εὐτυχίας μεταλαβεῖν“ (Plut. Sull. 35). Sie weiß, daß ihre Berührung als δεινόν bewertet werden könnte. Ähnliches wird auch die blutflüssige Frau gefürchtet haben. Deswegen unterstreicht der Erzähler ihre guten Absichten – der antike Leser kann jetzt weder an Liebeszauber noch an Krankheitsübertragung denken; denn in einer unausgesprochenen Vertrauenserklärung (V. 28) traut sie Jesus zu, daß er ihre Krankheit absorbiert, ohne selbst gefährdet zu sein. Es ist ein Glaube, der selbst das Zweideutige, Illegitime mit einbezieht und transzendiert. Korrektur eines magischen Glaubens sollte man darin nicht sehen[30], wohl aber das Bewußtwerden des Glaubens als einer Grenzüberschreitung über die Schranken des Legitimen hinweg: Glaube ist durch Erschwernis erprobter Glaube.

Die auffälligen Kürzungen der mt Fassung sind bekannt: Jesus und die Frau stehen sich allein gegenüber. Es fehlen Zwischenspieler; es fehlt das Nacheinander von Geschehen und ‚Kommentar‘, die Spannung zwischen Heilung und

26. *W, Grundmann:* Das Evangelium nach Markus, 3. Aufl., 1963, 115.
27. *E. Klostermann:* Das Markusevangelium, 4. Aufl., 1950, 51.
28. *H. J. Holtzmann:* Die Synoptiker, 5. Aufl., 1901, 135.
29. Vgl. *H. Waagenvoort:* Roman Dynamism, 1947, 173–175. Beispiele ferner bei *T. Canaan:* Aberglaube und Volksmedizin im Lande der Bibel, 1914, 36–38; *G. Buschan:* Über Medizinzauber und Heilkunst im Leben der Völker, 1941, s. v. Menstruation.
30. Anders *E. Lohmeyer,* Mk, 103f.; *W. Grundmann,* Mk, 115; *J. Roloff,* Kerygma, 153f.; *K. Kertelge:* Die Wunder Jesu im Markusevangelium, 1970, 115.

nachträglichem Bekenntnis; kurz: es fehlen alle Züge, die den Glauben bei Mk als erprobten Glauben charakterisieren. Glaube ist bei Mt bittender Glaube:
1. Der Zuspruch steht vor dem Wunder, Erhörung vor der Heilung. Mit Recht hat *H. J. Held* darin den Gebetsglauben der Gemeinde wiedererkannt, wie zwei weitere Züge bestätigen[31]:
2. Bei Mk weiß Jesus wohl um die Berührung, muß aber nach der berührenden Person fragen und erfährt von deren Zutrauen erst aus ihrem Geständnis. Mt unterstreicht durch *ἔλεγεν ἐν ἑαυτῇ* (9,21), daß die Vertrauenserklärung der Frau ein innerer Vorgang ist. Jesus weiß unmittelbar die geheimen Gedanken der Frau[32]. Gebetsglaube vertraut, daß Gott die Bitten seiner Kinder weiß, bevor diese sie aussprechen (Mt 6,8).
3. Das neu hinzugetretene Motiv der „Stunde" hat seinen ursprünglichen Haftpunkt in Fernheilungen. Hat Mt diese Formel gedankenlos in andere Geschichten übertragen? Wohl kaum. Denn auch diese Geschichte spiegelt eine Ferne wider: die Distanz zwischen der Gemeinde und dem erhöhten Herrn. Auch der Gebetsglaube weiß nur aus dem zeitlichen Zusammenhang von Bitte und Wendung der Not um seine Erhörung.

Lk hat die Erzählung nicht so radikal gekürzt wie Mt, aber ebenfalls ein wichtiges strukturelles Moment der mkn Version aufgegeben: das Nebeneinander von Geschehen und ‚Kommentar'. Eine entscheidende Änderung ist, daß auf die Frage Jesu hin alle leugnen, auch die Frau, wie V. 47 zeigt. Anstatt (*εἰδυῖα*) *ὅ γέγονεν* schreibt Lk *ὅτι οὐκ ἔλαθεν*, womit er andeutet, daß die Frau zunächst hat verborgen bleiben wollen. Da alle leugnen, kann der Hinweis auf die Menge durch Petrus nun nicht mehr meinen: Da so viele Menschen Jesus berührt haben, sei es aussichtslos einen einzigen zu finden; *καὶ λέγεις · τίς μου ἥψατο* (Mk 5,31) wird darum von Lk weggelassen. Da alle eine Berührung leugnen, muß Jesus auf dem Faktum dieser Berührung insistieren. Die Feststellung: *ἥψατο μού τις* tritt an die Stelle der Frage: *τίς μου ἥψατο*; Jesus zeigt mit dieser Feststellung sein wunderbares Wissen vor allen Leuten, so daß die Frau erkennen muß, sie könne angesichts solch durchdringenden Wissens nicht verborgen bleiben; sie kommt und „verkündet", warum sie Jesus berührt hat. Auf dieses Bekenntnis der Frau fällt bei Lk der entscheidende Akzent. Hier hat er einen ganz neuen Satz eingefügt: „und sie verkündigte, aus welchem Grunde sie ihn berührt hätte, vor dem ganzen Volk, und wie sie plötzlich geheilt worden sei." Auffallend sind dabei die gehobenen und feierlichen Begriffe *ἀπαγγέλλειν* und *λαός*. Man hat fast den Eindruck, als beträte man einen kultischen Raum, in dem die rettende Tat Gottes vor der ganzen Gemeinde verkündet wird.

31. Matthäus als Interpret, 228, 272ff.; vgl. die schöne Analyse 168f., 204–207.
32. Eine Einschränkung des Wunderbaren kann ich gegen *H. J. Held* (siehe die vorige Anmerkung) nicht feststellen: Das wunderbare Wissen wird eher noch gesteigert. Die erzählerische Raffung bei Mt bedeutet keine sachliche Relativierung des Wunderbaren.

Die beiden entscheidenden Eingriffe des Lk: anfängliches Leugnen, Akzentuieren des öffentlichen Bekenntnisses, zeigen: Die Pointe liegt für ihn darin, daß die Frau von der Lüge zum Dank durchdringt. Glaube ist für Lk dankbarer Glaube. Gegenüber Mt, wo das als Glaube bezeichnete Verhalten seinen kompositionellen Ort vor der Heilung, in der Bitte hat, gehört hier der Glaube ans Ende, als Dank für erfahrene Wohltat.
Die an Hand einer Perikope herausgestellten Akzentuierungen des Wunderglaubens als erprobten, bittenden und dankbaren Glaubens lassen sich auch in den anderen Wundergeschichten des jeweiligen Evangeliums wiederfinden. In allen mkn Wundergeschichten sind Glaubens- und Erschwernismotiv verbunden. Die Erschwernis liegt im ungewöhnlichen Weg des Kranken durchs Dach (2,1ff.), im abweisenden Wort Jesu (7,24ff.), im Schweigegebot seiner Begleiter (10,46ff.)[33], im Tod der Tochter (5,21ff.). Klassischer Ausdruck erprobten (und angefochtenen) Glaubens ist das paradoxe Bekenntnis: „Ich glaube, hilf, meinem Unglauben!“, in dem Vergeblichkeitserfahrung und radikales Transzendieren menschlich Möglichen im Widerstreit miteinander liegen.

Gegen *R. Bultmann, J. Sundwall, K. Kertelge*[34] ist das Mittelstück des „epileptischen Knaben“ (Mk 9,20ff.) nicht als selbständige Erzählung, sondern als sekundärer Zuwachs zu betrachten, wie die möglicherweise unabhängigen Überlieferungsvarianten bei Lk und Mt zeigen[35]. Die wichtigsten Argumente für die Annahme zweier kombinierter Geschichten bzw. einer Erweiterung eines Grundbestandes 9,21–27: die wiederholte Schilderung der Besessenheit, das Zurücktreten der Jünger in V. 21ff., die Wiederholung des ὄχλος-Motivs, reichen für diese Analyse nicht aus: a) Die wiederholte Schilderung der Not ist als Steigerung sinnvoll. In V. 18 wird der Besessene langsam ausgezehrt, in V. 20 vehement attackiert. Der Anfall ist motiviert: Der Dämon wittert seinen Bezwinger: *καὶ ἰδὼν αὐτὸν τὸ πνεῦμα* ... (V. 20). Da er stumm ist, kann er sich nicht mit Abwehrworten verteidigen, sondern nur durch seine zerstörerische Aktivität. – b) Die zweifelnde Bitte: „Wenn du etwas vermagst, hilf ...“ (9,22) setzt die negativen Erfahrungen mit den Jüngern voraus. Wer V. 22–24 formuliert, hat V. 14ff. vor Augen. Das Glaubensmotiv 9,23 greift V. 19 auf. – c) Das wiederholte ὄχλος-Motiv ist unmittelbar mit der Bedrohung verbunden. An dieser Stelle setzen die Parallelen wieder ein. Der Zustrom des Volkes war vielleicht einmal durch etwas Aufsehenserregenderes motiviert gewesen als das Bekenntnis des Vaters, vielleicht durch den Anfall des Knaben. V. 25 schloß dann entweder

33. Eine Erprobung des Glaubens durch das Schweigegebot stellt auch *K. Tagawa,* Miracles, 120, in Mk 7,24ff. Zu Mk 10,46ff. vgl. *E. Haenchen,* Weg, 372 Anm. 4: „Oder ist nicht das Schweigegebot der Menge das Hindernis, das der Glaube des Bettlers überwinden muß“.
34. *R. Bultmann,* GST, 225f.; *J. Sundwall:* Die Zusammensetzung des Markusevangeliums, 1934, 58–60; *K. Kertelge,* Wunder, 174–179. Vgl. zur Analyse auch *W. Schenk:* Tradition und Redaktion in der Epileptiker-Perikope Mk 9,14–29, ZNW 63 (1972), 76–94.
35. *T. Schramm:* Der Markus-Stoff bei Lukas, 1966, 129.

an V. 20 oder V. 22 an. Einschub wäre V. 21–24[36] oder V. 23–24. Da alle Scheidungsversuche unsicher sind, müssen wir unabhängig davon interpretieren, halten jedoch die Möglichkeit fest, daß der uns interessierende Passus (V. 22–24) Zusatz sein könnte – vielleicht sogar durch den Evangelisten.

Der kurze Dialog artikuliert Wesen und Ambivalenz des Wunderglaubens. Dem Bittenden wird Glaube über alle menschliche Möglichkeiten hinaus zugesprochen. Sein Glaube ist gemeint. Erstens versteht der Vater die Worte Jesu so, wenn er sie durch: „Ich glaube ..." aufnimmt, zweitens handelt es sich formgeschichtlich um eine Zuspruchsformulierung, die immer an den Bittenden adressiert ist und auf dessen Glauben und Zuversicht zielt. Erst wenn man den Glauben auf den Hilfesuchenden bezieht[37], wird die Radikalität der Aussage deutlich. Die zweifelnde Bitte: „Wenn du etwas vermagst, hilf uns ..." erwartet vom Wundertäter die Überschreitung des menschlich Möglichen, dessen Grenzen die Jünger demonstriert haben. Der Wundertäter aber gibt die Frage zurück: Wenn der Mensch glaubt, so ist ihm alles möglich. *Πάντα δυνατά* ist göttliches Attribut im strengen Sinn[38]. Vor diesem Griff nach göttlicher Allmacht, vor dieser radikalsten Grenzüberschreitung des Legitimen, Menschlichen und Möglichen, schreckt der Mensch zurück. Von Jesus dazu provoziert, vollzieht er sie zwar; er schreit: „Ich glaube", muß aber sogleich zurücknehmen: „Hilf mir in meinem Unglauben". Hier wird deutlich, daß die Wundergeschichten Handlungen sind, in welchen der Mensch die Legitimationsschranken seiner Welt angesichts konkreten Leides transzendiert. Er artikuliert einen ohnmächtigen Protest gegen das Leid, der nach göttlicher Allmacht greifen müßte, um wirksam zu werden, und sich nur durch den Zuspruch des Offenbarers zu solcher Illegitimität ermächtigt, aber auch gedrängt weiß.

Mt streicht den *πίστις*-Begriff aus drei mk Wundergeschichten (vgl. Mt 9,18ff. 17,14ff. 20,29ff.), was gegen *H. J. Helds* These spricht, das Glaubensmotiv sei kritisches Auswahlprinzip für die Übernahme mk Wundergeschichten[39]. Das Interesse des Mt am Glaubensmotiv erhellt aus den drei Stellen, die er über Mk hinaus bringt: Mt 8,5ff. 15,21ff. 9,27ff., wo das Motiv immer die Gestalt der Glaubensformel hat, die Mt im Sinne des Gebetsglaubens geändert hat: „Wie du glaubst, so geschehe dir!"[40]. Nun ist in den ersten beiden Peri-

36. So *J. Roloff,* Kerygma, 149ff.
37. *J. Roloff,* Kerygma, 149ff.
38. *R. M. Grant:* Miracles and Natural Law in Graeco-Roman and Early Christian Thought, 1952, 127–134, hat den Topos *πάντα δυνατά* ideengeschichtlich untersucht und zahlreiches Material zusammengetragen. Vgl. zum Beispiel Philo opif. 46: *πάντα γὰρ θεῷ δυνατά.*
39. Matthäus als Interpret, 286: Der Zusammenhang zwischen Glaube und Wunder sei „ein kritisches Prinzip bei der Überlieferung von Heilungsgeschichten". Vgl. S. 198f.
40. Vgl. *H. J. Held,* Matthäus als Interpret, 227f.

kopen das Glaubensmotiv schon traditionell (vgl. Lk 7,1ff. = Q), zumindest aber traditionell angelegt (vgl. Mk 7,24ff.), so daß als einzige genuin mt Stelle 9,27ff. bleibt[41], wo der Inhalt des Glaubens fast definitorisch bestimmt wird: „Glaubt, ihr, daß ich dies tun kann?" Glaube besteht also schlicht darin, Jesus Wunderbares zuzutrauen. Nichts spricht dafür, daß der Wunderglaube relativiert werden soll.

Auch die Geschichten vom Hauptmann von Kapernaum und der Syrophönizierin bestätigen die bisherigen Ergebnisse. Beide Geschichten enthalten das bei Mk hervortretende Motiv des erprobten Glaubens (bzw. die Motivverbundenheit von Glaube und Erschwernis), aber es ist immer der bittende Glaube, der erprobt wird; in Mt 15,21ff. wird die Bitte sogar verdoppelt und zu einem feierlichen Anruf gestaltet. Darüber hinaus hat Mt in beiden Fällen das Erschwernismotiv in seinem Sinne durch eingeschobene Logien interpretiert: Die zu überwindende Grenze ist die Trennung von Juden und Heiden. Das Hindernis des Glaubens ist zum überwundenen Hindernis der Heilsgeschichte geworden, auf die Mt schon zurückblickt[42]. Der Wunderglaube hat in ihr eine wichtige Funktion; vermag er doch Grenzen zu durchbrechen und den Weg des Heils in die ganze Welt vorzubreiten, worin gewiß auch eine historisch zutreffende Beobachtung steckt: Für den Wunderglauben sind alle Völker ansprechbar.

Der Glaube erscheint also in allen Wundergeschichten des Mt (mit Ausnahme von 9,2ff.) als bittender Glaube. Das zeigt sich in der Ausgestaltung der Bitte: Jesus wird „Davidssohnschaft" (15,22 9,27), Kyriosstatus (8,6 15,22) zugetraut. In der Bitte wird ein kognitives Moment der Gewißheit von Jesu Macht zum Ausdruck gebracht. Der Bitte entsprechend wird der Zuspruch des Glaubens als Erhörung der Bitte gestaltet.

Zweimal erscheint die Glaubensformel in lk Sondergut: Lk 7,50 und 17,19. Daß in beiden Fällen der Glaube als dankbarer charakterisiert wird, ist auf den ersten Blick deutlich.

In Lk 7,36ff. hat das Glaubensmotiv seinen Haftpunkt geändert: es tritt in einem Apophthegma auf. Diese Motivübertragung könnte auf Lk zurückgehen[43]. Die Geschichte von

41. Nach *G. Strecker*, Weg, 199f. Anm. 4, könnte jedoch auch hier Tradition vorliegen.

42. Zu dieser heilsgeschichtlichen Deutung der Perikope vgl. *G. Strecker*, Weg, 99–101; *W. Trilling:* Das wahre Israel, 3. Aufl., 1964, 88–90. Daß „Glaube" deshalb hier hieße, Anteil am Reiche Gottes zu erhalten (so *H. J. Held*, Matthäus als Interpret, 185), wäre jedoch eine unzulässige Spiritualisierung. Richtig ist, daß der *Wunder*glaube Anteil am Reich Gottes erhält.

43. Trotz ganz verschiedener literarkritischer Analysen halten *G. Braumann:* Die Schuldner und die Sünderin in Luk VII 36–50, NTSt 10 (1963/4) 487–493, vgl. S. 490; *H. Schürmann*, Lk, 529–442, *J. Roloff*, Kerygma, 161–163; *R. Bultmann*, GST, 19, Lk 7,50 für sekundär. Ausdrücklich als lukanisch bezeichnen den V. 50 *A. Jülicher:* Die Gleichnisreden Jesu II, 2. Aufl., 1910, 299ff., und *T. Schramm*, Markus-Stoff, 31f.

der blutflüssigen Frau mochte ihm Anregung gewesen sein. Daher erscheint die erweiterte Formel mit: „Zieh hin in Frieden". Auch sonst ist die Übertragung von Motiven aus Wundergeschichten am Schluß deutlich: „Wer ist dieser?" stammt wohl aus Lk 5,21. Das Gleichnis von den zwei Schuldnern zeigt auf jeden Fall, in welchem Sinne Lk die Geschichte verstand: als Paradigma des dankbaren Glaubens.

Der Zusammenhang zwischen Glauben und Dank wird jedoch auch bei der Bearbeitung mkn Wundergeschichten deutlich. In der Heilung des Gichtbrüchigen hat Lk mit dem Glauben das Lob des Geheilten betont, indem er *δοξάζων τὸν θεόν* (5,25) einfügte. Entsprechend ist die Heilung des Blinden von Jericho bearbeitet: „Und er folgte ihm, indem er Gott lobte. Und das ganze Volk sah es und brachte Gott ein Lob dar" setzt Lk redaktionell hinzu (18,43). Und in 8,47 läßt er die geheilte Frau vor dem ganzen Volk ihre Heilung verkünden. An allen Stellen, wo in lk Wundergeschichten vom Glauben die Rede ist, betont er auch den Dank der Geheilten, und zwar häufig durch redaktionelle Änderungen gegenüber dem Mk-Text. So konstant bei Mt die Motivverbundenheit von Glauben und Bitten, bei Mk von Glaube und Erschwernis war, so durchgehend ist sie bei Lk zugunsten einer Verbindung von Dank und Glaube verschoben.

Diese redaktionellen Bearbeitungen des Motivs lassen sich nicht nur als archäologische Schichten voneinander abheben; sie müssen als Umstrukturierung kompositioneller Beziehungen verstanden werden. Die Variationen des Motivs sind Variationen seiner Motivverbundenheit, welche die im paradigmatischen Feld der Motive gegebenen Möglichkeiten in verschiedener Weise realisieren: Bei Mk ist der Glaube Grenzüberschreitung unter voluntativem Aspekt, bei Mt tritt ein kognitives Moment, die Gewißheit der Bitte, hinzu, bei Lk dominiert der affektive Aspekt: Akklamation und Dank gelten als Inbegriff des Glaubens. Mit anderen Worten, Glaube ist menschliche Grenzüberschreitung schlechthin und verbindet sich sukzessiv mit deren Aspekten. „Glaube" ist daher nicht nur ein Motiv neben anderen grenzüberschreitenden Motiven, welche mit menschlichen Personen verbunden sind, sondern Inbegriff aller grenzüberschreitenden Motive. Dieser Glaube wird jedoch immer vom göttlichen Wundertäter festgestellt. Das Wort begegnet fast nur in seinem Munde: Erst die Offenbarung des Heiligen provoziert Grenzüberschreitungen und legitimiert sie. In der Reproduktion der Wundergeschichten wird diese in den drei Synoptikern unter verschiedenen Aspekten realisiert. Die diachrone Aktualisierung der dem Motivfeld immanenten Möglichkeiten zeigt sich auf kompositioneller Ebene in variierenden Motivverbundenheiten.

Der ntl Befund sei abschließend mit dem religionsgeschichtlichen verglichen. Die Veränderung des Inhaltes von *πιστεῖν*, *πιστεύειν* u. ä. im Kontext von Wundern läßt sich dahingehend bestimmen:

1. „Glaube ist in der Antike primär ein Verhalten zum Wundergeschehen, im NT dagegen ein dem Wundergeschehen immanentes Verhalten beteiligter Personen. Er ist hier und dort

mit verschiedenen Personen verbunden: dort mit den Hörern der Wundergeschichten, hier mit den Gegenspielern in Wundergeschichten. Begegnet πιστεῖν in antiken Wundergeschichten selbst, so ist der Gegenspieler zugleich Hörer der Wundergeschichten: Er liest die Inschriften und spottet über sie (Epidauros W 3, W 4). Dieser Wunderglaube hat eine starke kognitive Komponente.

2. „Zutrauen" innerhalb von Wundergeschichten seitens der Gegenspieler wird nicht als „Glauben" bezeichnet, sondern mit anderen Worten zum Ausdruck gebracht: Hoffnung, Mut, Einfalt usw. Dieses Zutrauen bezieht sich meist auf die Heilprozedur (und nur hin und wieder auf den Wundertäter überhaupt). Es hat primär voluntativen Charakter, ist dem Versagen der menschlichen Ärzte, dem Spott anderer Menschen entgegengesetzt.

Das NT hat beide Aspekte kombiniert und das Zutrauen des Gegenspielers in Wundergeschichten mit jenem Begriff bezeichnet, der eine Stellungnahme zum Wunder überhaupt zum Ausdruck bringt. Diese Stellungnahme, πίστις, gewinnt dadurch primär voluntativen Aspekt. Aus der Rezeptivität der Stellungnahme zum gehörten Wunder wird ein das Wunder konstituierender Akt des Menschen: „Der Glaube rettet". Das kognitive Moment fehlt jedoch nicht und tritt besonders bei Mt hervor („Wie du glaubst, so geschehe dir"), aber auch dort als Bestandteil des Wunders. Im NT wird also ein Motiv aus dem Repertoire antiker Wundermotive neu artikuliert; es gewinnt eine neue Stellung im Felde der Motive. Einzelne Analogien sind daher unzureichend für eine „Ableitung", vielmehr muß man die Umstrukturierung des ganzen Feldes sehen; man kann dann sowohl die Einbettung ntl Wundergeschichten in das Repertoire antiker Wundergeschichten als auch ihre Singularität besser beurteilen. Singulär scheint mir zu sein, daß Glaube grenzüberschreitender Akt des Menschen angesichts konkreten Leides meint als Antwort auf eine Offenbarung, die den Menschen in seiner Totalität herausfordert.

C. Ein grenzbetonendes Motiv: Die Schweigegebote

Schweigegebote gehören in verschiedenen Varianten zum antiken Zauberwesen. Entweder zielt die Zauberhandlung darauf, jemanden zum Schweigen zu bringen, oder die Zauberhandlung selbst wird mit Schweigen umgeben, oder ein Geheimhaltungsgebot schützt wunderwirksame Formeln vor Weitergabe an Unbefugte. Wir unterscheiden danach Verstummungsbefehle, Schweigehandlung und Geheimhaltungsgebot:

1. Verstummungsbefehle werden an Natur, Dämonen und Menschen gerichtet: „Ruhig im Munde haltet alle zurück die Stimme, luftumkreisende Vögel, wahret Schweigen" (PGM III, 199f.). „Stille soll ruhen die Erde und die Luft soll still ruhen, und das Meer soll still ruhen. Still ruhen sollen auch die Winde; und stört mich nicht bei dieser meiner Orakelbefragung, nicht Stimme, nicht Geschrei, nicht Pfeifen" (PGM VII,320–323). Ebenso wird den Dämonen Schweigen befohlen: „Dämonen im Schattenreich, wahret zitternd Schweigen (σιγὴν τρομέοντες ἔ[χοιτ]ε)" (PGM III,204). Menschen sollen nach dem Willen des Magiers redeunfähig werden: „Ich binde den NN zu dem betr. Zweck: er soll nicht reden, nicht widerstreben, nicht widersprechen, er soll mir nicht entgegenblicken oder entgegenreden können, sondern soll mir unterworfen sein, solange dieser

Ring vergraben liegt. Ich binde seinen Sinn und sein Denken, seine Überlegung, seine Handlungen, auf daß er unfähig sei gegen jedermann" (PGM V,321–329). Vereitelung des Redens kann im Liebeszauber eine wichtige Rolle spielen: „Sitzt sie, so soll sie nicht sitzen, spricht sie mit einem, soll sie nicht sprechen, schaut sie einen an, soll sie ihn nicht anschauen ..." (PGM IV,1510f.). Im NT gibt es zwei Verstummungsbefehle: Mk 1,24 und 4,39.

2. Schweigehandlungen als Teil magischer Praktiken und des Offenbarungsempfangs sollen den Magier schützen oder seine Macht erhöhen. So wird ihm befohlen, beim Erscheinen der Gottheit den rechten Zeigefinger auf den Mund zu legen und zu sprechen: „Schweigen, Schweigen, Schweigen, Symbol des unvergänglichen, lebendigen Gottes: schütze mich, Schweigen ..." (PGM IV,558–560; wiederholt: IV,573.578.582.623). Während des Offenbarungsempfangs soll er nicht dazwischen fragen: „Du aber steh stumm; denn du wirst das alles von selbst verstehen ..." (PGM IV, 728f.). Häufig ist das Schweigen ein asketischer Bestandteil der wunderwirkenden Handlung. Nach Zubereitung des wirksamen Mittels oder Rezitieren der Formel soll er schlafen gehn, ohne jemand Antwort zu geben: *καὶ κοιμῶ μετὰ τὸ εἰπεῖν μηδενὶ δοὺς ἀπόκρισιν* (PGM V,397–399). Derartige Anweisungen begegnen stereotyp: PGM V,457f. VII,748f. VII,1011 VIII,67, hier immer in Verbindung mit dem folgenden Schlaf. Unabhängig von diesem Zusammenhang heißt es nach einem Rezept apodiktisch: *λάλει μηδενί* (PGM VII,1025). Zur Lösung eines Bannes muß die bannende Platte wieder aus dem Gewässer geholt werden. Dabei ist Schweigen geboten: *πορεύου δὲ ἀνεπιστρέπτι μηδενὶ δοὺς ἀπόκρισιν* (PGM VII,439f.). Das letzte Schweigegebot erinnert an Mk 1,44[44].

3. Geheimhaltungsgebote stehen unmittelbar vor oder nach magischen Formeln. Häufig steht ein *κρύβε*. An einigen Stellen wird die Geheimhaltung durch Eid eingeschärft. Die folgenden Beispiele stammen alle aus den Papyri Graecae Magicae:

I,40	Am Schluß eines Rezeptes steht: „Halt geheim, halt geheim die Handlung und enthalt dich während sieben Tagen des Verkehrs mit der Frau" (*κρύβε, κρύβε τὴν πρᾶξιν*).
I,130	Unmittelbar nach unverständlichen Zauberlauten folgt: „Keinem andern teil es mit, sondern halte, von Gott, dem Herrn, gewürdigt, bei Helios, dieses hohe Geheimnis verborgen".
I,146f.	Bevor der auf einem Stein eingravierte Name zitiert wird, steht ein „Halt geheim!". Es folgen sinnlose Zaubersilben.
I,193ff.	„Doch überliefer es niemandem außer deinem leiblichen Sohn allein, wenn er die von uns mitgeteilten (Zauber)-kräfte von dir verlangt."

44. *Th. Hopfner*, Offenbarungszauber II, 83f. bezieht die formelhafte Wendung *κοιμῶ μηδενὶ δοὺς ἀπόκρισιν* auf die Zeit während des Schlafens; man soll die Traumgesichter nicht anreden, da nach dem Aber- und Gespensterglauben aller Zeiten Gespenster verschwinden, wenn man sie anspricht. Das letzte der oben zitierten Beispiele zeigt jedoch, daß die Schweigehandlung unabhängig vom Schlaf ist. *O. Böcher*, Dämonenfurcht, 306–311, zählt Schweigehandlungen zu den passiven Akten exorzistischer Askese und gibt ihnen eine andere Deutung: Die Dämonen wollen beim Sprechen in den Mund eindringen. Das sicherste antidämonische Mittel ist daher, sich der Rede zu enthalten.

IV,75ff.	„So sag das Gebet (zum Mond) siebenmal, das du auch bei der Rückkehr nach dem Auswerfen wieder sagen mußt. Halt es geheim: ..." (es folgt ein Zauberspruch in koptischer Sprache und Schrift).
IV,84f.	Nach einem Zauberwort in Koptisch folgt: „Wahre das gut!" (*φύλαττε τάδε σφόδρα*).
IV,254ff.	„Dieses magische Rezept, größter König, soll auf dich allein übergehn, bewahrt von dir, unmittelbar."
IV,851ff.	„Ich beschwöre dich bei den heiligen Göttern und den himmlischen Göttern, niemandem die Handlung Salomons mitzuteilen und sie auch gewiß nicht auf leicht Erreichbares anzuwenden ..."
IV,922	„So wurde dir hiervon vollständiges Wissen. Halt es geheim."
IV,1251	Nach einem Rezept: „Halt es geheim, es ist schon erprobt."
IV,2518f.	Nach einer Zauberformel: „Halt es geheim, Sohn!"
XII,29ff.	„Ich bin es, dem du begegnet bist unter dem heiligen Berge und geschenkt hast die Kenntnis deines größten Namens, die ich auch bewahren werde, rein, sie keinem mitteilend, außer deinen Miteingeweihten für deine heiligen Weihen."
XII,321f.	„Doch halt es auch geheim wie ein großes Mysterium. Birg es heimlich, heimlich."
XII,334f.	„Halt heimlich, heimlich, das wahrhaftige Uphor, das in Kürze die Wahrheit umfaßt."
XIII,740ff.	„Ich habe dir aber den Eid, der für das Buch vorliegt, vorgelegt; denn hast du einmal die Zauberkraft des Buches erkannt, mußt du es geheimhalten, Kind. Denn in ihm ist der Name des Herrn verborgen ..."
XIII,1038ff.	„Plaudere nun seine Lösung nicht unnütz aus, willst du dich nicht selbst unglücklich machen; sondern behalt sie bei dir."

Daß diese Geheimhaltungsgebote eine Analogie zu den meisten mk Schweigegeboten bilden, dürfte auch ohne nähere Analyse deutlich sein. Merkwürdigerweise sind sie bisher zu ihrer Erklärung nicht herangezogen worden[45].

Zur Untersuchung der Schweigegebote führen wir drei Arbeitsgänge durch. Zunächst fragen wir nach dem kompositionellen Ort, dann nach Motivverbundenheiten, schließlich nach der sprachlichen Gestalt der Motive.

1. Kompositioneller Ort der Schweigegebote sind innerhalb von Wundergeschichten Exposition (Mk 10,48), Schluß (1,44 5,43 7,36 8,26) und Mitte (1,25 4,39), außerhalb von Wundergeschichten immer der Schluß (1,34 3,12 8,30). Bei der

45. Zu den Schweigegeboten der Zauberpapyri vgl. *Th. Hopfner*, Offenbarungszauber II, 16. Gegen ihre Heranziehung zur Interpretation könnte man einwenden, es handle sich um verschiedene Gattungen: dort Anweisungen für Zauberer, hier Erzählungen von einem charismatischen Wundertäter. Das ist in der Tat in Rechnung zu stellen, kann aber kein entscheidender Einwand sein, da sich Berührungen zwischen Zaubertexten und Wundergeschichten keineswegs auf Geheimhaltungsgebote beschränken, wie aus der im 1. Teil durchgeführten Inventarisierung der Motive hervorgeht. Zudem machte man in der Antike Jesus den Vorwurf, er sei Zauberer (Orig. c. Cels. I 28; Sanhedrin 107[b]), sah also zwischen den Geschichten von ihm und anderen Zauberhandlungen Analogien.

Verklärungsgeschichte leitet das Schweigegebot das Gespräch beim Abstieg (9,9–13) ein, bezieht sich jedoch auf die vorhergehende Perikope. Die expositionelle Stellung des Schweigegebotes in Mk 10,48 ist Ausnahme, die wir zunächst besprechen.

Ch. Burger[46] will das Schweigegebot 10,48 zusammen mit V. 47b–49a als redaktionell ausscheiden. Seine Argumente: a) Die Anreden „Sohn Davids" (10,48) und „Meister" (10,51) stünden in Spannung zueinander. Wie dem auch sei: Mit der Streichung des „Davidssohnes" (auf die es Burger vor allem ankommt) braucht man nicht den ganzen Abschnitt zu streichen. – b) Die Menge, die in V. 46 sekundär nachgetragen sei, fehle in der eigentlichen Wundergeschichte, dominiere jedoch in V. 47b–49a. Gehörte sie zur ursprünglichen Wundergeschichte, müßte man einen Chorschluß erwarten. Das Fehlen eines Chorschlusses besagt jedoch gar nichts, da V. 52 stilgemäßer Entlassungsschluß ist. Eine Motivverbundenheit zwischen „Auftreten der Menge" und „Akklamation durch eine Menge" gibt es nicht. Vom Fehlen einer Akklamation kann daher nicht auf Existenz oder Nicht-Existenz einer Menge in der vorhergehenden Wundergeschichte geschlossen werden. – c) Die Menge bedrohe zuerst den Blinden, dann ruft sie ihm „Sei getrost!" zu, als hätte es ihm an Mut gefehlt. Der Zuruf ist jedoch stilgemäße Zuspruchsformulierung. Abgesehen davon ist der Widerspruch zwischen Abweisung und Zuspruch nur scheinbar: In Mk 7,24ff. folgen beide Akte auch aufeinander. – d) Die Wundergeschichte enthalte zwei Bitten, eine müsse sekundär sein. Die kompositionelle Differenzierung von Bitte und Vertrauensäußerung ist jedoch stilgemäß. – e) Das Schweigegebot setze die mkn Geheimnistheorie voraus. Jesus gebietet jedoch nicht selbst Schweigen, sondern tritt dem Schweigegebot entgegen[47].

Fazit: Das einzige expositionelle Schweigegebot hat in Mk 10,46ff. seinen stilgemäßen, traditionellen Ort. Eliminiert man es, wird die Geschichte farblos; die Erschwernis des Glaubens entfiele.

Tradition sind auch die Verstummungsbefehle in der Mitte von Wundergeschichten. Eine Geheimhaltung der von Dämonen verratenen übernatürlichen Würde ist in Mk 1,25 nicht intendiert; alles geschieht öffentlich[48]. Das Verstummungsgebot richtet sich gegen die apotropäische Macht des wunderbaren

46. Jesus als Davidssohn, 42–46, 59–63. Etwas anders *J. Roloff*, Kerygma, 121–126, der den ganzen Dialog einschließlich Schweigegebot für sekundär, jedoch für vormarkinisch hält.
47. Vgl. *W. Wrede:* Das Messiasgeheimnis in den Evangelien, 3. Aufl., 1963, 278f.
48. G. M. de *Tillesse*, Le secret, 77–83, hält Mk 1,23–24 für redaktionell. Entscheidendes Argument ist die Übereinstimmung mit den Summarien, die jedoch charakteristisch abweichen, wie unten zu zeigen ist. *A. Fridrichsen:* Le Problème du Miracle dans le christianisme primitif 1925, 77–79, scheidet das Dämonenbekenntnis aus, da es Auseinandersetzungen um die Würde Jesu voraussetze. Der Dämon selbst verteidige Jesus gegen den Vorwurf, er sei ein Zauberer. Solche selbstlose Hilfe des Dämons hätte man jedoch auch ganz anders verstehen können, als stünde Jesus mit den Dämonen im Bunde.

Wissens, nicht aber gegen dessen Offenbarwerden. Mk 4,39 ist eine unverdächtige Parallele ohne Bezug auf Geheimhaltung. Wirkliche Geheimhaltungsgebote sind dagegen alle finalen Schweigegebote. Innerhalb von Wundergeschichten sind sie entweder mit Entlassungs- oder Akklamationsmotiven verbunden. Die Entlassung ist ohnehin ein Befehl, dem sich Geheimhaltungsgebote (oder entsprechende Befehle) formal glatt einfügen. Dagegen müssen Admiration und Akklamation notwendigerweise konkurrieren.

Auch in den redaktionellen Summarien haben die Schweigegebote finale Stellung; deutlich ist, daß Mk diese Verbote als Verallgemeinerung des Machtwortes in 1,25 versteht, das seinen kompositionellen Ort in der Mitte der Wundergeschichte hat. Formal läßt sich diese Änderung des kompositionellen Ortes als Motivversetzung charakterisieren, inhaltlich macht sie sich in einer kleinen Verschiebung bemerkbar: Hieß es in 1,25 „Schweig und fahr aus", so wird in 1,34 diese Reihenfolge umgekehrt: „Und er trieb viele Dämonen aus und ließ sie nicht sprechen" (ähnlich 3,10–12). Die Motivversetzung ist also zugleich inhaltliche Modifikation; aus Machtworten sind Geheimhaltungsgebote geworden. Mk unterstreicht das, indem er einmal den Grund der Geheimhaltungsgebote angibt („denn sie kannten ihn" 1,34), das andere Mal ihren Zweck („damit sie ihn nicht offenbar machen" 3,12). Er will, daß die Würde Jesu verborgen bleibt. In diesem Sinne wird auch 1,25 – gegen seinen ursprünglichen Sinn – von ihm verstanden worden sein[49].

Da die zwei noch nicht besprochenen Schweigegebote (8,30 und 9,9) ebenfalls am Schluß stehen, zudem in Perikopen, welche die Würde Jesu thematisieren, darf man bei ihnen von vornherein redaktionelle Arbeit vermuten.

2. Die Frage nach der *Motivverbundenheit* der Schweigegebote ist notwendig, weil bei Mk sechs Wundergeschichten mit und sechs ohne Schweigegebote gegenüber stehen. Gibt es Motive in diesen Wundergeschichten, welche ihr Vorkommen bzw. ihr Fehlen verständlich machen? Wir fragen mit anderen Worten nach der inhaltlichen Verankerung der Schweigegebote und beschränken uns dabei auf die finalen Schweigegebote, da sich die expositionellen und zentralen schon als inhaltlich motiviert erwiesen haben.

a) Bei *Entlassungsschlüssen* mit Schweigegeboten ist zu fragen, ob hier (und nur hier) charakteristische verbundene Motive bzw. Motivvarianten vorliegen. Betrachtet man die drei hier zur Diskussion stehenden Wundergeschichten, so sieht man: Charakteristisch ist in allen drei Fällen ein abwesendes Publikumsforum, Priesterschaft (1,43f.), Haus (5,19), Dorf (8,26), zu dem der Geheilte gesandt (bzw. nicht gesandt) wird. Entlassung wird damit Sendung zur Bekanntmachung der Heilung. Sind diese (meist impliziten) Schweigegebote redaktionell?

49. Die Übereinstimmung zwischen Mk 1,23–24 und den Summarien, mit der *G. M. de Tillesse,* Le secret, 80, die Ausscheidung von 1,23–24 als redaktionell begründet, ist also gerade nicht gegeben.

Die Geschichte vom Aussätzigen (Mk 1,40ff.) hat immer wieder zu literarkritischen Operationen herausgefordert; zweimal wird die Heilung erwähnt, zweimal die Entsendung des Geheilten erzählt. Entweder versucht man, zwei Geschichten auseinander zu fädeln[50] oder eine sekundäre Überarbeitung anzunehmen[51]. Keiner dieser literarkritischen Versuche ist notwendig. Die Erzählung ist wie 5,25ff. in repetierend-kommentierendem Stil erzählt:

Geschehen	Kommentierende Wiederholung
Kommen des Aussätzigen und Niederknien	„Wenn du willst, kannst du mich *rein* machen"
Berührung	„Ich will, werde *rein*"
Weichen des Aussatzes	„und er wurde *rein*"
Entlassung	Auftrag zum Opfer für die *Reinigung*

Das Schweigegebot, das uns hier allein interessiert, wurde von *M. Dibelius*[52] als ursprünglich verteidigt: „Der Kranke ist geheilt worden von einem Leiden, das ihm jeglichen Umgang mit Menschen verbot. Die Heilung soll darum erst gelten, wenn der gesetzliche Gutachter gesprochen hat, wenn der Kranke durch priesterliche Kontrolle und Reinigungsopfer als rein dargestellt ist." Aber klingt das doppelte *μηδενὶ μηδέν* nicht apodiktisch und uneingeschränkt, ohne eine Befristung zum Ausdruck zu bringen? Muß man daraus nicht den Schluß ziehen, das Schweigegebot sei nur dann für traditionell zu halten, wenn es sich als unbedingtes verstehen ließe? Aus unserer Aufgliederung der Perikope geht hervor, daß „Reinheit" Schlüsselbegriff der Perikope ist. Es kann m.E. kein Zweifel daran sein, daß Jesus den Aussätzigen gültig für rein erklärt. Er sagt nicht: „Ich will, sei gesund", sondern: „Ich will, sei rein"[53]. Eine Sendung zum Priester wäre sinnlos, würde der Geheilte dort mit dem Anspruch auftreten, er sei schon rein erklärt. Er soll diese Tatsache verschweigen und sich äußerlich dem jüdischen Brauch anpassen, der für ihn im Grunde schon überflüssig ist. Er wird in der Erzählung daher nicht auf Gott, sondern auf Mose zurückgeführt. Vergleichbar ist die Erzählung von der Tempeldrachme (Mt 17,24ff.). Beide Geschichten

50. *E. Lohmeyer*, Mk, 44; *W. Grundmann*, Mk, 50.
51. *R. Bultmann*, GST, 227, und *G. M. de Tillesse*, Le secret, 41–51, scheiden V. 43–44a aus. *E. Klostermann*, Mk, 14f., erklärt V. 42 als sekundär. *K. Kertelge*, Wunder, 68, hält V. 43 für eine sekundäre Dublette von V. 41.
52. FE, 70. Kein Argument gegen die Ursprünglichkeit des Schweigegebotes ist Pap. Egerton, wenn *J. Jeremias* (in: *E. Hennecke – W. Schneemelcher:* Neutestamentliche Apokryphen I, 1959, 58f.) darin recht hat, daß alle vier Evangelien in dem Fragment vorausgesetzt sind. Gegen *U. Luz:* Das Geheimnismotiv und die markinische Christologie, ZNW 56 (1965) 9–30, vgl. 16.
53. *A. Meyer;* Entstehung, 41, und *E. Hirsch:* Frühgeschichte des Evangeliums I, 1941, 8 meinen umgekehrt, Jesus sei erzürnt, weil der Aussätzige eine Reinerklärung unter Umgehung der legitimen Instanzen verlangt habe.

lassen sich einem Judenchristentum zuordnen, das Tempel, Opfer und Gesetz respektiert, aber durch den neuen Glauben innerlich nicht mehr an diese Instanzen gebunden ist. Der durch solche Loyalität überlagerte Konflikt kann jederzeit hervortreten. Wer am jüdischen Kult teilnehmen will, tut in späteren Zeiten gut daran, sein Christentum zu verschweigen. Nach Joh 9,1ff. müssen sogar Heilungen durch Jesus verschwiegen werden, wollen die Geheilten nicht riskieren, exkommuniziert zu werden: Heilungen im Namen Jesus sind verboten (Tos. Hullin II,21–23). Mk 1,40ff. zeigt ein frühes Stadium dieses Konfliktes, in dem man durch Anpassung den offenen Bruch vermeiden konnte. Das Schweigegebot wäre dann traditionell, denn diese Problematik hat Mk lange hinter sich gelassen.

Die zweite zu besprechende Stelle (5,19f.) enthält zwar kein Schweigegebot; Mk wird sie jedoch in diesem Sinne verstanden haben[54]: Der Geheilte wird ins „Haus" geschickt – für Mk oft ein Ort des Geheimnisses (7,17 7,24 9,28 10,10) –, verkündet jedoch in der Dekapolis. Gebot und Übertretung haben in 1,44f. eine Analogie. Wie weit Mk selbst das Ende von Mk 5,1–20 mitgestaltet hat, ist umstritten. Es scheinen mehrere stilgemäße Abschlüsse vorzuliegen:

1. In 5,15 wird der ehemals Besessene vernünftig, befreit von einem Dämon gesehen. Solch eine Demonstration des Wunders könnte einmal den Abschluß gebildet haben[55]. Nur *K. Tagawa*[56] nimmt jedoch an, der Rest sei deshalb Mk zuzuschreiben.
2. Genauso einleuchtend ist die Meinung, die Perikope habe mit der ablehnenden Stellungnahme der Bewohner jener Landschaft gegenüber Jesus geschlossen (5,17)[57]. *M. Dibelius* und *G. M. de Tillesse*[58] sehen hier die Grenze zwischen Tradition und Redaktion. Kann man sich aber vorstellen, eine Wundergeschichte habe mit so negativem Ausklang geendet?
3. Manche nehmen deswegen an, Mk habe die Perikope im Wesentlichen so vorgefunden (mag sie auch vormkn erweitert worden sein)[59].

Stilgemäßer Entlassungsschluß ist m.E. 5,19[60]. Genau hier liegt der Bruch, der die Geheimnistheorie des Mk in die Perikope einführt. Der Geheilte wird

54. *W. Wrede,* Messiasgeheimnis, 140f.
55. *O. Bauernfeind,* Worte, 34f.; K. Kertelge, Wunder, 102f.
56. Miracles, 168–171.
57. *F. Hahn,* Hoheitstitel, 296f.; *E. Schweizer,* Mk, 63. Beide nehmen weitere vormarkinische Zusätze an.
58. *M. Dibelius,* FE, 70; *G. M. de Tillesse,* Le secret, 83–88.
59. *R. Bultmann,* GST, 224f.; *K. Kertelge,* Wunder, 101f.; *E. Haenchen,* Weg, 195: V. 19f. sei stilgemäßes Echo der Wundergeschichte; *H. Schürmann,* Lk, 485: Die Wundergeschichte habe schon ursprünglich einen aitiologischen Charakter gehabt. Die Erwähnung der Dekapolis sei daher ursprünglich.
60. So *J. Roloff:* Das Markusevangelium als Geschichtsdarstellung, EvTh 27 (1969) 73–93, 86 Anm. 56 (ohne Begründung). *E. Schweizer,* Mk, 63 sieht in V. 19 zwar

nach Haus geschickt, verkündet aber im ganzen Land; sein Auftrag lautet ἀπαγγέλλειν, in V. 20 findet sich jedoch das für Mk bezeichnende Wort κηρύσσειν[61]; er soll das Erbarmen des Kyrios (Gottes?) bezeugen, das heißt für die Heilung danken, in V. 20 wird dagegen ein Missionar gezeichnet, der verkündet, was ‚Jesus' getan hat[62]. Läßt man die mkn Redaktionsarbeit erst mit V. 20 beginnen, so wird verständlich, warum das Geheimnismotiv so wenig deutlich gezeichnet ist: Es ist in V. 19 ursprünglich gar nicht enthalten, da eine Verbindung von „Haus" und „Geheimnis" für die vormk Tradition wahrscheinlich noch nicht gegeben war. Erst Mk sieht in dem „Haus" eine Stätte des Geheimnisses und unterstreicht das, indem er die Übertretung des Auftrags hinzufügt oder eine vorgegebene Verbreitungsnotiz in diesem Sinne umformt. Dabei hat ihm wohl Mk 1,44f. als Vorbild gedient. Wir können m.E. schließen, das indirekte Schweigegebot in 5,19f. sei nicht traditionell, sondern erst von Mk hineingebracht bzw. hineininterpretiert, ohne daß Mk deswegen die Erzählung konsequent hat umbiegen müssen.

Auch in Mk 8,22ff. liegt kein explizites Schweigegebot vor. Mk hat den Schluß jedoch in diesem Sinne verstanden. Versuche, ihm einen anderen Sinn beizulegen, sind wenig überzeugend. Denn es fehlt jede Spur einer Feindschaft von Dämonen (*S. Eitrem*)[63] oder Menschen (*J. Roloff*)[64], um die Distanzierung vom Dorf zu erklären. *E. Klostermann*[65] hat m.E. richtig gesehen, wenn er in dem merkwürdigen Verbot „redaktionelle Erweiterung eines ursprünglichen Entlassungswortes" vermutet. Da der Blinde aus dem Dorf herausgeführt wird, wäre am Ende seine Entlassung ins Dorf zu erwarten: „Und er sandte ihn ins Haus" liegt auf dieser Linie. Das folgende Verbot, ins Dorf zu gehen, steht in direktem Widerspruch dazu. Aber man streiche nur die Verneinung, und alles gewinnt einen guten Sinn: der Geheilte soll in Familie und Dorfgemeinschaft zurückkehren, dem ehemals behinderten Menschen die volle Teilnahme am Leben der anderen ermöglicht werden. Mk hat durch Einfügung eines μηδέ das Gegenteil daraus gemacht, weil er „Haus" als Ort des Geheimnisses der Öffentlichkeit entgegensetzt und die Sendung ins Haus als Ausschluß der Öffentlichkeit deutet[66].

nicht den ursprünglichen Abschluß, läßt aber mit V. 20 die Redaktionsarbeit beginnen.

61. *E. Schweizer,* Anmerkungen, 93ff.
62. *H. J. Ebeling,* Messiasgeheimnis, 124f., leugnet eine Spannung zwischen 5,19 und 20: Der Geheilte führe aus Dank den Auftrag über das unmittelbar Geforderte hinaus aus.
63. Notes, 47.
64. Kerygma, 127–131; Geschichtsdarstellung, 87 Anm. 56.
65. Mk, 78.
66. Für traditionell hält *K. Tagawa,* Miracles, 168, Mk 8,26: Das Verbot „contribue à établir le caractère secret du miracle".

Wie in 5,19f. hat er in das Motiv des „Hauses“ seine Geheimnistheorie hineinprojiziert. Die Redaktionstätigkeit des Mk besteht in beiden Fällen darin, daß er zwei Varianten des Entlassungsschlusses, die Sendung zu Familie (Haus) und Öffentlichkeit, zu entgegengesetzten Motiven macht und den im formgeschichtlichen Feld der Motive enthaltenen Gegensatz von Geheimnis und Offenbarung auf diese Varianten ausdehnt. Er aktualisiert damit Möglichkeiten, die im Repertoire der Motive virtuell angelegt sind. Er führt nichts radikal Neues ein, sondern reproduziert einige Wundergeschichten im Rahmen der Gattungsmöglichkeiten neu.

b) In *Akklamations-* und *Admirations*schlüssen erscheinen Schweigegebote notwendig als Fremdkörper[67]. Ihre Redaktionalität gilt als gewiß[68]. Wir dürfen diese Gewißheit jedoch in Frage stellen. Gerade hier stehen Schweigegebote in auffälliger Motivverbundenheit mit geheimnisträchtigen Motiven: der *ῥῆσις βαρβαρική* und der Absonderung des Publikums. Da es nun eine Reihe außerntl Belege dafür gibt, daß Wunder- und Zauberworte durch Geheimhaltung geschützt werden, dürften auch die Geheimhaltungsgebote im MkEv durch *ῥῆσις βαρβαρική* motiviert sein. Wir hätten so eine Erklärung dafür, daß Geheimhaltungsgebote gerade in diesen Wundergeschichten und nicht in anderen begegnen: das wunderwirkende, geheimnisvoll klingende Zauberwort soll nicht weitergesagt werden. Da diese Beziehung des Geheimhaltungsgebots bei Mk nicht mehr unmittelbar deutlich wird, müßte sie vormk sein, was an Wahrscheinlichkeit gewinnt, ließe sich nachweisen, daß Mk ohnehin den jeweiligen Schluß der Wundergeschichten stark umgestaltet hat. Dabei könnte er auch die Geheimhaltungsgebote ihrem ursprünglichen Sinnkontext entfremdet haben. Die folgenden Rekonstruktionsversuche wollen die Möglichkeit solcher Reproduktionsarbeit des Mk nachweisen. Die Annahme einer Traditionalität der Geheimhaltungsgebote basiert jedoch primär auf der synchronen Motivverbundenheit und soll nur sekundär durch eine diachronische Analyse bestätigt werden.

Die redaktionelle Gestaltung von Mk 5,42f. geht schon daraus hervor, daß dieses Stück abweichend vom Hauptkorpus der Erzählung im Imperfekt geschrieben ist. Auffällig ist die kompositionelle Reihenfolge der Motive:

1. Demonstration	42:	Da stand das Mädchen sogleich auf und ging umher; es war nämlich zwölf Jahre alt.
2. Admiration		Und sie gerieten alsbald in großes Staunen

67. Angesichts der Konkurrenz beider Motive könnte man selbstverständlich auch das Admirationsmotiv in 5,42 streichen (so *K. Tagawa,* Miracles, 167) oder die Akklamation in 7,36f. (*M. Dibelius,* FE, 72f.; *V. Taylor,* Mk, 352; *J. Roloff,* Geschichtsdarstellung, 86f. Anm. 55).

68. *K. Kertelge,* Wunder, 110ff. 157ff. – um nur ein Beispiel zu nennen – diskutiert eine mögliche Traditionalität schon gar nicht mehr.

3. Geheimhaltungsgebot 43: Und er gebot ihnen ernstlich, daß niemand dies erfahren sollte

4. Demonstration und befahl, ihr zu essen zu geben

Auffällig ist nicht die Verdoppelung der Demonstration. Eine Totenerweckung ist eine so unwahrscheinliche Sache, daß sie mehrfache Bestätigungen sinnvoll macht. Auffällig ist vielmehr die Reihenfolge, das Auseinanderreißen zweier Demonstrationen, die Stellung der Admiration, die man ganz am Schluß erwartet. Man braucht jedoch nur V. 42 und 43 umzustellen, um all diesen Schwierigkeiten zu entgehen: Beide Demonstrationen folgen jetzt aufeinander. Wenn das Mädchen erst ißt, dann umhergeht, so erscheint auch das logisch; sie hat sich gestärkt und kann jetzt wieder gehen. Der „Gespensterverdacht" braucht so gar nicht aufzukommen. Das Staunen steht stilgemäß am Schluß. Das Schweigegebot aber folgt nun unmittelbar dem wunderwirkenden Wort „talitha kumi" bzw. dessen Übersetzung und Erklärung.

Gewiß sind solche Rekonstruktionen immer etwas hypothetisch. Soviel erscheint mir jedoch als sicher: daß Mk in 5,42f. gearbeitet hat, ferner, daß Zauberwort und Geheimhaltungsgebot nicht zufällig beieinander stehen. Führt man letzteres nicht auf Mk zurück (der die Geheimnismotive anders versteht; siehe unten), so wird man an ein traditionelles, von Mk neu artikuliertes Motiv denken (mit *E. Lohmeyer, H. J. Ebeling, K. Tagawa*).[69]

In 7,36f. wird das Schweigegebot meist als störend gestrichen. Was aber noch mehr stört, ist die Übertretung des Schweigegebotes V. 36b: „aber soviel er es ihnen gebot, um soviel mehr machten sie es kund", die vor der Akklamation steht, aber Ereignisse zu antizipieren scheint, die erst nach ihr folgen können. Hier liegt m. E. sicher mk Redaktionsarbeit vor. Aber auch nach Streichung von V. 36b haben wir nicht den vormk Zustand herausgestellt. Merkwürdig bleibt, daß der Kranke erst vom Volk abgesondert wird, daß die Heilungsworte ausdrücklich zu ihm gesprochen werden (λέγει αὐτῷ), was doch wohl heißt: nur zu ihm, daß aber dann plötzlich die Menge da ist. Muß nicht der Kranke erst einmal entlassen werden? (vgl. 8,26). Eine einfache Änderung könnte diese Schwierigkeit beseitigen. Das Schweigegebot könnte einmal im Singular gestanden haben, richtete sich nur an den Kranken, der ja als einziger das geheimnisvolle Wort gehört hat. Mit ihm ist er entlassen. Er soll das wunderwirksame Wort nicht weitersagen. Das Staunen der Menge folgt dann ohne Schwierigkeit.

Als Ergebnis sei festgehalten: Wahrscheinlich sind alle Schweigegebote in Wundergeschichten traditionell. Wo Mk ein Geheimnismotiv von sich aus einträgt, tut er es nicht durch ein Schweigegebot, sondern indem er traditionelle Motive

69. *E. Lohmeyer*, Mk, 108, meint, es solle nur der Tod des Mädchens verschwiegen werden, um Jesu Diagnose eines Scheintodes nicht als falsch hinzustellen. *H. J. Ebeling*, Messiasgeheimnis, 131–135, sieht im Schweigegebot die Demut des gottbegnadeten Menschen, der alle Ruhmsucht verachtet. Brauchbar ist allein *K. Tagawas*, Miracles, 167, Argumentation, der auf die Motivverbundenheit mit dem Ausschluß des Publikums hinweist.

uminterpretiert (das Motiv des Hauses), oder vorgegebene Motive aufnimmt (das geheimnisvolle fremdsprachige Wunderwort).

3. Die *Motivgestalt* der Schweigegebote erlaubt eine Überprüfung unserer bisherigen Annahmen. Vorläufiges Ergebnis ist: Alle Schweigegebote innerhalb von Wundergeschichten sind traditionell (sieht man von dem an eine Epiphanie anknüpfenden Geheimhaltungsgebot 9,9 ab, das zwischen einer Wundergeschichte und einem Apophthegma überleitet), alle außerhalb von Wundergeschichten redaktionell. Läßt sich zwischen beiden Gruppen ein differenzierendes Merkmal angeben, das mit dem unterschiedlichen Haftpunkt korreliert? In der Tat: in allen drei Schweigegeboten außerhalb von Wundergeschichten – und nur hier – begegnet das Personalpronomen *αὐτός* : *καὶ ἐπετίμησεν αὐτοῖς ἵνα μηδενὶ λέγωσιν περὶ αὐτοῦ* (Mk 8,30), *καὶ πολλὰ ἐπετίμα αὐτοῖς ἵνα μὴ αὐτὸν φανερὸν ποιήσωσιν* (3,12), *καὶ οὐκ ἤφιεν λαλεῖν τὰ δαιμόνια, ὅτι ᾔδεισαν αὐτόν* (1,34). Wir können daher feststellen: Alle Schweigegebote außerhalb von Wundergeschichten beziehen sich streng auf das Geheimnis der Person Jesu, was innerhalb von Wundergeschichten nie der Fall ist. Einerseits gibt es dort absolut formulierte Schweigegebote ohne Objekt (1,25 4,39 10,48 7,36), vor allem Verstummungsbefehle und die Abweisung 10,48. Andererseits wird ein neutrales Objekt genannt: *μηδέν* und *τοῦτο* (1,44 und 5,43). Gegenstand des Geheimnisses ist also ein Sachverhalt, nicht die Person Jesu. Ein Sonderfall ist Mk 9,9: Dort ist wohl in der grammatischen Formulierung von einem Sachverhalt die Rede. Die Jünger sollen verschweigen, „was sie gesehen haben", aber Gegenstand ihres Sehens ist gerade der verklärte Jesus, der als Gottes Sohn offenbar wird, also die Personwürde Jesu. Wir folgern aus alledem: Mk hat die traditionellen Schweige- und Geheimhaltungsgebote, die ihren ursprünglichen Haftpunkt in Wundergeschichten hatten und zu deren Repertoire gehörten, in andere Gattungen übertragen und auf die Personwürde Jesu bezogen. Damit verbindet er zwei traditionelle Züge: Der exorzistische Verstummungsbefehl richtet sich zwar gegen das apotropäisch benutzte Wissen um Jesu Personwürde, intendiert jedoch keine Geheimhaltung. Das Schweigegebot nach der *ῥῆσις βαρβαρική* intendiert zwar Geheimhaltung, richtet sich aber nicht auf die Personwürde Jesu. Beides kombiniert ergibt: Die Personwürde Jesu wird Gegenstand des Geheimnisses[70]. In diesem Sinne wird Mk auch die traditionellen Schweigegebote verstanden haben.

Wieder hat sich gezeigt: Das archäologische Schichtenmodell ist zur Scheidung von Tradition und Redaktion nicht ganz adäquat (wenn auch nicht ohne Wert). Die mk Verwendung der Schweigegebote wäre angemessener be-

70. *U. Luz*, Geheimnismotiv, 9ff. hat diese Konzentrierung auf die Person richtig gesehen. Daß Mk das „Wundergeheimnis" (also die traditionellen Geheimnismotive, die ihren Haftpunkt in Wundergeschichten haben) nicht in demselben Sinne verstanden habe, halte ich für unwahrscheinlich.

schrieben, wenn man sie als schöpferische Realisierungen eines vorgegebenen, die Gattung Wundergeschichte konstituierenden Repertoires von Motiven versteht. Auch dies Neue, Schöpferische ist nicht ex nihilo entstanden. Wenn Mk Personwürde Jesu und Geheimnis aufeinander bezieht, so wird das Akklamationsmotiv, welches die Erkenntnis der Personwürde des Wundertäters repräsentiert, und das Geheimnismotiv in einen akzentuierten Gegensatz gebracht. Mk aktualisiert damit einen im Felde der Motive virtuell angelegten Gegensatz, indem er den geläufigen Gegensatz von Wundergeheimnis und Öffentlichkeit, von wunderbarem Wissen des Dämons und Gegenmaßnahme des Wundertäters, zu einer neuen Entgegensetzung modifiziert. Er führt nicht etwas Fremdes in die Wundergeschichten ein, sondern schöpft virtuelle Möglichkeiten des formgeschichtlichen Feldes der Motive aus, innerhalb dessen eine Vielzahl von Entgegensetzungen möglich sind [71].

Interessant ist, daß die Seitenreferenten ihm hinsichtlich der Geheimnismotive nicht folgen. Sofern sie das Schweigegebot nicht streichen (Mt 8,16f. 9,26 Lk 6,19), beziehen sie es auf traditionellere Gegenstände. Mt 12,16 will ein Ortsgeheimnis wahren, Mt 9,30 hat (falls es sich um eine unabhängige Überlieferung handelt) vielleicht denselben judenchristlichen Hintergrund wie Mk 1,40ff. Lk 8,56 meint den Wundervorgang, dessen Geheimhaltung deswegen realistischer erscheint, weil Lk nur Jünger und Eltern im Hause des gestorbenen Mädchens anwesend sein läßt.

D. Ein finales Motiv: Die Akklamation

Der Geschichte der aretalogischen Akklamation hat *E. Peterson* im Rahmen seiner Untersuchung der εἷς θεὸς-Akklamation eine sorgfältige Studie gewidmet. „Wir haben es ... bei diesen Akklamationen innerhalb der Wundergeschichten mit einer literarischen Eigentümlichkeit der christlichen Literatur zu tun, die sich im Osten vom 2.–10. Jahrhundert belegen läßt" (188). Von diesen (nachntl) Belegen ausgehend, versucht Peterson ihre Vorgeschichte zu erhellen. Seine Thesen dazu seien ausführlich referiert, zumal sie über verschiedene Stellen seines Werkes verstreut sind [72]:

71. Anders *G. Klein:* Wunderglaube und Neues Testament, in: Ärgernisse 1970, 13–57, vgl. 55: „Obwohl Markus also fast gewalttätig in den Text der Wundergeschichten eingreift ..." Für Markus wird gelten, was *H. J. Held,* Matthäus als Interpret, 284, festgestellt hat: „Der Interpret ist hier sozusagen zugleich Tradent. Er bringt nicht eigentlich einen neuen Gedanken an die Überlieferung heran, vielmehr beweist er sich im genauen Sinn des Wortes als ihr Exeget, der ausführt, was in ihr enthalten ist" (S. 284).
72. Die folgenden Zitate stammen jeweils aus *E. Peterson,* Heis Theos, die Angaben in Klammern nach ihnen nennen die Seiten. Vgl. ferner *Th. Klausner,* Akklamation, RAC I, 216–233;

1. Funktionale Gesichtspunkte.
a) Profane Akklamationen erhellen den Ursprung der aretalogischen Akklamation: „Die religiöse Akklamation ist eben ihrer Herkunft nach an die profane ἐκκλησία gebunden. Um das zu verstehen, muß man sich an eine Analogie, an die antike Vorstellung erinnern, daß etwaige Mirabilia die ganze Stadt etwas angehen und daher auch von der ganzen Bevölkerung in der ἐκκλησία, d. h. meist im Theater, behandelt werden müssen" (S. 190). Das wird mit Beispielen aus Phlegons Mirabilia belegt und sogleich eingeschränkt: „Ich behaupte ... keineswegs, daß sich aus dem Brauch der paradoxographischen Literatur das Auftreten der Volksakklamationen in den (christlichen wie heidnischen) Wundererzählungen erklärt ..., sondern ich sage nur, daß in der paradoxographischen Literatur eine gewisse Analogie und eine Art Präzedenzfall für das Auftreten des Volkes in der hellenistischen Wundererzählung gegeben ist" (S. 190).
b) Die aretalogische Akklamation hat im Zusammenhang mit Wundern missionarische Funktion: „Mag bei dieser Art Literatur das Unterhaltungsbedürfnis keinen geringen Anteil gehabt haben, es läßt sich doch nicht verkennen, daß sie vor allem den Zwecken der Propaganda dienen soll, daß ihr eine missionarische Aufgabe zugemessen worden ist." (S. 213). Gleichzeitig meint er, eine juridische Funktion speziell der Akklamation feststellen zu können: Die Anwesenheit des Volkes verbürge die Glaubwürdigkeit des Wunders (S. 191, 216).
c) Die aretalogische Akklamation fehlt in literarischen Werken, in Philostr. VA, Athan. vita Antonii, Aug. civ. XXII, 8. „Man wird zwischen der im engeren Sinne literarischen Wundererzählung und der der volkstümlichen Kleinliteratur vielleicht zu unterscheiden haben. Jedenfalls scheint es mir, daß die Akklamation mehr zur Topik der volkstümlichen Literatur gehört" (S. 221).
2. Diachronische Gesichtspunkte.
a) Die aretalogische Akklamation stammt aus Ägypten. Diese Behauptung wird zweifach begründet. Zunächst mit einem Papyrusfragment Pap. Ox. XI Nr. 1382, in dem eine Wundergeschichte, wahrscheinlich die Gewährung von Trinkwasser auf einer Seefahrt, mit einer Akklamation εἷς Ζεὺς Σάραπις abgeschlossen wird. Der Papyrus selbst stammt aus dem 2. Jhdt. n. Ch. E. Peterson vermutet jedoch, „daß die Akklamation εἷς Ζεὺς Σάραπις vielleicht vor Domitian (81–96) zur Zeit des Aufenthalts von Vespasian in Ägypten entstanden ist und daß sie mit den von Vespasian in der Kraft des Sarapis gewirkten Heilwundern irgendwie zusammenhängt" (S. 217 Anm. 4). Sicher ist – und das ist die zweite Stütze für die ägyptische Ableitung der aretalogischen Akklamation –, daß politische Akklamationen in Ägypten schon früh verbreitet waren. Sueton (Nero 20,3) erzählt, die Akklamationen habe man aus Alexandrien importiert. An die Alexandrier ist auch aller Wahrscheinlichkeit nach der Akklamationserlaß des Germanicus aus dem Jahre 18 n. Ch. adressiert (Text bei *E. Peterson*, 172; vgl. ferner *Th. Klausner*, RAC I, 227). Vorausgesetzt ist, daß Germanicus als Gott akklamiert worden ist. Ein weiterer Beleg für die alexandrinische Herkunft der Akklamationen ist VA V,24: Die Alexandriner jubeln über die prophetischen Gaben des Apollonius. Eine Akklamation fehlt jedoch (S. 222).
b) Die Übernahme der Akklamation aus Alexandrien durch die Römer hat das Eindringen der Akklamation in die Wundergeschichten gefördert: „Es scheint, daß die Akklamation in der Wundererzählung für Ägypten charakteristisch ist und daß vielleicht erst die Über-

nahme der Akklamationen durch die Römer die Verbreitung der Akklamationsformeln in den späteren Wundererzählungen begünstigt hat" (S. 195). Die These von der Übernahme der Akklamationen durch die Römer stammt aus Sueton (siehe oben). Offensichtlich meint E. Peterson nicht, daß die Akklamation in den Wundererzählungen direkt von den Römern stamme; die politische Akklamation dort habe das Vordringen der aretalogischen Akklamation „begünstigt".
c) Unmittelbares Vorbild für die Akklamation in christlichen Wundergeschichten sei vielmehr das Judentum. *E. Peterson* spricht von der „Mittlerrolle, ..., welche die jüdische Wundererzählung der hellenistischen Zeit zwischen der paganen und der christlichen Wundererzählung gespielt hat." (S. 216). Er denkt dabei vor allem an die jüdische Propagandaformel *εἷς θεός*: „Diese jüdische Propagandaformel ist es, welche die Christen übernahmen und welche sie u. a. auch als Akklamation innerhalb ihrer Wundererzählungen verwandten. Man darf annehmen, daß sie dieselbe schon zu solchen Zwecken von den Juden verwandt vorfanden" (S. 216). Einen Beleg kann E. Peterson nicht bringen: „Die Reste der uns erhalten gebliebenen jüdischen Wundererzählungen, soweit sie unter hellenistischem Einfluß stehen, sind gering" (S. 216). Wohl aber bringt er in anderem Zusammenhang eine aretalogische *μέγας*-Akklamation aus apokryphem jüdischem Schrifttum (Bel et Draco V. 18 und 41).
3. Anwendung auf das Neue Testament.
E. Peterson sieht ein Problem darin, „daß im Neuen Testament die eigentliche Akklamation innerhalb der Wundergeschichte fehlt". Er bringt dafür drei verschiedene Erklärungen:
a) „Die Ursache dafür scheint mir zu sein, daß die Wundererzählung, losgelöst aus anderen Zusammenhängen, noch nicht zu einem literarischen Propagandastück im Wettbewerb mit andern Religionen geworden ist" (S. 195).
b) „Es scheint, daß die Akklamation in der Wundererzählung für Ägypten charakteristisch ist und daß vielleicht erst die Übernahme der Akklamation durch die Römer die Verbreitung der Akklamationsformeln in den späteren Wundergeschichten begünstigt hat" (S. 195). *R. Bultmann* (GST, 241) hat dieser These zugestimmt.
c) In den Nachträgen fügt *E. Peterson* eine dritte Erklärung hinzu: „Das Fehlen der Akklamation in der Wundererzählung der Evangelien hat doch wohl noch einen tieferen Grund. Dem Leben Jesu fehlt die Öffentlichkeit, die in der Publizitätsbeurkundung der Akklamation zum Ausdruck gelangt" (S. 319).

Wir besprechen nacheinander die Thesen *E. Petersons,* ohne eine vollständige Sammlung und erschöpfende Analyse der zur Diskussion stehenden Texte zu intendieren.

1. Funktionale Gesichtspunkte

a) Die Anwesenheit einer Menge in Wundergeschichten hat ihre nächste Analogie nicht in der profanen, sondern in der kultischen Gemeinde: Im Heiligtum sind immer Gläubige anwesend, bereit, Gottes Taten zu preisen. Geheilte und Gerettete berichten hier. Die Gemeinde stimmt in das Lob ein. Solch eine

Intention zeigt sich etwa in den Dankinschriften. Kleo fordert durch solch eine Inschrift die Besucher des Heiligtums zum Staunen über die Heiltat des Gottes auf (Epidauros W 1). Wegen der Nähe zu Admiration und Akklamation sei die Inschrift wiedergegeben:

οὐ μέγεθος πίνακος θαυμαστέον, ἀλλὰ τὸ θεῖον
πένθ' ἔθη ὡς ἐκύησε ἐγ γαστρὶ κλεὼ βάρος
ἔστε ἐγκατεκοιμάθη καί μιν ἔθηκε ὑγιῆ

In Aristophanes Komödie Pluto ist an Stelle des kultischen Chores der Chor im Theater getreten[73]. Karion erzählt das Wunder und jubelt: *ὁ δεσπότης πέπραγεν εὐτυχέστατα,/μᾶλλον δ' ὁ πλοῦτος αὐτός · ἀντὶ γὰρ τυφλοῦ/ἐξωμμάτωται καὶ λελάμπρυνται κόρας,/'Ασκληπιοῦ παιῶνος εὐμενοῦς τυχών* (Pl. 633ff.). Der Chor stimmt mit ein und fährt im Wechsel mit Karion fort: *λέγεις μοι χαράν, λέγεις μοι βοάν./πάρεστι χαίρειν, ἤντε βούλησθ' ἤν τε μή./ ἀναβοάσομαι τὸν εὔπαιδα καὶ/μέγα βροτοῖσι φέγγος 'Ασκληπιόν.* Man könnte einwenden, der Chor sei hier Bestandteil der Komödie, wahrscheinlich ersetzt er jedoch die kultische Gemeinde. Eine ähnliche Transformation zeigt Pap. Ox. XI Nr. 1381 (col. IIff.) aus dem 2. Jahrhundert n. Chr.: Hier wird eine Heilung durch Imhotep geschildert[74]. Das Weihegeschenk des Geheilten soll die Übersetzung der Taten des Gottes in griechische Sprache sein: „Jede griechische Zunge wird deine Geschichte erzählen und jeder Grieche Imuthes, den Gott des Ptha, verehren.“ Adressat dieses missionarischen Wirkens ist die durch Schrift erreichbare griechische Welt. Ihr ruft der Schreiber zu:

„Kommt her, alle guten und wohlgesinnten Menschen,
hinweg mit euch, Tadler und Gottlose!
Kommet her, die ihr durch Gebet zu dem Gott von Krankheit befreit wurdet,
die ihr die Kunst des Arztes treibt,
die ihr fromm zu leben strebt,
denen das Glück gelächelt hat,
die aus den Gefahren des Meeres errettet wurden.
Denn überall offenbarte sich die rettende Macht des Gottes.
Jetzt will ich seine wunderbaren Erscheinungen erzählen,
die Gaben seiner Güte.“

Die Aufforderung „Kommt her!“ wirkt in einem Schreiben fehl am Platz. Formgeschichtlich handelt es sich um eine Ausschlußformel, wie sie in Myste-

73. Vgl. zur Stelle *O. Weinreich*, AH, 108. Ein wenig später folgt eine zweite Akklamation Z. 745. *G. Delling*, Beurteilung, 66, meint zur Heilung des Pluto bei Aristophanes: „Ähnlich müssen Geheilte ihre Erlebnisse erzählt haben ... Nicht zuletzt sind natürlich die Lobpreisungen des Gottes nach geschehenem Wunder echt (745.748).“
74. *J. Leipoldt:* Von Übersetzungen und Übersetzern, in: Antike und Orient, 1950, 54–63, bes. 56ff. hat den Text interpretiert.

rienreligionen bezeugt ist[75]. Die Verschriftlichung hat diese Form aus ihrem ursprünglichen Sitz im Leben gelöst. Angesichts eines anonymen literarischen Publikums wäre sie sinnlos. Der Verfasser tut so – und damit spiegelt er den lebendigen Brauch wieder –, als stünde er im Tempel und riefe die Anwesenden herbei, auf daß sie die Wunder des Gottes bestaunen.

Können wir so aus Aristophanes und Pap. Ox. XI 1381 den Dank vor einem Publikum und durch ein Publikum erschließen, so finden wir ihn in den Inschriften des römischen Asklepieion direkt belegt: Der Akklamationsschluß ist hier stereotyp geworden (SIG^3 III 1173):

5ff.: *καὶ ὀρθὸν ἀνέβλεψε τοῦ δήμου παρεστῶτος συγχαιρομένου, ὅτι ζῶσαι ἀρεταὶ ἐγένοντο ἐπὶ τοῦ Σεβαστοῦ ἡμῶν Ἀντιονίου.*

9ff.: *καὶ ἐσώθη καὶ δημοσίᾳ ηὐχαρίστησεν τῷ θεῷ καὶ ὁ δῆμος συνεχάρη αὐτῷ.*

13f.: *καὶ ἐσώθη καὶ ἐλθὼν δημοσίᾳ ηὐχαρίστησεν ἔμπροσθεν τοῦ δήμου*

17f.: *καὶ ἀνέβλεψεν καὶ ἐλήλυθεν καὶ ηὐχαρίστησεν δημοσίᾳ τῷ θεῷ.*

Den ersten Bericht könnte man noch so interpretieren, als sei das Volk bei dem Wundervorgang selbst anwesend; so *E. Peterson*[76], der hier einen Beleg für seine Meinung findet, die Anwesenheit des Volkes diene zur Bestätigung des Wunders. Dies ist jedoch unwahrscheinlich. Wie im epidaurischen Heiligtum werden sich die Heilungen im Abaton vollzogen haben. Danach „kommt“ der Geheilte heraus und dankt „öffentlich“. Die explizite Erwähnung seines Kommens in Z. 12 und 17, sowie die Betonung der Öffentlichkeit des Dankes (*δημοσίᾳ*) schließen die Anwesenheit einer Menge bei der Heilung selbst aus. Deren Jubel bezieht sich auf den Bericht des Geheilten, dessen Danken dreimal ausdrücklich vor der Freude des Volkes erwähnt wird.

Auch der schon erwähnte Pap. Ox. XI 1382 muß hier besprochen werden[77]. Ein Steuermann Syrion scheint durch wunderbare Gewährung von Trinkwasser auf See gerettet worden zu sein. Er schenkt das Wasser den Phariten. Dann fährt er wieder ab. Nach diesem fragmentarisch erhaltenen Bericht des Wunders werden „Anwesende“ zur Akklamation des Gottes aufgefordert[78]: ... *καὶ καταχωρίζεται. ἡ ἀρετὴ ἐν ταῖς Μερκυρίου βιβλιοθήκαις. οἱ παρόντες εἴπατε εἷς Ζευς Σάραπις* [...] Diese Stelle ist deswegen so interessant, weil sie die Akklamation in deutlicher Trennung vom eigentlichen Wunderbericht bringt.

75. So mit Recht *J. Leipoldt*, Übersetzungen, 62. Mt 11,25–30 ist jedoch keine Analogie. Analogie ist die *πρόρρησις* der Mysterien: Isokr. Panegyricus 157; Lukian, Alex. 38; JohApk 22,15; Philo, Spec. I, 324–345; mut. 204.

76. Heis Theos, 191.

77. Dazu *O. Weinreich:* Neue Urkunden zur Sarapis-Religion, SGV 86, 1919; *E. Peterson,* Heis Theos, 217–221.

78. So *E. Peterson,* Heis Theos, 221; *M. Dibelius,* FE, 72 Anm. 1 läßt offen, ob es sich um einen Imperativ oder einen Indikativ handelt.

Der Hinweis auf die Bibliothek des Merkurs trennt beides. Es werden also nicht etwa die Phariten zur Akklamation aufgerufen (in diesem Falle wäre ihre vorherige Erwähnung in der dritten Person kaum denkbar), sondern die Hörer der Wundergeschichte. Nach den bisher besprochenen Analogien darf man vermuten, daß auch hier eine kultische Situation zugrunde liegt[79]. Diese Akklamationen konnten auch in kurzen titularen Prädikationen bestehen. Nachdem Aelios Aristeides im winterlichen Fluß gebadet hat und dabei gesund geworden ist, reagiert die anwesende Menge mit einer *μέγας*-Akklamation auf das „Wunder": *καὶ βοὴ πολλὴ τῶν τε παρόντων καὶ ἐπιόντων τὸ πολυύμνητον δὴ τοῦτο βοώντων 'μέγας ὁ Ἀσκληπιός'* (Aristeid. or. XLVIII,21). Dank und Anerkennung wunderbarer Rettung bestand jedoch oft auch in längeren Lobliedern. Zahlreiche dieser Lieder sind uns erhalten[80]. Sie waren für den Asklepioskult so charakteristisch, daß „Paian", ursprünglich t.t. für den Lobgesang des Apollo, zur festen Bezeichnung dieser Asklepioslieder wurde[81]. Auch das bestätigt unsere Annahme, daß die akklamierende, staunende und lobende Menge in Wundergeschichten ihren Präzedenzfall in der kultischen Gemeinde hat – weniger in der profanen Volksversammlung.

b) Die Annahme einer missionarischen Absicht von Wundergeschichten und Akklamation dürfte dagegen zu Recht bestehen. Direkt ausgesprochen wird die missionarische Absicht in der Imhotep-Heilung Pap. Ox. XI,1381. Die juridische Funktion der „Publizitätsbeurkundung" ist m. E. jedoch sekundär gegenüber der Angewiesenheit des Lobes auf eine lobende Gemeinde und der Akklamation des einzelnen auf die Akklamation vieler.

c) Das Fehlen der aretalogischen Akklamation in vielen Wundergeschichten läßt sich mit der Differenz von volkstümlicher und gehobener Literatur nicht erklären. Die zur Kleinliteratur gehörenden epidaurischen Iamata enthalten keine Akklamationen, der zur Weltliteratur gehörende Aristophanes bringt zwei. Auch in den von Augustinus (civ. XXII,8) erzählten Wundergeschichten findet sich eine implizite Akklamation. Augustin hat eine Frau dazu veranlaßt, ihre Heilung „vor den anwesenden Frauen mitzuteilen, die sich darüber sehr verwunderten und Gott priesen". Näher liegt m. E. eine andere Erklärung für das häufige Fehlen der Akklamation. In den aufgeführten Belegen bezog sich die Akklamation immer auf den Wunder*bericht*, nicht aber direkt auf das Wunder*geschehen*; das heißt die Wundergeschichten sollen wohl alle Admiration

79. So mit Recht *R. Reitzenstein:* Hellenistische Mysterienreligionen, 1966 (= 3. Aufl., 1927), 28 A. 1: „Eine Bekenntnisformel als Akklamation der Gemeinde am Schluß des Gottesdienstes bietet Pap. Ox. 1382". Dagegen *E. Peterson,* Heis Theos, 221 Anm. 3: „Ich brauche nicht zu betonen, daß nichts in dem Papyrusfragment auf einen Gottesdienst hindeutet."

80. Vgl. die Textsammlung bei *Edelstein,* Asklepios I, 325–336.

81. Vgl. *Edelstein* II, 199–208.

(und Akklamation) provozieren, antizipieren diese aber nicht unbedingt. Unter besonderen formgeschichtlichen Bedingungen wird neben dem Wunder selbst auch der Vorgang des Wunder*berichtens* festgehalten, dann etwa, wenn Wundergeschichten Teil einer anderen Gattung werden: der Komödie (Aristophanes) oder einer missionarischen Schrift (Pap. Ox. XI, 1381). Noch die Heilberichte des römischen Asklepieion mit ihren stereotypen Akklamationen unterscheiden zwischen Wundergeschehen und Wunderbericht und lassen die Freude des Volkes auf den Wunderbericht folgen. Auf Staunen und Zustimmung zielen in gewisser Weise alle Wundergeschichten; aber deswegen enthalten nicht alle Wundergeschichten Akklamationen. Vielmehr können sie auch zum „mündlichen Rahmen“ gehören, der nicht unbedingt in die Erzählung integriert und allmählich fester Bestandteil der Erzählung wurde wie in folgenden Fällen: Ein Mann steht nach der Heilung vom Bett auf: *καὶ τὸν ϑεοὺ ἀναβοήσας ἀπῄει τοῖς ἑαυτοῦ ποσὶ διὰ τῆς πόλεως οἴκαδε ὑγιής* (Dion. Hal. ant. VII), wobei jedoch die Akklamation einer Menge fehlt. Anders in der Apollonius-Aretalogie von Delos (IG XI 1299). Sarapis hat seinem Diener vor Gericht beigestanden: *ἅπας δ'ἄρα λαὸς ἐκείνων σὴν ἀρετὴν ϑάμβησεν ἐν ἤματι καὶ μέγα κῦδος σῶι τεύξας ϑεράποντι ϑεόδμητεν κατὰ Δῆλον.*

2. Diachronische Gesichtspunkte

a) Gegenüber der ägyptischen Herleitung der aretalogischen Akklamation ist zu fragen, ob Akklamationen des in Wundern epiphan werdenden Gottes nicht relativ weit verbreitete Erscheinungen sind, die man wohl typologisch ordnen, jedoch kaum diachronisch ableiten kann. Ein sehr alter (von Peterson nicht zitierter) Beleg weist zwar nach Ägypten (Pap. Anastasi V,9f., 13. Jahrhundert v. Ch.)[82]:

„Komm zu mir und sorge für mich; ich bin ja ein Diener deines Hauses. Laß mich reden von deinen starken Taten, in welchem Lande ich auch sei. So wird die Menge der Menschen sagen: ‚Groß ist es, was Toth tut‘; so werden sie mit ihren Kindern kommen, um sie zu stempeln.“

Aber auch AT und LXX kennen akklamationsähnliche Stellungnahmen zu Wundern. Sie finden sich in drei Zusammenhängen: in Zeichen, die Jahwe als Gott erweisen, in Heilungen durch charismatische Wundermänner und (am Rande) in Strafwundern. Charakteristisch ist, daß der israelitische Glaube meist in Konkurrenzsituation mit anderem Glauben in diesen Texten mit Akklamationen auftritt.

Auf dem Karmel steht das Volk vor der Entscheidung: Jahwe oder Baal. Nach

82. Text nach *E. Erman:* Die Literatur der Ägypter, 1923, 377.

dem Feuerwunder des Elia fällt es nieder und ruft: „Jahwe ist Gott, Jahwe ist Gott" (Kön 18,39). In der LXX tritt die Beteuerungsformel ἀληθῶς hinzu: Ἀληθῶς κύριός ἐστιν ὁ θεός, αὐτὸς ὁ θεός[83].

Motive des Karmelwunders finden sich in 2 Makk 1,18ff. Es folgt dem Wunder zwar keine Akklamation, jedoch ein Gebet, das mit einer Akklamation beginnt: *κύριε κύριε ὁ θεὸς, ὁ πάντων κτίστης* (1,24). Vergleichbar sind ferner zwei Beispiele aus Bel et Draco. In beiden Fällen handelt es sich um die Alternative Jahwe oder Baal. Nach einem durch Priesterbetrug entstandenen Wunder bekennt der König: Μέγας εἶ, Βηλ, *καὶ οὐκ ἔστιν παρὰ σοὶ δόλος οὐδὲ εἷς* [vgl. v. l.] (v. 18), um nach einem erneuten Wunder zu der wahren Einsicht zu gelangen: Μέγας *εἶ κύριε ὁ θεὸς τοῦ Δανιηλ καὶ οὐκ ἔστιν πλὴν σοῦ ἄλλος* [vgl. v.l.] (Bel et Draco 41)[84]. Ebenso beziehen sich die Doxologien im Danielbuch (2,47 4,34 3,28 6,25ff.) auf Wunder, in denen sich die Hoheit des einzigen Gottes zeigt. Aber auch Heilungs- und Erweckungsgeschichten enthalten Akklamationen. So bekennt der vom Aussatz befreite Syrer Naeman: „Sieh, jetzt weiß ich, daß es keinen Gott gibt auf der ganzen Welt als in Israel" (2 Kön 5,15), und die Witwe von Sarepta spricht nach der Auferweckung ihres Sohnes: „Jetzt weiß ich, daß du ein Gottesmann bist, und daß das Wort des Herrn in deinem Munde Wahrheit ist" (1 Kön 17,24). Im ersten Fall liegt wieder eine Konkurrenzsituation vor. Für den Syrer Naeman wäre eigentlich der Gott Rimmon zuständig (2 Kön 5,18). In beiden Fällen fehlt eine Menge: Es handelt sich auch nicht um kultisch gebundene (und daher eine Gemeinde als präsent voraussetzende) Wunder, sondern Erzählungen charismatischer Wundermänner.

Noch in einem dritten Zusammenhang begegnen aretalogische Akklamationen. In 2 Makk 6,37 wird Antiochus Epiphanes angedroht, er werde unter Qualen zu dem Bekenntnis kommen *μόνος αὐτὸς θεός ἐστιν* (d. h. Jahwe). Die Akklamation folgt hier einem antizipierten Strafwunder. Vergleichbar sind die von *F. Steinleitner* herausgegebenen kleinasiatischen Sühneinschriften aus dem 2. und 3. Jahrhundert n. Ch., in denen der Gottheit, der gegenüber der Mensch gefehlt hat, durch Akklamation die Ehre gegeben wird[85]. Die Inschriften sind Zeichen des Dankes und bezeugen, daß die Strafe zurückgenommen wurde. Auch hier handelt es sich um wunderbare Taten der Gottheit: *εὐλογῶν σου τὰς δυνάμεις* (Nr. 9).

In den alttestamentlichen-jüdischen Wundergeschichten findet sich nicht die

83. Zur ἀληθῶς-Formel vgl. *E. Peterson*, Heis Theos, 313.

84. *E. Peterson*, Heis Theos, 207, will die *μέγας*-Akklamation an dieser Stelle auf hellenistischen Einfluß zurückführen.

85. *F. Steinleitner:* Die Beichte im Zusammenhang mit der sakralen Rechtspflege in der Antike, 1913. Zu diesen Akklamationen vgl. auch *E. Peterson*, Heis Theos, 200ff.

Abhebung von Wunder und Akklamation, Dank des Einzelnen und Zustimmung der Menge, die wir in der kultischen Situation des heilenden Heiligtums angelegt fanden. Hier haben die Wunder selbst – und nicht nur der Wunderbericht – Akklamationen Jahwes zum Ziel: Pointe ist das Bekenntnis zu ihm, was durch die Konkurrenzsituation mit anderen Göttern unterstrichen wird. Die Belege sprechen insgesamt kaum dafür, daß die aretalogische Akklamation ausschließlich aus Ägypten abzuleiten sei, zumal die von *E. Peterson* zitierten Belege für diese Ableitung alle jünger als AT und LXX sind.

E. Peterson lehnt zum Beispiel solch eine ägyptische Ableitung für die kleinasiatischen Sühneinschriften ab: „Es scheint mir auch eine etwaige Annahme unbeweisbar zu sein, wonach die kleinasiat. Sühneinschriften, die mit einer Akklamation beginnen, zu dieser Akklamation etwa erst durch ägyptische Vermittlung gekommen seien. Diese kleinasiatischen Akklamationen könnten viel eher iranischen Ursprungs sein." Peterson fährt jedoch sogleich fort: „Anders liegt das Problem freilich, was die Akklamation in der Aretalogie angeht; hier halte ich in der Tat den Einfluß der literarischen ägyptischen Aretalogien auf die anderen Aretalogien für sehr wahrscheinlich" (Heis Theos, 142).

b) Wie steht es aber mit der von *E. Peterson* behaupteten Förderung der aretalogischen Akklamation durch die von den Römern aus Ägypten importierten politischen Akklamationen? Sicher ist, daß Akklamationen auf diese Weise nicht in die Wundergeschichten eingeführt wurden; wohl aber könnte sich unter dem Einfluß politischer Akklamationen der Charakter der aretalogischen gewandelt haben. Wer akklamiert wird, beansprucht Macht und Geltung. Durch die Bedeutung der Akklamationen im politischen Leben des Kaiserreiches (vgl. den Germanicus-Erlaß) wurde dies immer wieder unterstrichen. Vielleicht hat dieser Machtanspruch auf die späteren christlichen Wundergeschichten abgefärbt. Hier ist er oft mit Händen zu greifen. Als Thekla (Act. Paul. 26ff.) durch ungerechtes Urteil des antiochenischen Statthalters zum Tierkampf verurteilt und durch ein Wunder gerettet wird, muß selbst der Statthalter kapitulieren: „Und sogleich gab der Statthalter eine Verfügung heraus des Inhalts: ‚Thekla, die fromme Dienerin Gottes, gebe ich euch los'. Die Frauen aber schrien alle mit lauter Stimme und lobten Gott wie aus einem Munde und sprachen: ‚Einer ist Gott, der Thekla gerettet hat' so daß von dem Schreien die ganze Stadt bebte" (ActPaul. 38). Hier meldet die christliche Gemeinde ihren Anspruch auf Stadt und Statthalter an; die Akklamation geschieht im Theater, dem Forum der Stadt. Die Geschichte der aretalogischen Akklamation geht aus vom kultischen Dank und führt zum kultpolitischen Machtanspruch. Die Akklamationen des NT lassen sich freilich weder hier noch dort einordnen.
c) Daß die aretalogische Akklamation jüdischer Herkunft zwischen ägyptischen und christlichen Akklamationen historisch vermittelt haben, läßt sich nicht mehr behaupten, wenn die ägyptische Herkunft aller Akklamationen fraglich ist. Die jüdischen Akklamationen sind aus alttestamentlicher Tradition zu ver-

stehen. In den Qumrantexten findet sich ein Gebet des von einem jüdischen Wundertäter geheilten Nabonid. Seine Heilung wird aufgeschrieben, „zu erweisen Ehre und große Herrlichkeit dem Namen des höchsten Gottes“ (Gebet Nabonids 5). Möglicherweise führen die christlichen ntl Akklamationen jüdische Tradition fort.

3. Anwendung auf das Neue Testament

E. Peterson vermißte im NT „eigentliche Akklamationen“, das heißt titulare Akklamationen nach Wundern. Wir müssen dies Urteil korrigieren. Schon *M. Dibelius*[86] wies auf Lk 7,16 hin. Zu ergänzen sind Lk 5,8 Mt 12,23 14,33 Joh 1,49 (4,42) 6,14 (9,37). In der Apg wird Simon Magus (8,10) sowie Paulus und Begleiter akklamiert (14,11f. 16,30 28,6). Gewiß sind die einzelnen Stellen formal verschieden. Gemeinsam ist aber, daß nach einem Wunder den Wundertätern Hoheitsnamen zugelegt werden, sei es in Form der Frage oder überzeugten Bekenntnisses, mag das Bekenntnis nur indirekt referiert oder wörtlich wiedergegeben werden:

Lk 7,16:	Furcht aber ergriff alle, und sie priesen Gott und sagten: Ein großer Prophet ist unter uns aufgestanden, und Gott hat sich seines Volkes angenommen.
Lk 5,8	Als Simon das sah, warf er sich zu den Knieen Jesu nieder und sprach: Geh von mir hinaus, denn ich bin ein sündiger Mensch, o Herr! 9 Denn Schrecken umfing ihn und alle ...
Mt 12,23	Und die ganze Volksmenge erstaunte und sagte: Dieser ist doch nicht etwa der Sohn Davids?
Mt 14,33	Die im Schiff aber warfen sich vor ihm nieder und sagten: Du bist in Wahrheit Gottes Sohn.
Joh 1,49	Nathanael erwiderte ihm: Rabbi, du bist der Sohn Gottes, du bist der König Israels.
Joh 6,14	Als nun die Leute das Zeichen sahen, das er tat, sagten sie: Dies ist in Wahrheit der Prophet, der in die Welt kommen soll.
Apg 8,10	Und auf ihn achteten alle, klein und groß, und sagten: Dieser ist die Kraft Gottes, die man die große nennt.
Apg 14,11f.	Und als die Volksmenge sah, was Paulus getan hatte, erhoben sie ihre Stimme und sagten auf lykaonisch: Die Götter sind den Menschen ähnlich geworden und zu uns herabgestiegen. 12 Und sie nannten den Barnabas Zeus, den Paulus aber Hermes, weil er der Wortführer war.
Apg 16,30	Und er führte sie hinaus und sprach: Ihr Herren, was muß ich tun, damit ich gerettet werde?
Apg 28,6	Als sie jedoch lange warteten und sahen, daß ihm nichts Schlimmes widerfuhr, änderten sie ihre Meinung und sagten, er sei ein Gott.

86. FE, 71f.

Auffallend ist nicht das Fehlen von titularen Akklamationen überhaupt, sondern deren völlige Abwesenheit in mk Wundergeschichten, wo sich nur nicht-titulare Akklamationen finden (1,27 2,12 4,41 7,37). Nur außerhalb von Wundergeschichten begegnen Akklamation (15,39) und akklamationsartige Rufe (Mk 6,14f.). Wie ist dies Fehlen aretalogischer Akklamationen im ältesten Evangelium zu erklären?
Wir hatten oben das Fehlen von Akklamationen in vielen antiken Wundergeschichten zum Teil dadurch erklärt, das Akklamation und Admiration zum mündlichen Rahmen gehören können. Trifft diese Erklärung auch auf den ntl Befund zu? In der Tat gibt es in allen drei Evangelien – in verschiedener Weise – Hinweise darauf, daß Akklamationen zum mündlichen Rahmen gehören können, daß man sie als Reaktion auf den Wunder*bericht* und nicht auf das Wunder*geschehen* ansah. In Mk 7,36f. folgen einander Schweigegebot, Übertretung, Verkündigung des Wunders und dann erst die Akklamation: „Gut hat er alles gemacht ..." (7,37). Innerhalb mkn Redaktion (V. 36b ist wahrscheinlich redaktionell) bezieht sich die Akklamation auf den Wunderbericht; ebenso die Admiration in 5,20: „Und er ging weg und begann, in der Dekapolis zu predigen, was Jesus ihm getan hat, und alle staunten" (wobei auch hier mkn Redaktion vorliegt). Herodes nimmt 6,14ff. zu Wundern (*δυνάμεις*) Stellung, ohne sie gesehen zu haben. Sie sind ihm durch Bericht übermittelt: *καὶ ἤκουσεν ὁ βασιλεύς* (6,14). Das Gehörte provoziert titulare, wenn auch inadäquate Stellungnahmen. Akklamationsartige Rufe beziehen sich in 6,2 auf Wunder (*δυνάμεις*)[87], ohne daß Wunder geschehen sind. Mk hat vielleicht an vorhergehende Wunder gedacht[88], erzählt jedoch nicht, daß deren Kunde bis in die Heimatstadt Jesu gedrungen ist. Konnte er deshalb auf eine derartige Notiz verzichten, weil für ihn zum *διδάσκειν* (6,2) auch Wunderberichte gehören? Mit anderen Worten, weil er in die Synagogenversammlung eine christliche Missionsversammlung hineinprojiziert, in welcher die Lehre von Jesu Wundertaten Staunen (und Ablehnung) hervorruft?
Hat man für Mk 7,36f. 5,19f. 6,14f. zugestanden, daß nach mkn Verständnis Akklamationen (und Admirationen) zum mündlichen Rahmen gehören können, so muß einem weiter auffallen, daß alle Akklamationen im MkEv in inhaltlicher Spannung zu den vorhergehenden Wundern stehen. Sie sind erzählerisch nicht voll in die Wundergeschichten integriert. Mk 7,37 bezieht sich nicht nur auf die Taubstummenheilung, sondern das ganze Wunderwirken Jesu: *καλῶς*

87. Auch *σοφία* kann sich auf wunderwirkendes Wissen beziehen. Lukian nennt einen syrischen Exorzisten *σοφιστής* (Philops. 16), *σοφός* kann der Magier sein (vgl. *L. Bieler*, Theios Aner, 76ff.; *R. Reitzenstein*, Mysterienreligionen, 230). Wahrscheinlicher ist mir jedoch, daß „Weisheit" hier die Lehre meint, vgl. Mk 1,27.
88. Vgl. *E. Grässer:* Jesus in Nazareth, NTS 16 (1969) 1–23, zu den Problemen dieser Perikope.

πάντα πεποίηκεν, καὶ ... Bei 1,27 hat man sich schon oft gefragt, warum die Zeugen der Dämonenaustreibung in der Synagoge von Kapernaum rufen: „Was ist das? Eine neue *Lehre* ...“, wo doch im Exorzismus selbst keine „lehrhaften Züge“ zu entdecken sind, und die summarische Erwähnung der Lehre Jesu in Mk 1,22 mkn Handschrift verrät? Soll man deshalb das Motiv der Lehre auch in V. 27 streichen[89]? Hat die Frage nach der „neuen Lehre“ eine näher liegende Frage nach der Person Jesu: „Wer ist das?“ verdrängt[90]? Nun ist „neue Lehre“ ein Missionsterminus (Apg 17,19 vgl. 13,12). Erzählungen der Missionare sind neue Lehre. Der Begriff erklärt sich im Zusammenhang unseres Exorzismus zwanglos, wenn wir die Akklamation nicht auf den Exorzismus selbst, sondern die Erzählung von ihm beziehen, das heißt wenn ursprünglich nicht Jesus, sondern der von seiner dämonenaustreibenden Macht zeugende und lehrende Christ Anlaß der Akklamationen war. Mk läßt Synagogen- und Missionsversammlung in eins fließen. Er hat vor Augen, daß in christlichen Versammlungen die neue Lehre durch Erzählen von Exorzismen demonstriert wird. Die zum mündlichen Rahmen gehörende Akklamation wurde in die Erzählung hineingenommen und mit ihr verschmolzen.
Ähnlich ist vielleicht 2,12 zu erklären. Die Akklamation steht mit dem Vorherigen insofern in Spannung, als unklar bleibt, wer mit „allen“ gemeint ist: Zumindest die Schriftgelehrten haben wenig Grund, über ihre Niederlage zu frohlocken[91]. Auch eine literarkritische Ausscheidung von V. 6–10 hilft hier nicht viel; die mangelnde erzählerische Integration der Akklamation bleibt zumindest für die mk Reproduktion der Wundergeschichte bestehen. Wäre nicht auch hier die einfachste Erklärung: Hinter der anonymen akklamierenden Menge stecke die Zuhörerschaft der Wundergeschichte, der anwesende ὄχλος werde für sie transparent.

Damit stellt sich das literarkritische Problem von Mk 2,1–10 neu[92]. Der Widerspruch zwischen der Akklamation aller und der Anwesenheit von Gegnern Jesu war eines der gewichtigsten Argumente für die Ausscheidung von V. 5b–10. (Abgesehen von der Möglichkeit, daß hier ein erzählerisch integrierter mündlicher Rahmen vorliegt, könnte man

89. GST, 223f.
90. *R. Pesch:* Ein Tag vollmächtigen Wirkens Jesu in Kapharnaum (Mk 1,29–34.35–39), BL 9 (1968) 114–128, 177–195, 261–277. Vgl. 118.
91. Vgl. *R. Bultmann*, GST, 12.
92. Die von *W. Wrede:* Zur Heilung des Gelähmten (Mc 2,1ff.), ZNW 5 (1904) 354–358, inaugurierte Analyse wurde zuletzt von *I. Maisch:* Die Heilung des Gelähmten. Eine exegetisch-traditionsgeschichtliche Untersuchung zu Mk 2,1–12, 1970, ausführlich begründet. Unzureichend sind die Gegenargumente von *R. T. Mead:* The Healing of the Paralytic – a Unit? JBL 80 (1961) 348–354, mit der sie für eine ursprüngliche Einheit eintritt. *W. G. Kümmel:* Die Theologie des Neuen Testaments, 1969, 40, spricht sich für eine ursprüngliche Einheit aus (ohne Argumentation).

auf Mk 12,17 verweisen; hier „staunen" die Gegner.) Wir wollen die Frage nicht entscheiden, geben jedoch zu bedenken: a) V.5b läßt sich schwer der ursprünglichen Geschichte absprechen. Es handelt sich um eine stilgemäße Zuspruchsformulierung. Man hat mit Recht argumentiert[93], das Stichwort „Sündenvergebung" müsse schon zur traditionellen Wundergeschichte gehört haben, soll die Einschaltung des Gesprächs über die Sündenvergebung verständlich werden. Aber mit der Traditionalität von V. 5b wird auch die Streichung von V. 6–10 aus formalen und inhaltlichen Gründen problematisch: aus formalen Gründen, weil ein Zuspruch antizipierte Heilung ist, aber die Heilung fast nie unmittelbar einleitet; aus inhaltlichen Gründen, weil kaum vorstellbar ist, daß das provozierende Stichwort „Sündenvergebung" ohne erzählerische Konsequenzen geblieben sein soll. – b) Für den Adressatenwechsel zwischen V. 10 und V. 11 werden wir unten die Möglichkeit erörtern, daß V. 10 ein „kommentierender" Bestandteil der Erzählung ist, der gewissermaßen aus der Erzählung heraustritt und sich direkt an den Zuhörer wendet. Setzen wir jedoch einmal voraus, es handle sich in V. 5b–10 (oder 6–10) um einen Zusatz, so haben wir allen Grund, die Erzählkunst des reproduzierenden Autors zu bewundern, der aus zwei kompositionell voneinander abgehobenen Stufen „Zuspruch" (V. 5b) und „Heilungswort" (V. 11) eine sachliche Alternativfrage formuliert und so eine neue „Entgegensetzung" im paradigmatischen Feld der Motive aktualisiert. Formal konnte er dabei die Struktur einiger Normenwunder zugrunde legen, welche Alternativfragen durch Wunder entscheiden, und sich kompositionell an expositionsbetonten Kompositionen orientieren.

Ein dritter Akklamationsschluß liegt in 4,41 vor. Die Spannungen zur Erzählung sind auch hier deutlich. Die soeben noch als ungläubig gescholtenen Jünger können die Hoheit Jesu erkennen: Wer Wind und Wellen beherrscht, muß göttlichen Wesens sein. Bei Mt tritt die mangelnde erzählerische Integration der Akklamation noch deutlicher hervor. Auch er muß die (mögliche) Zugehörigkeit der Akklamation zum mündlichen Rahmen der Wundergeschichten noch gekannt haben. Nur so läßt sich erklären, daß er in der Sturmstillung am Schluß plötzlich „die Menschen" einführt. Auf dem Meere kann man sie sich nicht anwesend denken; und doch nehmen sie teil an der Gefährdung des Schiffes, dem Zweifel der Jünger, der Überwindung des Sturmes – als Hörer der urchristlichen Wundergeschichte. „Die ἄνϑρωποι an unserer Stelle sollen ... offenbar die Menschen repräsentieren, denen diese Geschichte in der Verkündigung begegnet."[94]
Wie sehr Mt den Akklamationsschluß unabhängig von der vorhergehenden Perikope formuliert, zeigt auch Mt 14,33: „Die im Boote aber knieten vor ihm nieder und sagten: Wahrhaftig, du bist Gottes Sohn." Das Boot ist ein schlechter Ort für eine Proskynese. Dahinter schimmert eine andere Situation durch: Die von der Verkündigung ergriffenen Hörer erkennen in Jesus den Sohn

93. *F. Hahn*, Hoheitstitel, 228 Anm. 2; *W. Grundmann*, Mk, 54f.; *H. Schürmann*, Lk, 286.
94. *G. Bornkamm:* Die Sturmstillung im Matthäusevangelium, in: Überlieferung und Auslegung, 52.

Gottes an, eine Situation, die an 1 Kor 14,24f. erinnert: Ungläubige nehmen an der Gemeindeversammlung teil, hören die Verkündigung der Gemeinde, „und so wird er (sc. der Ungläubige) auf sein Angesicht niedersinken und Gott anbeten und verkünden, daß in Wahrheit Gott in euch ist“[95]. Auch hier läßt sich beobachten, daß Akklamationen zum mündlichen Rahmen der Verkündigung gehören können.

In ganz andere Richtung verläuft die Entwicklung bei Lk. Hier ist die Integration des Akklamationsschlusses fortgeschritten[96].

Ein gutes Beispiel ist die Bearbeitung der Dämonenaustreibung in der Synagoge von Kapernaum. Die bei Mk zu beobachtende Spannung von Lehre und Exorzismus ist abgemildert, da die „Lehre“ „Wort“ genannt wird, die Dämonenaustreibung aber durch das „Wort“ geschieht (5,36). Auch die Unstimmigkeit am Ende der Sturmstillungsperikope ist beseitigt. An die Stelle des Vorwurfs von Unglauben πῶς οὐκ ἔχετε πίστιν; (Mk 4,40) tritt die Frage nach dem Glauben: Wo ist euer Glaube? (Lk 8,25), die mit der Akklamation beantwortet wird.

Lk hat jedoch nicht nur die bei Mk feststellbaren Spannungen geglättet, sondern auch selbständig den Schluß neu gestaltet. Nur bei ihm wird die Akklamation, meist ein Loben Gottes, von einzelnen gesprochen. An mehreren Stellen hat er den Mk-Text in diese Richtung bearbeitet. Bei der Heilung des Gichtbrüchigen fügt er zu der Feststellung, daß der Kranke gesund wegging, hinzu: δοξάζων τὸν θεόν (5,25). Erst danach folgt die Akklamation der Menge. Dasselbe Gegenüber von einzelnem und Volk wird in die Blindenheilung bei Jericho eingeführt: lk Zusatz ist: „(und er folgte ihm nach) und pries Gott. Und alles Volk, das zusah, gab Gott die Ehre“ (18,43). In der Perikope von der blutflüssigen Frau betont Lk, daß sie vor dem Volk ihre Heilung „verkündigt“ (8,47); Lk fügt zum Mk-Text: „(und erzählte ihm) vor dem ganzen Volke, aus welchem Grunde sie ihn angerührt habe und wie sie sofort geheilt worden sei“ (8,47). Die Frau mit dem gekrümmten Rücken preist nach ihrer Heilung Gott (13,13), das Volk schließt sich nach der Sabbatdebatte an: „Und alles Volk freute sich über alle die herrlichen Dinge, die durch ihn geschahen“ (13,17).

Das Gegenüber von einzelnem und Volk ist nur bei Lk zu finden; es geht sicher auf seine Redaktionsarbeit zurück. Vorbild dieser lk Gestaltung des Akklamationsschlusses ist der kultische Dank, der von einem einzelnen vor der Gemeinde vollzogen wird und in den diese mit einstimmt: In Apg 3,1–10

95. Schon *G. Bornkamm*, Sturmstillung, 52, zog 1 Kor 14,24f. zur Erklärung von Mt 8,27 heran.

96. *K. Tagawa*, Miracles, 98, hat dasselbe Phänomen vor Augen, wenn er zur lk Redaktion des Admirations- und Akklamationsmotivs (ohne sie zu trennen) schreibt: „Il explique l'étonnement et la crainte en psychologue et les motives logiquement et quasi historiquement, y voyant des attitudes possibles des témoins de chaque scène.“

eilt der Geheilte in den Tempel, lobt Gott vor dem staunenden Volk. Durch diese Gestaltung ist die zum mündlichen Rahmen gehörende und für ihn transparente Akklamation fester in den Erzählverlauf integriert; zugleich wird seine ursprüngliche Stellung deutlich: Das Loben des Volkes bezieht sich nicht nur unmittelbar auf das Wunder, sondern zugleich auf das Lob des einzelnen, ist Antwort und Weiterführung seines Lobes: seiner Erzählung von der wunderbaren Heilung.

Wir finden also in allen synoptischen Evangelien Hinweise darauf, daß Akklamationen zum mündlichen Rahmen der Wundergeschichten gehören konnten und auch als erzählerisch integrierter Bestandteil für einen mündlichen Rahmen transparent bleiben. Daraus folgt für das Verständnis der Wundergeschichten: Wo keine Akklamation erzählt wird, können wir dennoch annehmen, daß sie intendiert ist. Und umgekehrt: wo Akklamationen integrierter Bestandteil von Wundergeschichten sind, bleiben sie für einen intendierten akklamatorischen mündlichen Rahmen transparent. Das lobende Volk und die bekennenden Jünger warten darauf, daß sich der Leser neben sie stellt und in ihr Lob einstimmt. Alle Wundergeschichten wollen eine Stellungnahme zum Wundertäter provozieren; sie sprechen damit Hörer und Leser an[97]. Ihre missionarische Funktion (die im dritten Teil zu besprechen ist) ergibt sich aus ihrer Struktur.

Innerhalb unserer diachronischen Untersuchung halten wir fest: die Akklamation konnte ursprünglich zum mündlichen Rahmen der Wundergeschichten gehören. Aus der Antwort auf die Wundergeschichten wird jedoch in der Entwicklung immer mehr ein Teil der Wundergeschichten. Diese Entwicklung findet im NT bei Lk ihren Höhepunkt, während Mt an diesem Punkt zum Teil ursprünglicher als Mk erscheint. Das „Fehlen" der Akklamationen im NT, sofern man von einem solchen überhaupt sprechen darf, erklärt sich uns aus der Zugehörigkeit zum mündlichen Rahmen. Damit sind die Überlegungen *E. Petersons* zu diesem Thema nicht hinfällig. Hinfällig ist nur die zweite Erklärung für das Fehlen titularer Akklamationen im NT; die ägyptische, durch Rom vermittelte Herkunft der Akklamationen ist eine problematische Annahme. Die erste und dritte Erklärung könnte jedoch ein Wahrheitsmoment enthalten, freilich nicht zur Deutung des gesamten ntl Befunds – ein generelles Fehlen der Akklamation läßt sich nicht behaupten; es bleibt jedoch das Phänomen, daß titulare Akklamationen bei Mk vollkommen fehlen und in späteren Schriften zunehmen.

a) Das Fehlen titualer Akklamationen im MkEv könnte damit zusammenhängen, daß die Wundergeschichten „noch nicht zu einem literarischen Propa-

97. Vgl. *W. Schmithals:* Wunder und Glaube, 1970, 13: „Indem der Erzähler von der Reaktion der einstigen Zuschauer berichtet, will er zugleich eine Stellungnahme des jeweiligen Hörers oder Lesers der Geschichte provozieren."

gandastück im Wettbewerb mit anderen Religionen geworden" sind[98]. Wir hatten (an Hand alttestamentlicher Akklamationen) gesehen, daß Konkurrenzsituationen Bekenntnisse als integrierten Skopos von Wundererzählungen erscheinen lassen; sie sind dann Entscheidung gegen andere Weisen des Bekenntnisses. Läßt sich im NT ein analoges Phänomen nachweisen? Wir können diese Frage bejahen: Alle Akklamationen der Apg dokumentieren eine Konkurrenzsituation; die Akklamationen werden als unchristlich abgelehnt. Bei heidnischen Wundertätern (Apg 8,10)[99], hybriden Politikern (12,22) oder fremden Göttern (19,34) versteht sich die Ablehnung von selbst. Aber auch christliche Wundertäter werden akklamiert, als handle es sich um heidnische Götter und Gottmenschen (14,11f. 16,30 28,6) – ein Mißverständnis, gegen das sich Lk wohl nicht rein zufällig wehren muß. Für Lk gehören titulare Akklamationen irdischer Wundertäter oder Machthaber in den Bereich des Heidentums. Wenn die lk Akklamationen des Evangeliums vorwiegend Gott loben (und nicht den Wundertäter Jesu), so will er vielleicht bewußt den Unterschied zwischen christlichem Dank und heidnischer Apotheose menschlicher Wundertäter festhalten[100]. Auf jeden Fall vermehrt er die Akklamationen. Es ist nicht ausgeschlossen, daß dies mit der deutlicher hervortretenden Konkurrenzsituation zusammenhängt. Mit der Zunahme der Akklamationen ist freilich noch nicht ihr Fehlen bei Mk erklärt.

b) Für das Fehlen von titularen Akklamationen im MkEv scheint mir *E. Petersons* dritte Erklärung – nicht als historische, wohl aber als redaktionsgeschichtliche Erklärung – diskutabel zu sein: Nicht der Geheimnischarakter des Lebens Jesu, wohl aber die mk Geheimnistheorie schließt titulare Akklamationen aus, setzt sie jedoch als entgegengesetzte Motive zu den Schweigegeboten auf paradigmatischer Ebene voraus. Hat er sie bewußt im kompositionellen Zusammenhang nicht realisiert? Hat er sie aus dem mündlichen Rahmen von Wundergeschichten nicht übernommen? Einige Beobachtungen sprechen für diese Annahme:

1. Es ist kein Zufall, wenn innerhalb der synoptischen Tradition nur in den von Mk nicht geprägten lk und mt Wundergeschichten titulare Akklamation begegnen; das neben Mk existierende Sondergut enthält sie. Hinzu kommt, daß

98. *E. Peterson*, Heis Theos, 195. *M. Dibelius*, FE, 72 Anm. 2 gesteht dieser Erklärung ein relatives Recht zu.

99. Dazu *H. G. Kippenberg:* Garizim und Synagoge, 1970, 332ff. Er lehnt eine Deutung von Apg 8,10 mit Hilfe der von *E. Peterson* zusammengestellten Akklamationen ab, sieht jedoch die Analogie. Dafür verweist er auf Doxologien der samaritanischen Gemeinde, mit denen diese Gottes rettendes Handeln preist.

100. Zum subordinatianischen Charakter lk Akklamationen vgl. *K. Tagawa*, Miracles, 98f. Zum lk Subordinatianismus generell vgl. *H. Conzelmann:* Die Mitte der Zeit, 5. Aufl., 1964, 158ff.

zwei unter Umständen von Mk unabhängige Parallelüberlieferungen zu mkn Wundergeschichten titulare Akklamationen aufweisen: das Speisungswunder (Joh 6,14)[101] und der Seewandel (Mt 14,33). Es ist also nicht ausgeschlossen, daß es schon zur Zeit des Mk Fassungen von Wundergeschichten gab, die ein Bekenntnis zur Hoheit Jesu enthielten. Problem ist: hat Mk solche Wundergeschichten gekannt?

2. Mk setzt den Zusammenhang von Wunder und titularer Akklamation voraus, weil er an einigen Stellen das Fehlen einer solchen Akklamation bei den Jüngern tadelt. In 6,52 betont er: „Denn sie waren über den Broten nicht zur Einsicht gekommen, sondern ihr Herz war verstockt." Der Gedanke wird 8,17.21 wiederholt[102]. Mk beanstandet hier den Mangel an christologischer Erkenntnis. Er will sagen, eigentlich sei das Messiasbekenntnis schon nach dem Brotwunder fällig gewesen. Hat Mk es hier weggelassen (bzw. aus dem mündlichen Rahmen nicht übernommen), um die Jünger als Unverständige hinzustellen[103]? Die Parallele Joh 6,14 läßt diese Hypothese als möglich erscheinen. Unabhängig davon aber läßt sich sagen: Mk weiß, daß dem Brotwunder ein christologisches Bekenntnis hätte folgen können. Es fehlt, inhaltlich wegen des Jüngerunverständnisses, formal, weil ein paradigmatisch präsentes Motiv kompositionell nicht realisiert wurde.

3. Außerhalb des formgeschichtlichen Zusammenhangs einzelner Wundergeschichten finden sich aretalogische titulare Akklamationen. Mk konnte sie trotz seiner Geheimnistheorie bringen, weil sie aus dem Munde von Dämonen kommen, inadäquate Meinungen zum Ausdruck bringen oder am Schluß des Evangeliums dessen durchgehenden Geheimnischarakter nicht mehr in Frage stellen. Auf die Motivversetzungen der Dämonenbekenntnisse in den mkn Summarien (1,34 3,11) haben wir schon oben aufmerksam gemacht: in einzelnen Exorzismen gehören sie in die Exposition (1,24 5,7), in Summarien ans Ende. Diese Endstellung entspricht dem kompositionellen Ort titularer Akklamationen in Wundergeschichten. Deren Vorbild hat Mk vor Augen. Er setzt die Motive Schweigegebot und (titulare) Akklamation in Gegensatz zueinander und be-

101. *F. Hahn*, Hoheitstitel, hält (391f.) Joh 6,14 für ursprünglich. Vgl. *H. Clavier:* La multiplication des pains dans le ministère de Jésus, TU 73 1959, 441–457. *R. Bultmann*, Joh, 157f. nimmt dagegen einen sekundären Zusatz an. Wahrscheinlich zu machen ist m. E. nur, daß 6,14 nicht joh Zusatz ist: ἀληθῶς paßt schlecht zur joh Wertung der Akklamation als Mißverständnis.

102. Er ist redaktionell. Vgl. *E. Schweizer*, Mk, 90f.; *K. Tagawa*, Miracles, 77; *J. Roloff*, Kerygma, 246–251.

103. Das Fehlen einer Chorakklamation wurde schon oft bemerkt: *H. J. Held*, Matthäus als Interpret, 172 Anm. 2; *B. van Iersel:* Die wunderbare Speisung und das Abendmahl in der synoptischen Tradition, NovTest 7 (1964/5) 167–194, vgl. 183; *H. Schürmann*, Lk, 524, und *J. Roloff*, Kerygma, 244, folgern daraus, es handle sich nicht um eine typische Wundergeschichte.

handelt die Dämonenbekenntnisse wie finale titulare Akklamationen.
In Mk 6,14–16 handelt es sich nicht um Dämonenbekenntnisse, sondern menschliche, jedoch inadäquate Stellungnahmen. Innerhalb mk Komposition beleuchten sie das schlechte Gewissen des Herodes, ursprünglich nehmen jedoch wohl anonyme Sprecher zu den wunderbaren Taten Jesu Stellung. Diese Beziehung titularer Akklamationen zu Wundern dürfte schon Tradition sein. Die parallele Stelle 8,28 (wo ein direkter Bezug auf Wunder fehlt, jedoch durch Rückgriff auf 6,14f. indirekt hergestellt wird) ist gegenüber 6,14f. sekundär[104], wie ein genauer Vergleich zeigt:

1. In 8,28 fällt der Wechsel zwischen Akkusativ und Nominativ auf: *Ἰωάννην*/*Ἠλίαν*/*εἷς τῶν προφητῶν*. Nur die ersten beiden Glieder antworten syntaktisch richtig auf *τίνα με λέγουσιν οἱ ἄνθρωποι εἶναι*. Erst Mt korrigiert das letzte Glied und setzt es in den Akkusativ, ebenso eine Reihe von Handschriften. Eine zweite Merkwürdigkeit ist das fehlende *ὅτι* im letzten Glied, das bei einem abhängigen Behauptungssatz zu erwarten wäre und nur in direkter Rede fehlen könnte[105]. Ursprünglich könnte die ganze Antwort im Nominativ gestanden haben und direkte Rede gewesen sein. Die Frage V. 27b erforderte als Antwort einen Akkusativ und indirekte Rede. Der Evangelist setzt die ersten beiden Glieder in den Akkusativ und läßt nur am Schluß den ehemaligen Nominativ stehen, da die determinierende Kraft der Frage hier weniger stark ist. Mk hätte dann eine direkte Rede in eine indirekte umgesetzt. Die ursprüngliche grammatische Struktur erscheint nur noch am Schluß in 8,28.
2. Wer ist mit *οἱ δὲ*/*καὶ ἄλλοι*/*ἄλλοι δὲ* gemeint? Am Anfang sind es die Jünger, aber dann wird es schwierig. Wenn *οἱ δὲ*/*καὶ ἄλλοι*/*ἄλλοι δὲ* nebeneinandergeordnet sind, müßte man übersetzen: „und andere (Jünger sagten, daß einige ihn) für Elias (halten)". Dann aber läßt sich das letzte Glied nicht mehr verständlich machen: „Andere (Jünger) aber (sagten), daß er einer der Propheten (sei)" widerspricht dem offenkundigen Sinn, da sich Jesus mit der folgenden Frage bewußt antithetisch an die Jünger wendet: „Ihr aber, für wen haltet ihr mich?" Mk kann mit den *ἄλλοι δὲ* nur anonyme Menschen gemeint haben. Dann müssen aber mit *οἱ δὲ* und *καὶ ἄλλοι* ebenfalls einmal ungenannte Menschen gemeint sein. Mk hätte einen Bruch in die Aufzählung von Volksmeinungen hinein gebracht, indem er *οἱ δὲ* auf die Jünger bezieht, so daß sich auch hier die Vermutung bestätigt, er habe ursprüngliche Äußerungen des Volkes sekundär den Jüngern in den Mund gelegt.

104. *O. Cullmann:* Die Christologie des Neuen Testaments, Tübingen 1957, 30–35, hält 6,14ff. für historisch. Für Ursprünglichkeit gegenüber 8,28 plädieren *E. Percy:* Die Botschaft Jesu, 1953, 230 und *G. M. de Tillesse,* Le secret, 311f. *F. Hahn,* Hoheitstitel, 222 Anm. 3 nimmt wechselseitige Abhängigkeit an, *R. Bultmann*, GST, 329, Ursprünglichkeit von 8,28; ebenso *R. Meyer:* Der Prophet aus Galiläa, 1940, 10, 31f. 38ff.
105. *J. H. Moulton:* A Grammar of New Testament Greek 1963, Bd. III, 306: „ ... it looks as if *προφήτης* is direct speech, with *ὅτι* introducing a mere exclamation of the people, in 6,15, and in the same way there is no need for *ἐστιν* in 8,28 if *ὅτι* is thought of as introducing the dir. speech *εἷς τῶν προφητῶν*".

3. Das erste ὅτι ist insofern merkwürdig, als ein A. c. I. nicht durch ὅτι eingeleitet wird. Die überwältigende Mehrheit der Handschriften hat hier verbessert, teils durch Anlehnung an Mt 16,14 zu οἱ μὲν, teils wie Lk 9,19 durch Streichung. Wenn nun ὅτι im dritten Glied wieder begegnet, dürfte auch das ein Indiz dafür sein, daß ursprünglich einmal alle Antworten wie die dritte Antwort konstruiert waren, d. h. nicht als A. c. I., sondern, durch ὅτι-rezitativum eingeleitet, als Aussagesätze.

Alle drei Beobachtungen führen zu demselben Ergebnis: Mk hat die Äußerungen einer unbekannten Volksmenge in direkter Rede in Berichte über diese Volksmenge und ihre Meinung durch die Jünger verwandelt. Der hinter Mk 8,28 erscheinende ursprünglichere Text entspricht aber genau Mk 6,14f.: Dort redet das Volk (bzw. Herodes), alle Glieder stehen im Nominativ und werden durch ὅτι eingeleitet. Es ist daher sehr wahrscheinlich, daß Mk die Tradition, die in 6,14f. vorliegt, ein zweites Mal als Exposition des Messiasbekenntnisses benutzt hat. Durch Verwandlung der ursprünglich direkt von anonymen Menschen ausgesprochenen „Akklamationen" des wundertätigen Jesus in indirekte Berichte verlegt er die ganze Debatte um die Würde Jesu in den esoterischen Kreis der Jünger, die „auf dem Wege" unter sich allein sind. Seine Geheimnistheorie hat Mk zu dieser Veränderung veranlaßt. In 6,14f. kann er öffentlich nur einige inadäquate Meinungen zulassen, welche den Wundertäter Jesu zu begreifen versuchen. Erst in der Esoterik eines Jüngergesprächs kann die durch Wunder herausgeforderte titulare Akklamation erfolgen.

Die geheime Würde Jesu wird nur von einem einzigen Menschen öffentlich ausgesprochen: dem Hauptmann am Kreuz. Die Beziehung seines Bekenntnisses auf die unmittelbar vorhergegangenen wunderbaren Ereignisse ist unverkennbar. Sein Bekenntnis „entspricht somit dem akklamatorischen Schluß von Wundergeschichten oder auch von Martyrien"[106]. Hat Mk vielleicht zugunsten dieses einen Bekenntnisses nirgendwo sonst titulare Akklamationen realisiert? Ich halte das für sehr wahrscheinlich.

Wir fassen zusammen: Mk kennt den Zusammenhang von Wunder und titularer Akklamation. In den wenigen von Mk unabhängigen Wundergeschichten finden sich titulare Akklamationen, außerdem in zwei (möglicherweise) unabhängigen Parallelüberlieferungen zu mk Wundern. Als Mk die synoptische Überlieferung in seinem Evangelium gestaltete, wird es Wundergeschichten mit titularen Akklamationen gegeben haben. Mk hat ferner ein redaktionelles Interesse, solche Akklamationen seiner Geheimnistheorie wegen wegzulassen, setzt andererseits aber in seiner Geheimnistheorie unausgesprochene Bekenntnisse als entgegengesetztes Motiv zu den Schweigegeboten voraus, indem er das Geheimnis auf die Personwürde Jesu konzentriert. Die wahrscheinlichste Deutung dieses Sachverhalts ist

106. *Ph. Vielhauer:* Erwägungen zur Christologie des Markusevangeliums, in: Aufsätze zum Neuen Testament, 1965, 199–214.

m. E., daß Mk bewußt titulare Akklamationen in seinem Evangelium am Ende von Wundergeschichten nicht brachte. Damit ist nicht gemeint, man könne bei dieser oder jener Wundergeschichte eine weggefallene Akklamation postulieren (obwohl auch das möglich ist)[107]; gemeint ist: die titulare Akklamation gehöre zum Repertoire mkn Wundergeschichten, auf dessen Realisierung Mk an dieser Stelle bewußt verzichtet.

Die diachronische Analyse ausgewählter Motive hat gezeigt, daß Tradition und Redaktion nicht immer nach einem archäologischen Schichtenmodell getrennt werden können, sondern als Variation vorgegebener kompositioneller und paradigmatischer Möglichkeiten verstanden werden müssen. Wir untersuchten einerseits zwei Motive, die unter kompositionellem Aspekt eine ausgezeichnete Stellung haben, andererseits zwei paradigmatisch entscheidende Motive.

Auf kompositioneller Ebene beobachteten wir, daß ein oft als redaktionell gestrichenes Einleitungsmotiv, die Ortsangabe, einen traditionellen „Kern" enthielt, der durch Wegstreichen redaktioneller Bestandteile nie zu erreichen wäre. Es genügt hier keineswegs, die „Schale" zu entfernen, um das Ursprüngliche zu erhalten. Vielmehr haben dieselben Elemente eine veränderte Stellung innerhalb der kompositionellen Struktur eingenommen: Aus einem einleitenden mündlichen Rahmen wurde das erste Moment einer kompositionell verflochtenen Erzählung. Am Schluß der Wundergeschichten konnten wir an einigen Stellen einen vergleichbaren Vorgang feststellen: die erzählerische Integration des akklamatorischen mündlichen Rahmens.

Auf paradigmatischer Ebene erwiesen sich Veränderungen von Tradition zur Redaktion als Aktualisierungen virtueller Beziehungen im formgeschichtlichen Feld der Motive, als Ortsveränderungen innerhalb des Feldes. So nimmt der „Glaube" jeweils eine verschiedene Stellung ein je nachdem, ob er sich am Widerstand erproben muß, sich in bittender Gewißheit äußert oder in dankbarem Gefühl. Er begegnet nacheinander als grenzüberschreitendes Motiv unter voluntativem, kognitivem und affektivem Aspekt und wird dabei jeweils anderen grenzbetonenden Motiven entgegengesetzt: der Erschwernis, dem Zweifel, der Ablehnung. Der diachrone Überlieferungsprozeß schöpft hier paradigmatisch vorgegebene Gattungsmöglichkeiten aus. Dasselbe ist bei der mkn. Verwendung traditioneller Verstummungs- und Geheimhaltungsgebote zu beobachten. Der Gegensatz von Geheimnis und Offenbarung wird hier auf eine neue Weise aktualisiert, die im formgeschichtlichen Feld der Motive angelegt ist. Bewußte Nichtrealisierung eines Motivs bzw. einer Motivvariante liegt bei den titularen Akklamationen im MkEv vor.

107. So postuliert *F. Hahn*, Hoheitstitel, 391f. indirekt für die Speisung der 5000 einen weggefallenen Chorschluß, *K. G. Reploh:* Markus – Lehrer der Gemeinde, 1969, 212f., für Mk 9,28.

Das Repertoire der Motive bleibt relativ konstant. Innerhalb der Überlieferungsgeschichte der Gattung werden jedoch immer wieder neue Entgegensetzungen von Motiven, Motivvarianten und Motivgruppen aktualisiert. Motivvarianten werden zu entgegengesetzten Motiven. Neue Gruppen von Motiven bilden sich usw. Die bei der Feldanalyse der Motive zusammengestellten Entgegensetzungen bieten nur einen allgemeinen Rahmen, der virtuell sehr viel mehr Entgegensetzungen enthält.

II. Die erzählerische Reproduktion der Einzelgeschichten

Die Bedeutung virtueller Gattungsstrukturen für den diachronen Überlieferungsprozeß ist nicht nur für die Variation einzelner Motive, sondern auch für die Überlieferung zusammenhängender Einzelerzählungen nachzuweisen. Diese Aufgabe ergibt sich zumal dann, wenn man die Annahme allgemeiner Überlieferungstendenzen in der synoptischen Tradition, das heißt in mündlicher und schriftlicher Überlieferung, in Literar- und Textgeschichte – unabhängig von der jeweiligen Gattung – durch die Untersuchungen *E. P. Sanders* für widerlegt hält[1]. Die exegetische Analyse muß sich deswegen nicht auf die Beschreibung jeweils individueller Abänderungen beschränken, sondern hat nach Überlieferungstendenzen mittlerer Reichweite zu suchen. Dafür lassen auch die Untersuchungen *E. P. Sanders* genügend Raum: Wenn sie trotz Vernachlässigung aller Unterschiede innerhalb der synoptischen Überlieferungsgeschichte dennoch einige allgemeine Überlieferungstendenzen feststellten (zum Beispiel die Neigung zu direkter Rede), so ist das gewiß keine Entmutigung für die Suche nach typischen Verlaufsformen des Überlieferungsprozesses unter besonderen Bedingungen – etwa innerhalb der Gattung „Wundergeschichte". Freilich darf man auch hier keine durchgehenden Regelmäßigkeiten erwarten[2]. Vielmehr soll schon dann von „typischen Überlieferungstendenzen" gesprochen werden, wenn

a) ein beschränktes Repertoire von Abänderungsmöglichkeiten vorliegt, das die strukturellen Möglichkeiten der Gattung ausschöpft,

b) wenn sich bei ihrer Realisierung typische Verlaufsformen nachweisen lassen – unabhängig von den Autoren, bei denen sie realisiert werden.

Dabei wird man feststellen können, daß jeder Autor eine Vorliebe für bestimmte Überlieferungstendenzen hat. Dennoch handelt es sich um typische Möglichkeiten. Denn einmal läßt sich meist zeigen, daß die verschiedenen Evangelisten auch über andere Möglichkeiten verfügten, ferner aber, daß die als „individuell" geltenden Abänderungstendenzen auch anderswo begegnen. Zunächst wird vom

1. *E. P. Sanders*, Tendencies, 272: „There are no hard and fast laws of the development of the Synoptic tradition". – „Some particular writers would have an editorial custom contrary to the general course of development".
2. *R. Bultmann*, GST, 7, sprach von „Gesetzmäßigkeiten", und zwar unabhängig von den verschiedenen Gattungen. Bei der Durchführung seines Programms bringt er die Abänderungstendenzen jedoch zum größten Teil gesondert zu den verschiedenen Gattungen, und auch allgemeinere Tendenzen werden nicht für die ganze synoptische Tradition untersucht, sondern (S. 335ff.) nur zu den erzählenden Gattungen. Bei der Durchführung seines Programms differenziert also *R. Bultmann* sehr viel mehr als es nach seinen programmatischen Sätzen in der Einleitung zunächst aussieht. Manche Kritik erweist sich von daher als allzu einseitig.

Unterschied zwischen schriftlicher und mündlicher Überlieferung abgesehen. Die Bedeutung des Überlieferungsmediums für die Überlieferungsgeschichte soll in einem zweiten Abschnitt für sich untersucht werden.

A. Tendenzen der Überlieferung: Raffung, Entfaltung, Affinität

G. Ortutay unterscheidet zwischen degressiven, progressiven und Affinitätsprozessen, zwischen Zersagung einer Tradition, ihrer schöpferischen Entfaltung und ihrer Verbindung mit ähnlichen Motiven[3]. Die Begriffe „degressiv" und „progressiv" werden hier deswegen nicht übernommen, weil sie eine Wertung implizieren könnten. Eine Kürzung der Überlieferung kann gerade das Wesentliche herausarbeiten, auch wenn die erzählerische Kunst geringer scheint (vgl. etwa Mt 9,2ff.). Umgekehrt kann der Ausbau einer Überlieferung zu barocker Überladung führen (so zum Beispiel Joh 11). Wir unterscheiden daher zwischen Raffung, Entfaltung und Affinität. Unsere These ist, daß bei diesen verschiedenen Überlieferungstendenzen die spezifischen Gattungsstrukturen von Bedeutung sind. Nicht daß sie den Überlieferungsprozeß steuerten (hier spielen außerliterarische Faktoren eine große Bedeutung). Wohl aber bilden sie einen gewissen Rahmen für verschiedene Änderungsmöglichkeiten.

1. Raffung: Unter „Raffung" sollen alle verkürzten Wiedergaben ganzer Erzählungen verstanden werden. Vor allem Mt hat die Wundergeschichten gekürzt. Diese Kürzungen im einzelnen aufzuführen, erübrigt sich[4]. Wir konzentrieren uns hier auf einen Aspekt: die Bedeutung vorgegebener Gattungsstrukturen für die mt Kürzungen. Diese Bedeutung zeigt sich u. a. darin, daß bei Mt häufig ein gegenüber Mk einfacherer kompositioneller Aufbau hervortritt. Die kompositionelle Grundstruktur der Gattung „Wundergeschichte" dient gewissermaßen als Sieb. Die zu ihrer Realisierung überflüssigen Elemente und Motive werden weggelassen.
Bei der „blutflüssigen Frau" ist das gut zu beobachten: Die mkn. Fassung hat hier eine etwas ungewöhnliche finalbetonte Kompositionsform. Auf die schon geschehene Heilung folgt ein dramatischer Prozeß, in dem – wie sonst in der Exposition – ein Hindernis überwunden wird, so daß wir nun zwei Passagen mit expositionellen Motiven haben. Diese Abweichung von der üblichen Kom-

3. *G. Ortutay:* Begriff und Bedeutung der Affinität in der mündlichen Überlieferung, 248; *ders.:* Principles of oral Transmission in Folk Culture, Acta Ethnographica 8 (1959) 175–221.

4. *H. J. Held,* Matthäus als Interpret, passim, hat sie einer detaillierten Untersuchung unterzogen. Auf diese für Mt grundlegende Untersuchung wird im folgenden nicht ständig neu verwiesen.

positionsform verrät einen geschickten Erzähler. Nur an einer Stelle hat er ein Motiv seiner Komposition nicht voll integrieren können. Im Entlassungsschluß heißt es: „Geh hin in Frieden und sei gesund von deiner Plage" (Mk 5,34) – als wäre die Frau nicht schon gesund geworden.

Die gewöhnliche Reihenfolge „expositionelle Motive – Heilung" hat sich hier durchgesetzt. Daran kann Mt anknüpfen. Er legt die normale Kompositionsstruktur zugrunde, läßt die Heilung erst nach dem Zuspruch des Glaubens erfolgen und bezieht diesen Zuspruch stilgemäß auf die Vertrauensäußerung der Frau. Der ganze Dialog, der eine schon geschehene Kraftübertragung voraussetzt, muß dann natürlich wegfallen. Wie auch immer diese Raffung theologisch begründet ist, erzählerisch besteht sie in einer an die mkn Fassung anknüpfenden kompositionellen Vereinfachung am Leitfaden der gattungsspezifischen Grundstruktur. Es ist etwas einseitig, wenn man sagt, Mt habe hier „gestrichen"; er reproduziert vielmehr die Erzählung nach einem einfacheren Grundmuster neu.

Ein vergleichbarer Vorgang liegt beim Exorzismus am gadarenischen Meer vor (Mt 8,28–34): Bei Mk befiehlt Jesus zweimal den Dämonen, auszufahren (5,8 und 5,13); das zweite Mal ist der Befehl zur Erlaubnis abgewandelt, in die Schweine zu fahren. Auch die Konzessionsbitte der Dämonen erscheint zweimal, zunächst in negativer Form: Die Dämonen wollen nicht außer Land (5,10), dann in positiver: Sie wollen in die Herde. Diese Dramatisierung der Erzählung fällt bei Mt weg. Zur Realisierung einer einfachen kompositionellen Grundstruktur genügt eine Konzessionsbitte und ein exorzistischer Befehl. Ebenso ist es ausreichend, wenn die Fülle von Schlußmotiven bei Mk (Staunen, Ablehnung, Entlassung, Verbreitungsnotiz, Staunen) auf eines reduziert wird: die Ablehnung des Wundertäters.

Auch die Raffung in Mt 9,2–8 läßt sich als Reduzierung auf eine einfachere Kompositionsstruktur verstehen. Die Heilung des Gelähmten hat bei Mk eine zweifache Exposition. Mt reduziert sie auf eine. Er wählt nicht die Überwindung des äußeren Hindernisses, sondern die Zurückweisung des argumentativen Einspruchs der Gegner als spannungerregendes Moment. Ihm geht es primär um die *ἐξουσία* – ein Stichwort, das er im Akklamationsschluß ausdrücklich wiederholt (9,8).

Schließlich sei noch auf den „epileptischen Kaben" hingewiesen (Mt 17,14–21). Unabhängig von der Frage, ob Mt und Lk hier einer unabhängigen Überlieferungsvariante folgen, darf man annehmen, daß sie den Mk-Text vor Augen hatten, so daß ihre Abweichungen immer auch als Abänderungen verstanden werden können. Bei beiden fällt die doppelte Exposition weg: Nur die Überwindung der Unfähigkeit der Jünger bleibt als erschwerendes expositionelles Motiv; die Überwindung des Zweifels beim Hilfesuchenden fällt weg. Hier sei die lk Fassung etwas eingehender besprochen – schon um zu zeigen, daß

„Raffung“ eine allgemeine Überlieferungstendenz ist und nicht nur eine mt Eigentümlichkeit:

Der Wegfall des Dialogs über den „ungläubigen Glauben“ wird durch einen Austausch von Motivvarianten in der Exposition ermöglicht. An die Stelle eines resignierten Berichts über den vergeblichen Heilungsversuch der Jünger tritt eine vertrauensvolle Bitte: vgl. die spezifisch lk Worte „Ich bitte dich ..., denn es ist mein einziger Sohn“ (9,38). Auch das lk ἐβόησεν weist in diese Richtung. Wenn der Vater also trotz negativer Erfahrung mit den Jüngern weiterhin an Jesu Wundermacht glaubt, so erübrigt sich eine Auseinandersetzung über seinen Glauben. Die Exposition wird so vereinfacht. Die Anlehnung an die normale kompositionelle Grundstruktur zeigt sich ferner auch darin, daß Lk das bei Mk in der Exposition stehende Admirationsmotiv (Mk 9,15) stilgemäß an den Schluß versetzt und den Schluß durch ein vorhergehendes Entlassungsmotiv abrundet. Das nachfolgende Jüngergespräch streicht er. Es ist zur Auffüllung der kompositionellen Grundstruktur nicht notwendig. Lk bietet dafür aber einen Ersatz. Durch die Überleitung „Als aber alle staunten ...“ (9,43b) – das einzige Mal, daß ein finales Wundermotiv als Einleitung und Überleitung benutzt wird – verknüpft er die Leidensweissagung eng mit dem Exorzismus. Die Klage über das ungläubige und verkehrte Geschlecht wird so noch einmal aufgegriffen: Der Menschensohn ist diesem Geschlecht ausgeliefert (9,44). Und das Unvermögen der Jünger, dies zu verstehen (bei Lk stärker als bei Mk noch unterstrichen), korrespondiert ihrem Unvermögen zur exorzistischen Machttat.

Die Raffung aufgrund kompositioneller Strukturen ist immer auch eine Reduzierung der in paradigmatischen Feldern angelegten Möglichkeiten. So wird das Personenfeld bei Mt viel spärlicher besetzt als bei Mk und Lk. Läßt sich generell eine Tendenz zur Ausfüllung des dreigliedrigen Feldes von Gegen-, Zwischenspielern und Wundertäter beobachten, so bleibt bei Mt hin und wieder das Feld der Zwischenspieler leer: Bei der „Schwiegermutter des Petrus“ fehlen sowohl die Begleiter Jesu als auch die Vertreter der Kranken. Jesus und die Frau stehen sich allein gegenüber (Mt 8,14f.). Dasselbe gilt für die „blutflüssige Frau“ (Mt 9,20ff.): Menge und Jünger sind hier verschwunden. Diese Reduzierung der Zwischenspieler bedeutet vor allem eine Reduzierung der Dialoge. So ist in der „Schwiegermutter des Petrus“ (8,14f.) das nur angedeutete Gespräch zwischen Jesus und anderen Hausbewohnern weggefallen. Der Exorzismus am gadarenischen See (8,28ff.) ist um zwei Dialoge gekürzt. In „Jairi Töchterlein“ (9,18ff.) entfällt der Dialog zwischen Gesandtschaft, Vater und Jesus, der im Zuspruch des Glaubens gipfelt. Die dialogischen Momente in der „blutflüssigen Frau“ (9,20ff.) sind auf Bitte und Erhörung reduziert. Im „epileptischen Knaben“ fehlt das Gespräch über den Glauben (17,14ff.), im „Blinden von Jericho“ das Gespräch zwischen dem Blinden, der Menge und Jesus (20,20ff.). Diese Kürzungen sind gewiß kein Zufall: Der im Dialog stehende Jesus paßt nicht zum Bild des göttlich-hoheitsvoll handelnden Wundertäters. Jesus fragt nicht, verhandelt nicht, ordnet nicht über Mittelsmänner an; er fällt apodiktische, machtvolle Entscheidungen.

Die Kürzungen aufgrund einer vereinfachten kompositionellen Grundstruktur gehen nicht nur Hand in Hand mit einer veränderten Realisierung des Personenfeldes, sondern auch mit Neuakzentuierungen im formgeschichtlichen Feld der Motive. Zwar werden kaum neue Motive in die Wundergeschichten eingeführt. Häufiger werden jedoch Motivvarianten ausgetauscht.

So hat Mt das Motiv der Bitte zur feierlichen Anrufung stilisiert. Jesus erscheint als göttlicher Wundertäter, dem man von vornherein alle Macht zutraut. In 8,25 ist an die Stelle vorwerfender Klage der Ruf getreten: „Herr, rette, wir gehen zugrunde!". In 15,22 15,25 17,15 und 20,30 wird die einfache Bitte durch *κύριε ἐλέησον* (u. ä.) ersetzt. In 9,18 erscheint das Zutrauen des Vaters von vornherein als grenzenlos, da das Mädchen schon gestorben ist. In der Bitte begegnet oft ein *κύριε*: In 8,2.25 15,22.25 17,15 und 10,30.31 ist die redaktionelle Herkunft dieser Anrede nachweisbar, in 8,6 9,28 14,28 ist sie wahrscheinlich. All diese Modifikationen haben gemeinsam, daß an Stelle von Vorwurf und einfacher Bitte die Motivvariante eines feierlichen Anrufs tritt, der von grenzenlosem Vertrauen zeugt.
Die Hoheit Jesu tritt auch dadurch hervor, daß Befehle Jesu hervorgehoben werden. Mt stellt in 9,24 *ἀναχωρεῖτε* vor den Zuspruch: Jesus befiehlt von vornherein die Entfernung des Publikums. In 14,18 fügt Mt einen Befehl in die Erzählung ein. In 20,32 befiehlt Jesus direkt dem Blinden ohne Vermittlung durch die begleitende Menge. Auch die Änderung von „er fragte" in „er sagte" (15,34) zeigt diese Tendenz zum apodiktischen Wort.
Die Hoheit Jesu wird ferner durch Admiration und Akklamation betont. Nach dem Seewandel steht bei Mt nicht mehr das Unverständnismotiv, sondern es folgen Proskynese und Akklamation (14,33). Charakteristisch wird die Ablehnung in 8,34 gestaltet: „und siehe, die ganze Stadt ging hinaus *εἰς ὑπάντησιν τῷ* 'Ιησοῦ". Wie ein König wird Jesus eingeholt[5], ein Eroberer, den man bittet, das Land zu verschonen. In der Akklamation in 8,27 sind die „Menschen" an die Stelle der Jünger getreten: Jesu universale Herrschaft tritt so deutlicher hervor. Weitere Modifikationen in diese Richtung sind in 8,14 zu finden („er sah"): Hier werden die Zwischenspieler ausgeschaltet; Jesus tritt spontan als Wundertäter hervor. Ferner in 8,28: Die Dämonen gefährden nicht mehr primär die Besessenen selbst, sondern die Vorübergehenden; nur Jesus hat die Macht, ungefährdet am Ort zu weilen. In 15,27 spricht die Kanaanäerin vom Tisch der „Herren" (anstatt „der Kinder"). Wir können also bei Mt 17 Modifikationen zusammenstellen, in denen einzelne Motive in Richtung auf ein Bild von der hoheitlichen Gestalt Jesu stilisiert werden (dazu sechs weitere Modifikationen, die in andere Richtung weisen: 9,4.19 14,24.28 17,15.16). Zu diesen Modifikationen kommen einige Zusätze, die das Wunderbare steigern oder den Wundervorgang betonen (9,22 15,37.38 17,18b 20,34).

Aus all diesen Änderungen geht hervor, daß die mt Reproduktion der Wundergeschichten von einem veränderten Bild des Wundertäters bestimmt ist: Seine Hoheit wird betont, das Wunderbare hervorgehoben. Schon im irdischen Wundertäter wird ein wenig vom Erhöhten sichtbar, dem alle Gewalt im Himmel und auf Erden gegeben ist und an den sich die Gemeinde in feierlichem Ge-

5. Vgl. *E. Peterson:* Die Einholung des Kyrios ZSTh 7 (1930) 682–702.

bet wendet. Diese inhaltliche Konzentration geschieht teils durch kompositionelle Reduktion auf einfachere Grundmuster, teils durch eine modifizierte Aktualisierung der Person- und Motivfelder urchristlicher Wundergeschichten: Matthäus reduziert „die breite Ausmalung der Wundergeschichten bei Markus ... aufs äußerste, um die geheimnisvolle Hoheit Jesu stärker herauszustellen" (*E. Käsemann*)[6].

Jedoch ist zu betonen: Raffung ist keine spezifisch mt Eigenart. Auch Lk hat eine Wundergeschichte des Mk in stark geraffter Form wiedergegeben (Lk 9,37–43). Auch bei Mk werden Raffungen vorliegen, obwohl sie sich nur auf Grund eines Analogieschlusses postulieren lassen: Bei starken Raffungen werden hin und wieder Bestandteile der traditionellen Erzählung weitertradiert, die in der veränderten Fassung wenig sinnvoll oder ohne Funktion sind: Mt spricht zum Beispiel vom Glauben der Träger in der Geschichte vom Gelähmten, schildert jedoch nicht die Überwindung des Hindernisses, in der jener Glaube einmal zum Ausdruck kam (Mt 9,2). Ähnliche Reminiszenzen gibt es auch im MkEv: In der Sturmstillung ist von anderen Booten die Rede, obwohl sie in der Erzählung ohne Bedeutung sind (Mk 4,36). In der „Schwiegermutter des Petrus" ist ein Gespräch mit Vertretern der Kranken angedeutet – aber Jesus hat das Haus schon betreten und muß doch wohl kaum erst über die Kranke informiert werden. Solche Züge sind Hinweise darauf, daß auch Mk hin und wieder überlieferte Geschichten stark zusammengefaßt hat.

2. Entfaltung: Der Raffung entgegengesetzt sind Tendenzen, die vorgegebene Tradition anzureichern. Dies kann in verschiedener Weise geschehen. So kann eine Entfaltung der Überlieferung darin bestehen, daß man die vorgegebene Komposition besser durchführt, also die Folge der Motive einsichtiger motiviert und geschickter ordnet. Man kann die vorgegebene Komposition jedoch auch durch Wiederholung und Variierung steigern und dramatisieren – oft auf Kosten eines glatten, anschaulichen Erzählfadens.

6. Begründet der neutestamentliche Kanon die Einheit der Kirche? in: Exeget. Versuche u. Besinnungen I, 1960, 214ff. S. 215f. *H. J. Held* nennt neben dieser christologischen Konzentration noch drei weitere Merkmale mt Redaktionsarbeit:
a) Kürzungen mit dem Ziel, den dialogischen Charakter des Geschehens herauszuarbeiten und das erzählerische Moment einzuschränken (Matthäus als Interpret, 202ff.). Dagegen ist festzustellen, daß gerade Dialoge der Kürzung zum Opfer fallen.
b) Das Motiv des Glaubens werde stärker betont und gelte als kritisches Auswahlprinzip (vgl. Matthäus als Interpret, 158–182). Gerade dies Motiv fällt aber mehrfach Kürzungen zum Opfer, wie wir bei der Untersuchung des Glaubensmotivs (2. Teil, II B) sahen.
c) Das Thema der Jüngerschaft werde hervorgehoben. Aber auch die Jünger sind nur ein Nebenthema. Mit dem Wegfall von Zwischenspielern verlieren sie in einigen Geschichten an Bedeutung. In 8,14ff. 9,20ff. fehlen sie sogar.

Eine bessere Durchführung der vorgegebenen Komposition geschieht vor allem durch zwei Änderungen: durch Umstellungen und überleitende, motivierende Zusätze[7].

Es ist kein Zufall, daß Mt diese Möglichkeiten nur selten benutzt. Er kennt nur drei Umstellungen. Dabei vertauscht er immer die unmittelbare Reihenfolge von Erzählmomenten (vgl. 14,23 14,26 15,34). Bei Lk lassen sich fünf vergleichbare Umstellungen finden (5,12 8,22 8,35 8,41f. 9,12). Häufig jedoch zieht Lk Motive vor: 4,31 („Galiläa" aus Mk 1,28), 4,33 („laute Stimme" aus Mk 1,26), 5,12 („Stadt" aus Mk 1,45), 5,17 (Gegner Jesu aus Mk 2,6), 8,23 (Schlaf Jesu aus Mk 4,38), 8,27 („Stadt" aus Mk 5,14), 8,27 (Nacktheit aus Mk 5,15), 8,42 (Alter des Mädchens aus Mk 5,42), 9,14 (Zahl der Anwesenden aus Mk 6,44). Hin und wieder lassen sich Nachstellungen beobachten: 6,11 (*ἀνοία* = Verstockung aus Mk 3,5), 8,29 (Vergebliche Fesselungsversuche nach der Bitte um Verschonung)[8], 8,46 (Die „entwichene Kraft" wird jetzt nach dem Dialog mit Petrus erwähnt), 9,43 (Das „Staunen" aus Mk 9,15 steht nun stilgemäß am Schluß). Den drei Umstellungen bei Mt stehen insgesamt 19 erzählerisch relevante Umstellungen bei Lk gegenüber, die zum größten Teil sehr viel gewichtiger sind als die matthäischen. Zweifellos legt Lk auf eine geordnete erzählerische Reihenfolge viel Wert.
Diesem Ziel dienen auch die lk Modifikationen. Sie lassen sich oft als Anpassungen an den Kontext verstehen: *λόγος* tritt an die Stelle von *διδαχή* (4,32), um die Beziehung auf den exorzistischen Logos zu gewährleisten. „Und sie fuhren aus" (4,36) hält sich enger an das Geschehen als „gehorchen". „Bitten" statt „sagen" (4,38) ist der Situation angemessener. „Bedrohen" (4,39) ist gewiß auch Anpassung an den exorzistischen Kontext. Das Zusammenströmen der Menge wird durch den Wunsch zum „Hören und Geheiltwerden" besser motiviert (5,15). *Διὰ τῶν κεράμων* (5,19) beseitigt die Spannung zwischen Abdecken und Ausgraben des Daches bei Mk. Das mk „So etwas haben wir noch nie gesehen" (2,12) wirkt angesichts der vorausgegangenen Wunder inadäquat; Lk modifiziert es (5,26). In 8,47 läßt Lk die Frau ihr Motiv für die heimliche Berührung erzählen (nicht nur „die Wahrheit"), was auf den Kontext besser Bezug nimmt als die allgemeine mk Formulierung. „Ich bitte dich, nach meinem Sohn zu sehen" (9,38) entspricht der Situation: Der Knabe muß noch herbeigebracht werden. Neben diesen vorwiegend kompositionell motivierten Modifikationen stehen zwei andere (6,11 und 8,24).
Schließlich sind die lk Zusätze aufzuführen. Sie dienen fast immer dazu, einen einsichtigeren, motivierteren Erzählverlauf herzustellen: in 4,39 5,18 5,25 6,6.6,8 (zwei Zusätze)

7. Man kann äußerlich zwischen vier Änderungsformen unterscheiden: Umstellungen, Zusätzen, Modifikationen und Kürzungen. Die Analyse der Überlieferungstendenzen ist davon ausgegangen, alle Änderungen nach diesen vier Kategorien zusammenzustellen. Dabei zeigt sich, daß Lk vor allem die beiden ersten (etwas „konservativeren") Änderungsformen bevorzugt, Mt dagegen die beiden letzten.
8. Die Umstellung soll erklären, warum der Dämon um Verschonung von Qualen bittet. Mt gibt eine mythische Erklärung: Er fürchtet sich vor Höllenstrafen. Lk entwickelt seine Erklärung aus der Geschichte selbst: Der Dämon fürchtet sich davor, von Jesus weiteren Fesselungsversuchen unterworfen zu werden.

8,31 8,35 8,37 8,42 8,50 8,53 8,55 8,45 8,47 9,38 9,43 18,35 18,36. Hervorgehoben seien die zusätzlichen und erzählerisch abrundenden Akklamationsschlüsse: 5,25 8,47 9,43 18,43. Ein Vergleich zwischen Mt und Lk zeigt hier: Mt hat 15 erzählerisch relevante Zusätze. Von diesen dienen jedoch nur sieben der Verbesserung des erzählerischen Zusammenhangs in 8,15 8,28 9,8 14,18 14,26 20,34 8,29 (hier wird die Furcht der Dämonen vor dem Gepeinigtwerden als Angst vor Höllenstrafen motiviert), während bei Lk 19 erzählerisch motivierte Zusätze festzustellen sind.

Wieder bestätigt sich: Lk will flüssiger, glatter, besser motiviert erzählen. Ihm liegt an der richtigen Verbindung, Reihenfolge und Verknüpfung der Erzählmomente. Er will alles καθεξῆς beschreiben (Lk 1,3)[9].

Die Entfaltung der vorgegebenen Komposition ist jedoch keine spezifisch lk Möglichkeit. Auch Mt verbessert oft den erzählerischen Zusammenhang, hin und wieder dramatisiert er sogar die Komposition. Am deutlichsten ist das in der Wiedergabe der „Syrophönizierin" (Mt 15,24–28). Bei Mk ist die Folge der Motive: Bitte, Erschwernis, Überwindung der Erschwernis, Zuspruch. Mt hat dies kompositionelle Muster vervierfacht:

1. Bitte: „Erbarme dich meiner, Herr Davidssohn, meine Tochter ist von einem Dämon befallen"	
	1. Ablehnung: „Er aber schwieg" 2. Ablehnung (durch die Jünger): „Sende sie weg, ...
2. Fortgesetzte Bitten: ... denn sie schreit hinter uns her"	
	3. Ablehnung: „Ich bin nur zu den verlorenen Schafen des Hauses Israel gesandt"
3. Bitte: „Herr, hilf mir"	
	4. Ablehnung: „Es ist nicht gut, das Brot den Kindern zu nehmen und es den Hunden vorzuwerfen."
4. Bitte: „Ja Herr, aber auch die Hunde ..."	

Diese innere Dramatisierung geschieht zum Teil auf Kosten der Anschaulichkeit. In Mt 15,26 weiß man zum Beispiel nicht, wem geantwortet werden soll: ἀποκριθε bezieht sich sachlich auf die Bitte der Frau, erzählerisch jedoch auf die Intervention der Jünger. Die innere Steigerung einer Komposition läßt sich also von ihrer glatteren Durchführung durchaus unterscheiden; sie findet sich jedoch auch bei

9. Richtig *H. J. Held*, Matthäus als Interpret, 207: Lk erzählt die Wundergeschichten „unter Berücksichtigung eines flüssigen einfachen Ereignisablaufs".

Lk, und zwar in der Geschichte vom Hauptmann von Kapernaum, in der Lk das Gesandtschaftsmotiv verdoppelt hat. Diese Wundergeschichte sei daher etwas eingehender analysiert[10]:

a) Die Auffindung des gesunden Knechtes[11] bei der Rückkehr, wie sie Lk berichtet, ist ein ursprünglicher Zug. Mt bemerkt nur, der Kranke sei von jener Stunde an gesund geworden. Eben dies Motiv hat er aber in Mt 15,28b für Mk 7,30 (die Auffindung der gesunden Tochter nach der Rückkehr) gesetzt. Ebenso wird er in Mt 8,13 verfahren sein.

b) Ursprünglich sprach in Lk 7,6ff. der Hauptmann selbst, wie die Rede in der 1. Person zeigt. Lk hat hier das Gesandtschaftsmotiv in die Erzählung eingeführt. Es gehörte jedoch schon zur ursprünglichen Überlieferung: Jesus wurde durch eine erste Gesandtschaft (bei Lk: durch jüdische Presbyter, was nicht ursprünglich sein muß) geholt. Das wird auch noch bei Mt deutlich, der diese erste Gesandtschaft wegfallen läßt – wie er ja auch sonst die Zwischenspieler streicht: er nimmt dafür eine erzählerische Ungeschicklichkeit in Kauf: Erst bittet der Hauptmann Jesus, daß er komme; unmittelbar darauf aber erklärt sich der Hauptmann für unwürdig, Jesus solle nicht in sein Haus kommen. Wahrscheinlicher ist die Verteilung beider, in Spannung stehender Aussagen auf zwei verschiedene Personen.

c) Die Worte des Hauptmanns wurden kurz vor seinem Haus gesprochen: „Ich bin nicht würdig, daß du unter mein Dach kommst ..." ist am ehesten in dieser Situation verständlich. In Lk 7,6a „als er nicht weit von seinem Hause war", ist also ein zur alten Geschichte gehörender Zug enthalten. Danach wurde Jesus durch eine Gesandtschaft aus einem entfernteren Ort geholt, unmittelbar aber vor dem Haus durch den Hauptmann begrüßt.

Lk hat wahrscheinlich das Gesandtschaftsmotiv wiederholt und damit einen wirkungsvollen Kontrast herausgearbeitet. Die erste Gesandtschaft betont, der Hauptmann sei „würdig", die zweite aber läßt ausrichten, er habe sich nicht für „würdig" erachtet, Jesus selbst zu begrüßen[12]. Diese Dramatisierung der Erzählung ist freilich durch einige erzählerische Ungeschicklichkeiten erkauft. Zu deutlich ist nach wie vor, daß der Hauptmann einmal selbst an Stelle der zweiten Gesandtschaft sprach.

Auch wenn wir im MkEv den diachronen Überlieferungsprozeß nur noch sehr schwer erschließen können, so ist doch unverkennbar, daß hier häufiger als in

10. *H. Schürmann,* Lk, 395–397, hält die Mt-Fassung für eine Kürzung der bei Lk besser bewahrten Q-Tradition; *F. Schnider/W. Stenger:* Johannes und die Synoptiker, 1971, 54–88, will dagegen die lk Besonderheiten als lk Redaktionsarbeit verständlich machen; *E. Haenchen:* Johanneische Probleme, ZThK 56 (1959) 19–54 bes. 23–31, sieht in ihr dagegen eine von Lk weitgehend übernommene judenchristliche Variante zu Mt 8,5ff.; *T. Schramm,* Markus-Stoff, 30f., will schließlich in Lk eine Q-Fassung (V. 6c–9 = Mt) und lk Sondergut (V. 1–6b und 10) kombiniert sehen. Μὴ σκύλλου (V. 6c) und „deswegen habe ich mich nicht für wert erachtet, zu dir zu kommen" (7a) seien redaktionelle Verknüpfungen.
11. *F. Schnider/W. Stenger,* Johannes und die Synoptiker, 60f., äußert die bedenkenswerte Vermutung, daß die Charakterisierung des παῖς als Knechtes die Vorbildlichkeit des Hauptmanns bei Lk steigern soll: Er nimmt sich nicht nur seines Kindes an, sondern sogar seines Knechtes.
12. Diesen Kontrast haben *F. Schnider* und *W. Stenger,* Johannes und die Synoptiker, 61f., herausgearbeitet.

anderen Evangelien jener Aufbau vorliegt, den wir in der mt Fassung der „Syrophönizierin“ als Ergebnis eines Überlieferungsprozesses beobachten können: eine Wiederholung von Motiven, durch die eine innere Dramatisierung der Erzählung erreicht wird – oft auf Kosten der Anschaulichkeit. In Mk 1,40ff. wird der Aussätzige zweimal angefahren (1,41 v.l. und 1,43), in 5,1ff. erscheinen fast alle Motive in wiederholten Variationen, in Mk 5,21ff. wird zweimal das Publikum ausgeschlossen (5,37 und 5,40), zweimal muß der Vater des epileptischen Knaben eine Erschwernis überwinden (9,14ff.), zweimal der blinde Bartimäus bitten (10,48 und 10,49). Da wir nun durch Beobachtungen am MtEv und LkEv wissen, daß solche Verdoppelungen und Dramatisierungen keineswegs ursprünglich sein müssen, liegt der Analogieschluß nahe, daß entsprechende Kompositionsmuster bei Mk ebenfalls nicht ursprünglich sein müssen. Zumindest in einem Fall geht aus einer immanenten Analyse des Mk-Textes hervor, daß erst Mk die Erzählung nach derartigen dramatisierenden Kompositionsmustern reproduziert hat: in der Geschichte von Jairi Töchterlein:

a) Die Verschachtelung beider Wundergeschichten ist mit großer Wahrscheinlichkeit erst durch Mk hergestellt worden[13]. Verschachtelungen finden sich häufig bei Mk[14]: Mk 11,12ff. 14,1ff. 14,53ff. Dazu kommen 3,21.31–35 und 9,1.11ff., wo vielleicht kein traditioneller Zusammenhang durch Einschaltungen unterbrochen wurde, wohl aber eine sachliche Einschaltung innerhalb der mkn Komposition vorliegt. Mit 6,7–13 und 6,30–32 hat Mk außerdem eine redaktionelle Klammer um den „Tod des Täufers“ gelegt. Er verfügt also über das kompositionelle Mittel der Verschachtelung.

b) Die Annahme einer sekundären Verschachtelung wird bestätigt durch die Beobachtung, daß „Jairi Töchterlein“ weitgehend im Präsens historicum, die „blutflüssige Frau“ im Präteritum erzählt wird. Bei der Verschachtelung scheint das Präteritum jedoch auch in die Geschichte von „Jairi Töchterlein“ gedrungen zu sein, und zwar an vier Stellen: 5,21.24.37.42f. Auffallend ist dabei, daß es sich um Anfang und Schluß sowie eine Nahtstelle zwischen den verschachtelten Erzählungen handelt (dazu um 5,37) – also um Stellen, bei denen redaktionelle Gestaltung sehr wahrscheinlich ist. Daß der Schluß mit seinem Schweigegebot redaktionell überarbeitet ist, dürfte ziemlich sicher sein.

c) Die vier Verse im Präteritum fallen jedoch nicht nur formal auf. Sieht man vom Schluß ab, so sind in jedem Falle auch inhaltliche Motive der umschachtelten Geschichte in die umklammernde Erzählung eingedrungen: 5,21 ist redaktionell vorgreifende Einleitung zu 5,25ff.: Die hier eingeführte Menge hat in „Jairi Töchterlein“ keine Funktion, wird aber für das unbemerkte Herantreten der Frau in V. 27 gebraucht. Die Menge begegnet wieder

13. So z. B. *A. Meyer:* Die Entstehung des Markusevangeliums, in: Festgabe f. A. Jülicher 1927, 35–60, S. 40; *E. v. Dobschütz:* Zur Erzählkunst des Markus, ZNW 27 (1928) 193ff.; *J. Sundwall*, Zusammensetzung, 35; *G. M. de Tillesse*, Le secret, 52–57. Für eine ursprüngliche Verschachtelung treten ein: *K. L. Schmidt*, Rahmen, 147f.; *H. v. d. Loos*, Miracles, 509ff. Eine vorredaktionelle Verknüpfung nehmen an: *R. Bultmann*, GST, 228f., *M. Dibelius*, FE, 69. Vgl. jetzt die ausführliche Erörterung des Problems bei *H. W. Kuhn:* Ältere Sammlungen im Markusevangelium 1971, 200–202.
14. Anders *E. Haenchen*, Weg, 205.

in V. 24. Hier ist das Stichwort συνθλίβειν wörtlich aus V. 31 übernommen (vgl. ferner das redaktionelle Summarium 3,9). In V. 37 muß nun diese Menge wieder entfernt werden, damit die Heilung in geheimnisvoller Ferne zur Öffentlichkeit geschehen kann. Da sie mit der Verschachtelung erst in „Jairi Töchterlein" eingeführt wurde, ist ihr Ausschluß ebenfalls erst mit der Verschachtelung gegeben. Nimmt man deren Redaktionalität an, so folgt daraus auch die Redaktionalität von 5,37: also die Redaktionalität der dramatisierenden Komposition in dieser Geschichte.

d) Die Einschaltung ist nicht willkürlich. Das Verzögerungsmotiv ist stilgemäß. Es erhöht bei Schwerkranken die Spannung. Die dazwischen kommende Botschaft vom Tode des Mädchens setzt ein Zu-spät-Kommen voraus. Die Einschaltung aktualisiert nur eine in der Gattung und in der konkreten Überlieferung angelegte Möglichkeit.

Es ist nicht ausgeschlossen, daß Mk noch an anderen Stellen eine vorgegebene Komposition in ähnlicher Weise dramatisiert hat. Dies läßt sich im einzelnen kaum noch feststellen. Jedoch kann man auch unabhängig davon seine Erzählweise charakterisieren. Deren Besonderheit ist ja nicht nur auf dem Hintergrund diachron vorgegebener Fassungen zu beurteilen, sondern ebenso auf dem Hintergrund strukturell vorgegebener Gattungsmöglichkeiten. Mk hat nicht nur überlieferte Erzählungen verändert, er hat sie aus den vorgegebenen Gattungsmöglichkeiten schöpfend neu erzählt. Deswegen kann man auch nicht sagen, die bei ihm vorliegende Reproduktionsweise sei seine individuelle Eigenart. Es handelt sich vielmehr um eine typische, mit der Gattung gegebene Überlieferungstendenz, die auch von anderen Erzählern benutzt wurde. Mk folgt ihr besonders häufig. Nur insofern kann man „seine" dramatisierende Kompositionsweise von der raffenden Komposition des Mt und der erzählerisch verbessernden Komposition des Lk abheben.

3. Affinität: Betrachtet man Änderungen auf dem Hintergrund vorgegebener Gattungsstrukturen (und nicht nur in Beziehung zu diachron vorhergehenden Aktualisierungen dieser Strukturen), so werden auch jene Prozesse verständlich, bei denen vorgegebene Fassungen weder gerafft noch entfaltet, sondern mit neuen Momenten angereichert werden, die aus anderen Zusammenhängen zu stammen scheinen. Wer alles auf diachron vorhergehende Vorstadien der Überlieferungen zurückführen will, schließt in solchen Fällen meist allzu schnell auf verschiedene Quellen oder eine Verschmelzung verschiedener Erzählungen bzw. Erzählfassungen. Dies ist jedoch nirgendwo streng nachweisbar. Es genügt vielmehr die Annahme, daß paradigmatisch verwandte Motive (auch wenn sie in keiner vorhergehenden Fassung realisiert waren) in eine Erzählung dringen. Jedes Motiv ist ja mit einem Feld verwandter, ähnlicher oder entgegengesetzter Motive verbunden. Jedes kann bestimmte Assoziationen nach sich ziehen. Durch solche paradigmatische Affinität von Motiven kann die Geschichte auch eine weitgehende Umprägung erfahren – dann nämlich, wenn sich die neuen Motive nicht nur „ankristallisieren", sondern Rückwirkungen

auf die ganze Geschichte haben und eine Ausscheidung oder Modifikation traditioneller Motive bewirken.
Wir beginnen mit einem kontrollierbaren Beispiel: In der lk Fassung der „Schwiegermutter des Petrus“ hat die Geschichte ein exorzistisches Motiv an sich gezogen. Jesus „bedroht“ das Fieber. Man kann das nicht ausschließlich mit dem exorzistischen Kontext begründen. Vielmehr ist in der Geschichte selbst ein Motiv, das eine sachliche Affinität zu dämonologischen Vorstellungen hat: die Konstatierung der Heilung *καὶ ἀφῆκεν αὐτήν*; „und es verließ sie“ – als handelte es sich um ein dämonisches Wesen, das den Menschen verläßt (vgl. Mt 4,11).
Möglicherweise ist auch in Mk 1,40ff. das „Bedrohen“ des Aussätzigen solch ein auf Grund innerer Affinität angezogenes Motiv. Mit dem Schweigegebot wird ja das Feld aller exorzistischen Motive ins Spiel gebracht. Diese Möglichkeit ist literarkritischen Scheidungsversuchen in eine exorzistische und weniger exorzistische Erzählung auf jeden Fall vorzuziehen.
Durch Affinität kann also eine Annäherung zwischen verschiedenen Themen geschehen: zwischen Exorzismen und Therapien. Das gilt auch für Epiphanien und Rettungswunder. In Mk 6,45–52 könnte eine Epiphanie auf dem Wasser Motive einer Rettungsgeschichte an sich gezogen haben[15].
Die merkwürdige Wendung, „und er wollte vorübergehen“ (Mk 6,48) deutet auf die Möglichkeit, daß Jesus tatsächlich vorübergeht. Diese Möglichkeit ist in Joh 6,16ff. realisiert: Jesus bleibt dort außerhalb des Bootes, obwohl die Jünger ihn ins Boot nehmen „wollen“. Aber er ist plötzlich verschwunden; hier liegt ein stilgemäßer *ἀφανισμός* vor[16]. Die plötzliche Landung erinnert an das Aufwachen aus einem Traum, aus dessen Fremdheit man überrascht entlassen wird, indem man sich wieder in der vertrauten Umgebung des Alltags wiederfindet[17]. An einen Traum erinnert auch der Widerspruch zwischen „Wollen“ und geschautem Ablauf. Dieser Zug ist einmal mit Jesus verbunden (so bei Mk), dann mit den Jüngern (so bei Joh). Er bezieht sich in beiden Fällen darauf, daß zwischen Jesus und den Jüngern ein realer (handgreiflicher) Kontakt hergestellt werden soll. Diese Divergenz zwischen Wollen und Tun erinnert an Mk 9,5ff.: Petrus antwortet auf die Erscheinung, weiß aber nicht, was er sagen soll. Oder an Joh 21,12: Niemand wagt es, den Epiphanen anzusprechen, obwohl sie wissen, daß es der Kyrios ist. Die Epiphaniemotive gehören zweifellos zum ursprünglichen Bestand dieser Überlieferung.

15. So auch *R. Bultmann*, GST, 231, *E. Lohmeyer*, Mk, 131ff. 135, *D. Esser*, Formgeschichtliche Studien, 125f. Eine quasi-literarkritische Scheidung auf Grund dieser Annahme ist jedoch kaum möglich. *M. Dibelius*, FE, 97.277, hält umgekehrt die Rettungsmotive für ursprünglich, die Epiphaniezüge dagegen für eingedrungen.
16. *E. Haenchen*, Johanneische Probleme, 92, verkennt dies stilgemäße Motiv des *ἀφανισμός*. Er denkt an ein sekundäres Hinzutreten eines wunderbaren Motivs: Die wunderbare Landung am Strand sei nicht ursprünglich.
17. Zu den Kategorien „Traum“, „Vision“ und „Halluzination“ vgl. die Ausführungen bei *J. Lindblom*: Gesichte und Offenbarungen, 1968, 78–113. Der Begriff „Halluzination“ wäre demnach zur Charakterisierung des Phänomens angemessen (vgl. S. 32f. 113).

Man kann ferner vermuten, daß es sich ursprünglich um eine Erscheinung handelt, bei der Jesus wirklich „vorüberging". Denn auch die mt Fassung liegt diesen Gedanken nahe. Daß Petrus aufs Wasser hinausgehen muß, um zu ihm zu gelangen, wäre viel verständlicher, wenn Jesus das Boot gar nicht betritt. Es ist zudem nur eine Variation jener Divergenz zwischen Wollen und Geschehen, die in der traditionellen Erzählung angelegt ist. Hinzu kommt, daß die abschließende Akklamation „Die *im Boote* aber knieten vor ihm nieder ..." (Mt 14,33) vorauszusetzen scheint, daß sich der hier Akklamierte nicht im Boote befindet. Die (wahrscheinlich vormatthäische) Erweiterung der Erzählung[18] setzt möglicherweise eine Fassung voraus, die der joh Fassung relativ nahe stand.
Schließlich muß darauf hingewiesen werden, daß Mk eben jenen Verdacht ausspricht, den eine reine Epiphanie nahe legt: *φάντασμά ἐστιν*. Zug um Zug bemüht sich Mk, die Realität der Erscheinung aufzuweisen. Er betont: Alle sahen Jesus (6,50), er läßt Jesus ins Boot steigen, er konstatiert, daß sich damit der Wind legte. Es geschah also etwas ganz Handgreifliches[19]. Es könnte also sein, daß durch eine gewisse apologetische Tendenz der Sturm und seine Stillung stärker herausgestrichen wurde. Virtuell war dies Motiv aber immer schon präsent: Wo von einer Seefahrt, einem Boot und einer überirdischen Gestalt die Rede ist, wäre es verwunderlich, würde es nicht bald auch in den Erzählfassungen realisiert. Die religionsgeschichtlichen Parallelen zu Rettungen aus Seenot zeigen zudem, wie eng Rettung und Epiphanie zusammen gehören. Selbst wenn wir nicht mehr entscheiden können, ob das Sturmmotiv schon in den ersten Fassungen realisiert war, so können wir doch behaupten, daß es von Anfang an zum virtuellen Motivfeld des „Seewandels" gehörte.

Es ist also möglich, daß eine Epiphanie auf dem See durch paradigmatisch verwandte Motive angereichert wurde. Ihr Charakter blieb aber weitgehend erhalten. Es wäre freilich eine theoretische Möglichkeit, daß die Rettungsmotive allmählich immer mehr die Epiphaniemotive in den Hintergrund drängen. Affinitätsprozesse können so zu Umprägungen von Überlieferungen führen. Das sei an einigen Beispielen gezeigt.
Die Heilung der 10 Aussätzigen (Lk 17,11–19) ist eine Umprägung von Mk 1,40ff.[20]. Aus einem Aussätzigen wurden durch Variation mehrere; das Moment des Dankes war ohnehin mit der Sendung zum Priester gegeben. Bei mehreren Personen liegt eine Entgegensetzung von Dank und Undank nahe; ebenso eine Entgegensetzung der Instanzen: der Priester und Jesu (auch die „Undankbaren" gehen ja zum Priester und werden dort gewiß Gott gedankt haben). Natürlich ist die konkrete Umgestaltung der Erzählung kein Zufall. Vielmehr stehen dahinter historische Prozesse: Der Übergang zur Heidenmission

18. Mit *G. Strecker:* Der Weg der Gerechtigkeit, 2. Aufl., 1966, 199, ist Mt 14,28–31 als vormatthäische Tradition anzusehen: Joh 21,7f. beweist die Existenz derartiger Petrustraditionen. Anders *G. Braumann:* Der sinkende Petrus, ThZ 22 (1966) 403 bis 414.
19. *E. Lohmeyer,* Mk, 134, erwägt, aber verwirft die apologetische Deutung der Bootsbesteigung. Richtig m. E. *M. Dibelius,* FE, 87f.
20. So *R. Bultmann,* GST, 33. Dagegen *J. Roloff,* Kerygma, 157f.

und die innere Ablösung vom Tempel. Will man Gott danken, so hat man sich nicht mehr der Vermittlung des Tempels zu bedienen, sondern der Vermittlung Jesu.

Die Heilung der zwei Blinden in Mt 9,27–31 ist eine Umprägung von Mk 10,46 bis 52[21]. Das Schweigegebot ist erhalten, aber zum Geheimhaltungsgebot modifiziert und entsprechend dem normalen Kompositionsschema ans Ende gesetzt worden. Wo ein Geheimnis vorliegt, da hat die Menge keinen Raum mehr. Das Geheimhaltungsgebot hat vielmehr das Motiv des „Hauses" (genauer: eine Motivvariante der szenischen Vorbereitung) an sich gezogen. Das Geschehen ist nun den Blicken der Öffentlichkeit entzogen.

Schließlich ist noch die johanneische Fassung des Hauptmann von Kapernaum zu nennen (Joh 4,46–54). Die hinter beiden synoptischen Fassungen erkennbare Reihenfolge: Gesandtschaft, die Jesus zum Kommen bewegt, und Hauptmann, der ihn davon abhält, in sein Haus zu gehen, ist umgetauscht worden. Der Hauptmann (= Basilikos) will Jesus selbst zum Kommen bewegen. Das Glaubensmotiv ist weiterhin mit ihm verbunden. Er glaubt auf Jesu Wort hin. Die nachgestellte Gesandtschaft kann nun nicht mehr in einer expositionellen Weise erzählerisch verwandt werden; sie erhält eine neue Funktion innerhalb der Demonstration, indem sie mit Hilfe des Stundenmotivs (vgl. schon Mt 8,13) die Heilung bezeugt. Der Affinitätsprozeß bezieht sich hier weniger auf einzelne Motive, sondern auf die Komposition. Bei den Synoptikern war die normale Kompositionsstruktur nur ausschnittweise realisiert. Der Akzent lag ganz auf den expositionellen Motiven. Die Erzählung hat bei Joh die fehlenden Kompositionsteile nach sich gezogen, die Folge „Hauptmann – Gesandtschaft" auf Exposition und Schluß verteilt. Dabei wurde einerseits die Exposition stark reduziert (vgl. die Vertrauensäußerung des Hauptmanns), andererseits der Schluß durch das paradigmatisch nahe liegende Stundenmotiv aufgefüllt.

Umprägungen auf Grund von Affinitätsprozessen lassen sich am besten dort erkennen, wo mehrere unabhängige Überlieferungsvarianten vorliegen und angenommen werden darf, daß ihre Variationen auch auf mündliche Überlieferung zurückgeht. Affinitätsprozesse scheinen in mündlicher Überlieferung einen größeren Spielraum zu haben. Jedoch gilt dies nicht in jeder Hinsicht. Ein Charakteristikum verschriftlichter Überlieferung ist, daß sie verschiedene Gattungen in größeren Kompositionen zusammenfassen kann. Dem entspricht (auf paradigmatischer Ebene), daß Affinitätsprozesse auch zwischen den Gattungen in größerem Maße geschehen können, daß also Motive durch Übertragung in andere Gattungen eindringen können. Ein Beispiel ist das Motiv „Zustrom des Volkes", das in einigen Wundergeschichten einen festen thema-

21. Die Geschichte läßt sich kaum als mt Komposition auffassen (so *Ch. Burger*, Jesus als Davidssohn, 74–77). Vgl. dagegen *J. Roloff*, Kerygma, 131–133 und *G. Strecker*, Weg, 199f. Anm. 4.

tischen Haftpunkt hat (vgl. Mk 2,1ff. 5,21.25ff. 6,35ff.) und sich bei Mk auch in der Einleitung anderer Gattungen wiederfindet (2,13 3,20 10,1 4,1ff.). Es ist überall dort sinnvoll, wo die Anwesenheit eines größeren Publikums vorausgesetzt werden kann. Umgekehrt hat Mt hin und wieder Logien in die Wundergeschichten eingeführt. Dabei liegt eine sachliche Affinität etwa vor, wenn er das gattungsspezifische Motiv der Überwindung eines Hindernisses zugunsten des theologischen Gedankens modifiziert, daß der Glaube die Beschränkung des Heils auf Israel überwindet (vgl. Mt 8,11ff. 15,24ff.). Mit diesen Erwägungen haben wir jedoch schon einen neuen Problemkreis angeschnitten: das Verhältnis von Schriftlichkeit und Mündlichkeit.

B. Überlieferungsmedien: Mündlichkeit und Schriftlichkeit

R. Bultmann hat ausdrücklich die Bedeutung von Mündlichkeit und Schriftlichkeit für die synoptische Überlieferungsgeschichte geleugnet, „da bei dem unliterarischen Charakter des Überlieferungsstoffes ein prinzipieller Unterschied zwischen beiden nicht vorhanden ist“[22]. Diese Annahme einer überlieferungsgeschichtlichen Kontinuität ist in jüngster Zeit bestritten worden: Nur innerhalb schriftlicher Überlieferung gäbe es eine normative authentische

22. *R. Bultmann*, GST, 7. Ebenso S. 253f., wo dieselbe Begründung gegeben wird: der unliterarische Charakter der Überlieferung. Die Kritik an diesen „Gesetzmäßigkeiten“ bezieht sich vor allem auf drei Punkte:
a) Die Vernachlässigung des Unterschieds zwischen mündlicher und schriftlicher Überlieferung. Schon *R. Jelke:* Die Wunder Jesu, 1923, 34, wandt ein: „Nie und nimmer aber darf man die Gesetzmäßigkeit, die sich uns bei der Gestaltung des Stoffes in den verschiedenen neutestamentlichen Quellen etwa ergibt, mit einer Gesetzmäßigkeit in der vorredaktionellen Tradition identifizieren.“ Verschärft wurde diese Kritik durch *E. Güttgemanns,* Offene Fragen, 73, 91, 147 passim, erhoben: in mündlicher Überlieferung gebe es jeweils nur Neuschöpfungen: „Für einen mündlichen Dichter ist der Vortrag der Augenblick des Entstehens“ (so *A. Lord:* Der Sänger erzählt, 1965 (engl. 1960), dem *E. Güttgemanns* hier folgt). Die mündliche Vorgeschichte eines Textes muß dann weitgehend im Dunkeln bleiben.
b) Die Vernachlässigung des Unterschieds zwischen synchronen Merkmalen des Stils und diachronen Überlieferungstendenzen, also die Annahme, daß die reine Form am Anfang stünde. Diese Kritik äußert *Th. Boman:* Die Jesus-Überlieferung im Lichte der neueren Volkskunde, 1967, 17,20,243 Anm. 49. *E. P. Sanders,* Tendencies, 16, hat jedoch *R. Bultmann* mit Recht gegen diese Kritik in Schutz genommen; Sein Sprachgebrauch zeige, daß er zwischen „Form“ und „Stil“ sowie „Gesetzmäßigkeiten“ der Überlieferung sehr wohl zu differenzieren wisse.
c) Die Vernachlässigung von individuellen Änderungstendenzen der einzelnen Autoren, die sich keinen allgemeinen „Gesetzmäßigkeiten“ der Überlieferung einordnen lassen. So *E. P. Sanders,* Tendencies, 272.

Fassung, mündliche Überlieferung existiere dagegen nur in Varianten, Neuschöpfung und Weitergabe fielen hier zusammen. Dies ist richtig, wenn man Texte vergleicht, die von vornherein schriftlich oder mündlich geschaffen wurden. Was für einen solchen Vergleich zwischen schriftlicher Literatur und mündlicher Überlieferung zutrifft, trifft deswegen nicht auch für den Übergang von ehemals mündlicher Literatur zu ihren schriftlichen Aufzeichnungen zu. Bei sekundärer Verschriftlichung mündlicher Überlieferung hat es de facto auch weiterhin eine große Variabilität der Überlieferung gegeben, sei es daß neue mündliche Fassungen aufgezeichnet wurden und auf den schriftlichen Überlieferungsprozeß einwirkten, sei es daß schriftliche Aufzeichnungen abgeändert wurden. Die synoptischen Evangelien sind ein Beispiel: Lk und Mt betrachten Mk ohne Zweifel nicht als normatives Vorbild; die Kinder- und Hausmärchen sind ein anderes: ihre verschiedenen Fassungen variieren sehr stark, obwohl sie vom selben Verfasser bearbeitet wurden[23]. Wo ehemals mündliche Überlieferung verschriftlicht wird, fühlen sich die „Tradenten" offensichtlich weniger an einen wörtlich zu übernehmenden Urtext gebunden, als dies bei Textüberlieferung der Fall ist, die auf einen schriftlichen Urtext zurückgeht. Man muß also unterscheiden zwischen mündlicher, verschriftlichter und schriftlicher Überlieferung. Eben diese Unterscheidung hat auch *R. Bultmann* vor Augen; denn er leugnet keineswegs die großen Unterschiede zwischen mündlicher und schriftlicher Literatur, er sieht den Unterschied jedoch durch einen fundamentaleren überlagert: den Unterschied zwischen unliterarischen und literarischen Texten. Genau gesehen unterscheidet er zwischen unliterarischer Mündlichkeit, unliterarischer Schriftlichkeit und literarischer Schriftlichkeit. Damit trifft er m.E. genau das Phänomen, das hier durch die Unterscheidung von verschriftlichter und schriftlicher Überlieferung erfaßt werden soll.

Wenn man *R. Bultmann* in diesem Punkte recht gibt, bejaht man damit noch nicht die Annahme kontinuierlicher Überlieferungstendenzen: Schon in der beobachtbaren verschriftlichten Überlieferung lassen sich nur typische Veränderungsabläufe erkennen, die in verschiedene Richtung weisen. Ihre Verlängerung in die mündliche Vorgeschichte eines Textes ist ein problematisches Verfahren, auch dann, wenn man dieselben Tendenzen im mündlichen Überlieferungsprozeß annimmt. Problematisch ist dann immer noch die Entscheidung darüber, ob eine vorliegende verschriftlichte Textfassung durch Raffungs-, Entfaltungs- oder Affinitätsprozesse zustande gekommen ist, es sei denn, man kann weitere Fassungen vergleichen oder auf auffällige Indizien hinweisen (etwa das erzählerisch überflüssige Boot in Mk 4,36 oder die barocke Überladung in Joh 11). Voraussetzung für eine begründete Entscheidung ist immer eine „Transparenz der

23. Vgl. *H. Bausinger,* Formen, 161ff.

Vorgeschichte" im verschriftlichten Text. Setzt man mündliche und schriftliche Überlieferung einander unvermittelt entgegen, so bleibt wenig Raum für solch eine Transparenz der mündlichen Vorgeschichte. Nimmt man dagegen besondere Bedingungen für verschriftlichte Überlieferungen an, Bedingungen, die sie teils mit der mündlichen, teils mit der schriftlichen Überlieferung verbindet, so wird man von vornherein eher geneigt sein, vorsichtige Rückschlüsse auf die mündliche Überlieferung für möglich zu halten. Denn schon das Urteil, es handle sich bei diesen und jenen schriftlich überlieferten Texten um „verschriftlichte" Textfassungen ehemals mündlicher Überlieferung setzt eine „Transparenz" dieser mündlichen Vorgeschichte voraus: Auch in der verschriftlichten Form müssen sich Merkmale der Mündlichkeit erhalten haben, die es erlauben, einen ursprünglich mündlichen Text von einer ursprünglich schriftlichen Schöpfung zu unterscheiden[24]. Es müssen zumindest Spuren erhalten sein. Im folgenden sollen drei Merkmale mündlicher Überlieferung an Hand der mk Wundergeschichten besprochen werden – nicht unter der Voraussetzung einer grundsätzlichen Kontinuität zwischen mündlicher und verschriftlichter Überlieferung, sondern in der Annahme, es gebe teils kontinuierliche Tendenzen, teils aber auch mit der Verschriftlichung notwendigerweise eintretende Veränderungen. Entscheidend ist, daß sich beides noch erkennen läßt.

a) Erzählende Rede unterscheidet sich vom schriftlichen Werk durch die Gleichzeitigkeit von Erzähler und Hörer. Dadurch ist ein unmittelbarer Rückkoppelungsprozeß möglich: Die Reaktionen der Hörer können in die Weiterführung der Erzählung eingehen. Umgekehrt muß die Erzählung von vornherein so strukturiert sein, daß sie dafür Spielraum läßt. Schon die Wiederholung eines Motivs kann auf solche Rückkoppelung zurückgehen. Der Erzähler merkt, daß Aufmerksamkeit, Verständnis oder Spannung noch gesteigert werden müssen; er sagt dasselbe noch einmal variierend, interpretierend, weiterführend. Das kann sich zum festen Stil ausprägen. Vielleicht läßt sich der repetierende Stil von Mk 1,40ff., 5,25ff. 6,45ff. 14,32ff. so erklären[25], was nicht ausschließt, daß dieser Stil durch Affinitätsprozesse entstanden ist, bei dem verwandte Motive in die Erzählung aufgenommen wurden (die synchrone kompositionelle Struktur „repetierender Stil" ist von seiner diachronen Entstehung zu unterscheiden).

24. Um solche Kriterien bemühen sich für die Epik *A. Lord:* Der Sänger erzählt, 1965, für die koptischen Legenden *W. Kosack:* Der Gattungsbegriff ‚Volkserzählung', Fab 12 (1971) 18–47.

25. Für Mk 6,45ff. und 14,32ff. würde das bedeuten, daß man hier gegen literarkritische Versuche skeptisch zu sein hat (gegen *E. Lohmeyer*, Mk, 130 und *K. G. Kuhn:* Jesus in Gethsemane, EvTh 12 (1952/3) 260–285).

Der unmittelbarere Bezug zwischen Erzähler und Hörer kann ferner zu inhaltlichen „Verschränkungen" führen[26]: Die Einstellungen des Hörers, sein Widerspruch oder seine Zustimmung, werden in die Erzählung mit aufgenommen. Das Argument Sündenvergebung sei Lästerung, antizipiert in Mk 2,7f. vielleicht eine Stellungnahme der Zuhörer; Ähnliches gilt für die Frage der Jünger Mk 5,31b und das Gelächter 5,39b. In Admiration und Akklamation darf man Antizipation der positiven Stellungnahme der Zuhörer sehen; hin und wieder werden diese Schlußmotive erst aus dem „mündlichen Rahmen" in die Erzählung integriert worden sein.
Gewiß gibt es auch in schriftlicher Literatur solche Verschränkungen. Die Gleichzeitigkeit von Erzähler und Hörer, ihre Anwesenheit am selben Ort jedoch erlaubt es, solche Verschränkungen klarer abzuheben. Das erzählende Wort ist ja in ein allgemeines Ausdrucksverhalten eingebettet: in Modulationen des Sprechens und Schweigens, der Mimik und Gestik. Dadurch können bestimmte Sätze und Notizen von der Erzählung deutlicher abgehoben werden. Der Erzähler kann gewissermaßen aus der Erzählung heraustreten und sich direkt an die Zuhörer wenden. Kommentierend sind die von uns postulierten Einleitungsformeln. Kommentierend sind aber auch Übersetzungen fremdsprachlicher Heilworte (5,41 und 7,35b) und nachträgliche Erläuterungen (5,8 6,50 7,26b). Auch der viel umrätselte Vers Mk 2,10 von der Vollmacht des Menschensohns zur Sündenvergebung läßt sich so verständlich machen. Den plötzlichen Wechsel von der zweiten zur dritten Person hat man hin und wieder dadurch erklärt, Mk wende sich in einem redaktionellen Vers parenthetisch an den Leser[27]. Ein solches Heraustreten aus der Erzählung ist jedoch in schriftlichem Medium schwer und müßte besonders kenntlich gemacht werden, während mündliche Rede durch begleitendes Ausdrucksverhalten den Vers von seinem Kontext klarer abheben kann[28].
All das sind gewiß nur Spuren von Merkmalen mündlicher Rede. Aber sie genügen, um eine entscheidende Strukturveränderung beim Übergang von münd-

26. Derartige „Verschränkungen" hat *E. Linnemann:* Gleichnisse Jesu, 4. Aufl., 1966, 35 u. ö. für die Gleichnisse nachgewiesen.

27. So *G. H. Boobyer:* Mark 2,10a and the Interpretation of the Healing of the Paralytic, HThR 47 (1954) 115–120. Ebenso *C. P. Ceroke*: Is Mk 2,10a Saying of Jesus? CBQ 22 (1960) 369–390; *W. Grundmann,* Mk, 54f.; *L. S. Hay:* The Son of Man in Mark 2,10 and 2,28, JBL 89 (1970) 69–74.

28. Hingewiesen sei auf die von *H. Bausinger,* Formen, 169, genannten kommentierenden Bemerkungen in mündlicher Überlieferung. Ferner wären in der synoptischen Tradition die „Predigtschlüsse" in den Apophthegmen zu nennen (*M. Dibelius,* FE, 60ff.), sofern diese kritischer Prüfung standhalten. Auch nachträgliche Belehrungen „im Haus" (7,17ff. 9,28 10,10) könnten auf solche kommentierenden Bemerkungen zurückgehen. Anders *A. W. Mosley:* Jesus' Audiences in the Gospels of St Mark and St Luke, NTSt 10 (1963/4) 139–149.

licher zur verschriftlichten Überlieferung festzustellen: Die durch die unmittelbare Gegenwart der Zuhörer bedingten Merkmale mündlicher Rede entfallen zwar nicht ganz und gar, müssen jedoch in die kompositionelle Reihenfolge des Textes integriert werden. Wohl kann sich auch der schriftliche Erzähler unmittelbar an seine Leser weden; aber dann unterbricht er die Erzählung. Der mündliche Erzähler kann dies auch innerhalb der Erzählung. Die Erzählung verliert durch Verschriftlichung so eine Fülle von Ausdrucksmöglichkeiten. Was sie aber auf der einen Seite verliert, gewinnt sie auf der anderen Seite:

b) Erzählende Rede vollzieht sich in der Zeit. Nicht nur die erzählten Ereignisse, auch ihre sprachliche Darstellung erfolgt im zeitlichen Nacheinander[29]. Da man nicht wie beim Lesen wiederholen kann, da die Aufmerksamkeit des Hörers (besonders dann, wenn es sich um viele Hörer handelt) immer präsent sein muß, ist es notwendig, eine „erzählerische Augenblicksfüllung" zustande zu bringen, die den Hörer in die Erzählung hineinbannt. Diese erzählerische Augenblicksfüllung ist mit einem Scheinwerfer zu vergleichen, der über eine Reihe zusammenhängender Bilder gleitet. Dabei taucht jeweils ein überschaubarer, einfach konturierter Ausschnitt auf, andere verschwinden und sind im erzählerischen Augenblick nicht präsent. Positiv bedeutet dies: eine Beschränkung auf die notwendigen Personen, einsträngige Erzählung, unvorbereitetes Auftreten von Personen und Sachen (vgl. die Schriftgelehrten in Mk 2,6, der Schlaf Jesu Mk 4,38, Brot und Fische 6,38, die Menge 7,33, die vorher nicht erwähnte Nacktheit 5,15). Die von *A. Olrik* zusammengestellten stilistischen Merkmale volkstümlicher Erzählung lassen sich weitgehend auf die Notwendigkeit erzählerischer Augenblicksfüllung zurückführen[30].
Sie hat jedoch auch negative Aspekte, die noch mehr ins Auge fallen. Diese wurden von *W. Kosack* herausgearbeitet[31], um Kriterien dafür zu gewinnen, einen überlieferten Text als ursprünglich mündlich oder schriftlich beurteilen zu können. Sie wurden für die koptischen Legenden nachgewiesen. Ausgangspunkt ist die Überlegung, daß der mündliche Erzähler „völlig im Banne der jeweiligen Augenblickshandlung" steht und daher vorhergehende und folgende Teile einer Erzählung aus den Augen verlieren kann. Bei den synoptischen Wundergeschichten ist diese Gefahr wegen deren Kürze zwar nicht allzu groß, jedoch lassen sich vergleichbare Phänomene nachweisen. Im einzelnen unterscheidet *W. Kosack* vier Merkmale mündlichen Stils:

29. Einiges Grundsätzliche dazu findet sich bei *G. Müller:* Erzählzeit und erzählte Zeit, Festschrift P. Kluckhohn und H. Schneider 1948, 195–212, und *E. Lämmert*: Bauformen des Erzählens, 1955, 19ff. Jedoch geht es dort um differenziertere literarische Formen.
30. *A. Olrik:* Gesetze der Volksdichtung, Zeitschrift f. deutsches Altertum 51 (1909) 1–12; *R. Bultmann,* GST, 203ff.
31. Der Gattungsbegriff Volkserzählung, 33ff., Zitat S. 34.

1. Raffung notwendiger Erzählmomente, die das Verständnis einer Erzählung erschwert. Hier sei an Mt 9,2 erinnert: Das Glaubensmotiv blieb erhalten, obwohl die Äußerung dieses Glaubens (der Umweg über das Dach) wegfiel.
2. Unreflektiertes Erzählen, durch das ein unlogischer Zusammenhang geschaffen wird: Man denke an Mk 5,34; die Heilung wird zugesprochen, obwohl sie sich schon ereignet hat. Unlogisch ist auch Mk 5,42: Angesichts der versammelten Trauergemeinde kann die Auferweckung kaum verborgen bleiben.
3. Vergessen und Nachtragen wichtiger Einzelheiten. Hier sei auf nachklappende Bemerkungen hingewiesen: Mk 5,8 6,48 7,26.
4. Motivzwang: Der Erzähler kann den Faden verlieren und dadurch genötigt werden, eine Geschichte mit Gewalt zu Ende zu führen – etwa durch ein Wunder. Hier könnte man allenfalls die Geschichte von der Tempeldrachme nennen (Mt 17,24ff), nur daß man kaum annehmen darf, der Erzähler habe hier den Faden verloren.
In unserem Zusammenhang interessiert vor allem: Auch die verschriftlichten Fassungen der Wundergeschichten zeigen noch Strukturmerkmale mündlicher Rede. Aber die mit der erzählerischen Augenblicksfüllung nahe liegenden Inkonsequenzen treten zweifellos immer mehr zurück. Lk erzählt konsequenter, logischer, durchdachter. Und das hängt zweifellos auch mit der Verschriftlichung zusammen. Das schriftliche Werk ist nicht auf erzählerische Augenblicksfüllungen angewiesen: Der Zusammenhang des ganzen Werkes und der einzelnen Episode ist immer mitgegeben und kann rückschauend vergegenwärtigt werden.

c) Mündliche Erzählung steht schließlich noch in einer dritten Hinsicht in einem besonderen Verhältnis zur Zeit: Sie ist auf Gedächtnisleistungen der Tradenten ebenso angewiesen wie auf eine Vertrautheit der Zuhörer mit dem Repertoire ihrer Motive und Formen (jeder weiß, wie schwierig es ist, mündlicher Rede zu folgen, in der sich unbekannte Motive und Gedanken häufen). Daraus ergibt sich das Vorherrschen typischer Motive[32], die Wiederkehr kompositioneller Folgen, die Orientierung an vorgegebenen paradigmatischen Feldern. In diesem Punkt ändert sich durch die Verschriftlichung der Wundergeschichten nicht sehr viel. Die mt und lk Reproduktionsarbeit vollzieht sich weitgehend im Rahmen vorgegebener Gattungsstrukturen. Jedoch ist zweifellos die Chance individuellen Gestaltens in schriftlichem Medium größer als in mündlichem. Es handelt sich um Gradunterschiede. In diesem Zusammenhang sei daran erinnert, daß wir in schriftlichem Medium Überlieferungsprozesse ansatzweise beobachten

32. Ganz in Übereinstimmung mit der klassischen Formgeschichte schreibt *A. Lord*: Sänger, 193, Formelanalyse sei „ein geeignetes Mittel, mit dem wir feststellen können, ob ein bestimmter Text mündlich oder ‚literarisch' ist. Ein mündlicher Text wird zum überwiegenden Teil aus klar nachweisbaren Formeln bestehen ..."

konnten, welche die Grenzen vorgegebener Gattungsmöglichkeiten verließen: die Integrierung von Logien in Wundergeschichten bei Mt.
Aus unseren Überlegungen läßt sich nun folgender Schluß ziehen: Die verschriftlichende Reproduktionsarbeit ist weder generell unter dem Aspekt der Kontinuität noch der Diskontinuität zu sehen. Kontinuierlich ist etwa die Orientierung an gattungsspezifischen Motivfeldern und Kompositionsformen (wobei freilich Gradunterschiede in Rechnung zu stellen sind). Eine gewisse Diskontinuität ist hinsichtlich einiger Veränderungstendenzen jedoch nicht zu übersehen: Stilistische Züge, die aus der unmittelbaren räumlichen und zeitlichen Präsenz der Zuhörer beim Erzählen folgen, treten zurück: repetierender Stil, kommentierende Erzählmomente, erzählerische Augenblicksfüllung. Aber auch dies Zurücktreten geschieht nicht mit einem Schlage. Es ist noch erkennbar. Die überlieferungsgeschichtliche Diskontinuität enthält auch hier noch ein Moment Kontinuität. Die grundsätzliche Unterscheidung von Schriftlichkeit und Mündlichkeit – so berechtigt sie ist – muß hinsichtlich der synoptischen Überlieferung relativiert werden: Verschriftlichte mündliche Überlieferung hat sowohl an Momenten der Schriftlichkeit wie der Mündlichkeit teil. Was für jede verschriftlichte Überlieferung gilt, wird bei den Synoptikern durch zwei Faktoren bestärkt: Einmal muß man damit rechnen, daß nach der ersten Verschriftlichung der Überlieferung bei Mk weiterhin mündliche Überlieferung existierte. Sie könnte die weitere Verschriftlichung bei Mt und Lk beeinflußt haben. So könnte zum Beispiel Mt die Wundergeschichten nach jenen kompositonellen Mustern neu erzählt haben, die ihm aus mündlicher Überlieferung vertraut waren. Umgekehrt darf man in die mündliche Überlieferung nicht eine „innere Abneigung" gegen Verschriftlichung hineinprojizieren. *K. Ranke* meint, gerade bei angewandten Formen – das heißt Formen, die nicht nur aus erzählerischem und unterhaltendem Interesse weitergegeben werden, etwa bei homiletisch und didaktisch benutzten Gattungen – eine Tedenz zur schriftlichen Fixierung feststellen zu können: Als angewandte Formen „müssen sie notwendigerweise und immer wieder literarisch verfestigt werden, weil viele von denen, die von ihnen Gebrauch machen, zum einen kaum über die angesprochenen Potenzen des oral tradierenden Menschen, zum anderen wohl auch nicht über dessen natürlich ererbten Besitz an solchen Traditionen verfügen"[33]. Zweifellos sind

33. *K. Ranke:* Orale und literale Kontinuität, in: Kontinuität? 1969, 102–116, Zitat S. 113. Dort wird auch auf die Wechselwirkung von schriftlicher und mündlicher Literatur hingewiesen und *E. Moser-Rath:* Predigtmärlein der Barockzeit 1964, S. VII zitiert (S. 112); „Zweifellos wurde in früherer Zeit mehr gelesen und auch Angelesenes mündlich weitergegeben, als man lange Zeit annehmen wollte. Andererseits bleiben bestimmte Bereiche der Volksüberlieferung über weite Zeiträume hinweg von literarischen Einflüssen unberührt. Es wird kaum einen Stoff geben, der nicht im unentwegten Widerspiel von Geben und Nehmen sowohl literarische wie auch münd-

die synoptischen Gattungen angewandte Formen. Ihre Verschriftlichung geschah „relativ" früh-relativ nämlich zu den Zeiträumen, mit der volkskundliche Erzählforschung rechnen muß[34].

Abschließend sei noch einmal betont: Mögen auch manche Überlegungen für alle synoptischen Gattungen zutreffen, grundsätzlich ist jedoch jede Gattung für sich zu untersuchen. Die beobachteten typischen Überlieferungstendenzen (Raffung, Entfaltung, Affinität), die mit der Verschriftlichung gegebenen Änderungen sowie die Kontinuität hinsichtlich gattungsspezifischer Motivfelder und Kompositionsformen gelten zunächst nur für die Wundergeschichten. Das Verhältnis von Variabilität und Kontinuität ist für jede Gattung besonders zu bestimmen[35].

liche Prägungen erfahren hätte." Das gilt auch für die urchristliche Literatur: Die traditionsgeschichtlichen Zusammenhänge des Johannes- und Thomasevangeliums mit den synoptischen Evangelien lassen sich kaum ausschließlich durch mündliche oder schriftliche Überlieferungszusammenhänge erklären, sondern eher durch eine Wechselwirkung zwischen beiden.

34. Von daher ist auch Vorsicht gegenüber allzu schnellen Übernahmen volkskundlicher Thesen geboten, sofern diese sich auf Zeiträume von größerem Umfang beziehen. Die gegen die finnisch-geographische Schule geltend gemachte Skepsis hinsichtlich der Rekonstruierbarkeit einer Urfassung besteht gewiß zu Recht. Aber es ist etwas anderes, die Urfassung eines über verschiedene Länder, Völker und Zeiten verstreuten Märchens zu rekonstruieren und die Urfassung einer synoptischen Überlieferung.

35. Für Märchen, Schwank und Anekdote versucht *J. Jech:* Variabilität und Stabilität in den einzelnen Kategorien der Volksprosa, Fab 9 (1967) 55–62, die spezifischen Überlieferungstendenzen zu bestimmen, d. h. das Verhältnis variabler und stabiler Elemente innerhalb der jeweiligen Gattung. *L. Röhrich:* Das Kontinuitätsproblem bei der Erforschung der Volksprosa, in: Kontinuität? 1969, 117–133, zeigt, daß es auch für ganze Gattungen eine verschieden starke Tendenz gibt, in andere Gattungen überzugehen. Legenden werden etwa oft zu Sagen, während didaktische Exempla und Schwänke ihre Gattung konstanter beibehalten. Es „zeigt sich im ganzen eine unterschiedliche Variabilität und Stabilität der Gattungen" (S. 128). – Die jeweilige Gattung ist auch zu berücksichtigen, wenn Aussagen der allgemeinen Erzählforschung auf die synoptischen Traditionen übertragen werden: Das von *A. Lord:* Der Sänger erzählt, 1965, analysierte serbo-kroatische Heldenepos ist eine ganz andere Gattung als Wundergeschichten, Gleichnisse, Apophthegmen.

III. Die Komposition innerhalb der Rahmengattung

Aufgabe des diachronischen Teils dieser Analyse ist es, die Bedeutung relativ kontinuierlicher virtueller Gattungsstrukturen für die Überlieferungsgeschichte urchristlicher Wundergeschichten nachzuweisen. Damit wird ein Standpunkt eingenommen, der sich sowohl von der neueren Redaktionsgeschichte wie der klassischen Formgeschichte unterscheidet, letzterer jedoch nahe steht. Die redaktionsgeschichtliche Forschung neigte zum Teil zu einer einseitigen Entgegensetzung von Tradition und Redaktion. Sie endete mit der Behauptung radikaler Diskontinuität innerhalb des Überlieferungsprozesses[1]. Demgegenüber wird hier auf die Kontinuität von Gattungsstrukturen hingewiesen. Damit wird an die klassische Formgeschichte angeknüpft, welche eine relativ große diachrone Kontinuität der Überlieferungsgeschichte annahm, diese jedoch auf der Ebene aktualisierter Texte suchte. Demgegenüber wird hier betont, daß wohl Kontinuität vorliegt, jedoch auf der Ebene virtueller Gattungsstrukturen – eine Einsicht, die innerhalb der klassischen Formgeschichte vorbereitet ist; denn Grundlage für die überlieferungsgeschichtliche Kontinuität waren ja gerade die Formen und der ihnen entsprechende jeweilige „Sitz im Leben".

Nun kann die Redaktionsgeschichte jedoch ein Argument für sich geltend machen: Mit der Evangelienbildung wird eine neue Gattung geschaffen. Sie ist ohne Analogie[2]. Selbst wenn man zugesteht, daß bei der Reproduktion von Motiven und kleinen Einheiten vorgegebene Gattungsstrukturen einen Rahmen für alle Veränderungen bieten, so stellt sich mit Recht die Frage: ob mit der Komposition der kleinen Einheiten in einer übergreifenden Gattung diese traditionellen Gattungsstrukturen nicht verlassen werden? Ob die Evangelienform nicht etwas Neues darstellt, das sich nicht mehr als Aktualisierung vorgegebener Möglichkeiten verstehen läßt?

Zunächst ist darauf hinzuweisen, daß schon in der Überlieferungsgeschichte der Einzelperikopen in gewissem Sinne jede Reproduktion eine Neuschöpfung darstellt[3]; zwar ist die schöpferische Leistung der Evangelienbildung sehr viel höher einzuschätzen, aber es handelt sich womöglich nur um Gradunterschiede. Dazu kommt ein zweites Argument: Die Evangelienbildung ist in einem

1. So in *E. Güttgemanns:* Offene Fragen zur Formgeschichte des Evangeliums, 1970. Man mag in vielen Dingen anders denken, aber dies Buch hat doch den Verdienst, daß es die ntl Exegese dazu nötigt, allzu selbstverständlich gewordene Voraussetzungen neu zu reflektieren.
2. Vgl. das in dieser Hinsicht klassische Werk von *K. L. Schmidt:* Die Stellung der Evangelien in der allgemeinen Literaturgeschichte, in: Eucharisterion II, 2. Aufl., 1923, 50–134.
3. *A. Lord,* Sänger, 35: „Für einen mündlichen Dichter ist der Vortrag der Augenblick des Entstehens". *L. Degh:* Die schöpferische Tätigkeit des Erzählens, in: Int. Kongreß der Volkserzählungsforscher, 1961, 63–73 *S. Lo Nigro,* Tradition et Style, ebd. 152ff.

größeren Rahmen zu sehen. Sie stellt nur eine Möglichkeit der Komposition verschiedener synoptischer Gattungen dar. Neben ihr gibt es die Spruchsammlungen (Q, ThomEv), in denen auch erzählende Gattungen Platz gefunden haben (Mt 8,5ff.; Gleichnisse im ThomEv). Deutlich ist, daß bei den Spruchsammlungen die (geringen) kompositionellen Möglichkeiten lehrhafter Gattungen zugrunde liegen: Lehre wird an Lehre gereiht; die höchstmögliche Ordnung besteht in einer gewissen Systematik. Umgekehrt liegt den Evangelien eine erzählerische Komposition zugrunde: Ein Ereignis wird chronologisch an das andere gereiht. Die Anknüpfung an die kompositionellen Möglichkeiten der erzählerischen Gattungen lassen sich m. E. nicht leugnen. Und so liegt die Vermutung denn nahe, daß die Komposition der Evangelien auf den Gattungsstrukturen der in sie aufgenommenen erzählerischen Gattungen beruht: der Wundergeschichten und legendarischer Berichte. Dabei konzentrieren wir uns auf die Wundergeschichten, obwohl dies der Sache nach einseitig ist. Denn die legendarischen Berichte, insbesondere die Passionsgeschichten, sind für die Evangelienbildung von großer Bedeutung. Das geht schon aus folgender Überlegung hervor: Wundergeschichten und Apophthegmen kann man als Episoden in relativ beliebiger Reihenfolge anordnen. Die Passionsgeschichte hat dagegen eine unverrückbare Stellung am Ende (ebenso wie die Geburtsgeschichten an den Anfang gehören). Die chronologische Anordnung, die den Evangelien zugrunde liegt, wird also erst dann zur Notwendigkeit, wenn auch die Passionsgeschichte erzählerisch integriert werden soll.
Unter „Komposition“ wird im folgenden nicht nur die Abfolge einzelner Motive innerhalb einer kleinen Einheit verstanden, sondern deren Abfolge innerhalb einer Rahmengattung. Dabei interessieren uns vor allem die typischen Mittel, mit denen eine derartige Komposition hergestellt wird. Wir unterscheiden vier Kompositionsformen[4].

A. Verbindende Komposition

a) Markus: Verbindend nennen wir jedes kompositionelle Arrangement, das erzählerische Übergänge von einer Einzelperikope zur nächsten ermöglicht. Dabei lassen sich fünf Möglichkeiten verbindender Komposition unterscheiden:

4. Diese vier Kategorien: verbindende, typisierende, gliedernde und übergreifende Komposition finden sich in allen Erzählungen größeren Umfangs. Sie haben jeweils Entsprechungen in den „Bauformen des Erzählens“ – so der Titel des Buches von *E. Lämmert*, in dem dieser ein alle Erzählungen umfassendes Kategoriennetz entwarf. Zur verbindenden Komposition vgl. „Gliederung und Verknüpfung mehrsträngiger Erzählungen“ (43ff.), zur gliedernden Komposition vgl. „Erzählphasen“ (73ff.), zur typisierenden „Raffungsarten“ (82ff.), zur übergreifenden die „sphärische Geschlossenheit des Erzählwerks“ (95ff.).

1. Der *Zeitanschluß* stellt die Verbindung zur vorherigen Perikope dadurch her, daß die fortgeschrittene Zeit erwähnt wird: der Tag (9,2 14,1.12), die Tageszeit (1,32.35 4,35 6,47 11,12 14,17 15,1 15,42 16,1), der Zeitraum ἐν ἐκείναις ταῖς ἡμέραις (1,9 8,1) oder die Zeitfolge (μετά 1,14 9,2 14,1; εὐθύς, 1,12.21 (23) 14,43 15,1). Verschiedene Varianten des Zeitanschlusses werden kombiniert in 9,2 14,1 15,1.

2. Der *Ortsanschluß* setzt damit ein, daß die handelnden Personen den Ort des vorhergehenden Geschehens verlassen haben (1,29 2,13 3,7 5,1.21 6,1.34.53 7,24.31 8,10.27 9,30 10,1.17 13,1 14,26.53 15,16). Selbstverständlich können Orts- und Zeitanschluß sich verbinden (1,29 11,12).

3. Der *Geschehensanschluß* nennt einleitend inhaltliche Momente des vorhergehenden Geschehens. Diese Verbindung ist bei Mk sehr selten (14,22.43).

4. Im *Motivationsanschluß* geschieht ein Rückgriff auf die vorhergehende(n) Perkope(n) durch die handelnde Person selbst: Sie hört, sieht, nimmt das Geschehen wahr und läßt ihr folgendes Handeln dadurch bestimmt sein. Auch dieser Anschluß findet sich bei Mk selten (6,14 12,28).

5. In der *zuständlichen Einleitung* überbrückt eine allgemeine Notiz einen längeren Zeitraum durch (καί) ἐγένετο (1,4.9 2,23), Konjugatio periphrastica (2,18 10,32), Genitivus absolutus (8,1 14,3), Imperfekt (6,7 10,13).

Mk bevorzugt Orts- und Zeitanschlüsse: Ortsanschlüsse im mittleren Teil (Mk 2–13 enthält 16 von 20 Ortsanschlüssen), Zeitanschlüsse am Anfang und Ende des Evangeliums (Mk 1–2,1; 14–16 enthält 15 von 20 Zeitanschlüssen). Die Streuung ist kein Zufall: Zeitanschlüsse haben im erzählerischen Zusammenhang größere verbindende Kraft. Gerade am Anfang des Evangeliums liegt eine kompositionelle Notwendigkeit zur zusammenhängenden Erzählung vor. Der von dort ausgehende Eindruck bleibt auch dann bestimmend, wenn der Erzählfaden in der Mitte lockerer wird. Am Schluß, in der Passionsgeschichte, war die verbindende Komposition Mk zum Teil schon vorgegeben.

Unsere These ist: Die Formen verbindender Komposition lassen sich zum größten Teil aus kompositionellen Verbindungsformen innerhalb kleiner Einheiten erklären. In ihnen wird ein vorgegebenes Repertoire an Verbindungsformen schöpferisch neu aktualisiert. Innerhalb unserer Untersuchung interessiert dabei primär: Welchen Beitrag haben die Wundergeschichten zu diesem Repertoire geleistet?

Der Zeitanschluß kann anknüpfen an Datierungen von Einzelperikopen am Sabbat (Mk 1,23 3,2), an Bestimmungen der Tageszeit innerhalb einzelner Geschichten (Mk 6,48: „dritte Nachtwache"), an vorausgesetzte Zeiträume (8,2: „drei Tage"), vor allem aber an verbindende Zeitadverbien. Das Plötzlichkeitsmotiv (besser: -moment), dessen ursprünglicher kompositioneller Ort die Wunderhandlung selbst bzw. die Konstatierung des Erfolges ist, rückt bei Mk fünfmal in die Einleitung und begegnet außerdem häufig an anderen kompositionellen Orten innerhalb von Perikopen. Einleitend erweckt es den Eindruck, als nähme das Geschehen zwischen zwei Perikopen in derselben Weise seinen Fortgang wie innerhalb einer Perikope. *G. Rudberg* hat mit guten Gründen vermutet, εὐθύς in parataktischen Sätzen sei Charakteristikum mündlicher Sprache – ein weiterer Beleg für die Nähe des Mk zur mündlichen Tradition[5].

Der Ortsanschluß ist durch die Wundergeschichten insofern gestaltet worden, als viele Wundergeschichten (im Gegensatz zu Apophthegmen und Logien) lokalisiert sind. Diese Ortsangaben werden bei Mk bewußt gestaltet. Bis Mk 3,7ff. wirkt Jesus in Galiläa. Das Summarium 3,7ff. blickt darüber hinaus in die umliegenden Landschaften, in denen Jesus später einmal wirkt – außer in Idumäa. Mk hat diese Landschaft vielleicht erwähnt, um das Wirkungsgebiet des Täufers (Judäa und Jersualem) nach allen Seiten hin zu überbieten: zum Norden durch Galiläa, Tyros und Sidon, zum Osten durch Transjordanien, zum Süden durch Idumäa. Er will sagen: von Kapernaum über Galiläa und die umliegenden Landschaften breitet sich das Evangelium bis in die ganze Welt aus (13,10 14,9).

Der Geschehensanschluß ist in Wundergeschichten selten. Innerhalb geschlossener Perikopen ist es nicht notwendig, Geschehenes zu rekapitulieren (vgl. allenfalls Mk 2,4: ἐξορύξαντες, 4,39: διεγερθείς, 5,12: παρεκάλεσαν vgl. 5,10), 5,35: ἔτι αὐτοῦ λαλοῦντος, 9,20: πεσών). Der Geschehensanschluß ist jedoch auch in verbindender Komposition zunächst sehr selten.

Ausgesprochen häufig findet sich dagegen der Motivationsanschluß. Die rückgreifende Wahrnehmung erscheint als „sehen“ (2,5 5,6.22 6,48.49 9,15.20.25), „hören“ (5,27.36 7,25 10,47). „wissen“ (2,8 5,30.33 6,38), „trauern und fürchten“ (3,5 5,33).

Die zuständliche Einleitung ist auch in Einzelperikopen denkbar, wurde jedoch meist redaktionell gestaltet. Mk scheint besonders das ὄχλος – Motiv ausgebaut zu haben. Dies Motiv hat in einigen Wundergeschichten einen festen Haftpunkt (2,1ff. 5,25ff. 6,35ff. 8,1ff.). Mk hat es wahrscheinlich in andere Gattungen übertragen (2,13 3,20 4,1ff. 10,1f.). Der Leser hat den Eindruck, Jesus sei immer von einer Menge umgeben. Verbindende Komposition geht hier in typisierende über.

Die Wundergeschichten sind also an der verbindenden Komposition des Evangeliums beteiligt. Sie selbst werden durch die schon besprochenen zweigliedrigen Einleitungen verbunden. Da jeweils der Wundertäter als erster auftritt, rückt in den Einleitungen jeweils die Person in den Vordergrund, die durch alle Perikopen hindurch dieselbe bleibt. Die erzählerische Integration des mündlichen Rahmens

5. *G. Rudberg:* ΕΥΘΥΣ, CN IX (1944) 42–46. *J. Weiss:* εὐθύς bei Markus, ZNW 11 (1910) 124–133, hat richtig gesehen, daß εὐθύς in den Wundergeschichten seinen angestammten Ort hat, die anderen Stellen sind deswegen jedoch nicht nachmarkinisch. *D. Daube:* The Sudden in the Scripture, 1964, 46–60, kommt zu dem Ergebnis, Mk wähle dieses Adverb für seine verbindende Komposition aus folgenden Gründen: „it does express the inevitable, one-after-the-other succession of events, from the first temptation to the final delivering over to Pilate“ (60). Vgl. auch *L. Rydbeck:* Fachprosa, vermeintliche Volkssprache und Neues Testament, Uppsala 1967.

ist zugleich Integration einzelner Geschichten in den kompositionellen Rahmen. Diesen Einbau einzelner Geschichten in eine umfassende Geschichte nennt *K. Kertelge* „Historisierung", ein vieldeutiger Begriff[6]. Es wäre besser, von „kompositioneller Integration" zu reden.

b) Matthäus: Vergleichen wir die bei Mk feststellbaren Verbindungsformen mit denen bei Mt, so kann man eine Änderung der Häufigkeit feststellen:

1. Der Zeitanschluß findet sich viel häufiger als der Ortsanschluß, während das Verhältnis bei Mk genau umgekehrt ist. Entweder steht ein einleitendes *τότε* (2,16 3,13 4,1 9,14 12,38 15,1 16,24 18,21 19,13 20,20 23,1) oder *ἐν ἐκ είνῳ τῷ καιρῷ* (11,25 12,1 14,1; ähnlich 3,1 13,1 18,1 22,23 26,55). Die Zunahme des Zeitanschlusses zeigt eine größere Verbindung der Einzelperikopen. Um so auffallender ist, daß er in Wundergeschichten völlig fehlt.
2. Der Ortsanschluß findet sich 14- bzw. 15mal: 8,1 (9,1) 9,9.27.32 12,9 13,1 14,14.34 15,21.29 17,9 20,29 24,1 26,30, während er im kleineren MkEv 19mal festzustellen war.
3. Zugenommen hat der Geschehensanschluß: 2,1.13.19 9,18 11,7 12,46 13,36 14,34 22,41 26,47 28,11.
4. Sehr häufig ist der Motivationsanschluß durch „sehen" (2,16 5,1 8,18 9,36), „wissen" (12,15) und „hören" (4,12 11,2 14,1.13 22,34).
5. Die zuständliche Einleitung ist selten (3,1 4,18 8,23 26,6), was noch dadurch unterstrichen wird, daß Mt den größten Teil der summarischen Notizen in mkn Einleitungen gestrichen hat (vgl. 9,1f. 9.18 12,22). Ausnahmen sind 13,1f. 14,13f. Die summarische Einleitung in 19,1f. wurde durch Erwähnung von Heilungen gegenüber dem nachfolgenden Streitgespräch zum Summarium verselbständigt.

Charakteristisch für Mt sind also Zeit-, Geschehens- und Motivationsanschlüsse. Wie bei Mk ist am Anfang und Ende des Evangeliums eine verdichtende Komposition zu beobachten. Die vielfältigen Verzahnungen der Kindheitsgeschichten geben auch demFolgenden Charakter einer zusammenhängenden Erzählung. Mt kann daher den Zusammenhang des ersten Tages in Kapernaum (Mk 1,21ff.) auflösen. Die entsprechenden Perikopen begegnen erst nach der Bergpredigt.

Ein neuer spezifischer Beitrag der Wundergeschichten zur verbindenden Komposition ist bei Mt nicht zu erkennen, wohl aber eine spezifische Gestaltung der verbindenden Komposition bei den Wundergeschichten. Bei Mk hatten wir einen Zweitakt: Auftreten Jesu und seines Gegenspielers beobachtet. Mt ge-

6. Bei dem Begriff „Historisierung" ist jeweils ein Gegensatz mitgedacht. Der Begriff hat vier Nuancen: a) chronologische anstatt sachlich geordnete Komposition (so *A. Meyer*, Entstehung, 39) –
b) rückblickende Darstellung anstatt kerygmatisch-aktueller Anrede (so *W. Marxsen:* Einleitung in das Neue Testament, 1963, 120ff.) - c) zusammenhängende Darstellung anstatt Wiedergabe einzelner Episoden (so *K. Kertelge*, Wunder, 186ff.) – d) auf historische Faktizität Wert legende Darstellung im Unterschied zur naiven Erzählung. Daß auch noch der Gegensatz „Historie – Geschichte" (was immer man damit meint) mitschwingt, hat die Klarheit dieses Begriffs nicht gerade gefördert.

staltet diesen Einleitungstyp durch formelhafte Wendungen, wobei sich drei Grundformen unterscheiden lassen.

1. Das Auftreten Jesu wird durch Partizipialkonstruktion beschrieben, das Hauptprädikat führt den Gegenspieler ein. Liegt zwischen Partizip und Prädikat ein Subjektwechsel, so finden wir einen Genitivus absolutus vor[7]:

(a) *εἰσελθόντος δὲ αὐτοῦ εἰς Καφαρναοὺμ.*

(b) *προσῆλθον αὐτῷ ἑκατόνταρχος* (8,5).

(a) *καὶ ἐλθὼν ὁ Ἰησοῦς εἰς τὴν οἰκίαν πέτρου.*

(b) *εἶδεν τὴν πενθερὰν αὐτοῦ* (8,14).

Vgl. ferner 8,28 9,27 14,14 17,14.24.

2. Jesus wird durch Partizipialkonstruktion eingeführt (a), das Hauptverb bringt eine Näherbestimmung seines Kommens (b), der Gegenspieler (bzw. der Seesturm) wird mit *καὶ ἰδού* in einem neuen Hauptsatz eingeführt[8].

(a) *καταβάντος δὲ αὐτοῦ ἀπὸ τοῦ ὄρους.*

(b) *ἠκολούθησαν αὐτῷ ὄχλοι πολλοί*

(c) *καὶ ἰδοὺ λεπρός προσελθών* (8,1).

(a) *καὶ ἐμβάντι αὐτῷ εἰς τὸ πλοῖον.*

(b) *ἠκολούθησαν αὐτῷ οἱ μαθηταὶ αὐτοῦ.*

(c) *καὶ ἰδοὺ σεισμὸς μέγας* (8,23).

Vgl. 12,9 15,21 20,29a.

3. Das mittlere Glied der Einleitung kann fortfallen, der *ἰδού*-Satz unmittelbar an die Partizipialkonstruktion anschließen; *ἰδού* steht dabei ohne *καί*.

(a) *ταῦτα αὐτοῦ λαλοῦντος αὐτοῖς.*

(b) *ἰδοὺ ἄρχων προσελθών* (9,18) Vgl. 9,32.

H. J. Held[9] hat die interessante These vertreten, die Einleitungen der mt Wundergeschichten seien den Einleitungen der Apophthegmen, insbesondere der Streitgespräche, angeglichen. Er sieht darin ein Argument für den apophthegmatischen Charakter mt Wundergeschichten. Die bisher gemachten Beobachtungen widersprechen dem: Zum ersten Einleitungstyp gibt es zwar einige Parallelen in Apophthegmen, jedoch nur einmal mit dem für Wundergeschichten typischen Subjektwechsel (Jesus/Gegenspieler): 21,23. Der umgekehrte Subjektwechsel (Gegenspieler/Jesus) findet sich zweimal (11,7 22,41). Meist fehlt ein Subjektwechsel: 4,18 8,18 9,9.36 16,1 16,5.13. Der zweite Einleitungstyp hat keine Analogie außerhalb von Wundergeschichten. Der dritte begegnet zwar außerhalb von Wundergeschichten (2,1.13.19 26,47), aber nur einmal in einem

7. Die einleitende Partizipialkonstruktion entspricht dem griechischen Chrien-Anfang. So *G. Rudberg*: Zur Diogenes-Tradition, SO 14 (1935) 22–43. Belege aus Plutarch finden sich bei *H. Almquist:* Plutarch und das Neue Testament, 1946, 69.

8. Vgl. *P. Fiedler:* Die Formel „und siehe“ im Neuen Testament, 1969.

9. Matthäus als Interpret, 214–218. *H. J. Held* deutet hier m. E. ein richtig beobachtetes Phänomen falsch: die formale Abrundung der Wundergeschichten.

Apophthegma (12,46). Andererseits finden sich Merkmale der Einleitungen von Apophthegmen nicht in Wundergeschichten. Ein großer Teil der Apophthegmen beginnt mit dem Auftreten des Gegenspielers. Einleitend steht oft ein *τότε*: 9,14 12,38 15,1 18,21 19,13 20,20 (ohne *τότε* ist 19,3). Dieser Zeitanschluß findet sich bei Wundergeschichten nie; die für Wundergeschichten charakteristische Zweitaktigkeit der Einleitung fehlt umgekehrt in Apophthegmen. Die Gemeinsamkeit reduziert sich auf das Verb *προσέρχεσθαι* (u. ä.). Von einer paradigmatischen Einleitung der Wundergeschichten kann m. E. für Mt keine Rede sein. Die Wundergeschichten haben auch bei Mt ihre formale Eigenart nicht aufgegeben.
Durch die stereotypen Einleitungen der Wundergeschichten wirken sie relativ geschlossen. Dieser Abrundung von Wundergeschichten in der Einleitung entspricht die Gestaltung des Schlusses durch formelhafte Wendungen (8,13 9,22 15,28 17,18) sowie Auslassungen mk Motive, die über die einzelne Wundergeschichte hinausweisen. Mt streicht die Ausgestaltungen des Entlassungs- zum Sendungsschluß (8,4.34), Geheimnis- und Unverständnismotive, die auf zukünftige Offenbarung verweisen, entfallen. Bei Mk weckt zum Beispiel der nach der Sturmstillung stehende Tadel die Frage, wann die Jünger Glauben haben werden. Bei Mt (8,23–27) wird der Tadel durch das Wunder beantwortet. Die Geschichte ist in sich geschlossen. Ähnlich zu bewerten ist der Wegfall des Jüngertadels nach dem Seewandel (14,33) und die Streichung des Schweigegebotes in 9,25. Daß in den Wundergeschichten noch nicht enthüllte Wahrheit thematisiert wird, ist nicht mehr erkennbar. Mt hat zwar generell die kompositionelle Verbindung der Einzelperikopen verstärkt. Die Wundergeschichten aber bearbeitet er so, daß sie als relativ in sich geschlossene Erzählungen erscheinen. Sie haben episodalen Charakter. Mt ist „mehr noch als das MkEv ein Perikopenbuch" (*K. L. Schmidt*)[10]

c) Lukas:

1. Der Zeitanschluß findet sich zehnmal (1,26 1,39.57 3,1 4,42 5,27 10,1 10,21 13,1.31)
2. Der Ortsanschluß ist bei Lk noch mehr zurückgetreten als bei Mt. Er findet sich nur noch 4,38 (=Mk) 9,57 (=Q) 19,1 (=Mk), niemals jedoch in lk Formulierung.
3. Der Geschehensanschluß ist nicht sehr häufig: 7,1 (=Q) 7,24 (=Q) 8,40 9,43b 10,38. Der Geschehensanschluß in 9,43b ist die einzige Stelle in den Evangelien, wo ein Schlußmotiv der Wundergeschichten als Überleitung zur nächsten Perikope dient: „Als aber alle staunten ..."
4. Motivationsanschlüsse sind noch weniger zahlreich. Vgl. 19,11 20,45. Lk 14,15 ist mehr Überleitung innerhalb einer zusammenhängenden Einheit. Es sind also gerade die von Mt bevorzugten kompositionellen Verbindungsformen, die bei Lk zurücktreten.
5. Bei der Zustandseinleitung ist es umgekehrt. Sie ist bei Mt nur viermal belegt, wird aber bei Lk zur typischen Verbindungsform mit der stereotypen Einleitung (*καὶ*) *ἐγένετο*: a)

10. Rahmen, 284.

Zustandseinleitungen ohne Momente anderer Verbindungsformen: ἐγένετο δὲ ἐν τῷ τὸν ὄχλον ἐπικεῖσθαι (5,1 vgl. 5,12 9,18 14,1 17,11 18,35) – b) Zustandseinleitungen mit Momenten eines Geschehensanschlusses: ἐγένετο δὲ ἐν τῷ βαπτισθῆναι ἅπαντα τὸν λαόν (3,21 vgl. 9,28 11,27). – c) Zustandseinleitungen mit Momenten des Zeitanschlusses: 1,5 2,1 5,17 6,1.6.12 7,11 8,1.22 9,37.51 20,1. Zu diesen 21 Zustandseinleitungen kommen noch fünf weitere mit Konjugatio periphrastica bzw. Imperfekt (11,14 13,10.22 14,25 15,1). Zur Häufigkeit der Zustandseinleitung paßt die Beobachtung, daß Lk die meisten einleitenden summarischen Notizen des Mk übernommen hat (4,31 5,12 8,4.40 9,10f.), nur in 5,27 und 11,14 hat er sie gestrichen.

Die Zustandseinleitung mit (*καί*) *ἐγένετο* ist die wichtigste Verbindungsform für Lk. *R. Bultmann* hat ihre kompositionelle Bedeutung zutreffend beschrieben: „Charakteristischer noch für Lk ist es, daß er die Empfindung hat, ein wie falsches Bild es gibt, wenn alle Stücke gleichmäßig in einen unmittelbaren zeitlichen Zusammenhang gesetzt werden, wie es bei Mk ansatzweise geschieht und bei Mt weiter durchgeführt wird. Lk weiß, daß die wenigen mitgeteilten Geschichten nicht den Gang der Ereignisse vollständig beschreiben, sondern nur Beispiele, Illustrationen bieten: und er macht daher sehr häufig durch eine Eingangswendung darauf aufmerksam, daß das folgende Stück innerhalb eines größeren Zusammenhangs spielt. Dafür wählt er die aus der LXX geläufige Formel *καὶ ἐγένετο*, die schematisch besonders viele Mk-Geschichten bei Lk einleitet."[11]

Was wir schon bei Mt beobachtet hatten, das Hervortreten des episodalen Charakters der Wundergeschichten, läßt sich auch bei Lk feststellen. Der Abrundung am Anfang der Wundergeschichten durch die Zustandseinleitung entspricht eine Abrundung am Ende. Lk fügt zweimal einen Akklamationsschluß an mkn Wundergeschichten (9,43a 18,43), zweimal bringt er ihn – vielleicht in lk Redaktion – in seinem Sondergut (7,16 13,17). Den Todesbeschluß der Gegner (Mk 3,6) gestaltet er formal in Analogie zu einem Akklamationsschluß: „Sie aber wurden mit Unverstand erfüllt und sprachen zueinander, was sie Jesus tun könnten" (6,11). Die Beziehung auf das zukünftige Ende Jesu ist wesentlich undeutlicher, die Beziehung zum Wunder durch stilgemäße Schlußgestaltung und Streichung der Notiz, daß die Pharisäer hinausgingen, sehr viel enger. Obwohl man bei Lk eher eine enge Verflechtung erwartet, muß man auch hier feststellen: Die Wundergeschichten werden wohl in den erzählerischen Ablauf eingefügt, aber nicht sehr eng mit ihm verflochten. Sie haben episodalen Charakter.

Die Untersuchung der verbindenden Komposition hat folgende Ergebnisse gebracht. Die Evangelisten verfügen über ein Repertoire von fünf Verbindungs-

11. *R. Bultmann*, GST, 385. Nach *E. Lämmert*, Bauformen, 84, handelte es sich bei der Formulierung „In dieser Zeit geschah es einmal ..." um eine iterativ-durative Raffung, verbunden mit sukzessiver Raffung – in unserer Terminologie: um verbindende Komposition mit typisierenden Momenten.

formen. Dieses Repertoire stammt aus der Kompositionstechnik kleiner Einheiten und läßt sich auch in den Wundergeschichten feststellen. In den synoptischen Evangelien wird es in verschiedenem Maße realisiert: Mk bevorzugt Orts- und Zeitanschlüsse, Mt Zeit-, Geschehens- und Motivationsanschlüsse, Lk Zustandseinleitungen. Bei Mt und Lk werden die Wundergeschichten viel episodaler als bei Mk erzählt; sie sind geschlossener und abgerundeter.

B. Typisierende Komposition

a) Markus: Typisierend ist jedes erzählerische Arrangement, das Einzelmotive aus wenigen Erzählungen zum durchgehenden Zug der ganzen in der Rahmengattung beschriebenen Geschichte macht. Typisierend sind vor allem die Summarien, die – trotz verschiedener Einwände[12] – redaktionelle Kompositionen von Wundermotiven sind. Wenigstens lassen sich die meisten Einzelzüge, die in den Summarien komponiert worden sind, in einzelnen Wundergeschichten wiederfinden. Die Summarien betonen einerseits, daß die Wundergeschichten nur Ausschnitte der Wundertätigkeit Jesu bieten, geben andererseits selber nur Ausschnitte wieder: Rettungs- und Geschenkwunder fehlen[13]. Im Unterschied zu den Summarien Lukians[14] werden nur Exorzismen und Therapien genannt, das heißt Wunder, in denen der Mensch Objekt und Adressat ist.

b) Matthäus: Mt hat über Mk hinaus fünf Wundersummarien geschaffen. Einschließlich 11,2ff. stehen jetzt zwischen den fünf großen Reden jeweils zwei Summarien, dazu das einleitende Summarium 4,23–25. Zwei von ihnen ersetzen mkn Wundergeschichten (4,23ff. 15,29ff.), knüpfen jedoch an typisierende Züge in diesen Wundergeschichten an (Vgl. den Plural „Geister" Mk 1,27, „*alles* hat er gut gemacht ..." Mk 7,37).
In 4,23–25, dem ersten Summarium, komponiert Mt Motive zusammen, die bei Mk über die ersten Kapitel verstreut sind: Wanderung durch Galiläa und Predigt (Mk 1,21.39), Predigt des „Evangeliums" (Mk 1,14f.), Ausbreitung

12. *C. H. Dodd:* The Framework of the Gospel Narrative, ET (1931/2) 396–400, sieht in den Summarien einen Mk vorgegebenen Aufriß. *H. Schürmann:* Der ‚Bericht vom Anfang', TU 87, 1964, 242–258, will Teile von Mk 1,32–34 als integrierten Bestandteil einer vorredaktionellen Komposition nachweisen; ähnlich *R. Pesch:* Ein Tag vollmächtigen Wirkens Jesu in Kapharnaum, BL 9 (1968) 114ff. 177ff. 261ff. *L. E. Keck:* Mark 3,7–12 and Mark's Christology, JBL 84 (1965) 341–358, will in 3,7 und 3,9 Tradition entdecken. Dagegen mit Recht *T. A. Burkill:* Mark 3,7–12 and the Alleged Dualism in the Evangelists. Miracle Material, JBL 87 (1968) 409–417.
13. Vgl. *R. H. Fuller:* Die Wunder Jesu in Exegese und Verkündigung, 1967, 43.
14. Vgl. *H. D. Betz,* Lukian, 145f.

des Rufes (Mk 1,28), Herbeischaffen der Kranken (Mk 1,32–34), Nachfolge einer großen Menge aus Galiläa und den umliegenden Gebieten (Mk 3,7f.). Kompositionell ist dieses Summarium von großer Bedeutung. Hatten wir bei Mk die Schilderung eines konzentrisch sich ausbreitenden Wirkens Jesu als Mittel verbindender Komposition erkannt, so muß dieses Kompositionsmittel bei Komprimierung der Aussagen in einem Summarium wegfallen: Jesus ist von Anfang an ein über Galiläa hinaus bekannter Wundertäter. Die nachfolgende Bergpredigt hat dadurch größeren Öffentlichkeitscharakter. Sie spricht vom „Salz der Erde" (5,13) und vom „Licht der Welt" (5,14), ist Proklamation dessen, was die Jünger allen Völkern lehren sollen (28,19f.). Das zweite Summarium (Mt 8,16f.) hat durch das Jesajazitat die Abrundung eines Apophthegmas erhalten, das Jesu Heiltätigkeit als Erfüllung alttestamentlicher Weissagung darstellt. Dafür sind die Dämonenbekenntnisse bzw. ihre Verhinderung entfallen. Mt folgt bei dem Zitat nicht der LXX, die von Sünden und Schmerzen spricht. Er braucht den Bezug zu Krankheiten[15]. Das dritte Summarium (9,35) wiederholt fast wörtlich den Anfang des ersten (4,23), als viertes Summarium kann man die Antwort auf die Täuferfrage verstehen. Im fünften Summarium geschieht die Verbindung zur vorhergehenden Perikope durch Motivationsanschluß: Weil Jesus den Todesplan der Gegner weiß, entweicht er. Das Schweigegebot ist in diesem Zusammenhang Vorsichtsmaßnahme: es richtet sich an Menschen und will weniger die christologische Würde als den Ort Jesu geheim halten. Mt sieht darin eine Erfüllung von Jes 42,1ff.: Der Gottesknecht „wird nicht streiten noch schreien und niemand auf den Gassen wird seine Stimme hören". Mt hat also an zwei Stellen Reflexionszitate in die mkn Summarien eingeführt und dabei das Bekenntnis der Dämonen verdrängt. Was bei Mk durch Dämonenmund offenbar wird, offenbart bei ihm das Alte Testament: die Würde Jesu (Mt 12,15–21).

15. Die von der LXX unabhängige Übersetzung ist vielleicht doch kein sicheres Indiz für vormatthäischen Ursprung (anders *G. Strecker*, Weg, 66f.).

16. *H. J. Held*, Matthäus als Interpret, 195–199 vgl. 286, meint, Mt habe Mk 7,32ff. weggelassen, weil er keinen Ansatz für eine lehrhafte Erzählung über den Glauben gefunden habe. Die Streichung könnte aber auch einen anderen Grund haben: Bei Mk wird die Menge im folgenden Speisewunder sehr unvermittelt eingeführt. Mt verwandelt die vorhergehende Wundergeschichte in ein Summarium, um die Präsenz der Menge zu motivieren. Ähnliche Funktion haben die Summarien Mt 4,23–25 9,35 und 14,14. Die Auslassung von Mk 8,22ff. hat ebenfalls derartige kompositionelle Gründe. Die Menge ist nach dem zweiten Speisewunder entlassen (Mt 15,39) und begegnet erst nach der Verklärung wieder (17,14). Was dazwischen an sie erinnert oder auf eine gewisse Öffentlichkeit weist, hat Mt konsequent gestrichen: die Erwähnung der Dörfer (vgl. Mk 8,27), das Herbeirufen der Menge (Mk 8,34), und ebenso die Blindenheilung, die einen Aufenthalt in Bethsaida, mehrere Träger, kurz: „Menschen" (Mk 8,24) voraussetzt.

Ohne entscheidende Änderungen gegenüber Mk ist das sechste Summarium (Mt 14,34–36), während das siebte mt Komposition ist, in der einzelne Momente aus Mk 7,31ff. 8,22ff. mit spezifisch mt Motiven verbunden sind. Er ersetzt damit Mk 8,22ff. – kaum deshalb, weil er hier keinen Ansatz für eine lehrhafte Erzählung über den Glauben gefunden hat. Wäre das der Fall, so müßte man eine in diese Richtung gehende Stilisierung des Wundersummariums erwarten[16]. Die letzten Summarien sind sehr kurz (19,2 21,14), aber deshalb wichtig, weil sie den Eindruck, Jesu typische Handlungsweise sei Heilen gewesen, auf den Jerusalemer Aufenthalt ausdehnen.
Die Versuche, Mt ein distanziertes Verhältnis zu Wundern zuzuschreiben, erweisen sich angesichts seiner typisierenden Komposition als falsch. Auch eine grundsätzliche Unterordnung des Wunders unter das Wort läßt sich nicht erkennen. Das programmatische Wundersummarium 4,23–25 geht der Bergpredigt voran. Lehre und Heilung sind dort verbunden. Was Mt verbunden hat, soll der Exeget nicht trennen. Beides zu unterscheiden, ist eine andere Sache[17].

c) Lukas: Für Lk ist charakteristisch, daß er nicht nur erzählende, sondern auch einige „rhetorische" Summarien bringt, d. h. Überblicke über die Wundertätigkeit Jesu in Reden. Bekanntestes Beispiel ist die Antrittsrede Jesu in Nazareth: Der Geistgesalbte (Jes 61,1f.) erweist seine Kraft in der Befreiung von Gefangenen (Exorzismen?) und der Heilung von Blinden. Die nächste summarische Bezugnahme Jesu auf sein Wirken, die Antwort auf die Täuferfrage (7,18ff.), hat Lk durch ein kurzes erzählendes Summarium aufgefüllt (V. 21): Vor den Augen der Boten vollzieht Jesus Wunder und legitimiert sich als „Messias". Die Anklänge an Jes 61,1f. erinnern an die Antrittsrede. Ein Bezug auf Wunder Jesu findet sich ferner in der Antwort auf die Warnung der Pharisäer vor Herodes: „Siehe, ich treibe Dämonen aus und vollziehe Heilungen heute und morgen ..." (13,22)[18]. Bis zum Einzug in Jerusalem ist die Wundertätigkeit typischer Zug des Wirkens Jesu. Beim Einzug schaut Lk auf „alle" Wunder zurück (19,37, eine redaktionelle Formulierung). Weitere „rhetorische" Wundersummarien sind 24,19 Apg 2,22 10,38. Die Wunder gelten hier als *ἀπόδειξις* für die Würde Jesu[19]. Dem entspricht, daß Lk in den von Mk übernommenen erzählenden Summarien christologische Titel „Gottessohn" und „Christus" bringt (Lk 4,41) oder die von Jesus ausgehende „Macht" betont (6,19), die ihn als den von Gott Gesalbten ausweist.

17. Richtig bestreitet *E. Trocmé*: La formation de l'Évangile selon Marc, 1963, 38, „que le goût pour le merveilleux soit moindre chez Matthieu et Luc que chez Marc".
18. Lk 13,32 wird Tradition sein, V. 33 dagegen Redaktion. Vgl. die Analyse bei *O. H. Steck*: Israel und das gewaltsame Geschick der Propheten, 1967, 40–45.
19. *H. Conzelmann*: Die Mitte der Zeit, 5. Aufl., 1964, 179: „Der Wunderbeweis hat volle legitimierende Funktion".

Die typisierende Komposition in den synoptischen Evangelien beruht weitgehend auf Zusammenstellen gattungsspezifischer Wundermotive. Wo Mt und Lk abweichen, reichern sie die vorgegebenen mk Summarien meist durch weitere paradigmatisch verwandte Motive an. Interessant ist, daß auch die kompositionelle Grundstruktur der Wundergeschichten in den Summarien variiert reproduziert wird: Am Anfang stehen vor allem expositionelle Motive, und zwar primär Motive der Annäherung, des Bittens und Zudringens. Am Ende stehen jeweils finale Motive: akklamatorische Dämonenbekenntnisse (Mk 1,34 3,12) oder Konstatierung von Heilungen (6,56). Die typisierende Komposition der synoptischen Evangelien läßt sich daher weitgehend als Aktualisierung gattungsspezifischer Felder und Folgen verstehen, wobei alle Aussagen dahingehend verändert wurden, daß sie nicht von Einzelnen sondern von vielen gelten – bis auf die Aussagen über den Wundertäter selbst.

C. Gliedernde Komposition

a) Markus: Gliedernde Komposition liegt überall da vor, wo sich Perikopen durch einen gemeinsamen Gesichtspunkt von anderen Perikopengruppen abheben. Unsere Frage lautet: Hat Mk mit Hilfe von Wundermotiven Perikopengruppen zusammengefaßt? Vier Gruppen lassen sich m. E. herausheben[20]: Wenn Mk das erste Wunder in der Synagoge von Kapernaum mit der Wendung einleitet: „Er lehrte sie wie einer, der Vollmacht hat und nicht wie die Schriftgelehrten" (1,22, wahrscheinlich redaktionell), so ist damit das Thema der folgenden Perikopen genannt: die Auseinandersetzung mit jüdischen Autoritäten um die Vollmacht Jesu[21]. Sie findet ihren Höhepunkt im Beelzebubgespräch. Thematisch stammt diese Auseinandersetzung aus Streitgesprächen und Normenwundern. Alle Wunder in 1,21–3,1ff. (Ausnahme 1,29f.) enthalten in sich eine Spannung zwischen Jesus und seinen Gegnern.
Die zweite Gruppe von Wundern bildet 4,35–6,6. Sie wird durch das Stichwort *πίστις* bzw. *ἀπιστία* zusammengehalten, also einem spezifischen Wundermotiv (4,41 5,34.36 6,6). Anfang und Schluß dieses Abschnitts verbinden den Wunderglauben mit der Frage nach Jesu Person: „Wer ist dieser ...?" (4,41) und „Ist dieser nicht ...?" (6,3).

20. Vgl. den Forschungsbericht über die Gliederungsversuche des MkEv bei *R. Pesch*: Naherwartungen, 1968, 48–73.
21. *R. H. Fuller*, Wunder, 78 f, will dagegen zwei Gruppen unterscheiden:
a) 1,9–1,39: Auseinandersetzungen mit dämonischen Widersachern,
b) 1,40ff.: Auseinandersetzungen mit menschlichen Gegnern. Richtig m. E. *M. E. Glasswell:* The Use of Miracles in the Markan Gospel, in: Miracles, 1965, 151–162. – *K. Tagawa*, Miracles, 82–92, sieht in Mk 1,21ff. das Programm für das ganze Evangelium.

Eine dritte Gruppe von Wundern umfaßt 6,30–8,26. An die zwei Speisungswunder knüpft sie die Frage nach dem rechten Verstehen. Entsprechende Notizen sind wahrscheinlich redaktionell (6,52 7,18 8,17.21). Das Verstehensmotiv stammt aus der Wortüberlieferung (4,10ff. vgl. 12,24), wird hier aber in andere Gattungen eingetragen. Die Wunder sind für Mk erzählte *διδαχὴ καινή* (1,28). Daher der Appell an das Verstehen.
Mit Mk 8,26ff. beginnt ein neuer Abschnitt, insofern der Tod Jesu deutlicher ins Blickfeld rückt. Die Jünger müssen auf die Zeit ohne Jesus vorbereitet sein. Alles steht im Zeichen der Nachfolge, die auf das Kreuz zurückblickt (8,34). Entsprechend ist nun von den Wundern der Nachfolger Jesu die Rede. Der „Glaube" ist nicht nur im empfangenden Sinne Wunderglaube, sondern auch Gebetsglaube im aktiven Sinn, der fähig ist, Dämonen zu vertreiben (9,28f.) und Berge zu versetzen (11,23f.). Es ist der Wunder wirkende Glaube der christlichen Gemeinde, die Jesus nachfolgt. Wunder und Nachfolge gehören zusammen (10,52); aber nicht jeder durch Jesus ermächtigte Wundertäter folgt der Gemeinde (Mk 9,38–40)[22].
Überblickt man die gliedernde Komposition, so stellt man fest, daß Motive aus anderen Gattungen herangezogen werden: das Konfliktthema aus Streitgesprächen (aber auch Normenwundern), das Verstehensthema aus der Wortüberlieferung, immer aber sind Wundermotive an der Gliederung beteiligt.

b) Matthäus: Hauptproblem der gliedernden Komposition des Mt ist die erzählerische Integration des Redestoffes. Der Einbau der fünf großen Reden stellt der Komposition zwei in entgegengesetzte Richtungen weisende Aufgaben: Wenn der erzählerische Rahmen nicht nur notdürftige Verbindung von Rede zu Rede sein soll, muß durch Rück- und Vorgriffe über die umfangreichen Redekompositionen hinweg ein erzählerisches Gefälle geschaffen werden. Gleichzeitig müssen aber die Stücke zwischen den Reden als besondere Abschnitte voneinander abgehoben werden, sollen die Reden nicht willkürliche Einschübe sein.
Die erzählerische Komposition über die Redekapitel hinweg wird häufig durch Bezugnahmen auf Wunder gewährleistet. Das einleitende Wundersummarium endet mit der Notiz: „und es folgten ihm viel Menschenmengen ..." (4,25). Mit derselben Bemerkung setzt die Erzählung nach der Bergpredigt wieder an, um die Heilung des Aussätzigen einzuleiten „ ... es folgten ihm viel Menschenmengen" (8,1). Eine ähnliche Klammer umgibt die Aussendungsrede (vgl. 9,35 und 11,1). Auch an die Gleichnisrede schließen sich zwei Stellungnahmen zu Wundern an, die über die Rede zurückgreifen: Zunächst die Ablehnung Jesu durch seine Heimatstadt (vgl. 13,54f.), dann die Meinung des Herodes, Jesus sei der auf-

22. *K. G. Reploh,* Markus, 87f., hat gezeigt, daß sich Mk in 8,27–10,52 vor allem an die Gemeinde wendet.

erstandende Täufer, weil „Kräfte" durch ihn wirken (14,2). Nach der Gemeinderede fährt Mt durch einen kurzen Hinweis auf Jesu Wundertätigkeit fort (19,2). Durch diese Einbettung der Reden in einen durchgehenden Zusammenhang sprengen sie trotz ihres Umfangs und inhaltlichen Gewichts nicht die erzählerische Kontinuität. Damit ist die erste kompositionelle Aufgabe gelöst.
Die zweite Aufgabe besteht in einer gliedernden Akzentuierung der zwischen den Reden stehenden Erzählungen und Perikopen. Die mk Gliederung wird dabei völlig aufgelöst; an ihre Stelle treten andere gliedernde Gesichtspunkte. Die besonders auffällige Zusammenstellung von Wundern zwischen Bergpredigt und Aussendungsrede (K. 8–9) hat verschiedene Erklärungen gefunden[23]:

1. Oft wird die Zusammenstellung von zehn Wundern damit erklärt, Mt wolle in K. 8–9 Jesus als Messias der Tat darstellen, nachdem ihn die Bergpredigt als Messias des Wortes ausgewiesen hat. Nun finden sich nicht nur Wunder, sondern auch Apophthegmen in K. 8–9: 8,18–22; 9,9–13.14–17. Zumindest die Einfügung der Nachfolgesprüche (8,18ff.) ist theologische Absicht; aber auch die anderen Apophthegmen hat Mt wohl bewußt zwischen Wundern stehen gelassen. Das Zöllnergastmahl gibt ihm Gelegenheit, Jesu Heiltätigkeit als Wirken des Arztes und Erbarmen nach Hos 6,6 zu deuten. In der Fastenfrage ändert er *μὴ δύνανται ... νηστεύειν* (Mk 2,19) in *μὴ δύνανται ... πενθεῖν* (Mt 9,15), worin man einen Bezug zur Totenklage (9,23) sehen könnte: auch die tiefste Trauer weicht der Freudenzeit.
2. Eine zweite Erklärung faßt die Zusammenstellung der Wunder in K 8–9 als Vorbereitung des folgenden Kontextes (vor allem Mt 11,2–6) auf. Mt kann jetzt Blindenheilungen, Heilungen von Lahmen, Aussätzigen und Stummen sowie Auferweckung von Toten voraussetzen. Alle Umstellungen des Mt kann man jedoch so nicht motivieren. Das Vorziehen der Sturmstillung und des Exorzismus (8,23–34) bleibt unerklärt.
3. Vielleicht darf man noch auf einen geographischen Gesichtspunkt hinweisen. Im Reflexionszitat 4,15f. erscheinen Meer, Transjordanien und das Galiläa der Heiden. Nun begegnet gerade in K 8–9 eine Fahrt über das „Meer", ein Wirken jenseits des Jordans (8,28–34) und ein Heide (8,5ff.). Die Vorwegnahme der Seereise könnte dadurch motiviert sein, daß Mt die Weissagung Jes 8,23–9,1 wörtlich in Erfüllung gehen lassen will. Wie sehr ihm daran liegt, zeigt die Änderung des unmittelbaren Kontextes (vgl. die redaktionelle Erwähnung von Sebulon und Naphthali 4,13, die eine Übereinstimmung von Geschehen und Weissagung herstellen soll).

Im zweiten Abschnitt K 11–12 werden Wunder weniger erzählt als reflektiert. Sie lösen die Frage aus, ob Jesus der Messias sei (11,2ff.), an sie knüpft sich der Vorwurf fehlender Umkehr (11,20ff.), sie sind Erfüllung jesajanischer Weissagung (12,15–21). Andererseits stoßen Wunder (und Wundertäter) auf schroffe Ablehnung, führen zum Todesbeschluß der Gegner (12,14) und zum Vorwurf des Teufelsbündnisses (12,24).
Der nächste Abschnitt (K 14–17) bringt eine weitere Steigerung: Die Bedeutung der Wunder wird nicht nur fragend reflektiert (11,2ff. 12,23, so noch 13,53ff.); man nimmt jetzt Stellung. Die Akklamationsmotive häufen sich: „Dieser ist

23. Vgl. *H. J. Held*, Matthäus als Interpret, 234ff.

Johannes der Täufer" (14,2), „Wahrhaftig du bist Sohn Gottes!" (14,33), „Und sie lobten den Gott Israels" (15,31 vgl. 16,17 17,5). Wenn auch kein direkter oder indirekter Spannungsbogen von der Wundertätigkeit Jesu über die Reflexion der Wunder bis zur Stellungnahme zu ihnen führt, so ist doch eine gewisse abgestufte Gliederung klar erkennbar. Die Wunder sind für die gliedernde Komposition des MtEv von großer Bedeutung.

c) Lukas: Seit *H. Conzelmanns* „Mitte der Zeit" gilt Lk fast allgemein als Theologe einer periodisierenden Heilsgeschichte[24]. Die Wundertätigkeit ist jedoch in relativ gleichbleibender Weise Charakteristikum des Wirkens Jesu und trägt zur Periodisierung nichts bei. Man könnte erwägen, ob Lk die Passionsgeschichte bewußt von der Wunderzeit abhebt. Nach 13,32 vollbringt Jesus Heilungen und Exorzismen bis zum Zug nach Jerusalem. Beim Einzug in Jerusalem jubelt die Menge über vergangene Wunder (19,37). Es scheint konsequent, wenn Lk die Verfluchung des Feigenbaums wegläßt. Allzu viel Gewicht darf man dem jedoch nicht beilegen: Nur bei Lk heilt Jesus bei der Gefangennahme das abgeschlagene Ohr (22,51). Das Summarium Apg 10,39 spricht auch von Wundern in Jerusalem.

D. Übergreifende Komposition

1. Die aretalogische Evangelienkomposition des Markus

Übergreifend nennen wir jeden kompositionellen Vorgang, der über den unmittelbaren Zusammenhang hinaus das ganze Evangelium umfassende Spannungsbögen schafft. Erst die übergreifende Komposition verleiht den Evangelien einheitliche Gestalt. Das kompositionelle Problem besteht nun darin: Ursprünglich enthielt jede kleine Einheit ihren Skopos in sich; jede konnte isoliert tradiert werden. Wenn die Gattung „Evangelium" aber mehr als Aufreihung und Summierung kleiner Einheiten sein soll, wenn diese nicht nur nebeneinander gestellt, sondern untereinander verbunden sein sollen, so muß sich über den ursprünglichen Skopos ein zweiter legen, der mehrere Einheiten verbindet. Wie konnte solch eine Überlagerung geschehen, ohne eine zwiespältige Ausrichtung der einzelnen Stücke zu schaffen? Ohne die erzählerische Integrität der einzelnen Formen zu zerstören? Die Lösung liegt darin: Die kleinen Einheiten wurden nicht nur in ein ihnen äußerliches Ganzes integriert, sondern das Ganze durch sie strukturiert. Auch die übergreifende Komposition ist schöpferische Aktualisierung von Kompositions- und Feldgefügen kleiner Gattungen. Unsere Aufgabe ist, den Anteil der Wundergeschichten an dieser

24. Vgl. zur Kritik an den Periodisierungen H. Conzelmanns *W. C. Robinson:* Der Weg des Herrn, 1964.

Strukturierung des Ganzen herauszuarbeiten, wie sie uns zum ersten Mal bei Mk begegnet.

Pointe der Wundergeschichten ist das Wunder, darauf basierend die Anerkennung der im Wunder geschehenen Offenbarung in Admiration und Akklamation. Die erste Pointe gehört jeder Einzelgeschichte an, die zweite allen Wundergeschichten und in gewisser Weise allen synoptischen Gattungen. Hier können alle kleinen Einheiten und das Ganze des Evangeliums in dieselbe Pointe auslaufen. Formgeschichtlich formuliert: Admiration und Akklamation sind zusammen mit dem ihnen entgegengesetzten Geheimnismotiv tragende Motive übergreifender Komposition bei Mk. Diesem „aretalogischen Spannungsbogen" steht ein mythischer und biographischer zur Seite, wobei es sich jedoch um unabgeschlossene Spannungsbögen handelt.

1. Der *aretalogische* Spannungsbogen: Das ganze MkEv drängt nach Akklamation, nach Erkenntnis der wahren Würde Jesu. Sieht man von den Dämonenbekenntnissen ab, die dem Schweigegebot verfallen, so bleibt diese Würde Jesu in den ersten Kapiteln noch im Hintergrund. Jesus redet von sich selbst verhüllt als Menschensohn (was für Mk wohl ein geheimnisvoller Titel gewesen ist) (2,10), Arzt (2,17), Bräutigam (2,19) Herr des Sabbats (2,23ff.). Die Dämonenbekenntnisse verraten dem Leser, daß sich in all dem eine noch verhüllte Wahrheit ankündigt. Explizit wird die Frage erst von den Jüngern nach der Sturmstillung gestellt: Wer ist dieser? Ursprünglich abschließende Akklamation, hat diese Frage innerhalb mkn Komposition expositionelle Bedeutung gewonnen. Jedes Mal, wenn im folgenden vom Staunen der Menschen anläßlich der Wunder Jesu die Rede ist, klingt diese Frage nun mit (5,15.20 5,42). Ausdrücklich wird sie in 6,1ff. erneuert, erneut provoziert durch inzwischen geschehene Wunder. Die Stellungnahme der Bewohner von Jesu Vaterstadt fällt zwar negativ aus; aber auch so ist die Notwendigkeit deutlich geworden, angesichts der Wunder nach Jesu Würde und Person zu fragen: „Ist dieser nicht ...?" (6,3).

Dieser Zusammenhang von Wunder und christologischer Frage wird weiter betont durch die Volksmeinungen 6,14f. Die Wunder Jesu führen zur Vermutung, er sei Johannes der Täufer, Elia oder ein Prophet. Mk spricht davon, daß sein „Name offenbar wurde" (6,14). Deutlich ist, daß die Wunder nach akklamatorischer Stellungnahme drängen, deutlich aber auch, daß die bisherigen Stellungnahmen inadäquat sind, wie der Leser durch die „authentische" Taufstimme und die Dämonenbekenntnisse weiß. Der Spannungsbogen bleibt unabgeschlossen. Er wird in 6,52 (redaktionell) erneuert. Die Jünger hatten in Seenot Furcht, „denn sie hatten auf Grund der Brote nicht verstanden, sondern ihr Herz war verstockt". Nur wenn man davon ausgeht, daß im Brotwunder Jesu göttliches Wesen erkennbar wurde, daß hier eigentlich eine titulare Akklamation zu erwarten gewesen wäre, ist der Tadel motiviert. Für die kompositionelle Arbeit des Mk ist interessant, daß hier eine zurückgreifende Komposition vorliegt: der Tadel blickt auf das Wunder zurück, greift über den erzählerischen Augenblick (den Seewandel) zurück auf Vorhergehendes. Rückblickend ist ferner die Akklamation nach der Heilung des Taubstummen, die sich nicht nur auf das Wunder, sondern zusammenfassend auf die ganze Wundertätigkeit Jesu bezieht: „Gut hat er *alles* gemacht!". Rückblickend ist der erneute Jüngertadel in 8,17.21, der den Vorwurf des Unverständnisses angesichts des Brotwunders verschärft.

Die fehlende Einsicht bricht zum ersten Mal im Petrusbekenntnis durch. Mk bezieht sich auch hier auf Wunder. Denn die von den Jüngern wiedergegebenen Volksmeinungen entsprechen genau den in 6,14 geäußerten. Bei ihrer Aussendung haben sie von diesen Meinungen gehört, diese wiederum waren durch die Wundertätigkeit Jesu hervorgerufen. Das Petrusbekenntnis ist (innerhalb mkn Komposition) also indirekt durch Wunder hervorgerufen. Es ist jedoch nicht adäquat, untersteht noch dem Geheimnis; einmal fehlt ihm der entscheidende Titel „Sohn Gottes". Sodann ist das Leiden nicht im Bekenntnis impliziert. Noch immer ist der Spannungsbogen unabgeschlossen. Er wird erneuert durch die Erwartungen des Volkes. Der blinde Bartimäus ruft den „Sohn Davids" an. In diesem Sinne, wenn auch nicht mit diesen Worten, akklamiert die Menge beim Einzug in Jerusalem. Im Winzergleichnis nennt sich Jesus indirekt „Sohn Gottes". Das Verhör vor dem Hohen Rat thematisiert ebenfalls die christologische Frage. Die endgültige Lösung dieses Spannungsbogens geschieht jedoch durch das Bekenntnis des Hauptmanns am Kreuz. Hier spricht zum ersten Mal ein Mensch aus, daß Jesus Sohn Gottes ist.

Die wichtigsten Momente dieses übergreifenden kompositionellen Zusammenhangs sind teils ausgeführte Akklamationen (1,28 2,12 4,41 7,37 15,39), teils in expositionelle Stellung versetzte Akklamationsrufe (6,2 6,14 8,28). Was dort die Wundergeschichten final abschließt, dient hier als Exposition erzählerischer Einheiten. Umgekehrt: wenn die Akklamationsrufe expositionelle Stellung haben können, so haben im übergreifenden Zusammenhang auch die kompositionell am Ende einer Wundergeschichte stehenden Akklamationen expositionellen Sinn. Sie transzendieren den „erzählerischen Augenblick" der kleinen Einheit und weisen über sich hinaus.

Falls unsere Vermutung richtig ist, daß Mk bewußt Akklamationsschlüsse mit christologischen Titeln nicht realisiert hat, würde dies die Annahme einer auf der aretalogischen Akklamation basierenden Komposition stützen. Mk hätte dann wegen der einen zentralen Akklamation des Hauptmanns am Kreuz alle anderen Akklamationen modifiziert, alle titularen Akklamationen nicht realisiert, obwohl sie zu seinem (virtuellen) formgeschichtlichen Motivfeld gehören. Die bewußte Retardation der Akklamation zeigt sich aber auch unabhängig von dieser Annahme innerhalb des beobachtbaren Textes in den Geheimnis-

und Unverständnismotiven. Die Dämonenbekenntnisse bewirken, daß sie als entgegengesetzte Motive zu titularen Akklamationen auftreten. Bei allen Geheimnismotiven ist für den Leser nun die fehlende titulare Akklamation unausgesprochen präsent. Zweimal wird ausdrücklich der Sohn-Gottes-Titel zum Gegenstand des Geheimnisses gemacht, also jener Titel, der am Ende des MkEv den aretalogischen Spannungsbogen zur Lösung bringt. Wenn unmittelbar vor dem Bekenntnis des Hauptmanns der Tempelvorhang zerreißt, so deutet Mk an, daß jenes Geheimnis offenbar wurde, das über der bisherigen Geschichte Jesu lag.

Mk weitet den allen Wundergeschichten immanenten Spannungsbogen zwischen Wunder und intendierter Stellungnahme des Hörers auf das ganze Evangelium aus. Die kompositionelle Struktur der Wundergeschichten liegt seiner übergreifenden Komposition zugrunde: Ein wunderhaftes geheimnisvolles Geschehen provoziert ein Bekenntnis. Aus Wundergeschichten wurde eine Wunder-Geschichte mit geheimnisvoll retardierter Akklamation. Wir nennen daher das MkEv eine „aretalogische Evangelienkomposition", die auf der Aktualisierung von Geheimnis- und Akklamationsmotiven basiert. Die kompositionelle Kunst des Mk besteht also gerade darin, beides zu wahren: die Integrität der kleinen Einheiten wie die Gestalt des Ganzen, das heißt die Einzeltraditionen so zu integrieren, daß sie in sich geschlossen bleiben und doch zugleich über sich hinausweisen. Und andererseits: das Ganze so zu strukturieren, daß es durch eine innere Dynamik zusammengehalten wird, ohne daß die kleinen Einheiten zu bloßen Durchgangsstufen werden[25].

2. Das *mythische* Stufenschema: Der durch aretalogische Akklamationen geschaffene Spannungsbogen wird durch ein mythisches Stufenschema: Taufe, Verklärung und Kreuz, überstrahlt, das *Ph. Vielhauer* analog altägyptischem Thronritual als Adoption, Repräsentation und Inthronisation (einschließlich Akkla-

25. Die Bedeutung der Wundergeschichten für die Komposition des MkEv wurde von verschiedener Seite betont. Nach *A. Meyer*, RGG V, 1. Aufl., 2151 „wurden Ketten von Wundererzählungen, die z. T. zuerst andersartige Bedeutung hatten, durch Zeit- und Ortsangaben zu einer Biographie oder einem Reisebericht verbunden – so ist Markus entstanden". *G. Schille*, Wundertradition, 45, sieht einen Zusammenhang zwischen dem Credo zum Wundermann und der Evangelienbildung: Mit den Wundern ist die Erinnerung an den irdischen Jesus gegeben. Einen gewissen Beitrag zur Komposition des Evangeliums spricht man den Wundergeschichten auch dann zu, wenn man eine vormarkinische Sammlung von Wundergeschichten annimmt. So *H. Köster:* Ein Jesus und vier ursprüngliche Evangeliengattungen, in: Entwicklungslinien durch die Welt des frühen Christentums, 1971, 147–190. Bemerkenswert ist insbesondere, daß H. Köster seine vier ursprünglichen Evangeliengattungen durch jeweils eine kleinere Gattung strukturiert sieht: Die Logien führen zur Spruchsammlung, die Wundergeschichten zur Aretalogie, die apokalyptische Rede zur Offenbarungsliteratur, die Passionsgeschichte zur Evangelienform, wie sie bei Mk vorliegt.

mation) gedeutet hat. Die herausgehobene Stellung dieser drei Szenen ist unübersehbar. Unmittelbarer als sonst wird hier das Göttliche in Epiphanien und Zeichen sichtbar. „Zeitgenössischen Lesern des Mk dürften diese kosmischen Mirakel besonders eindrücklich gewesen, die entsprechenden Szenen somit als ‚dramaturgische' Höhepunkte der Komposition erschienen sein."[26] Mythisch ist diese Komposition, weil die Geschichte eines transzendenten Wesens als Geschichte zwischen Gott und seinem Sohn erzählt wird.

Die Schwierigkeit dieser Interpretation liegt beim letzten Akt innerhalb des Stufenschemas: Hat Mk die Inthronisation als Kreuzigung darstellen wollen? Züge einer Inthronisation enthält zweifellos die Verspottungsszene. Jesus erhält königliche Insignien: Purpurmantel und Dornenkrone. Die Soldaten akklamieren mit *χαῖρε · βασιλεῦ τῶν Ἰουδαίων* (15,18). Jedoch wird der Königspurpur vor der Kreuzigung weggenommen; die Dornenkrone bleibt unerwähnt. Falls Mk die Kreuzigung als paradoxe Inthronisation schildern wollte, hätte er sich ungemein anschauliche Motive für seine Darstellung entgehen lassen. Aufgegriffen werden dagegen die Akklamationen. Sie begegnen wieder im Titulus und im Spott der Hohepriester und Schriftgelehrten. Alle Gruppen nehmen nun zu Jesus Stellung: heidnische Herren und Knechte, das jüdische Volk und seine Führer. Ablehnung ist die überwiegende Stellungnahme der Welt; nur der Hauptmann erkennt das wahre Wesen Jesu. Die Einsamkeit seines Bekenntnisses zeigt die Vereinzelung, in die der christliche Glaube führt. Die einzige adäquate titulare Akklamation im MkEv ist keine Chorakklamation. Erst in einiger Entfernung erscheint die Gemeinde, repräsentiert durch galiläische Frauen (15,40f.).

Wegen der dominierenden Stellung der Akklamation am Schluß des MkEv verstehen wir es weniger als stufenweise Realisierung der Würde Jesu[27], sondern als deren sukzessive Offenbarung und Anerkennung. Jesus wird in der Taufe zum Sohn Gottes, der die Macht hat, alle feindlichen Gewalten zu besiegen (Adoption), Gott offenbart ihn den Jüngern in der Verklärung (Repräsentation). Das Kreuz ist der Ort, an dem Jesus öffentlich vor die Welt tritt, um abgelehnt und anerkannt zu werden (Akklamation). Auf solche – noch unabgeschlossene Anerkennung – zielt die Predigt in der ganzen Welt. Spätestens bei der Parusie wird sie seine Hoheit erkennen (14,62).

Damit modifizieren wir in geringfügiger Weise die Interpretation *Ph. Vielhauers*: Das Stufenschema zielt weniger auf die Inthronisation als auf eine Akklamation. Falls Mk ein Inthronisationsschema (im Sinne einer sukzessiven Realisierung der Würde Jesu) vor Augen hatte,

26. Ph. *Vielhauer:* Erwägungen, 213 Anm. 46a.
27. Auch *E. Best:* The Temptation and the Passion, 1965, und *L. E. Keck:* The Introduction to Mark's Gospel, NTSt 12 (1965/6) 352–370, neigen dazu, Jesu Würde schon mit der Taufe realisiert zu sehen.

hat er es modifiziert. Man könnte aber ebensogut sagen, daß er eine Variante des Stufenschemas aktualisierte, die in den uns bekannten christologischen Stufenschemata virtuell angelegt ist: Ein dreistufiges Stufenschema liegt in 1 Tim 3,16 vor, das in sich eine interessante Parallelität enthält. Dem *ἐδικαιώϑη, ὤφϑη, ἀνελήμφϑη* in der himmlischen Sphäre (vgl. Pneuma, Engel, Doxa) entspricht *ἐφανερώϑη, ἐκηρύχϑη, ἐπιστεύϑη* in der irdischen Sphäre (Sarx, Heiden, Kosmos). Parallel zueinander steht eine Sukzession abgestufter Realisierung des Weges zur Doxa und eine Sukzession abgestufter Anerkennung (worunter auch die Akklamation fallen würde)[28]. Die in 1 Tim 3,16 parallel aufgebauten Sukzessionen dominieren jeweils in anderen Stufenschemata: Hb 1,5–13 enthält primär eine stufenweise Erhöhung, in welcher die Proskynese (1,6) nur ein Moment bildet. Umgekehrt zielt die zweite Strophe des Philipperhymnus eindeutig auf Proskynese und Akklamation. Auch hier lassen sich drei Stufen unterscheiden: Erhöhung und Namensverleihung (Phil 2,9), Proskynese (2,10), Akklamation (2,11). Innerhalb der ntl Stufenschemata kann die Akklamation (oder verwandte Motive der Anerkennung) entweder als ein Moment oder als primäres Ziel erscheinen. Daß Mk gerade jene Variante des Stufenschemas aktualisiert, die auf eine Akklamation ausläuft, dürfte damit zusammen hängen, daß der aretalogische Spannungsbogen auf solche eine Akklamation zielt.

Der mythische und aretalogische Spannungsbogen finden beide ihre Lösung im Bekenntnis des Hauptmanns. Beide stehen aber schon vorher in enger Beziehung. Was als Geheimnis innerhalb des Stufenschemas schon offenbar ist, offenbart sich innerhalb des öffentlichen Wirkens Jesu erst allmählich. Der Leser weiß schon um die Würde Jesu. Er erwartet von daher den Zeitpunkt, wann endlich diese Würde auch den im Evangelium auftretenden Menschen aufgeht. Sein Wissen setzt ihn in den Stand, alle tastenden Versuche, Jesu Person zu deuten, als inadäquat zu erkennen. Er weiß: nur der Sohn-Gottes-Titel erfaßt ihn adäquat. Alle anderen Titel sind Annäherungen.
Das mythische Stufenschema ist auf den aretalogischen Spannungsbogen hin entworfen: Es antizipiert die Akklamation am Ende, während die Geheimnismotive retardieren. Die mythische Geschichte setzt (mit Hilfe von Epiphanien und Zeichen) dreimal entscheidende Akzente; aber sie alleine verleiht dem MkEv keine Einheit. Sie selbst bleibt unabgeschlossen. Zur Vergangenheit hin fehlt die transzendente Vorgeschichte, in Richtung auf die Zukunft könnte erst die Parusie die mythische Geschichte zur Vollendung bringen. Abgerundet ist nur die aretalogische Spannung von wunderhaftem Geschehen, Geheimnis und Akklamation; mythische Antizipationen steigern diese Spannung, aber begründen sie nicht.

Die Existenz eines mythischen Spannungsbogens könnte man gegen die These anführen, die Evangelienbildung ließe sich als Aktualisierung der Gattungsstrukturen kleiner Einheiten verstehen: Der mythische Spannungsbogen nimmt seine Struktur aus außersynoptischen Traditionen. Hier kommt ein neues Moment in die synoptische Tradition hinein.

28. Zur Diskussion um 1 Tim 3,16 vgl. *K. Wengst:* Christologische Formeln und Lieder des Urchristentums, 1972, 156ff.

Besprechen wir daher kurz die drei wichtigsten Versuche, die kompositionelle Einheit des MkEv in einem mythischen Geschehen zu sehen, unter diesem Aspekt:

a) *R. Bultmann* nahm an, daß der hellenistische Christusmythos, wie er in Phil 2,6ff. vorliegt, dem MkEv „eine zwar nicht biographische, aber eine im Mythos des Kerygmas begründete Einheit" gebe[29]. Richtig ist, daß dem MkEv eine biographische Einheit fehlt: Die Geburt Jesu wird nicht einmal erwähnt. Aber auch die mythische Einheit bleibt unvollständig: Mk hat die Präexistenz „noch nicht aufgenommen"[30]. Auch im Winzergleichnis läßt sie sich nicht nachweisen: Von der Präexistenz des Sohnes müßte man dann auf die Präexistenz aller vorher gesandten Boten schließen[31]. Der Rückgriff auf das Winzergleichnis zeigt jedoch: wollte man diese Sicht der mk Komposition aufrecht erhalten, so muß man auf eine Einzeltradition zurückgreifen.

b) Auch das mythische Drei-Stufen-Schema ist in der ntl Briefliteratur immer mit dem Präexistenzgedanken verbunden. Insofern gilt hier derselbe Einwand, der gegen *R. Bultmann* erhoben wurde. Wichtiger aber ist: Dies Stufenschema wird mit Hilfe von zwei Epiphanien dargestellt: der Taufvision und der Verklärung. Dazu kommt der legendarische Kreuzigungsbericht mit seinen wunderbaren Zeichen. Man könnte das Stufenschema daher auch als eine Entfaltung des im Taufbericht enthaltenen Adoptionsgedankens auffassen.

c) Im Dämonenkampf sieht *M. Dibelius* das die Komposition des MkEv umgreifende Motiv. Dieses Gedankens wegen ist das MkEv ein „seinem letzten Gepräge nach ... mythisches Buch"[32]. Dies ist gewiß richtig. Zu korrigieren ist jedoch die Meinung, daß sich dieser Gedanke „lediglich auf die Rahmung (erstreckt), die der Evangelist der Tradition gegeben hat"[33]. Er ist vielmehr den Exorzismen immanent. Dibelius weist selbst auf Mk 9,19: Innerhalb eines Exorzismus ist hier von einem göttlichen Wesen die Rede, das „nur vorübergehend in Menschengestalt erschien, um alsbald in den Himmel zurückzukehren"[34]. Im Anschluß an *M. Dibelius* hat *J. M. Robinson* den Dämonenkampf als durchgehenden Zug des MkEv aufzuweisen sich bemüht[35].

Das mythische Geschehen ist bei Mk nicht wegzudenken; aber erst bei Joh ist aus den mythischen Elementen ein geschlossener Mythos geworden: Der vorzeitlich bei Gott existierende Logos inkarniert sich, wirkt in dieser Welt, stirbt und geht zurück zu seinem Vater. Die Parusie ist ohne Bedeutung. Hier wird die Einheit des Evangeliums durch den Mythos konstituiert[36]. Wenn das MkEv eine aretalogische Evangelienkomposition ist, so das JohEv eine mythische.

29. *R. Bultmann*, GST, 397.
30. GST, 374.
31. Gegen *J. Schreiber:* Die Christologie des Markusevangeliums, ZThK 58 (1961) 154–183.
32. *M. Dibelius*, FE, 279.
33. FE, 279.
34. FE, 278.
35. Das Geschichtsverständnis des Markus-Evangeliums, 1956.
36. *R. Bultmann*, GST, 397. Er sieht insofern mit Recht im JohEv eine „Weiterentwicklung des von Mk geschaffenen Typus".

3. Der *biographische* Spannungsbogen: Das MkEv hat sein Ziel im Bekenntnis: „Wahrhaftig dieser Mensch *war* Sohn Gottes" (15,39). Das Imperfekt blickt auf ein abgeschlossenes Leben zurück, der aretalogische Spannungsbogen wird durch einen biographischen Rahmen überlagert. Dieser Rahmen wurde den Einzeltraditionen nicht von außen aufoktroyiert; schon die einzelnen Legenden setzen ihn voraus[37], wie daraus hervorgeht, daß sie meist nicht an beliebiger Stelle einer chronologisch geordneten Erzählung stehen könnten – anders als Wundergeschichten und Apophthegmen. Die meisten von ihnen finden sich in der Passionsgeschichte. Hier waren schon vor Mk Einzelperikopen in biographisch-chronologischer Reihenfolge geordnet[38]. Wurde diese kompositionelle Struktur auf andere Stoffe übertragen, wurden auch Wundergeschichten und Apophthegmen als Momente einer final ausgerichteten Geschichte verstanden, so war damit der wichtigste Schritt zur Evangelienbildung getan. Die Passionsberichte und -geschichten sind in dieser Hinsicht für die Evangelienform entscheidend gewesen[39]. Wo sie (wie in Q und ThomEv) fehlen, fehlt auch die chronologische Reihenfolge; wo christlicher Glaube Spruchsammlungen als adäquaten Ausdruck seiner selbst versteht, schließt schon die literarische Form die Aufnahme einer Passionsgeschichte aus.

Darüber hinaus wurden Todesbeschluß und Leidensweissagung, Motive der Passionsgeschichte, zur übergreifenden Komposition benutzt. Das Motiv des Tötungsplans hat seinen ursprünglichen Haftpunkt vielleicht in der Passionsgeschichte. Dort muß es traditionell sein, da die Datierung des Todesbeschlusses (14,1f.) der mk Datierung widerspricht[40]. In 3,6 sprechen Szenenwechsel (ἐξελθόντες), ursprüngliche Anonymität Jesu (3,2), Verwandtschaft der Formulierung mit 11,8 und Identität der Personen mit 12,12 für einen nachträglichen redaktionellen Anhang. Die Rücksichtnahme auf das Volk ist in 11,18 und 12,12 nicht aus dem jeweiligen Zusammenhang motiviert, stammt eher

37. *R. Bultmann*, GST, 260: Legenden „unterscheiden sich von den Wundergeschichten vor allem dadurch, daß sie nicht in dem Sinne wie jene eine Einheit bilden, sondern ihre Pointe erst durch die Beziehung auf einen Zusammenhang erhalten. Dieser Zusammenhang kann das Leben des religiösen Heros sein: dann liegt die biographische Legende vor; ...". Auch *A. Jolles*, Einfache Formen, 46f., sieht einen notwendigen Zusammenhang mit der vita: Die vita eines Heiligen sei die Aktualisierung „der in der Legende gegebenen und enthaltenen Möglichkeit" (46).

38. Anders *J. Schreiber*: Die Markuspassion, 1969.

39. Die Charakterisierung des MkEv und der Evangelien überhaupt als „Passionsgeschichten mit ausführlicher Einleitung" durch *M. Kähler:* Der sogenannte historische Jesus und der geschichtliche biblische Christus, hg. von E. Wolf, 2. Aufl., 1956, 60, will primär den Ausschnittcharakter der Evangelien hervorheben, wird mit Recht aber meist auch als Aussage über die innere Struktur der Evangelien verstanden.

40. *M. Dibelius*, FE, 181.

aus 14,1f., so daß man mit *Bultmann*[41] die wiederholten Todesbeschlüsse als redaktionell ansehen kann. Wahrscheinlich hat Mk ein Motiv aus der Passionsgeschichte vervierfacht und aus seiner einleitenden Stellung in 14,1f. an den Schluß von Streitgesprächen gesetzt, um so eine der Passionsgeschichte immanente Spannung auf das ganze Evangelium auszudehnen. Die übergreifende mkn Komposition arbeitet hier mit Veränderungen des Haftpunktes und des kompositionellen Ortes.

Auch für die Leidensweissagungen könnte man einen ähnlichen Prozeß vermuten. *H. E. Tödt*[42] will zwar drei unabhängige vormkn Traditionen nachweisen. Aber weder Semitismen (*εἰς χεῖρας* 9,21), alttestamentliche Anklänge (Ps 118,22 in 8,31) noch Abweichungen von der Ereignisfolge (10,33f.) können deren vormk Herkunft sichern: Der Semitismus begegnet auch 14,41, Ps 118,22 auch 9,12b, die abweichende Reihenfolge der Mißhandlungen ergibt eine sinnvolle Klimax: Spotten, Spucken, Peitschen. Wahrscheinlicher ist, daß Mk eine Tradition verdreifacht hat.

Der durch biographische Legenden gestiftete Spannungsbogen ist im MkEv unvollständig: Der Passionsgeschichte entspricht keine Kindheitsgeschichte. Es liegt – auch äußerlich – keine vita vor. Erst bei Mt und Lk können wir von einer biographischen Evangelienkomposition sprechen. Bei Mk geschieht die legendarisch-biographische Komposition nur ansatzweise. Ihn interessiert nicht der Anfang des Lebens Jesu, sondern „der Anfang des Evangeliums" (1,1), nicht die Einheit des Bios, sondern die Einheit einer wunderhaften Geschichte, die nach Akklamation verlangt. Selbst wenn er durch volkstümliche *θεῖος-ἀνήρ*-viten angeregt worden ist[43], sind sie doch nicht Vorbild seiner Komposition.

Die drei Spannungsbögen führen alle zum Bekenntnis des Hauptmanns: Das mythische Stufenschema gipfelt in der Akklamation der Welt (oder besser: der Akklamation eines Einzelnen gegen die Welt), der aretalogische Spannungsbogen zielt auf das Bekenntnis zum Sohn Gottes, die biographisch-legendarische Komposition auf eine zusammenfassende Feststellung über sein Leben. Der aretalogische Spannungsbogen dominiert. Nicht zufällig wird am Kreuz die Wundertätigkeit Jesu beschworen: „Andere hat er gerettet, sich selbst kann er nicht retten" (15,31). Nicht zufällig spielt der Spott die Wunder gegen das Kreuz aus. Kosmische Zeichen geben die Antwort und ermöglichen das erste

41. GST, 9.36. Anders *J. Roloff*, Kerygma, 63–66, 89–110.
42. *H. E. Tödt:* Der Menschensohn in der synoptischen Überlieferung, 1959, 131–203. Vgl. die Einwände von *F. Hahn*, Hoheitstitel, 47.
43. So *S. Schulz:* Die Bedeutung des Markus für die Theologiegeschichte des Urchristentums, TU 87 (1964) 134–145. Diese Theorie ist jedoch so lange unwahrscheinlich, wie wir nicht vergleichbare Viten finden, von denen Mk hätte angeregt werden können. Vgl. die vorsichtigen Überlegungen bei D. Esser, Formgeschichtliche Studien, 168f.

Glaubensbekenntnis. Daß es im Imperfekt gesprochen ist, könnte eine letzte Unvollkommenheit dieses Bekenntnisses andeuten[44], könnte aber auch grundsätzlichen Sinn haben: Dadurch daß Mk sein Evangelium als Erzählung vergangener Geschehnisse schreibt, zeigt er, wie wichtig ihm die Vergangenheit ist. Er will sagen: Im Rückblick auf diese vergangene Geschichte ist christliches Bekenntnis möglich. Sein Bekenntnis ist Erinnerung. Vergangene wunderhafte Geschichte ist bleibende Provokation gegenwärtiger Stellungnahme. Der Hauptmann wartet darauf, daß sich der Leser des MkEv neben ihn stellt und ihm nachspricht.

Häufig wird die Meinung vertreten, Mk habe die Wunder in irgendeiner Weise relativieren wollen. Dafür beruft man sich auf seine Geheimnistheorie und die Passionsgeschichte, meist in der Weise, daß man beides eng aufeinander bezieht: Danach sei es der Sinn der Geheimnistheorie, die anschauliche Offenbarung göttlicher Macht in den Wundern zu relativieren, um die paradoxe Offenbarung im Kreuze herauszustellen[45].
1. Die Geheimnistheorie wird so gewiß mißdeutet. Daß sie auf die Passion weist, ist wohl richtig gesehen. Gegen die Wunder läßt sie sich deswegen noch lange nicht ausspielen. Wie kann man deren Bedeutung herabsetzen, indem man sie in ein geheimnisvolles Dunkel taucht? Wie kann man das Unverständnis der Wunder tadeln, wenn deren Verständnis nicht von entscheidender Bedeutung ist? Wer meint, das Geheimnis relativiere das Wunder, muß dann auch so konsequent sein, eine Relativierung des Sohn-Gottes-Titels anzunehmen; denn dieser Titel ist ja ebenfalls von Geheimnis umgeben und wird mit dem Schweigegebot belegt. Zudem stammt das Geheimnismotiv aus den Wundergeschichten selbst; das Geheimnis gehört zum Wunder. Es gibt ihm einen besonderen Akzent. Insofern zum Geheimnis die Offenbarung gehört, deutet es an, daß hier Offenbarung geschieht[46].
2. Auch die Passionsgeschichte läßt sich nicht gegen die Wunder ausspielen. Sie ist selbst voll von Wunderbarem. Jesus weiß sein Ende voraus, weiß Verräter und Stunde. Kosmische Zeichen geschehen bei seinem Tod. Das leere Grab übertrifft alls bisher geschehenen Wunder. Geändert hat sich nur der Charakter des Wunderbaren: „Das Wunderbare ist jetzt nicht mehr auf andere bezogen, sondern auf Jesus selbst".[47] Man hat sogar gemeint, Mk bekämpfe eine θεῖος-ἀνήρ-Christologie. Sein Evangelium sei aus der Notwendigkeit heraus entstanden, eine mit dem Wunderglauben verbundene Häresie zu bekämpfen[48]. Man hat

44. So *Ph. Vielhauer*, Erwägungen, 209.
45. *E. Percy*, Botschaft, 286–299; *E. Schweizer:* Zur Frage des Messiasgeheimnisses bei Markus, ZNW 56 (1965) 1–8; *U. Luz*, Geheimnismotiv, 9ff.
46. *H. J. Ebeling:* Das Messiasgeheimnis und die Botschaft des Marcus-Evangelisten, 1939, wird diesem Sachverhalt sehr viel gerechter. Die Geheimnistheorie ist jedoch nur indirekt an den Adressaten gerichtet, als wollte sie ihm versichern, daß gerade ihm das Geheimnis offenbar wird. Primär ist sie am Gegenstand orientiert: an den Wundern und der göttlichen Würde Jesu.
47. *H. Conzelmann:* Historie und Theologie in den synoptischen Passionsberichten, in: Zur Bedeutung des Todes Jesu, 2. Aufl., 1967, 35–53, Zitat S. 39 A. 6.
48. So *T. J. Weeden:* The Heresy that necessitated Mark's Gospel, ZNW 59 (1968) 145–158.

freilich auch das Gegenteil behauptet: Mk polemisiere gegen eine palästinensische Orthodoxie, die den populären Wunderglauben und christliche Heiltätigkeit abgelehnt habe (*É Trocmé* und *K. Tagawa*)[49]. Beides ist nicht beweisbar. Aber die letzte Theorie steht dem Phänomen näher. Sie verzichtet wenigstens darauf, die moderne Kritik am Wunder schon in den Verfasser des MkEv hineinzuprojizieren.

2. Die biographischen Evangelienkompositionen des Matthäus und Lukas

Bei Mt und Lk wird der biographisch-legendarische Spannungsbogen vervollständigt und Grundlage übergreifender Komposition: Mt und Lk ergänzen die fehlenden Kindheitslegenden. Aus der Evangelienkomposition des Mk werden Evangelienviten. Die übergreifende Komposition wird durch die Einheit eines Lebens konstituiert. Da deshalb die Bedeutung der Wundermotive für die Gestalt des Evangeliums zurücktreten kann, seien diese Evangelien nur kurz besprochen.

Bei Mt lassen die Kindheitslegenden die ganze Geschichte Jesu in neuem Licht erscheinen: als Erfüllung des AT, als Station auf dem Weg des Heils zu den Heiden, als Taten des von vornherein mit hoheitlicher Würde versehenen Sohnes Gottes. Die einleitende Genealogie zeigt, Jesus ist der Sohn Davids (1,1); die Reflexionszitate bestätigen: Sein Geschick ist Erfüllung des AT. Von beiden Gedanken her werden die Wundergeschichten gesehen. Über Mk hinaus bringt Mt viermal innerhalb von Wundergeschichten (9,28 12,23 15,22) bzw. einem Wundersummarium (21,15) den Davidssohntitel[50]. In Wundern vollzieht der Davidssohn seine Herrschaft über Israel: „Noch nie ist solches in *Israel* erschienen" (9,33), „Und sie lobten den Gott *Israels*" (15,31). Beide Stellen sind mt Redaktion. Das ist auch für die alttestamentlichen Reflexionszitate in Wundersummarien zu erwägen, die an beiden Stellen (8,14ff. 12,17ff.) mk Dämonenbekenntnisse ersetzen. Für Mt ist das Zeugnis des AT offenbar entscheidender als das der Unterwelt. Dies alttestamentliche Zeugnis zeigt: Die Hoheit des Davidssohnes liegt darin, daß er Krankheiten und Schwachheiten trägt (8,17), im Verborgenen ohne Geschrei wirkt (12,18–20), daß er der demütige König Israels ist (21,5).

Von den Kindheitsgeschichten her wird auch der die Grenze sprengende universalistische Missionsgedanke durchzogen. Die heidnischen Magier kommen, um den „König der Juden" zu sehen (2,2). Die Reflexionszitate sehen das AT gerade darin erfüllt, daß Jesus im „Galiläa der Heiden" auftritt (4,15) und Hoffnung für alle Heiden bringt (12,21). Die mt Bearbeitung *des „Haupt-*

49. *É. Trocmé*, La formation, 70–168; *K. Tagawa*, Miracles, 174–185.
50. Vgl. die schöne Untersuchung von *Ch. Burger:* Jesus als Davidssohn, 1970, 72–91. Ferner *J. M. Gibbs*, Purpose, NTS 10 (1963/4) 446ff.

manns von Kapernaum" (8,5ff.) und *der „Syrophönizierin*" (15,21ff.) zeigen, daß die Wunder Jesu über die Grenzen Israels hinausweisen. Glaube erscheint als Überschreiten der Grenze zwischen Juden und Heiden.

Der größte Unterschied zur übergreifenden Komposition des Mk besteht darin, daß die Hoheit Jesu nicht mehr sukzessiv Anerkennung findet, sondern von Geburt an feststeht. Schon die Magier wissen um seine Würde: die Taufstimme proklamiert sie (im Gegensatz zu Mk) öffentlich (3,17). Von vornherein wird Jesus in den Wundergeschichten als *κύριος* angeredet, von vornherein Sturmstillung (8,25) und Totenerweckung (9,18) von ihm erbeten. Während die mkn Wundergeschichten auf eine immer wieder retardierte Akklamation zielen, gehen sie bei Mt von akklamationsartigen Rufen aus. Die Hoheit Jesu ist nicht Ziel, sondern Basis der für Mt entscheidenden Stücke seines Evangeliums: der großen Reden. Die Vollmacht des Wundertäters bestätigt die Vollmacht des Lehrers, die Allmacht des Auferstandenen begründet den Auftrag zur Verkündigung der Lehre des Irdischen. Ein Auftrag zur Verkündigung seiner Taten fehlt. Wo Mk auf die Verbreitung von Wundergeschichten Bezug nahm, kürzt Mt: Der geheilte Aussätzige (8,1–4) und die von Dämonen befreiten Gadarener (8,28–34) verkündigen bei ihm nicht die ihnen widerfahrenen Wunder. Mt hat zwar eine biographische Evangelienkomposition geschrieben, aber der innere Skopos seiner Evangelienvita ist die Lehre Jesu. Die Wunder bestätigen die Vollmacht des Lehrers. Man kann das MtEv daher als „didaktische Evangelienvita" charakterisieren[51].

Während bei Mt die Lehre Jesu dem biographisch-legendarischen Rahmen des Evangeliums integriert ist, ist bei Lk dieser biographische Rahmen Teil eines umfassenderen heilsgeschichtlich orientierten Werkes. Im MtEv gibt der Auferstandene den Befehl zur Unterweisung in den Geboten Jesu, bei Lk zeigt er, daß die alttestamentliche Schrift erfüllt ist (Lk 24,27.44ff.). Ist dort nicht von der Geschichte Jesu die Rede, so hier nicht von seinen Geboten. Bei Mt ist die Forderung Jesu Skopos des Ev, während die Heilsgeschichte in den Hintergrund tritt, bei Lk tritt die Heilsgeschichte in den Vordergrund; die ethische Forderung wird zum Moment dieser Geschichte. Mt schreibt eine didaktische, Lk eine „heilsgeschichtliche Evangelienvita".

Innerhalb der Heilsgeschichte weisen die Wunder Jesus als von Gott gesandt aus (Apg 2,22); sie stellen seine Begabung mit göttlicher *δύναμις* unter Beweis. Seine Zeugung geschah durch *δύναμις ὑψίστου* (1,35), den heiligen Geist, der sich im Taufgeschehen mit ihm verbindet. Von da ab wird Jesus *πλήρης πνεύματος ἁγίου* (4,1 = redaktionell vgl. 4,18) genannt. Dreimal hebt Lk im Zusammenhang mit Wundern diese Begabung mit *δύναμις* hervor. Der Hei-

51. Ähnlich *G. Schille:* Bemerkungen zur Formgeschichte des Evangeliums II, NTSt 4 (1957/8) 101–114. Daß Mt den Schritt von der post- zur antebaptismalen Katechese vollzogen habe, ist jedoch unwahrscheinlich.

lung des Gelähmten schickt er die Bemerkung *δύναμις κυρίου ἦν εἰς τὸ ἰᾶσθαι αὐτόν* (5,17) vorweg, in einem Summarium (6,17–19) ergänzt er: *ὅτι δύναμις παρ' αὐτοῦ ἐξήρχετο* (6,19), *in der Geschichte von der blutflüssigen Frau* setzt er die Notiz von der entwichenen *δύναμις* in direkte Rede um. Dynamis ist gleich Pneuma: Weil Jesus mit Geist gesalbt ist, kann er Wunder tun (4,18), ein Gedanke, den Lk in einem Summarium der Apg (10,38) wiederholt. Diese christologische Bedeutung der Wunder muß in dreifacher Hinsicht nuanciert werden.

Zunächst sei darauf hingewiesen, daß die *δύναμις* nicht statisch vorgestellt wird. Der Geist steigt bei der Taufe nach Jesu Gebet herab (3,21), was Lk gegen den Mk-Text betont. In 5,16 fügt Lk ein *καὶ προσευχόμενος* zum Mk-Text und redet wenige Zeilen später von der „Kraft", die gerade jetzt darauf gerichtet ist zu heilen. Auch in 6,12 geht eine redaktionelle Erwähnung des Gebets der Dynamis-Notiz 6,19 voran[52]. In der Verklärungsgeschichte erfolgt die Begabung mit Doxa nach einem Gebet (9,29 = redaktionell). Daß die Kraft je und je erneuert wird, entspricht dem subordinatianischen Zug lk Christologie. Gott tut Wunder „durch ihn" (Apg 2,22), die Befreiung vom Satan geschieht, „weil Gott mit ihm war" (10,38). Die Akklamationen richteten sich auf Gott (9,43 18,43).

Als zweites Merkmal sei der wohltätige Charakter der Wundertätigkeit Jesu hervorgehoben. Sie ist *εὐεργετεῖν* (Apg 10,38), gehört zur Heilsbotschaft an die Armen (Lk 4,18). Durch Wunder tröstet Jesus Vater und Mutter, die ihr „einziges Kind" (9,38 8,42) verloren haben. Summarisch wird betont: Wer der Heilung *bedurfte,* den heilte Jesus (9,11 = redaktionell)[53].

Ein drittes Merkmal lk Kompositionsarbeit ist die heilsgeschichtliche Auszeichnung der Wundertätigkeit: „Heute ist die Schrift erfüllt" (4,21), „Heute sahen wir Wunder" (5,26). Gott hat sein Volk heimgesucht (7,16). „Die Taten Jesu sind ihm das Indiz der Heilszeit, die mit Christus ‚erschienen' ist."[54]

Sowohl bei Mt wie bei Lk bestand die übergreifende Komposition weniger in der Herstellung erzählerischer Spannung als in der Durchführung einiger Grundgedanken. Erzählerisch stehen die Wundergeschichten geschlossen und abgerundet nebeneinander. Der aretalogische und mythische Spannungsbogen ist abgebaut oder zurückgetreten. Die biographische Einheit eines Lebens von Geburt bis zum Tod liegt der übergreifenden Komposition zugrunde. Dieser biographisch-

52. *H. v. Baer:* Der Heilige Geist in den Lukasschriften, 1926: „Das Gebet ist die unversiegliche Quelle, aus der Jesus stets neue Kraft erhalten hat" (73). Zum Kraftbegriff des Lk vgl. ferner *W. Grundmann:* Der Begriff der Kraft in der neutestamentlichen Gedankenwelt, 1932, 61ff.
53. Vor allem *A. Fridrichsen,* Le problème du miracle, 41f., sieht Lk vom hellenistischen Bild des *εὐεργέτης* bestimmt.
54. *H. Conzelmann,* Mitte, 179.

legendarische Spannungsbogen entlastet von der Aufgabe erzählerischer Verflechtung. Er ist gewissermaßen „naturgegeben". Im MkEv tragen die Wundergeschichten den Rahmen des Evangeliums, bei Mt und Lk trägt der Rahmen die Wundergeschichten[55].

3. Die mythische Evangelienkomposition des Johannesevangeliums (Exkurs)

Kleine Einheiten strukturieren die übergreifende Komposition der Evangelien: Die Wundergeschichten das MkEv, die Legenden (und der in ihnen vorausgesetzte biographische Zusammenhang), das Mt und LkEv, der Mythos, genauer: der mythische Christushymnus das JohEv. Denn jene in sich geschlossene Erzählung göttlichen Geschicks, welche wir „Christusmythos" nennen, hat im NT seine ausgeprägteste Form in hymnischen Liedern und Liedfragmenten (bekanntestes Beispiel: Phil 2,6–11); und es ist kein Zufall, daß solch ein Hymnus dem JohEv vorangestellt ist, dessen Struktur die Gliederung des JohEv ergibt: Der Offenbarung in der Welt (Joh 2–12) folgt die Offenbarung in der Gemeinde (Joh 13–20). Nur die Rückkehr des Logos zu Gott wird im Prolog nicht antizipiert.
Dieser mythische Spannungsbogen überlagert die einzelnen Wundergeschichten und steht in Spannung zu ihnen. Denn in den Wundern handelt es sich jeweils um konkrete Grenzüberschreitung, die innerweltlich durch Krankheit, Not usw. motiviert ist. Die Erscheinung des Schöpfers in der Welt ist dagegen eine so grundsätzliche Grenzüberschreitung (allein in der Liebe Gottes begründet 3,16), daß jede begrenzte innerweltlich motivierte Grenzüberschreitung davon überformt werden muß – oder sie wird mißverstanden, indem man in den Wundern nicht den Offenbarer wahrnimmt, sondern den Brotspender. Gleichzeitig überlagert der Mythos den biographischen (bei Joh nur angedeuteten) Rahmen: Daß der göttliche Logos menschlicher Herkunft ist und am Kreuz stirbt, ist ein Skandalon.
L. Schottroff[56] hat diese Spannung als das Nebeneinander zweier Wirklichkeiten im JohEv gedeutet: der innerweltlichen des Wunders sowie der Herkunft Jesu und der himmlischen des Offenbarers. Die verschiedenen Interpretationen des joh Wunderverständnisses sind verschiedene Versuche, diese Überlagerung des mythischen aretalogischen und biographischen Zusammenhangs zu bestimmen. *L. Schottroff* nimmt eine „Zweigleisigkeit" beider Wirklichkeiten an: Sowohl die Wunder als die irdische Herkunft Jesu sind real, aber die „zweite himmlische Wirklichkeit ist die für den Glauben allein relevante". Der Schritt von der irdischen zur himmlischen Welt wird im Glauben vollzogen. Schottroff wendet sich damit sowohl gegen *R. Bultmanns* Deutung, beide Wirklichkeiten seien im Offenbarer paradox identisch, als auch gegen die Gegenthese *E. Käsemanns*, die himmlische Wirklichkeit werde in der irdischen epiphan.
R. Bultmanns Interpretation ist jedoch hinsichtlich des Verhältnisses von mythischem und biographischem Rahmen zutreffend: Daß der Logos Fleisch wird (1,14), von mensch-

55. Mit Recht stellt *D. Esser*, Formgeschichtliche Studien, 169, „bei Mt und Lk eine deutliche Nähe zu biographischen Formen" fest.
56. *L. Schottroff:* Der Glaubende und die feindliche Welt, 1970, 228ff. Die beiden folgenden Zitate finden sich S. 278 und S. 271.

lichen Eltern abstammt (6,42), entgegen messianischen Erwartungen aus Galiläa stammt (7,40–44; vgl. 7,25–30) und als Mensch stirbt (19,5), ist anstößig und paradox: dieser historische Mensch mit konkreten biographischen Daten ist der Logos (und nicht nur eine Parallelerscheinung zu ihm). *E. Käsemanns* Interpretation trifft hinsichtlich des Verhältnisses von mythischem Rahmen und Wunder zu: In den Wundern wird in der Tat die Doxa Gottes epiphan – nicht nur symbolisch und zeichenhaft, sondern in massiver Realität[57]. Beides muß festgehalten werden: Die Epiphanie des Logos in den Wundern, die paradoxe Identität des Logos mit dem historischen Galiläer. Der Glaube sieht in den Wundern die Offenbarung Gottes, er hält *gegen* die irdische Herkunft des Offenbarers dessen Einheit mit Gott fest. Sieht er in den Wundern und in der Herkunft nur die irdische Geschichte, so verfällt er dem Mißverständnis – das hat vor allem *L. Schottroff* zutreffend beschrieben.

Die mythische Geschichte legt sich jedoch nicht wie ein fremder Rahmen über die Wundergeschichten. Vielmehr sind diese so erzählt, daß sie sich dem mythischen Geschehen leicht einordnen. Ein kurzer Vergleich des formgeschichtlichen Feldes der Motive bei Joh und den Synoptikern kann das deutlich machen:

1. Alle mit Dämonen verbundenen Motive fehlen bei Joh. Der Mensch steht nicht zwischen göttlicher und dämonischer Welt, sondern allein in Konfrontation mit der Offenbarung: Kosmos und Gott sind die entscheidenden Gegensätze. Nicht die Unterwelt, diese Welt selbst ist widergöttlich, sofern sie sich der Offenbarung verschließt. M. a. W. der Mensch in seiner Weltverfallenheit tritt an die Stelle der Dämonen.
2. Die mit Menschen verbundenen Motive sind erhalten. Das Gegenüber von grenzbetonenden und grenzüberschreitenden Motiven ist jedoch zu einem Gegensatz von Glaube und Unglaube radikalisiert. Die Wundergeschichten bewirken eine Krisis (9,39), provozieren Glauben (2,11 4,53 9,35ff. 11,45) und Ablehnung (5,9ff. 9,13ff. 11,46ff.). Joh läßt den Todesbeschluß auf das Lazaruswunder folgen.
3. Die mit dem Wundertäter verbundenen grenzüberschreitenden Motive sind betont und gesteigert. Fast alle Wunder gehen auf eine Initiative Jesu zurück (Ausnahme: 4,46ff.); wo Bitten erscheinen, werden sie zunächst zurückgewiesen. Nicht die Notlage motiviert das Eingreifen Jesu. Die Wunder geschehen vielmehr, „damit die Werke Gottes offenbar werden" (9,3 vgl. 11,4). Damit hängt zusammen, daß der Zuspruch Jesu größere Bedeutung gewinnt. In der Lazarusgeschichte begegnet er in barocker Häufung fünfmal (11,4. 11.15.23.25f.); die Argumentation wird zu ganzen Offenbarungsreden ausgeweitet, die Streitgespräche werden prolongiert (5,17ff. 6,22ff. 9,8ff.). Kurz: die Wunder erscheinen primär als Grenzüberschreitungen von seiten des Offenbarers, weshalb sie sich in den mythischen Rahmen einer Inkarnation und Epiphanie des Logos in der Welt gut einfügen. Eine Relativierung der Wunder liegt im JohEv nicht vor, im Gegenteil: sie sind Fortsetzung der Schöpfungswerke Gottes (5,17), ja übertreffen diese (5,20). Sie sind singulär. Kein anderer kann sie tun (15,24 3,2). Der absoluten Offenbarung entsprechen einzigartige Wunder. Der mythische Rahmen hat sie zur äußersten Steigerung getrieben.

57. Vgl. die zusammenfassende Darstellung bei *R. Bultmann:* Theologie des Neuen Testaments, 4. Aufl., 1961, 385ff. Kritik an Bultmann übt *E. Käsemann:* Jesu letzter Wille nach Johannes 17, 1966, bes. 15ff. Zur Diskussion vgl. ferner *J. Becker:* Wunder und Christologie, NTSt 16 (1969/80) 130–148, und *W. Wilkens:* Zeichen und Werke, 1969.

Die Untersuchung der übergreifenden Komposition führt zu dem Ergebnis: Die vier Evangelien aktualisieren in fast systematischer Weise die der Rahmengattung „Evangelium“ immanenten Möglichkeiten: sie lassen sich als aretalogische, mythische oder biographische Komposition verstehen. Damit werden jeweils Möglichkeiten verwirklicht, die in verschiedenen kleinen Einheiten angelegt sind: in Wundergeschichten, Hymnen, Legenden, wobei nur die Hymnen eine außersynoptische Gattung darstellen. Bei Mk ordnen sich mythische und biographische Spannungsbögen dem aretalogischen unter und bleiben für sich unabgeschlossen. In der nachfolgenden Entwicklung wird der vervollständigte mythische und biographische Spannungsbogen jeweils zur Grundlage der Komposition gemacht: der biographische in den Evangelienviten des Mt und Lk, der mythische in der mythischen Evangelienkomposition des Joh. Die Wundergeschichten tragen jetzt nicht mehr den Rahmen, sondern werden von diesem als Episoden getragen. Wenn Irenäus das viergestaltige Evangelium spekulativ als Notwendigkeit erkannte[58], schoß er gewiß weit übers Ziel. Eine formgeschichtliche Morphologie kommt zu bescheideneren Urteilen, gibt ihm aber nicht ganz unrecht.

Im Rückblick auf die diachronische Betrachtung der Wundergeschichten können wir das von der Redaktionsgeschichte aufgeworfene Problem diskutieren, wie Tradition und Redaktion in ihrem Verhältnis zu sehen sind. Es lassen sich dabei vier Modelle unterscheiden, die vom Übergewicht der Tradition über die Redaktion bis zum „Aufsaugen“ der Tradition durch die Redaktion reichen. Wir charakterisieren sie mit den Stichworten Sammlung, Interpretation, Mediatisierung, Schöpfung:

1. *Sammlung:* Die klassische Formgeschichte neigte dazu, in den Evangelisten „in der Hauptsache Sammler, Tradenten, Redaktoren“[59] zu sehen. Da die Komposition der Evangelien „nicht etwas prinzipiell Neues bringt, sondern nur vollendet, was mit der ersten mündlichen Tradition schon beginnt, so kann sie nur im organischen Zusammenhang mit der vor den Evangelien liegenden Geschichte des Stoffes betrachtet werden“[60].

2. *Interpretation:* Ein größeres Maß an Eigenständigkeit schreibt man den Redaktoren in der gemäßigten Redaktionsgeschichte zu, betont jedoch die Kontinuität von Tradition und Redaktion. *H. J. Held* formuliert diese Position mit den Worten: „Der Interpret ist ... zugleich Tradent. Er bringt nicht eigentlich einen neuen Gedanken an die Überlieferung heran, vielmehr beweist er sich im genauen Sinn des Wortes als ihr Exeget, der ausführt, was in ihr enthalten ist.“ Daß der Interpret die Tradition dabei kritisch fortführen kann, wird durchaus gesehen[61].

58. Vgl. *H. v. Campenhausen:* Die Entstehung der christlichen Bibel, 1968, 230ff.
59. *M. Dibelius,* FE 2.
60. *R. Bultmann,* GST, 347.
61. *H. J. Held,* Matthäus als Interpret, 284. Redaktionsgeschichtlich arbeitet übrigens schon *A. Friedrichsen,* Le problème, 34. Er schenkt gerade den redaktionellen Bestandteilen seine Aufmerksamkeit, um hier zeigen zu können, inwiefern das Wunder im Urchristentum schon zum Problem geworden ist.

3. *Mediatisierung:* Eine andere Strömung in der Redaktionsgeschichte betont dagegen viel mehr die Diskontinuität zwischen Tradition und Redaktion. Die Einheit des Evangeliums ist „planmäßig angelegtes Werk, läßt sich keinesfalls als ‚Vollendung' der anonymen Stufe der Tradierung verstehen. Diese führt vielmehr zur schließlichen ‚Zersagung'. Die Redaktion aber stellt sich gerade dieser natürlichen Entwicklung entgegen." (*W. Marxsen*)[62]. Das eschatologische Kerygma benutzt die Einzeltraditionen zur „Veranschaulichung". Der Redaktor ist hier seinem „Material" übergeordnet.
4. *Schöpfung:* Schließlich kann man die Redaktionsarbeit ganz ohne Bezug zu einer vorangegangenen Tradition werten als unableitbaren Schöpfungsakt, der als Ganzes verstanden werden will und primär synchronisch zu analysieren ist. Die Mediatisierung der Tradition wird dann zur völligen Assimilierung innerhalb einer ganzheitlich zu verstehenden Gestalt. Zu diesem Ergebnis kommt *E. Güttgemanns* in Weiterführung von Gedanken Marxens: Das Evangelium erscheint dann als „autosemantische Sprachform"[63].
Versteht man überlieferungsgeschichtliche Diachronie als Reproduktion virtueller Gattungsstrukturen, so lassen sich diese vier Verhältnisbestimmungen von Tradition und Redaktion zusammen denken: Kontinuität herrscht vor allem auf der Ebene virtueller Gattungsstrukturen. Jede Aktualisierung dieser Gattungsstrukturen in konkreten Texten läßt sich als eine neue Schöpfung verstehen. Vergleicht man nun verschiedene aufeinander folgende Aktualisierungen, so kann man dabei entweder eine Weiterentwicklung oder eine Umprägung feststellen. Die gemäßigte Redaktionsgeschichte hat vor allem Weiterentwicklungen vor Augen, die „konsequente" Redaktionsgeschichte dagegen Umprägungen.

62. *W. Marxsen:* Der Evangelist Markus, 2. Aufl., 1959, 9. S. 146 spricht Marxsen von „Veranschaulichung", S. 87 von „Material": „Daß hier (sc. im MkEv) *auch* Berichtetes auftaucht, ist unter diesem Aspekt fast zufällig. Es ist jedenfalls nur Material."
63. Vgl. die Zusammenfassung in *E. Güttgemanns,* Offene Fragen, 256ff.

Dritter Teil: Wundergeschichten als symbolische Handlungen (Funktionale Betrachtungsweise)

I. Die soziale Funktion urchristlicher Wundergeschichten

Überlieferungen können nur aus dem realen Zusammenhang des sozialen und geschichtlichen Lebens verstanden werden. Urchristliche Wundergeschichten sind symbolische Interaktionen von Gruppen innerhalb der antiken Gesellschaft. Ihre soziale Dimension läßt sich in zwei Richtungen hin erhellen: Einerseits schlagen sich in ihnen soziale Faktoren nieder, welche Erzähler und Adressaten unbewußt bestimmen; andererseits intendieren sie eine bestimmte Gestaltung sozialer Beziehung. In einem ersten Abschnitt stellen wir sie in den übergreifenden Bedingungs- und Wirkzusammenhang der antiken Gesellschaft hinein. In einem zweiten Abschnitt untersuchen wir den von ihnen intendierten Zusammenhang sozialen Lebens. Ziel der Untersuchung ist es, von beiden Seiten her ihre soziale Funktion zu erhellen.

A. Soziale Bedingungen urchristlicher Wundergeschichten

Wundergeschichten sind Ausdruck des Wunderglaubens. Daß wir diesen zunächst unter soziologischen Aspekten analysieren, hat zwei Gründe: Einmal setzt die religionsgeschichtliche Auswertung von Quellen ein Vorverständnis über den Zusammenhang von sozialer Schichtung und Wunderglaube voraus; zweitens muß eine Geschichte des Wunderglaubens zwischen verschiedenen Formen des Wunderglaubens unterscheiden, was ohne soziologische Kategorien nicht möglich ist. Beide Punkte seien kurz erläutert.
Unsere Quellen stammen zum größten Teil aus der Oberschicht und geben möglicherweise ein einseitiges Bild[1]. Wenn wir auf Grund literarischer Quellen zum Beispiel ein gewisses Zurücktreten von Wunder- und Aberglauben in der hellenistischen Zeit feststellen[2], so müssen wir unser Urteil auf die schmale Schicht der Gebildeten begrenzen. Zwar ist die Annahme plausibel, daß diese seismographisch die Strömungen der gesamten Gesellschaft zum Ausdruck bringen. Ebenso plausibel ist die Vermutung, daß weniger gebildete Schichten zu mehr Wunder- und Aberglauben neigen[3]. Aber auch diese Annahme läßt

1. Diese Schwierigkeit betont *M. Smith:* Prolegomena to a Discussion of Aretalogies, Divine Men, the Gospels and Jesus, JBL 90 (1971) 174–199: „... our knowledge is limited by the snobbishness of the literary tradition of antiquity. Ancient literature is almost entirely upper-class and rationalistic“ (179).
2. *R. M. Grant:* Miracles and Natural Law 1952, 41.
3. *G. Mensching:* Soziologie der Religion, 2. Aufl., 1968, 172ff.

sich kaum generalisieren: Es könnte Zeiten geben, in denen sich die Gebildeten mit einer Konsequenz irrationalen Einstellungen hingeben, die dem „gesunden" Menschenverstand fern liegt. Wir wissen von vornherein niemals, in welchem Maße literarische Quellen vereinseitigen und in welche Richtung sie vereinseitigen. Hin und wieder können wir ihre Aussagen zwar an Hand archäologischer Funde kontrollieren (durch Fluchtafeln, Ostraka, Amulette, Papyri). Aber solche Funde, die uns auch über das Denken von Schichten Aufschluß geben, die sich nicht literarisch geäußert haben, hängen von vielen Zufällen ab. Wichtiger noch ist der zweite Punkt: Wunder- und Aberglaube können ohne Bezugnahme auf soziologische Kategorien gar nicht beschrieben werden, will man nicht einfach für Aberglauben halten, was einem selbst obskur ist[4]. Eine historische Analyse erfordert jedoch einen Begriff, der keine Wertung vollzieht, sondern die im Begriff „Aberglauben" enthaltene Wertung beschreibt. „Aberglaube" ist dann der in einer Gesellschaft abgelehnte Glaube, „Glaube", so könnte man ironisch formulieren, der offiziell anerkannte Aberglaube. Wo die Grenze zu ziehen ist, bestimmen die maßgeblichen Kreise, jene Kreise, die sich im römischen Kaiserreich zum Beispiel darin einig waren, daß das Christentum exzentrischer Aberglaube sei: „nihil aliud inveni quam superstitionem pravam, immodicam" schreibt Plinius der Jüngere (epist. X,96). Ähnlich urteilen Sueton (Nero 16) und Tacitus (ann. XV,44,2). Die Christen ihrerseits hielten das Heidentum für abergläubig, verwarfen seine Zauberpraktiken, Orakel und Heilstätten. Um diesen Konflikt zwischen Christen und Heiden zu verstehen, müssen wir verschiedene Formen des Wunderglaubens unterscheiden[5]. So führt der Wunsch, über das normale Maß hinaus Kenntnis vom Unbekannten zu erlangen, zu verschiedenen Formen der Mantik. Der Wunsch nach gesteigerter Macht führt zu verschiedenen Formen der Wunderpraxis. Beide Phänomene lassen sich jedoch nur idealtypisch unterscheiden. In der Realität bestehen viele Beziehungen zwischen Wahrsagern und Zauberern, Orakel- und Heilstätten, Propheten und Wundercharismatikern[6]. Entscheidender ist eine zweite Unterscheidung zwischen institutionalisierten, charismatischen und „technischen" Formen wunderhafter Tätigkeiten. Heil- und Orakelstätten sind anerkannte Institutionen

4. Sehr treffend schreibt *R. Herzog*, Epidauros, 140: „Aberglaube ist immer der Glaube der Anderen; für den römischen Staat waren das die Christen, für die Christen waren es die Altgläubigen, ..."

5. Einen Überblick gibt *G. Haufe:* Hellenistische Volksfrömmigkeit, in: Umwelt des Urchristentums I, 1965, 68–100; ferner *K. Prümm:* Religionsgeschichtliches Handbuch für den Rahmen der altchristlichen Umwelt 1943, 357–464.

6. Es gibt fast ausschließlich therapeutischen und ausschließlich mantischen Zwecken gewidmete Institutionen. Aber auch hier gibt es Überschneidungen. Von 70 erhaltenen epidaurischen Iamata fallen drei (W. 24, 46, 63) unter die Mantik (vgl. *R. Herzog*, Epidauros, 112ff.). Umgekehrt gibt Alexander von Abonuteichos in seiner Orakelstätte hin und wieder auch therapeutische Ratschläge.

des sozialen und religiösen Lebens. Ihre Legitimation ist traditionell und geschieht durch Gründungslegenden. Ihre Macht beruht auf dem Handeln der Götter. Ihr Charisma ist an die Institution gebunden, ist Amtscharisma und wird über Generationen hinweg vererbt. Auf eine derartige Legitimation kann der einzelne Prophet und Wundertäter nicht zurückgreifen. Er wird durch sein ganz persönliches Verhältnis zur Gottheit legitimiert. Er ist inspiriert. Sein Charisma ist an die Person gebunden und in der Öffentlichkeit meist umstritten. Vom Charismatiker ist der „Techniker" zu unterscheiden: Wahrsager und Zauberer üben ihre Tätigkeiten auf Grund erlernter Kunst[7]. Sie haben eine „technische" Legitimation und können ihre Kunst auch unabhängig von der Person weitergeben. Wer nur die richtigen Zauberformeln und Riten beherrscht, kann die gewünschten Wirkungen erreichen. Deswegen müssen Zauberanweisungen geheim bleiben. Deswegen läßt sich aber auch das Zauberwissen systematisieren. Es gibt ausgebaute Wissenschaften der Astrologie und der Traumdeutung.
Es gibt eine differenzierte Philosophie des Zaubers bei den Neuplatonikern. Wahrsage- und Zauberkunst sind deswegen jedem Individuum zugänglich, sie können daher auch für ganz individuelle und anti-soziale Zwecke verwandt werden. Während Orakel- und Heilstätten ausschließlich sozialen Zwecken dienen und öffentlich gefördert werden, stehen Zauberer und Wahrsager im Zwielicht. Ihre Kunst gilt oft als „schwarze" Kunst und wird zum Teil sogar verboten. Die römischen Kaiser bekämpfen Astrologie und Wahrsagekunst, sind ihr aber mit wenigen Ausnahmen selbst ergeben. Was in den Händen der Untertanen ein gefährliches Instrument war (man denke an politische Orakel, Weissagungen über das Todesdatum des Kaisers usw.) war zur Erhaltung der eigenen Herrschaft durchaus erwünscht. Wir erhalten demnach sechs Formen wunderhafter Tätigkeit.

	Kunst (*τέχνη*)	Institution	Charisma
Mantik	Wahrsagekunst	Orakelstätten	Propheten
Wunderpraxis	Zauberkunst	Heilstätten	Wundercharismatiker

Das entscheidende Kriterium zur Differenzierung wunderhafter Tätigkeiten ist soziologisch: Entscheidend ist die soziale Stellung von Mantik und Wunderpraxis, ihre Legitimation und die verschiedenen Rollen ihrer Träger. Abgesehen von solchen Unterscheidungen ist es schwer, Unterschiede festzustellen. Man

7. Schon die Antike unterschied im Bereich der Mantik zwischen einem Charisma und einer Fertigkeit, zwischen divinatio naturalis und divinatio artificiosa (Cic. de divinatione I, 49). Man spricht von einer *τέχνη μαγική* bzw. einer ars magica. Vgl. *Th. Hopfner:* Art. Mageia, PW 14,1, 301–393, Sp. 367.

kann zum Beispiel dieselben Motive in allen Formen von Mantik und Wunderpraxis beobachten.
Welche Funktionen haben diese verschiedenen Formen von Wunder- und Aberglauben? Warum legte die antike Gesellschaft so viel Wert auf diese Formen außergewöhnlicher Daseinsbewältigung? Zur Beantwortung dieser Frage legen wir Integrations- und Konfliktmodelle zugrunde, die zunächst an Hand mantischer Phänomene illustriert seien. Danach soll die Mantik außer Betracht bleiben.

Innerhalb eines religionssoziologischen Integrationsmodells kann man die Funktion mantischer Tätigkeiten als Stabilisierung des Menschen angesichts einer chronischen Grenzsituation beschreiben, nämlich der Unsicherheit gegenüber der dunklen Zukunft besonders bei wichtigen Entscheidungen oder außergewöhnlichen Vorfällen. Die Kunst der Zeichendeutung sorgt dafür, daß der einzelne oder die Gemeinschaft nicht von Angst und Panik destruiert werden, daß niemand auf falsche Gedanken kommt, daß die Entscheidungen im Rahmen der anerkannten Normen bleiben. Das gelingt nicht immer. Theophrast hat den „Abergläubischen" in seinen Charakterbildern beschrieben, wie er ständig durch Zeichen zu unzweckmäßigem Verhalten verleitet wird (Char. XVI)[8]. „Hat eine Maus den Mehlsack zernagt, so geht er zum Zeichendeuter und fragt ihn, was in dem Falle vorzunehmen sei. Wenn der ihm antwortet, er solle den Sack zum Sattler zum Flicken geben, so richtet er sich nicht danach, sondern bringt ein Sühnopfer dar, um Unheil abzuwenden." Hier hat zweifellos eine soziale Einrichtung zur Stabilisierung des einzelnen versagt. Jedoch handelt es sich um eine Bagatelle.
Aber man stelle sich vor, jemand fühle sich durch Zeichen in Haltungen bestätigt, die den Rahmen des Legitimen verlassen. In diesen Fällen ist es wichtig, daß die „Fachleute" Fehlinterpretationen abwehren. Als der vertriebene Spartanerkönig Kleomenes in Ägypten gekreuzigt wird, legt sich eine Schlange um das Haupt des Hingerichteten, woraufhin ihn das Volk für einen „Göttersohn" hält. Die Weisen des Landes aber geben eine ganz natürliche Deutung des Phänomens. Kleomenes war mit sozialreformerischen Ideen in Sparta gescheitert. Es war gewiß wenig opportun, wenn sich mit ihm ein heiliger Glanz verband und die mit seiner Person verbundenen Ideen fortwirkten.
Für andere Phänomene sind Konfliktmodelle adäquater: So berichtet Josephus von zahlreichen Zeichen, die der Zerstörung Jerusalems vorausgingen: ein schwertähnliches Gestirn habe über der Stadt gestanden, in der Luft seien Wagen und bewaffnete Scharen erschienen, die Tempeltür habe sich von selbst geöffnet usw. (bell. Iud. VI,5,3). Josephus sieht darin Vorzeichen der Katastrophe. Ursprünglich könnten sie einmal ganz anders gedeutet worden sein: als Zeichen, die das Eingreifen Gottes zugunsten der Juden ankündigten[9]. Die Interpretationen von Zeichen war in Auseinandersetzungen gewiß strittig. Erhalten haben sich oft nur die Interpretationen der Sieger. Wer siegen oder an der

8. Vgl. dazu *H. Bolkestein:* Theophrastos' Charakter der Deisidaimonia als religionsgeschichtliche Urkunde, RVV 21,2 1929: Unser Begriff „Aberglaube" deckt nicht das von Theophrast Gemeinte.
9. Vgl. *S. V. McCasland:* Portents in Josephus and in the Gospels, JBL 51 (1932) 323–335.

Macht bleiben wollte, mußte daher von vornherein die mantischen Institutionen kontrollieren. Sehr geschickt waren darin die Römer. Zwar geschahen hier kaum Schritte, ohne daß die Auguren befragt wurden. Diese unterlagen jedoch einer raffinierten politischen Kontrolle[10].

Im allgemeinen neigen wir mehr zu einer Deutung nach Konfliktmodellen, wo der schichtspezifische Charakter religiöser Phänomene deutlich ist. Tritt er zurück, liegen Integrationsmodelle näher. In dieser Hinsicht seien im folgenden die drei sozialen Formen von Wunderpraxis untersucht.

Kultische Heilstätten gaben der Gesellschaft die Möglichkeit, ihre Kranke an Orte zu schaffen, wo sie weniger zur Last fielen, ohne doch völlig ausgestoßen zu sein. Heilstätten sorgten so für ein Mindestmaß an Integration für die Kranken. Für sie war eigens ein Gott da; es gab therapeutische Anweisungen, Hoffnungen. Zweifellos waren die antiken Heilstätten für alle da. Reiche und Arme besuchten sie. Angst vor Tod und Schmerz kennt keine sozialen Grenzen.

Die Kultstätten scheinen auf den sozialen Status des Kranken nicht allzu viel Rücksicht genommen zu haben. In den epidaurischen Inschriften werden die Hilfesuchenden nur mit ihrem Namen, häufig dazu nach ihrem Herkunftsort charakterisiert. Selbst eine Königin wird nicht anders behandelt: Die in W 31 genannte Andromache ist mit großer Wahrscheinlichkeit mit der Frau des Königs Arybbas (ca. 350 v. Chr) identisch[11]. Ihre Erwähnung widerspricht der hin und wieder geäußerten Ansicht, in Epidauros hätte sich nur ungebildetes Volk zusammengefunden[12]. Neben der epirischen Königin lassen sich nämlich noch weitere prominente Verehrer des Asklepios nennen: der bekannte Rhetor Aischines, der politische Gegenspieler des Demosthenes, wurde in Epidauros geheilt (AP VI,330). Einer athenischen Frau Ambrosia wird aufgetragen, ein silbernes Schwein als Heildank zu stiften (W 4) – arm wird sie kaum gewesen sein. Ein Thersandros aus Halieis (W 33) wird im Wagen vorgefahren. Vor allem aus der späteren Antike lassen sich gebildete Verehrer des Asklepios nennen[13]: Aelios Aristeides (im 2. Jahrhun-

10. Vgl. dazu *A. Gehlen:* Über die Verstehbarkeit der Magie, in: Studien zur Anthropologie und Soziologie, 1963, 79–92.

11. Vgl. *R. Herzog,* Epidauros, 73f. Eine Rücksichtnahme auf den sozialen Status der Königin sieht R. Herzog in der Art des Berichtes: „Der hohen Klientel zu Gefallen ist das Traumwunder in der dezentesten Form gegeben: Ein schöner Knabe decke sie auf, der Gott berühre sie mit der Hand ...". Bei anderen wegen Kindersegen inkubierenden Frauen wird sehr viel direkter von einer sexuellen Handlung erzählt (W 42, 77).

12. Dagegen auch *R. Herzog,* Epidauros, 63. Er weist auf die großen Bauten in Epidauros, auf die Inschriften W 4 und 33, ferner auf Filialgründungen in Sikyon, Athen, Pergamon, Naupaktos.

13. *J. Geffcken:* Der Ausgang des Griechisch-römischen Heidentums, 1920, 102, meint, daß Asklepios „bis auf späte Zeit besonders die Zuflucht der Gebildeten blieb". *O. Wein-*

dert n. Chr.), Libanios (epist. 607 759 1382) und der Kaiser Julian (im 4. Jahrhundert n. Chr.). Für das Heiligtum in Kanopos bezeugt Strabo ausdrücklich, daß dort angesehene Leute den Heilschlaf suchen (XVII,1,17). Trotz dieser Belege läßt sich aber eine gewisse Nähe des Asklepioskultes zu den unteren Schichten nicht übersehen. Asklepios stand den kleinen Leuten nahe[14]. In den Freilassungsurkunden von Sklaven findet sich kein Gott so häufig wie Asklepios und Sarapis[15]. Ihrem Rechtsschutz unterstellten sich die Sklaven besonders gerne. Die epidaurischen Inschriften allerdings geben nur wenige Hinweise auf einen niedrigen Sozialstatus der Besucher: Ein Sklave gehört zu ihnen (W 10), ferner ein armer Junge, der nur 10 Klicker als Weihgeschenk anzubieten hat (W 8), auch der Fischträger Amphimnestos (W 47) gehört kaum zu den oberen Schichten. Aufschlußreicher ist der gegen die Besucher gerichtete Vorwurf der *ἀμαθία* (W 4) und *εὐηθία* (W 9), der Unbildung und Einfalt. Wenn es die Redaktoren der Inschriften für nötig fanden, die Besucher durch entsprechende Erzählungen gegen diesen Vorwurf zu immunisieren, so darf man schließen, daß es Leute gab, die über das ungebildete und einfältige Volk spotteten. Kann es ein Zufall sein, daß dieser Spott ausgerechnet der (vermutlich) wohlhabenden Ambrosia aus Athen in den Mund gelegt wird (W 4)? Von einem anderen prominenten Besucher, dem Rhetor Aischines, heißt es: *Θνητῶν μὲν ἀπορούμενος* ... (AP VI,330); erst die Verzweiflung an menschlicher Kunst treibt ihn nach Epidauros. In den epidaurischen Inschriften selbst begegnet merkwürdigerweise nie der Topos vom Versagen der Ärzte: Die meisten Besucher haben möglicherweise keinen Arzt besuchen (und bezahlen) können wie der wohlhabende Aischines. Die Nachricht des Strabo schließlich verrät bei genauem Hinsehen genau das Gegenteil von dem, was man ihr zunächst entnehmen könnte[16]: Das Sarapisheiligtum sei so ausgezeichnet, daß *auch* die vornehmsten Männer in ihm gläubig den Heilschlaf suchen (*ὥστε καὶ τοὺς ἐλλογιμωτάτους ἄνδρας πιστεύειν καὶ ἐγκοιμᾶσθαι* Strabo XVIII,1,17). Aus welchen Schichten die Hilfesuchenden normalerweise kommen, ist ziemlich eindeutig.

reich, AH, 30f., beobachtet eine Entwicklung: Während des römischen Kaiserreiches sei der Glaube an Asklepios zunehmend in gebildete Kreise aufgestiegen.

14. *F. Böhmer:* Untersuchungen über die Religion der Sklaven in Griechenland und Rom II, 1960, 62: „Asklepios war nicht die große strahlende und alles beherrschende Gottheit wie etwa Zeus oder Apollon, sondern der menschliche Gott und der Gott der Bedrängten.“ Dennoch war er keine ausgesprochene Sklavengottheit wie Silvanus oder Fortuna in Rom (Untersuchungen III, 1961, 478; zum Asklepioskult generell dort S. 302–309).
15. *F. Bömer,* Untersuchungen II, 61f.
16. Anders *R. Herzog,* Epidauros, 63.

Man kann in der Tat bezweifeln, daß reiche Leute sehr motiviert waren, die Heilkulte aufzusuchen. Die Gründe gehen aus der sehr realistischen Schilderung des Pausanias (II,27,6) hervor: „Die Epidaurier im Heiligtum waren in sehr trauriger Lage, weil ihre Frauen zur Geburt kein Dach über sich hatten und die Kranken den Tod unter freiem Himmel erwarten mußten. Antonius aber brachte auch dafür eine Besserung, indem er ein Gebäude errichtete." Es war gewiß nicht attraktiv, zwischen Moribunden, Gebärenden und möglicherweise unter freiem Himmel seine Leiden zu kurieren. Eher hat man den Eindruck, daß die Gesellschaft hier manchen aufgehoben wissen wollte, der nutzlos geworden war. Manche Sklavenbesitzer konnten so ihre kranken Sklaven los werden. Kaiser Claudius mußte dagegen einschreiten: „Weil gewisse Personen ihre kranken und mit Gebrechen behafteten Sklaven auf die Aeskulap-Insel aussetzten, um sie nicht pflegen zu müssen, verordnete er, daß alle Ausgesetzte als frei zu gelten hätten und nicht wieder in den Dienst ihrer Herrn zurückkehren müßten, wenn sie wiederhergestellt seien" (Suet. Claudius 25).

Unter den Besuchern der Heilstätten werden die unteren Schichten überwogen haben. Die Mitglieder höherer Schichten sind ohnehin zahlenmäßig unterlegen. Selbst wenn man annimmt, daß alle Schichten gleichmäßig von Krankheiten heimgesucht werden und alle im gleichen Maße kultische Heilstätten aufsuchten, müssen sie in der Minderzahl bleiben. Stellt man dazu in Rechnung, daß durch schlechte Ernährung und Strapazen bedingte Krankheiten unter ihnen weniger zahlreich gewesen sein dürften, reduziert sich ihr Anteil an den Hilfesuchenden; und er reduziert sich weiter dadurch, daß sie sich zunächst an Ärzte wenden konnten, nicht nur weil sie bessere Honorare zahlen konnten[17]. Nur sie waren wirtschaftlich unabhängig genug, um sich ihren Krankheiten widmen zu können. Für den kleinen Mann stellte sich hier oft die Alternative: Entweder arbeiten oder zugrunde gehen (wenn nicht physisch, so doch ökonomisch). Plato bringt das ganz unverhüllt zum Ausdruck. In seinem Idealstaat (Pol 406c) soll keiner Zeit haben, „sein Leben lang krank zu sein und an sich heilen zu lassen, was wir lächerlich genug bei gemeinen Arbeitern zwar merken, bei den Reichen aber und die für glücklich gepriesen werden, nicht merken." Für einen einfachen Arbeiter gehört es sich, entweder schnell gesund zu werden, um zu arbeiten, oder zu arbeiten, um vollends körperlich zugrunde zu gehen (Pol 406e). *E.* und *L. Edelstein* haben recht: „Under these circumstances it seems safe to say that in a world in which the poor were left to their fate by the communities at large,

17. Plinius bringt (epist. VIII, 24) das Problem dezent zum Ausdruck: „Nimm dir ein Beispiel an den Ärzten: Zwar besteht für sie zwischen Sklaven und Freien, wenn sie krank sind, kein Unterschied, aber einen Freien behandeln sie doch sanfter und milder." Über die Fürsorge für Kranke vgl. *H. Bolkestein*: Wohltätigkeit und Armenpflege im vorchristlichen Altertum, 1939, 274f. Es gab in Griechenland öffentliche Ärzte (Plato pol. 259). In Rom sind sie erst für das 4. Jahrhundert n. Ch. nachweisbar (S. 379).

where laical medicine did not know of any special provisions for the needy, the Asclepieia and religious medicine were of the greatest importance for the medical welfare of the lower classes."[18] In der Tat: Asklepios war eine Zuflucht der Ärmsten und Unglücklichsten. Zu diesen Ärmsten konnte jedoch schnell jeder gehören, ob reich oder arm, nur daß auch dann die Armen oft noch ein wenig ärmer dran waren als die anderen. Zwar kann man im großen und ganzen den kultischen Heilstätten die Funktion zuschreiben, Kranke aus allen Schichten sozial zu integrieren. Aber auch diese Institution trägt die Zeichen einer Gesellschaft, in der die Privilegien höchst ungleich verteilt sind.

Zauberkunst[19] ist nicht deswegen von therapeutischen Heilstätten zu unterscheiden, weil diese ohne Magie wären. Magische Züge enthalten die meisten Riten und Kulte. Nur daß sie im Rahmen eines Kultes soziale Akte darstellen, an denen die Gemeinschaft teilnimmt. Eben diese Bindung an eine Gemeinschaft und ihre Normen fehlt dem antiken, besonders aber dem spätantiken Zauber. Er läßt sich durch drei Züge charakterisieren: Kosmopolitismus, Individualismus und „Optimismus"[20].

Der Kosmopolitismus der Magie zeigt sich in dem durchgängigen Synkretismus der Zauberpapyri. Hier werden alle möglichen Namen des einen Gottes genannt. Es gibt keine an bestimmte Gruppen und Völker gebundenen Götter[21]. Dem Magier sind alle untertan. Wenn in den ägyptischen Zauberpapyri selbst der jüdische Gott Jahwe bzw. Jao begegnet – trotz Spannungen zwischen Ägyptern und Juden –, so zeugt das von einer gewissen Vorurteilslosigkeit. Der Zauberer hat sich von den Schranken seiner Gemeinschaft emanzipiert. Alles was Macht hat, wird anerkannt. Alles was dem Zauber dient, ist nützlich. Daraus resultiert ein weitgehender Individualismus. Vorstellungen, die ursprünglich einmal mit dem offiziellen Kult verbunden waren, werden individualisiert: Sie dienen nicht mehr der sozialen Stabilisierung einer „gedeuteten Welt", sondern sehr pragmatischen Zwecken, die zum Teil eindeutig antisozialen Charakter haben. Im großen und ganzen lassen sich vier Zwecke unterscheiden: Angriff und Schaden, Abwehr und Schutz, Liebes- und Machterwerb, Erkenntnis und Offenbarung[22]. Besonders der Angriffs- und Schadenzauber

18. Asclepius II, 178.

19. Ein Standardwerk ist nach wie vor *Th. Hopfner*, Offenbarungszauber, 1921, 1924; *ders.* Art. Mageia, PW 14,1, 301ff. Einen Überblick über die literarischen Zeugnisse für Magie gibt *S. Eitrem:* La magie comme motif littéraire, SO XXI (1941) 39–83.

20. Zu den drei Merkmalen spätantiken Zaubers vgl. vor allem *Ph. Derchain:* Die ägyptische Welt nach Alexander dem Großen, in: Der Hellenismus und der Aufstieg Roms, 1965, 212–244, bes. 241–244. Ferner *A. A. Barb:* The Survival of magic Arts, in: A. Momigliano (Hg.): The Conflict between paganism and christianity in the fourth century, 1963, 100–125.

21. Vgl. *M. P. Nilsson:* Die Religion in den griechischen Zauberpapyri, 1948.

22. Die Einteilung stammt von *Th. Hopfner*, Mageia, 378.

richtet sich gegen die Regeln des Zusammenlebens. Aber auch Offenbarungszauber konnte explosiv wirken (wenn man zum Beispiel das Todesdatum des Kaisers, eines Beamten oder des Hausherrn herausfinden wollte). Wir finden daher immer wieder Versuche, Zauberei ganz oder teilweise unter Strafe zu stellen. In Israel gab es ein strenges Zauberverbot (Dtn 18,9ff.). Plato erörtert ausführlich das Problem in seinen Gesetzen (leg. 909b 932e–933)[23]. Die Römer haben mehrmals Maßnahmen gegen Zauber- und Wahrsagekunst ergriffen. Schon das Zwölftafelgesetz stellt die Schädigung fremden Eigentums durch Zauberei unter Strafe. Die Kaiser bekämpften die Zauberei, auch wenn sie ihr selbst gar nicht so fern standen[24].

Als drittes Merkmal des spätantiken Zauberglaubens muß sein „technischer Optimismus" genannt werden: „Unter den damaligen Verhältnissen einer demoralisierten Welt , ..., stellte die Magie, so seltsam dies auch unserem modernen Denken erscheinen mag, eine optimistische Strömung dar. Während die Anhänger des traditionellen Glaubens den Zusammenbruch der Welt, in der sie leben, und mit ihm den des ganzen Universums voraussehen, glauben die Magier an die Macht des Wortes und des Ritus, auf die die alte Welt gegründet war, und wissen neue, den neuen Bedürfnissen angepaßte und auf einer neuen Auffassung vom Menschen gründende Riten zu schaffen."[25]

Magie ist Zeichen sozialer Desintegration und verstärkt diese: Sie geschieht meist im Geheimen, damit man von niemandem angeklagt werden konnte. Wenn sie so per definitionem kein Bestandteil der offiziellen, staatlich geschützten Ordnung ist, so werden sich ihr gerade jene Schichten zuwenden, die innerhalb dieser Ordnung am Rande stehen. Mochten sie anderswo diskriminiert werden, in den Randbereichen des Okkulten und Magischen waren alle gleichberechtigt[26]. Hier konnte man, wenn auch mit phantastischen Mitteln, auf einer Ebene kämpfen, in der die Mächtigeren nicht von vornherein die stärkeren Waffen besaßen. Schadenzauber wird oft ein Akt des Wehrlosen gewesen

23. Vgl. *S. Eitrem*, La magie, 51–53.
24. Vgl. die Vertreibung von Astrologen und Magiern (Dio Cass. 49, 43, 5) und die Verbrennung von Orakelbüchern unter Augustus (Suet. Aug. 31), ein senatus consultum unter Tiberius (Dio Cass.,57, 15), ein Prozess zu derselben Zeit (Tac. ann. IV, 22). Ferner den Prozess gegen Apuleius von Madaura (dazu *A. Abt*: Die Apologie des Apuleius von Madaura und die antike Zauberei 1907). Euseb weiß von Prozessen gegen Gebildete (praep. ev. IV, 2,10). Zur rechtlichen Stellung des Zaubers vgl. *Th. Hopfner*, Mageia, 384–387.
25. *Ph. Derchain*, Die ägyptische Welt, 243.
26. Diesen Gesichtspunkt betont besonders *F. Bömer*, Untersuchungen IV, 957–994, in einer religionssoziologischen Studie über „Zauberei und Magie": „Auf diesem nicht durch die bürgerliche Gesellschaft geregelten Gebiete persönlichen Glaubens stehen Freie und Unfreie als ‚religiöse Personen' ohne wesenhafte Unterschiede sozusagen auf der gleichen Ebene" (S. 974).

sein. Dem Offenbarungszauber werden sich gerade diejenigen geöffnet haben, die ihre Zukunft nicht selbst bestimmen konnten, sondern täglichen Risiken ausgesetzt waren: Soldaten, Gladiatoren, Rennfahrer, Ringer und Boxer sowie alle jene Menschen, die von der Hand in den Mund leben mußten[27]. *F. Bömer*, der das Problem der Schichtgebundenheit von Magie und Zauber ausführlich untersucht hat, kommt zu dem Ergebnis, daß sie „wenn auch nicht ausschließlich, so doch vorwiegend gerade in diesen (sc. unteren) Schichten eines Volkes zu Hause sind. Das infimum genus besitzt im allgemeinen nicht die äußeren Mittel, sich die Unannehmlichkeiten des Alltags auf die übliche Weise vom Leibe zu halten (auch hier verläuft die Trennung nicht zwischen Frei und Unfrei, sondern zwischen Arm und Reich)"[28]. Magie ist eine Lebenstechnik desintegrierter sozialer Schichten.

Eben deswegen ist sie nicht ausschließlich in den unteren Schichten zu finden: Wo Menschen aus allen Schichten desintegriert werden (etwa in den großen sozialen Krisen des 3. Jahrhunderts)[29], dringen Zauber und Magie auch in höhere Schichten. Dabei verändern sie jedoch ihren Charakter; und gerade dieser Veränderungsprozeß bestätigt den schichtspezifischen Charakter spätantiken Zaubers. Die neuplatonische Philosophie des Zaubers unterschied zwischen mehreren Stufen der Magie: der niederen Goetie und der sublimen Theurgie (dazwischen wird manchmal eine „Magie" im engeren Sinne angenommen)[30]. Was die Gebildeten trieben, war Theurgie. Sie unterschied sich von der Goetie erstens durch die Art der beeinflußten Geister. Die Goetie wendet sich an die niederen stofflichen Dämonen, die Theurgie aber an die höher stehenden geistigen Wesen. Man merkt: Die Oberschicht legt auch beim Verkehr mit der okkulten Welt Wert darauf, nur mit Höherstehenden zu verkehren. Die soziale Hierarchie wird in die Dämonenwelt hineinprojiziert. Ein zweiter Unterschied besteht in den angestrebten Wirkungen: Theurgie intendiert die Gottesschau, ein mystisches Erlebnis der Präsenz Gottes, ein Ziel, das über jene alltäglichen Probleme weit erhaben ist, an denen sich die magi-

27. So *Th. Hopfner*, Mageia, 382. Zustimmend *G. Haufe*, Hellenistische Volksfrömmigkeit, 82.
28. *F. Bömer*, Untersuchungen IV, 983f.
29. Den Zusammenhang zwischen dieser Krise und dem Anwachsen der Zauberei betont *Th. Hopfner*, Mageia, 387ff. Daraus kann man freilich keinen generellen Zusammenhang zwischen sozialen Krisensituationen und irrationalen Lebenstechniken folgern. Das Rätsel des spätantiken Zauber- und Wunderglaubens besteht vielmehr gerade darin, daß er seit dem 1. Jhdt. kontinuierlich anwächst, also gerade in einer Zeit unwahrscheinlicher politischen Stabilität. Zweifellos ist er jedoch durch die Krise des 3. Jahrhunderts ungewöhnlich gefördert worden.
30. Vgl. *Th. Hopfner*, Mageia, 373–384. Zur Theurgie vgl. *S. Eitrem:* La théurgie chez les Néoplatoniciens, SO 22 (1942) 49–79. Zur schichtspezifischen Religiosität von Gebildeten vgl. *M. Weber:* Wirtschaft und Gesellschaft, 3. Aufl., 1947, 288ff.

sche Phantasie des einfachen Volkes abarbeitet. Daß man (drittens) mit feineren Mitteln arbeitet, rundet das Bild ab: Der Theurge verzichtet auf materielle Zwangsmittel. Die Gottheit wird durch das immaterielle Mittel des Wortes herbeigebannt, durch Befehl, nicht durch Arbeit mit materiellen Gegenständen. Trotz solcher m. E. schichtspezifischer Unterschiede zwischen Goetie und Theurgie ist die innere Struktur des Zaubers hier wie dort dieselbe. Augustinus hat recht, wenn er grundsätzliche Unterscheidungen verwirft. Er verachtet gleicherweise.

„was man Magie oder mit Abscheu erregenden Namen Goetie oder ehrbare Theurgie nennt. Die es so nennen, wollen bei denen, die sich unerlaubten Künsten ergeben, eine Unterscheidung vornehmen zwischen solchen, die man verdammen muß und die das Volk auch Hexenmeister nennt – das sind die sogenannten Goeten – und anderen, die das Lob verdienen sollen, denen man die Theurgie zuweist" (civ. X, 9).

Man sieht: Die „unerlaubten Künste" mußten für die Gebildeten erst ihre Form ändern, ehe sie hoffähig wurden[31]. Und umgekehrt: Die gebildeten Schichten mußten erst durch eine verunsichernde soziale, wirtschaftliche und politische Situation dazu gebracht werden, rationalere Lebenstechniken aufzugeben[32]. Der Aufstieg von Zauberei in höhere Schichten in der ausgehenden Antike widerlegt also nicht den schichtspezifischen Charakter antiker Zauberkunst, sondern bestätigt ihn. Es wäre falsch, diesen „sozialen Aufstieg" des Okkulten nur aus rein religiösen Gründen zu erklären, etwa daraus, daß eine kräftige hochstehende Religion gefehlt habe, um den Volksglauben einzudämmen[33]. Vielmehr wirft die soziologische Untersuchung der vom offiziellen Kult ausgeschlossenen religiösen Betätigungen ein bezeichnendes Licht

31. Beim sozialen Aufstieg des Wunderglaubens ändern sich noch weitere Aspekte: Das Mirakulöse wird Gegenstand schöngeistig-gruseliger Unterhaltung. In Lukians Philopseudes übertreffen sich die Vertreter der entscheidenden philosophischen Strömungen darin, sich unwahrscheinliche Wundergeschichten zu erzählen. Sie sind diesem Treiben mit so viel geistiger Wollust hingegeben, daß der einzige Vertreter gesunden Menschenverstands verwirrt die Versammlung verläßt. Man merkt, wie Lukian über die neue intellektuelle Mode den Kopf schüttelt. Man merkt aber auch, daß er den Unterhaltungswert seiner mirakulösen Erzählungen durchaus zu schätzen weiß.
32. Den sozialen Aufstieg des Wunderglaubens bestätigen archäologische Funde. *C. Bonner:* Studies in Magical Amulets, 1950, VIII und S. 5, betont, daß die meisten magischen Amulette aus niederen Schichten stammen. Das wird erst in der späten Antike anders: „The expense of making the more elaborate amulets shows how important a part magic had come to play in the lives of the wealthier classes" (S. 13).
33. Vgl. die ansonsten richtige Bemerkung *A. v. Harnacks* in: Mission und Ausbreitung I, 154: „Das Eigentümliche des Dämonenglaubens im 2. Jahrhundert besteht erstlich darin, daß er aus den dunklen unteren Schichten in die oberen, selbst in die Literatur empordringt und eine ungleich wichtigere Sache wird als ehedem, zweitens daß er keine kräftige öffentliche Religion mehr neben sich hat, die ihn niederhält."

auf die „höher" stehenden Kult- und Religionsformen, wie *F. Bömer* mit Recht betont:

„Die Zauberei ... gewährt endlich einmal den Einblick in ein Gebiet religiösen Verhaltens, das sich, und zwar seinem Wesen nach, dem Einfluß der staatlichen Ordnung entzieht, wiewohl der Staat seinerseits ein natürliches Interesse daran hat, die Zauberei unter seine Kontrolle zu bringen oder zumindest seine öffentliche Ordnung durch sie nicht in Gefahr kommen zu lassen. Wenn sich auf dem Gebiet der Zauberei herausstellt – und die Beweise sind ganz eindeutig –, daß der Sklave handelndes Subjekt und betroffenes Objekt zauberischer Handlungen in weitestem Umfang ist, dann bestätigen sich auf diese Weise die früheren Ergebnisse dieser Untersuchungen, daß wesentliche Kräfte auf dem Gebiete der Kultübung der Griechen und der Römer nicht religiöser, sondern anderer, etwa politischer Art sind."[34]

Magie ist eine individualistische Reaktion auf soziale Desintegration. Der Zauberer hat kein Bedürfnis, in die Gesellschaft integriert zu werden. Er bleibt im dunkeln. Anders der Wundercharismatiker. Er wirbt in aller Öffentlichkeit, löst missionarische Bewegungen aus oder gründet „Schulen" – nicht, weil er in die bestehende Form des Lebens integriert werden will (hier liegt der Unterschied zur Funktion von Heilstätten) –, sondern weil er nach neuen Lebensformen sucht, die sozial verbindlich sein können. Wundercharisma und Verwerfung der Magie finden sich daher zu Recht nebeneinander: Das Urchristentum rühmte sich der vielen Wunder und Exorzismen seiner Apostel und ließ gleichzeitig Zauberbücher verbrennen (Apg 19,19). Apollonius von Tyana will (nach der Darstellung des Philostrat) nicht als Goet verstanden werden. In ihrem Selbstverständnis wissen sich Wundercharismatiker und ihre Anhänger von Zauberern unterschieden[35]. Denn sie suchen nach neuen Formen sozialer Integration, artikulieren ein neues soziales Bewußtsein und geraten daher unumgänglich in Konflikt mit ihrer Umwelt, während der Zauberer diesem Konflikt eher ausweicht. Dies wird besonders dort deutlich, wo sie im Zusammenhang mit politischen Konflikten wirksam werden und ihre Wundermacht politische Ansprüche und Intentionen legitimieren soll. Hier ist vor allem der Anführer des sizilischen Sklavenaufstands (136–132 v. Chr.), König Eunus, zu nennen[36]. Schon als Sklave hatte er sich selbst die Königsherrschaft prophe-

34. *F. Bömer*, Untersuchungen IV, 959.

35. *R. Otto*, Reich Gottes, 276: „Diese Unterscheidung charismatischen Wirkens von magischem Wirken oder vom technischen Wunder-wirken gehört geradezu selber zum Typus des eigentlichen Charismatikers." Aufschlußreich für das Selbstverständnis charismatischen Wunderglaubens ist VA VII, 38. Vgl. dazu *D. Esser*, Formgeschichtliche Studien, 85f..

36. Vgl. *J. Vogt:* Struktur der antiken Sklavenkriege, AbhMainz 1957, 1–15, bes. 18ff., 32ff. Der Zusammenhang zwischen politischer Legitimation und Wundercharisma wird auch von den Kaisern genutzt. Sueton beginnt seine Erzählung vom Wunderhandeln des Vespasian mit den Worten:: „Noch fehlte Vespasian das nötige An-

zeiht und seiner Prophetie durch ein Wunder Nachdruck verliehen: Er brachte in eine von zwei Seiten angebohrte Nuß einen glühenden Stoff hinein und stieß durch seinen Hauch Feuer aus der Nuß hervor. Die rebellierenden Sklaven wählten ihn zum König „nicht wegen Tapferkeit und Feldherrngabe, sondern ausgesprochen wegen seiner Wunderkraft und weil er den Aufstand begonnen hatte, zugleich auch weil sein Name ein gutes Vorzeichen für die Güte gegenüber den Untertanen enthielt“ (Diod. 34, 2,14). Es ist möglich, daß Eunus durch den Makkabäeraufstand inspiriert war.

Hier, im palästinensischen Raum finden wir im 1. Jahrhundert n. Ch. eine Reihe messianischer Propheten[37], die ein wunderbares Ende der Römerherrschaft prophezeihen und ihre Anhänger zum Ort des von ihnen verheißenen Wunders führen, wo sie von der römischen Besatzungsmacht meist brutal niedergemacht werden: Theudas versprach eine erneute Spaltung des Jordans (ant. Iud. 20,97ff.), ein aus Ägypten kommender Prophet die Wiederholung des Wunders von Jericho an den Mauern Jerusalems (ant. Iud. 20,167ff., vgl. bell. Iud. 2,261ff.). Der Sikarier Jonathan verhieß Wunder und Erscheinungen in der Wüste (bell. Iud 7,437f). Ob nur Eunus und die messianischen Propheten Wundertäter dieses Typs waren, ist fraglich. Widerstandsbewegungen werden niedergeschlagen. Ihre Geschichte wird von den Siegern geschrieben. Man darf vermuten, daß auch bei anderen Unruhen und Widerstandsbewegungen Wunder und Wundertäter eine Rolle spielten.

Bei diesen politischen (oder zumindest politisch wirksamen) Widerstandsbewegungen ist unübersehbar, daß Wundercharisma eine Funktion in sozialen Konflikten hat. Das gilt aber auch für jene Wundercharismatiker, die weniger eine politische Erneuerung als eine umfassende Heilslehre oder neue religiöse Gedanken vertraten. Fast alle stehen in Konflikt und Spannung zu ihrer Umwelt. Symptomatisch ist der gegen sie erhobene Vorwurf der Zauberei: Jesus wird des Teufelsbündnisses (Mt 12,24) und der Zauberei beschuldigt (Sanh 107b; Or. c. Cels. I,28). Apollonius von Tyana muß sich in einem Prozeß wegen Goetie verantworten (VA VII). Der Samaritaner Simon Magus gilt als „Magier“ (Apg 8,9). Diese Vorwürfe sind ungerecht. Ablehnung von Wundercharismatikern hat tiefere Gründe: Sie waren religiöse Reformer, vertraten neue Gedanken und Impulse. Der gültigen Gestalt des Lebens setzten sie eine neue entgegen. Dies mußte zum Konflikt führen: Pythagoras wandert aus seiner Wirkstätte Kroton aus, Empedokles wird gebannt, Apollonius von Tyana fällt (vielleicht) einer Philosophenverfolgung zum Opfer, Eliezer ben Hyrkanos wird exkommuniziert, Jesus gekreuzigt. Wundercharisma entfaltet sich in ei-

sehen und gleichsam die von Gott bestätigte Majestät, da er wider Erwarten und erst seit kurzem zum Kaiser erhoben worden war. Aber auch dies wurde ihm zuteil“ (Suet. Vesp. 7). Vespasian hatte keine dynastische Legitimation.

37. Vgl. *R. Meyer:* Der Prophet aus Galiläa 1940, 82ff.

ner sozialen Dynamik, in der ein Umbruch in Religion, Lebensgefühl und Gesellschaft unter Konflikten vor sich geht. Die soziale Funktion des Wundercharismas besteht in seiner legitimierenden und motivierenden Kraft in sozialen Konflikten verschiedener Art.

Diese Funktion des Wundercharismas läßt sich bei Wundertätern in Widerstands- wie in Heilsbewegungen nachweisen. Beide Typen des Wundercharismatikers sind zu unterscheiden. Dennoch gibt es einige Berührungspunkte: Apollonius von Tyana ist wahrscheinlich im Zusammenhang jener philosophischen Oppositionsbewegung zu sehen, die zur wiederholten Ausweisung von Philosophen aus Italien führte[38]. Ebenso lassen sich Berührungspunkte zwischen den messianischen Propheten und Jesus aufweisen: In Apg 5,34ff. wird er in einem Atemzug mit Theudas genannt[39]. Ein Vergleich läßt sich in vier Punkten durchführen. Dabei zeigt sich, daß die Berührungspunkte nicht in den Wundertaten Jesu liegen, sondern in seiner Weissagung der wunderbaren Tempelzerstörung und -wiedererrichtung:

1. Alle von messianischen Propheten angekündigten Wunder stehen in einem typologischen Zusammenhang mit der israelitischen Heilsgeschichte, mit dem Tempel, der Landnahme (Spaltung des Jordans; Jos. ant. Iud. 20,97ff, Eroberung von Jericho; Jos. ant. Iud. 20,167ff.) und dem Exodus (bell. Iud. 7,437f). Jesu Wunder wurden zwar von außen in einen solchen Zusammenhang mit der Heilsgeschichte gebracht. Er galt als Elia (Mk 6,14f.), ansonsten fehlt dieser heilsgeschichtliche Bezug. Er findet sich nur in der Verheißung eines neuen Tempels.

2. Die messianischen Wunder werden nur in Aussicht gestellt, aber nicht ausgeführt. Entscheidend ist die Übereinstimmung zwischen Prophetie und Zeichen. In der Jesusüberlieferung werden die Wunder nicht nur angekündigt, sondern vollzogen – mit Ausnahme der Tempelzerstörung und -errichtung: Jesus verheißt dieses Wunder und zieht mit seinen Anhängern an den Ort des Wunders, ebenso wie die messianischen Propheten taten. Ansonsten werden prophetische Zeichen abgelehnt (Mk 8,11f.).

3. Die Wunder werden durch Gott ausgeführt, wenn auch durch die messianischen Propheten. Diese halten sich jedoch nicht für das Subjekt der Wundertätigkeit, sondern wollen die Wunder nur „zeigen“: *δείκνυμι* und *σημεῖον* sind termini technici:

bell. 2,259: *προῆγον εἰς τὴν ἐρημίαν ὡς ἐκεῖ τοῦ θεοῦ δείξοντος αὐτοῖς σημεῖα ἐλευθερίας.*

bell. 6,285: *ὡς ὁ θεὸς ἐπὶ τὸ ἱερὸν ἀναβῆναι κελεύει δεξομένους τὰ σημεῖα τῆς σωτηρίας.*

bell. 7,438: *προήγαγεν εἰς τὴν ἔρημον σημεῖα καὶ φάσματα δείξειν ὑπισχούμενος;*

ant. 26,168f.: *δείξειν γὰρ ἔφασαν ἐναργῆ τέρατα καὶ σημεῖα κατὰ τὴν τοῦ θεοῦ πρόνοιαν γινόμενα.*

38. Vespasian wies 74 n. Chr. alle Philosophen aus Rom, Domitian vertrieb im Jahre 89 und 95 alle Philosophen aus Rom bzw. Italien. Möglicherweise fand Apollonius von Tyana bei seiner Philosophenverfolgung den Tod. Vgl. *D. Esser*, Formgeschichtliche Studien, 36f.

39. *R. M Grant*, Miracles and Natural Law, 166f. hat diesen Zusammenhang betont. Man wird den Unterschied zwischen Jesus und den messianischen Propheten jedoch stärker als *R. M. Grant* hervorheben müssen.

Bei Jesus findet sich dazu nur eine Analogie: die Tempelzerstörung. Im JohEv begegnen in diesem Zusammenhang sogar die Begriffe δείκνυμι und σημεῖον (2,18f.).
4. Fast alle messianischen Wunder werden als Kampfansage an die Römer verstanden. Diese greifen meist rasch ein und zerstören die Bewegungen. Auch bei Jesus schreitet man nicht gegen den Exorzisten und Wundertäter an sich ein. Seine Verhaftung und Hinrichtung geschieht in Zusammenhang mit der Tempelweissagung: Erst in Jerusalem wird er – abseits des Tempels (Mk 14,49) – inhaftiert, die Tempelweissagung gilt als Anklagepunkt. Als etwas später (35nCh) jener Samaritaner auftritt, um die Tempelgeräte auf dem Garizim zu finden (Jos. ant. Iud. 18,85), schlägt Pilatus diese harmlose Bewegung mit so viel Brutalität nieder, daß er mit Erfolg verklagt wird. Das Stichwort „Tempel“ war offensichtlich in der Lage, das Eingreifen des Pilatus zu motivieren. Umstritten ist freilich, ob die Tempelweissagung echt ist[40]. Dafür spricht, daß sie nicht in Erfüllung gegangen ist. Wo sie als vaticinium ex eventu interpretierbar ist, wird nur ihr negativer Teil wiedergegeben (Mk 13,2)[41]. Die positive Hälfte, die Errichtung eines neuen Tempels, mußte umgedeutet werden: in Apg 6,14 ins Ethische (Jesus wird die Bräuche des Mose ändern), in Joh 2,19 ins Christologische (Jesus wird auferstehen), Mk 15,38 vielleicht ins Ekklesiologische (Deutung auf die neue Kirche der Heiden?). Es ist m. E. wahrscheinlich, kann aber hier nicht diskutiert werden, daß die Jesusschar in Erwartung wunderhafter Weltveränderung und eines neuen Tempels nach Jerusalem zog. Die Römer haben diesen Vorgang als messianische Bewegung interpretiert und entsprechend eingegriffen[42].

40. Vgl. *R. Bultmann*, GST, 126f. mit Ergänzungsheft.
41. Hier liegt in der Tat ein vaticinium ex eventu vor. Daß der Tempel durch Feuer zerstört wurde, ist kein Gegenargument (so *W. G. Kümmel:* Verheißung und Erfüllung, 2. Aufl. 1953, 92–97). Nachträglich wurde er dann noch geschliffen, worauf *W. Nikolaus:* Tempelzerstörung und synoptische Apokalypse, ZNW 57 (1966) 38–49, hinweist.
42. Der Hinrichtung Jesu lagen politische Motive zugrunde (vgl. die Erwägungen bei *M. Hengel,* Nachfolge, 41–46). Die wichtigsten Argumente seien ohne Diskussion hier zusammengestellt:
a) Jesus war durch seine Herkunft aus Galiläa „vorbelastet“, dem Ursprungsort der Zeloten, deren These von der Alleinherrschaft Gottes mit der Verkündigung der nahen Gottesherrschaft verwechselt werden konnte. Er war ferner dadurch „vorbelastet“, weil er Jünger Johannes des Täufers gewesen war, der aus politischen Gründen hingerichtet worden ist.
b) Die Verheißung des neuen Tempels knüpft an die Nationalgeschichte an oder konnte so verstanden werden. Der Tempel war ein Politikum.
c) Als Gegner erscheinen in der Passionsgeschichte weniger die an religiösen Fragen interessierten Pharisäer als die politischen Ordnungsfaktoren des Synhedriums und der römischen Verwaltung. Ein Grund für ihr Einschreiten scheinen Befürchtungen von Unruhen im Volk gewesen zu sein (Mk 14,2).
d) Jesus wird als „Räuber“ (Mk 14,48) gefangen genommen und endet am Kreuz. Die Hinrichtungsart ist römisch. Selbst wenn der Titulus am Kreuz unhistorisch sein

Unsere These, daß Wundercharisma legitimierende und motivierende Funktion in sozialen Konflikten hat, läßt offen, welche sozialen Bedingungen in diesen Konflikten wirksam werden. Beim sizilischen Sklavenaufstand lagen die Dinge gewiß anders als im Urchristentum. Jeder Konflikt ist hier für sich zu untersuchen. Auch läßt sich kaum ein Faktor als ausschlaggebend erweisen, abgesehen davon, daß unsere Überlieferung viel zu fragmentarisch ist, um unsere Fragen ausreichend beantworten zu können. Dennoch ist es sinnvoll, diese Fragen zu artikulieren und jene Indizien zusammenzutragen, die zu ihrer Beantwortung beitragen.

1. Sozioökologische Faktoren

Urchristliche Wundergeschichten sind im vorwiegend ländlichen Galiläa lokalisiert. *É. Trocmé* hat daran anknüpfend die Meinung vertreten, sie seien Ausdruck einer quasi-animistischen ländlichen Mentalität der Grenzgebiete Syrien-Palästinas; demgegenüber sei die stark ethisch ausgerichtete Logienüberlieferung in der urbanen Mentalität Jerusalems verankert[43]. Er wollte damit jedoch keine soziologische These vertreten, nach der es einen strukturellen Zusammenhang von Wunderglauben und ländlichem Milieu gibt. Eine solche These wäre widerlegbar: Die ganz synoptische Überlieferung ist ländlich geprägt, auch die Wortüberlieferung: Die Gleichnisse führen uns in das Milieu von Bauern und Fischern, Winzern und Hirten. Viele Logien enthalten Bilder aus ländlichen Verhältnissen (zum Beispiel Mt 6,25ff. 7,6.15 11,7ff.). Umgekehrt spielen die Wundergeschichten der Apg in den großen Städten des römischen Reiches: in Lystra (14,7ff.), Philippi (16,16ff.), Troas (20,7ff.) usw. Apollonius von Tyana tut Wunder in Tarsos (VA VI,43), Athen (VA IV,20), Ephesus (VA

sollte (was nicht sicher ist), könnte er doch insofern ein Wahrheitsmoment enthalten, als man messianische Bewegungen befürchtete und im Keim ersticken wollte.

e) Die Jesusbewegung ist de facto als messianische Bewegung interpretiert worden (vgl. Apg 5,34–37). Das christliche Testimonium Flavianum (Jos. ant. Iud, 18,63) wurde in eine Aufzählung von Unruhen interpoliert und könnte eine entsprechende Notiz und Beurteilung des Josephus verdrängt haben.
Es ist weniger wichtig, ob jüdische oder römische Instanzen mehr Grund dazu hatten, Jesus zu beseitigen. Entscheidend ist, daß alle an der politischen und sozialen Ruhe interessierten Instanzen genügend Gründe hatten, um gegen ihn Schritte zu unternehmen. Auch wenn Jesus kein politischer Revolutionär war, so konnte seine Bewegung doch schnell politisch relevant werden. In jedem Fall sollte man vorsichtig sein, seinen religiösen Gegnern die Infamie zu unterstellen, man habe ihn politisch denuntiiert, sachlicher Grund seiner Hinrichtung sei in Wirklichkeit seine Einstellung zum Gesetz gewesen.

43. *É. Trocmé*, Formation, 37–44. Zur Kritik vgl. *T. A. Burkill:* The Formation of St. Mark's Gospel, in: New Light on the earliest Gospel, 1972, 180–264.

IV,10) und Rom (VA IV,45). Es besteht kein Grund für die generelle Annahme, daß eine ländliche Bevölkerung in der damaligen Zeit dem Dämonen- und Kraftglauben gegenüber zugänglicher gewesen sei als die Stadtbevölkerung. Gibt es keinen strukturellen Zusammenhang, so ist nicht ausgeschlossen, daß es einen faktischen Zusammenhang gegeben hat: Die synoptische Überlieferung kommt ja in der Tat aus einem ländlich geprägten Gebiet, das von zwei Reihen hellenistischer Städte umgeben war: den Städten an der Küste des Mittelmeers und den ostjordanischen Städten, der sogenannten „Dekapolis“[44]; und es kann durchaus sein, daß diese Herkunft der Wundergeschichten ihren Charakter in einigen Zügen geprägt hat.

Die meisten Wundergeschichten sind in Galiläa lokalisiert. Unbestreitbar ist, daß insgesamt hier der Ausgangspunkt der Wunderüberlieferung liegt. Umstritten ist, wie fest die überlieferungsgeschichtliche Bindung an den galiläischen Raum gewesen ist: Wurden sie in Galiläa auch weiterhin tradiert und geprägt? *G. Schille* hat die Ortsangaben der Wundergeschichten in diesem Sinne gedeutet: Sie wiesen daraufhin, daß Wundergeschichten einmal Gründungslegenden urchristlicher Gemeinden in Galiläa gewesen seien[45]. Dagegen sprechen folgende Argumente:

1. Lokalisierte und nicht lokalisierte Wundergeschichten lassen sich kaum grundsätzlich unterscheiden; zum Beispiel findet sich der Sendungsauftrag – nach G. Schille Hinweis auf eine Missionstätigkeit – auch in nicht lokalisierten Geschichten (zum Beispiel Mk 5,25ff.).
2. Mehrere an einem Ort lokalisierte Wundergeschichten müßten mehreren Gemeinden oder mehreren Erstbekehrten entsprechen. In Kapernaum spielen allein vier Wunder: Mk 1,21ff. 1,29ff. 2,1ff. Mt 8,5ff. Zur Dekapolis vgl. Mk 5,1ff. 7,31ff.
3. Weherufe über Chorazim, Bethsaida, Kapernaum (vgl. Tyros und Sidon) (Mt 11,20–34) weisen darauf hin, daß Gemeindegründungen an diesen Orten gescheitert sind. Gerade aus ihnen werden jedoch Wundergeschichten überliefert, sei es, daß sie dort lokalisiert sind (Mk 8,22 2,1ff.), sei es, daß die Hilfesuchenden von dorther kommen (Mk 7,24ff.). Ausnahme ist Chorazim.

44. Zur Frage der Urbanisation Palästinas vgl. *A. H. M. Jones,* Cities, 248ff. „... many parts of Syria were too backward for republican government, and it was better to leave the simple villagers and wild tribesmen of the mountains and deserts under the authority of dynasts whom they respected than to attach them to cities which would be too weak to control them, or to convert them into republican communities which would soon break down.“ (258). Aus diesem ländlichen Milieu stammt die synoptische Überlieferung, während die Briefüberlieferung weitgehend aus städtischem Milieu stammt (vgl. *A. Deissmann,* Licht vom Osten, 210f.). Die relative Unabhängigkeit beider Überlieferungsströme dürfte auch soziologische Gründe haben.
45. Die Galiläahypothese wird in verschiedenen Variationen besonders von *G. Schille:* Anfänge der Kirche, 1966, 39–98, *ders.:* Die urchristliche Wundertradition, 1967, von *E. Trocmé*, Formation, 37–44 und *K. Tagawa,* Miracles, 15–36, vertreten.

4. Aitiologien enthalten meist etwas, was in der Gegenwart noch vorhanden oder bekannt ist. *G. Schille* denkt zum Beispiel an die Erstbekehrten. Man müßte dann aber mehr Eigennamen in den Wundergeschichten erwarten. Diese fehlen trotz Lokalisierung zum Beispiel in Mk 5,1ff. 7,31ff. 8,22ff.

5. In der Apg werden Wundergeschichten wohl im Zusammenhang mit Gemeindegründungen erzählt. Die Wundergeschichten 9,32ff. 9,36ff. setzen jedoch schon existierende Gemeinden voraus (vgl. V. 32.36), in 16,11ff. geschieht die Gemeindegründung vor dem Wunder. Auch werden Gemeindegründungen durch wunderbare Offenbarungen „begründet": 10,1ff. 8,26ff. 16,9.

Wenn auch eine aitiologische Verwendung von Wundergeschichten nicht ausgeschlossen ist, so dürfte sie doch kaum die Regel gewesen sein. Damit ist eine galiläische Bindung der Wundergeschichten jedoch nicht widerlegt. *K. Tagawa* nimmt zum Beispiel an[46], daß Mk die Wundergeschichten dort lokalisiert, wo er sie vorfand. Die Verbreitungsnotizen erwecken in der Tat den Eindruck, als würden Wundergeschichten in bestimmten Gegenden erzählt (vgl. Mk 1,28 5,20). Aber auch diese These geht wohl noch zu weit. Im Grunde läßt sich nur so viel vermuten: Ortsangaben setzen bei Erzählern und Adressaten eine gewisse Vertrautheit voraus, wenn sie – wie in den meisten Fällen – ohne Erklärung eingeführt werden. Erst Lk schreibt nachweislich für einen Leserkreis, für den Palästina ein „Winkel" des römischen Reichs ist (Apg 26,26). Erst er erläutert hin und wieder Ortsangaben. So spricht er von Nazareth, wo Jesus aufgewachsen sein soll (4,16), von „Kapernaum, einer Stadt Galiläas" (4,31). Das „Land der Gerasener" (Mk 5,1) führt er als ein Land an, „das Galiläa gegenüber liegt" (8,26). Einmal schreibt er sogar ganz aus der Perspektive dessen, der unbekannte Dinge einführt, von einer „Stadt, Nain genannt" (7,11). Derartige Züge fehlen der Wunderüberlieferung ansonsten völlig. Man darf daraus vielleicht schließen, daß sie in Palästina und seiner näheren Umgebung eine Zeit lang erzählt wurden. Eine Beschränkung auf Galiläa läßt sich dagegen kaum begründen.

Dieser eher atmosphärischen Vertrautheit mit dem galiläischen Raum entspricht eine gewisse Distanz zu den großen Städten und Orten. In einigen rahmenden Notizen von Wundergeschichten wird hervorgehoben, daß sich Jesus nicht in den Orten, sondern an einsamen Stätten aufhielt (Mk 1,45 6,30–33). Oder daß er wohl in der Gegend von Tyros und Sidon war, aber ohne diese Städte zu betreten (7,24 vgl. auch 7,31). Auch wenn diese Rahmennotizen redaktionell gestaltet sind, so dürfte doch zutreffend sein, daß Jesus auf dem Land gewirkt hat[47]. Auch ist dieser Zug unabhängig von redaktio-

46. *K. Tagawa,* Miracles, 20ff. Jedoch kennt er daneben andere zur Lokalisierung führende Motive.

47. *W. Bauer:* Jesus der Galiläer, in: Aufsätze und kleine Schriften, 1967, 91–108, bes. 106.

nellen Rahmennotizen in den Wundergeschichten erhalten geblieben. Sie spielen häufig in freiem Gelände, außerhalb von Ortschaften (Mk 1,40ff. 5,1ff. 5,25ff. 6,34ff. 8,1ff. 7,24ff. 7,31ff. 9,14ff. Lk 17,11ff.). In Mk 8,22ff. wird der Blinde zur Heilung eigens aus dem Ort herausgeführt. Hinzu kommt, daß Mk 5,1ff. eine gewisse Reserve gegenüber den urbanen hellenistischen Städten des Ostjordanlands verrät: Jesus wird hier abgelehnt. Dasselbe gilt für die größeren Städte von Galiläa: Chorazim, Bethsaida und Kapernaum, die durch Wunder nicht zur Buße gebracht wurden (Mt 11,20–24).

Auch wenn man keinen grundsätzlichen Zusammenhang zwischen Wunderglauben und ländlicher Mentalität annehmen will, kann man im Falle urchristlicher Wundergeschichten vermuten, daß sie ihre Prägung in ländlichem Milieu erhalten haben, daß sie hier eine Zeitlang erzählt wurden, daß sie dies Milieu aber bald verlassen haben: Nach Mk 5,20 wird der Exorzismus am See in der Dekapolis erzählt.

2. Sozioökonomische Faktoren

Die von Jesus inaugurierte Bewegung war gewiß keine Sache der oberen Schichten. Jesus wandte sich in Galiläa den sozial und religiös Deklassierten zu. Die Summarien lassen keinen Zweifel daran, wer zu ihm strömt: Es ist der ὄχλος, die „Menge“, das niedrige Volk[48]. Gewiß gab es im Urchristentum schon früh auch Mitglieder höherer Schichten (die *οὐ πολλοί* von 1. Kor 1,26), aber gerade die Wundergeschichten lassen sich als Ausdrucksformen unterer Schichten verstehen: wegen der Schlichtheit ihrer Theologie, der einfachen Erzählweise, vor allem aber wegen ihrer Thematik. Wunderglaube konzentriert sich hier auf konkrete Notlagen, auf Besessenheit, Krankheit, Hunger, Erfolglosigkeit und Gefahr, auf Situationen also, die nicht in allen Schichten mit dergleichen Härte erfahren werden.
Die Exorzismen bringen – jenseits jeder schichtspezifischen Problematik – ein allgemeines soziales Problem zum Ausdruck: den Abbruch zwischenmenschlicher Kommunikation, eine tiefe Entfremdung in den sozialen Beziehungen. „Besessenheit“ gibt es gewiß in allen Schichten. Was die urchristliche Bewegung angeht, so wird sie jedoch durch ein massenhaftes Auftreten dieses Phänomens begleitet, wenn man den Evangelien und der Apg Glauben schenken darf. Es ist, als hätte sich damals eine „besonders starke Welle von Dämonismus über

48. Die „Menge“ dürfte das niedrige Volk meinen. Daß der Begriff soziologisch ausgewertet werden darf, sieht auch *T. A. Burkill:* Theological Antinomies, in: New Light, 173ff. In den Städten drang das Urchristentum sehr bald in höhere Schichten. Vgl. *E. A. Judge:* Christliche Gruppen in nichtchristlicher Gesellschaft, 1964, 48ff.

die Welt Palästinas ergossen"[49]. Nicht nur Jesus trat erfolgreich als Exorzist auf. Das ganze Urchristentum ist eine exorzistische Bewegung, deren Charismatiker und Missionare ihrem Selbstverständnis nach Exorzisten sind (Mk 3,15 Lk 10,17ff.). Nicht die Besessenheit als solche, wohl aber ihr massenhaftes Auftreten, könnte schichtspezifisch bedingt sein: In einer Gesellschaft, die ihre Probleme in mythischer Sprache zum Ausdruck bringt, können unter Druck und Zwang stehende Gruppen ihre Situation als Bedrohung durch Dämonen interpretieren. Symptome der Besessenheit können sozial erlernt sein[50]. Werden diese Symptome als Ausdrucksformen unlösbarer Konflikte akzeptiert, werden Möglichkeiten in Aussicht gestellt, die so zum Ausdruck gebrachten Probleme exorzistisch zu lösen, so können sie zur öffentlichen Sprache werden, derer sich viele mit Erfolg bedienen. Mit den Exorzisten wächst daher gewöhnlich auch die zu exorzisierende Besessenheit.

Diese allgemeine Überlegung läßt sich durch eine Analogie aus der Gegenwart stützen: In Äthiopien treibt die christliche Kirche noch heute mit Erfolg Dämonen aus[51]. Interessant ist dabei, daß Besessenheit nur in den unteren Schichten auftritt, und dort fast ausschließlich bei Frauen. Dämonisch gefährdet sind in dieser Gesellschaft diejenigen, die besonderen Drucksituationen ausgesetzt sind. Die Konvertierung sozialer und psychischer Problematik ins Somatische läßt sich kaum leugnen, wobei zu betonen ist, daß die „Besessenheit" eine ernsthafte Gefährdung des befallenen Menschen bedeutet, die zu dessen Tod führen kann. Sie ist keine bloße Einbildung.

Im NT gibt es neben den Summarien, in denen die Menge aus Dämonenfurcht zu Jesus strömt, einen Hinweis auf einen Zusammenhang von sozialer Schichtung und Besessenheit: In Apg 16,16ff. treiben Paulus und seine Begleiter einen Dämon aus einer wahrsagenden Magd, die von ihren Herren als einträgliche Einnahmequelle benutzt wurde. Die Exorzisten werden deshalb vor den Strategen der Stadt verklagt. Die Anklage lautet, Paulus habe verbotene Sitten propagiert. Bedenkt man, daß Wahrsagerei eine wichtige soziale Funktion hatte, daß ein Angriff auf die Wahrsagekunst eine tiefgehende Umstrukturierung antiker Lebensbewältigung zur Folge haben würde, so ist das nicht unrichtig. Wie die Geschichte zeigt, waren diese Formen antiker Lebensbewältigung eng mit finanziellen und sozialen Interessen der oberen Schichten verflochten. Wunder und Exorzismen stellten hier mehr in Frage als die Besessenheit einer Sklavin. Schichtspezifischen Charakter haben neben den Exorzismen auch die Therapien. Gewiß sind Krankheiten allgemein verbreitet. Aber auch ohne Anleihen

49. *R. Otto*, Reich Gottes, 29.

50. *P. Berger/Th. Luckmann:* Die gesellschaftliche Konstruktion der Wirklichkeit, 186–189 (zu Exorzismen).

51. Nachrichten über die äthiopischen Exorzismen verdanke ich Frau Dr. *M. Renner*, die Gelegenheit hatte, diese Exorzismen selbst zu beobachten.

bei moderner Sozialkritik läßt sich ein Zusammenhang zwischen sozioökonomischem Status und Wunderglauben feststellen, wenn man die Geschichte von der blutflüssigen Frau (Mk 5,25ff.) unbefangen zur Kenntnis nimmt. Solange die Frau Vermögen hat, wendet sie sich an Ärzte. Erst als dies Vermögen aufgezehrt ist, kommt sie mit dem irrationalsten Wunderglauben zu Jesus. Wie viele kleinen Leute werden sich in dieser Geschichte wiedergefunden haben. Wer gar nichts besaß, sah sich mit der Krankheit ganz unmittelbar wirtschaftlicher Not ausgesetzt (die blutflüssige Frau verfügte wenigstens über einige „Rücklagen"). „The economic threat of disease ... to the lower and middle class was grave, graver perhaps than at any later time"[52]. Denn mit der Krankheit wurde man berufsunfähig. Dies wird in einer apokryphen Bearbeitung der „Heilung der verdorrten Hand" (Mk 3,1ff.) deutlich. Der Kranke ist hier zum Maurer geworden. Er bittet mit den Worten: „Ich war Maurer und verdiente mit (meinen) Händen (meinen) Lebensunterhalt; ich bitte dich Jesus, daß du mir die Gesundheit wieder herstellst, damit ich nicht schimpflich um Essen betteln muß" (Hier. Komm. z. Mt 12,13)[53]. Entscheidend ist nun, daß die urchristlichen Gemeinden solchen Ängsten nicht nur Wundergeschichten entgegensetzten, sondern auch dafür sorgten, daß kein Kranker wegen Erwerbslosigkeit hungern mußte, daß sie sich überhaupt um Kranke kümmerte. Denn Krankheit ist ja nicht nur ein physisches und ökonomisches Problem, sondern ein soziales. Man denke an die Angst vor Isolierung, vor dem Aufgegebenwerden durch andere Menschen, vor dem Zur-Last-Fallen. Hier versicherten die Wundergeschichten auch noch dem aussichtslos Erkrankten, daß man ihn nicht aufgeben werde – auch wenn er langjährig siech war (Joh 5,1ff.). Waren die stellvertretend Bittenden in den Wundergeschichten nicht wie Gemeindeglieder, die für den Kranken eintraten? Waren sie nicht bereit, dafür auch Widerstände zu überwinden – auch den inneren Widerstand gegen die Distanzierung von den aussichtslos Erkrankten? Man muß die Therapien auf dem Hintergrund der sie erzählenden Gemeinschaft sehen, als kollektive symbolische Handlungen, mit denen man der Not entgegenwirkte und sich Kraft gab, ihr im alltäglichen Leben nicht nur durch „symbolische" Handlungen entgegenwirken zu können.

Das gilt auch für die Geschenkwunder. Die wunderbare Brotverteilung hat gewiß damit zu tun, daß sich die Gemeindeglieder gegenseitig unterstützten. Der Apologet Aristeides schreibt: „Wenn bei ihnen jemand ist, der bedürftig oder arm ist, und sie nicht überflüssigen Bedarf haben, so fasten sie zwei oder drei Tage, damit sie den Armen erfüllen den Bedarf ihrer Nahrung" (Apologie XV, 9). Ist solch ein Fasten nicht ein Wunder? Wenigstens erinnert es an eine apokryphe Wundergeschichte[54]:

52. *Edelstein,* Asclepius II, 175.
53. Vgl. *Hennecke-Schneemelcher,* Apokryphen I, 96.
54. Vgl. *R. Otto,* Reich Gottes, 281.

„Wenn Christus ... zu Tisch geladen wurde und hinging, gingen wir mit ihm. Vor jeden von uns wurde dann ein Brot gelegt, und er selbst erhielt auch ein Brot. Er segnete dann das Brot und teilte es unter uns. Und von dem Wenigen wurde ein jeder von uns gesättigt. Unsere eigenen Brote aber blieben ungegessen, so daß die Einladenden erstaunten" (ActJoh 93).

Ein anderes Geschenkwunder, der wunderbare Fischzug, geht auf die Situation ergebnisloser Arbeit ein (Lk 5,1ff.). Das Weinwunder von Kanaa ist alles andere als ein „Luxuswunder": Wo zum Feiern der Wein fehlt, dürften die Verhältnisse eingeschränkt sein. Gerade bei Feiern hat der kleine Mann Angst, durch seine Armut bloßgestellt zu werden. Wenn *A. Deissmann* an den urchristlichen Wundergeschichten rühmt, „wie volkstümlich traulich, wie kindlich fromm, wie treuherzig schön sie sind"[55], so wird damit die Kultur unterer Schichten sozialromantisch verklärt: Der volkstümliche Charakter dieser Geschichten ist ja nicht zuletzt darin begründet, daß hier Menschen ihre Hoffnungen artikulieren, denen andere Äußerungen auf Grund ihres sozioökonomischen Status unerschwinglich waren.

Auch die anderen Themen urchristlicher Wundergeschichten lassen Rückschlüsse auf ihren sozialen Ort zu: Die synoptischen Seerettungswunder führen uns in die Welt einfacher Fischer, die sich in kleinen Booten den Gefahren von Wind und Wellen aussetzen. Gewiß begegnet uns in der Apg auch der Schiffsverkehr zwischen den Großstädten des römischen Reiches; Seenot und Rettung werden jedoch aus der untersten Perspektive erlebt: aus der Sicht eines Gefangenen (Apg 27). Diese Perspektive „von unten" ist auch für die Befreiungen aus Gefängnissen charakteristisch. Geschichten wie Apg 12,1ff. 16,23ff. werden dort vor allem Anklang gefunden haben, wo man existenziell wußte, was Schutz- und Rechtlosigkeit bedeuten.

Eine gewisse Schichtgebundenheit urchristlicher Wundergeschichten läßt sich m. E. kaum leugnen. Damit wird keineswegs behauptet, daß antike Wundergeschichten generell aus unteren Schichten stammen, oder daß damit die urchristlichen Wundergeschichten „erklärt" seien. Behauptet wird nur, daß die spezifischen Themen und Motive urchristlicher Wundergeschichten hier ihren sozialen Ort haben, daß sich in ihnen die wundergläubige Phantasie an Problemen abarbeitet, welche den oberen Schichten ferner liegen. Wenn charismatischer Wunderglaube generell in einem Konfliktfeld zwischen alten und neuen Lebensformen entsteht, so ist für diese Wundergeschichten zu konkretisieren, daß die durch sie legitimierte neue Lebensform ihren sozialen Ort vorwiegend in den unteren Schichten hatte. Gewiß ist damit die in den Wundergeschichten zum Ausdruck kommende soziale Dynamik noch nicht ausreichend erfaßt. Das Urchristentum warb mit seinen Wundern ja auch in den höheren Schichten. Es läßt vornehme Leute in den Wundergeschichten auftreten: den

55. Licht vom Osten, 330.

Hauptmann von Kapernaum (Mt 8,5ff.), einen Archisynagogen (Mk 5,21ff.), eine Syrophönizierin, die wahrscheinlich zur hellenisierten Oberschicht gehörte (Mk 7,23ff.). Die Apologeten des 2. Jahrhunderts wenden sich mit ihrem Wunderbeweis an gebildete Menschen. Der Glaube an Wundermänner drang damals überhaupt in höhere Schichten. Die Überlieferungsgeschichte der Apolloniustraditionen illustriert diesen Prozeß: Diese etwas umstrittene Gestalt ist Anfang des 3. Jahrhunderts Gegenstand religiös-schöngeistiger Verehrung im Kreise der aus Syrien stammenden Kaiserin Julia Domna geworden und ein führender Schriftsteller seiner Zeit schreibt seine Vita. Gerade das zeigt, daß möglicherweise noch andere soziale Faktoren im Spiel sind.

3. Soziokulturelle Faktoren

Sehen wir von den Wundermännern der antiken Frühzeit ab, deren profilierteste Gestalten im griechischen Italien auftraten (Pythagoras, Empedokles, Menekrates) oder in Israel zu suchen sind (Elia und Elisa), so finden wir in der späteren Zeit vor allem aus dem Osten stammende Wundercharismatiker: Der Sklave Eunus war Syrer. Apollonius stammt aus dem östlichen Kleinasien und besucht auf seinen Reisen den indischen Wundertäter Jarbas (VA III,39). Simon Magus und Jesus wirken in Palästina. Die der Verehrung von Wundermännern aufgeschlossenen Neuplatoniker Porphyrius und Iamblichus stammen aus Phönikien und Syrien. In Rom fehlen dagegen weitgehend charismatische Wundertäter[56]. Erst von Vespasian werden Wunder erzählt: In Alexandrien (!) habe ihm Sarapis zwei Kranke zur Heilung geschickt. Vespasian habe sich zuerst geweigert, die erbetenen Heilgesten zu vollziehen, nach einem ärztlichen Gutachten jedoch die Heilung vollbracht (Tac. hist. IV,81; Suet. Vesp. 7). Der Überlieferung ist anzumerken, wie fremd die Römer dem Phänomen „Wundertäter" gegenüberstanden. Erst im Orient begegnen sie ihm, erst hier vollzieht ein Römer die ersten Wunderheilungen. Hinsichtlich des Auftretens charismatischer Wundermänner gibt es zweifellos ein Ost-West-Gefälle. Damit soll keineswegs einer jener bedenklichen Versuche unterstützt werden, Völkern einen festgeprägten Charakter zuzuschreiben, den Orientalen eben mehr Wunderglauben als den Römern. Wenn es hier Unterschiede gibt, wenn vom Osten ausgehend der Wunderglaube in der Spätantike anschwillt, so ist dieser Prozeß historisch-soziologisch zu untersuchen und nicht mit Hilfe zweifelhafter Volkspsychologien. Es sei nur daran erinnert, daß die schärfsten Kritiker des Wunderglaubens, Lukian von Samosata und Oinomaos von Gadara, aus Syrien stammten. Die

56. Vgl. *G. Delling:* Zur Beurteilung des Wunders durch die Antike, in: Studien zum NT, 1970, 54 Anm. 7; *R. M. Grant,* Miracles and Natural Law, 58. Beide verweisen auf *R. Lembert:* Der Wunderglaube bei Römern und Griechen, 1905. Diese Schrift war mir leider nicht zugänglich.

Analyse hat auszugehen von jenen Zügen in den Wundergeschichten, in denen eine Spannung zwischen verschiedenen Kulturen und Volksgruppen direkt thematisiert wird: dem Auftreten heidnischer Hilfesuchender, den „ausländischen“ Machtworten und der Eliatypologie.

a) Nichtjüdische Hilfesuchende begegnen in Mk 7,24ff., Mt 8,5ff., Mk 5,1ff. und Lk 17,11ff. Die Spannung zwischen Juden und Heiden tritt besonders beim „Hauptmann von Kapernaum“ und der „Syrophönizierin“ hervor. In beiden Geschichten ist das Motiv des überwundenen Widerstands übermäßig betont. Einmal geht die Abwehr von Jesus aus (Mk 7,24ff.), ein andermal betont der Heide selbst seine „Unwürdigkeit“ (Mt 8,5ff.). Matthäus hat in beide Geschichten Logien eingefügt, die den Übergang der Mission vom Juden- zum Heidentum zum Gegenstand haben. Die Wundergeschichten selbst zeigen, daß sie über soziokulturelle Grenzen hinausdrängen, aber sie artikulieren auch ein ausgeprägtes Bewußtsein dieser Grenzen, eine Spannung zwischen verschiedenen Kulturen. Die Heiden erscheinen in ihnen in einer Ambivalenz von Minderwertigkeit (Mk 7,27 Mt 8,7f.) und Vorbildlichkeit (Mk 7,29 Mt 8,10 Lk 17,11ff.), von Nähe und Distanz (Mk 5,19f.). Im ganzen erscheint die Dynamik zwischen den verschiedenen ethnischen Gruppen eher als expansiv und missionarisch.

b) Die „ausländischen“ Machtworte gehören in denselben Zusammenhang. Sie sind nur bei einer Konfrontation verschiedener Sprachen und Kulturen sinnvoll. Zweifellos sollen die aramäischen Worte in Mk 5,41 und 7,35 die überlegene Kraft orientalischer Heilsworte demonstrieren. Das erinnert ein wenig an die im 2 Kor auftretenden Gegner des Apostels Paulus: Diese vollziehen Wunder (2 Kor 12,12), rühmen sich ihrer religiös-kulturellen Herkunft als Hebräer, Israeliten und Same Abrahams (2 Kor 11,22). Wie so oft, macht man auch hier Propaganda mit vom Osten kommender Weisheit und Macht[57]. Zeigt sich hierin ein missionarisches Moment innerhalb der Spannung zwischen zwei Kulturen, so tritt bei einer anderen *ῥῆσις βαρβαρική* der antagonistische Charakter dieser Spannung hervor: In Mk 5,9 hören wir ein lateinisches Wort aus dem Munde des Dämonen: „Legion“ sei sein Name, es handle sich nicht nur um einen Dämon, sondern ein Heer von 2000. Die Anspielung auf die römische Fremdherrschaft ist unübersehbar. Der Affekt gegen die römische Besatzung wird deutlich, wenn die Dämonen ausdrücklich den Wunsch äußern, im Lande bleiben zu dürfen (5,10). Eben das wollen ja auch die Römer. Es kommt ihnen nicht darauf an, diesen oder jenen Menschen zu unterwerfen, sondern das Land kontrollieren zu können[58]. In symbolischer Handlung befriedigt die Geschichte

57. Vgl. *D. Georgi:* Die Gegner des Paulus im 2. Korintherbrief, 1964.

58. Vielleicht darf man hier eine (unbeweisbare) Vermutung aussprechen: Die Besessenen sind offensichtlich von Totengeistern befallen, die nicht zur Ruhe kommen können. Daher halten sie sich an den Gräbern auf. Könnte es sich um Gefallene handeln, die bei Widerstandskämpfen ums Leben kamen?

den aggressiven Wunsch, sie wie Schweine ins Meer zu schicken. Verständlich ist, warum der erfolgreiche Exorzist weggeschickt wird: Sein Auftreten ist in der Tat Gefährdung sozialen Friedens. Nicht daß diese Wundergeschichte eine bewußt chiffrierte Erzählung politischen Inhalts ist. Innerhalb der damaligen Gesellschaft gab es ohnehin nicht politische Verhältnisse auf der einen, religiöse auf der anderen Seite. Beides hing von vornherein eng zusammen. Auf beiden Ebenen wird gekämpft und gefochten. Die römische Fremdherrschaft hatte wie jede Fremdherrschaft ja von vornherein einen religiösen Aspekt: Mit den Fremden kamen ihre Götter. Das Judentum konnte in ihnen nur Götzen und Dämonen sehen (Dt 33,17 Ps 95,5 ÄthHen 19,1 99,7 Jub 1,11). Die Anwesenheit fremder politischer Macht war immer schon Anwesenheit bedrohender numinoser Macht, Verunreinigung des Landes. Die Herrschaft der Römer konnte daher als Bedrohung durch dämonische Macht interpretiert werden – trotz aller religionspolitischen Toleranz der Römer. Exorzistische Tätigkeit war dann ein „Zeichen" künftiger Befreiung.
c) In Mk 5,7 wird wörtlich auf ein Eliawunder angespielt: *τί ἐμοὶ καὶ σοί*. Ebenso weist die sareptische Witwe den Gottesmann ab (1 Kön 17,16). Dieselbe Abwehrformel begegnet im Munde der Dämonen (Mk 1,24). Nach Mk 6,14f. hält das Volk Jesus auf Grund seiner Wundertaten für den wiedergekommenen Elia. Diese Eliatypologie könnte darin begründet sein, daß man den Kampf gegen Dämonen als Erneuerung des Kampfes gegen fremde Götzen ansah. Ausgerechnet die „unreinen" Geister sprechen das Geheimnis Jesu aus: Er ist der „Heilige Gottes". Wird damit nicht auf die messianische Aufgabe angespielt, das Land von aller Unreinheit zu befreien und seine Heiligkeit wiederherzustellen, die durch fremde Dämonen beeinträchtigt ist (vgl. die Aufgabe des Messias PsSal 17)? In diesem Zusammenhang wird auch das Wort Jesu verständlich: „Wenn ich mit dem Geiste Gottes die Dämonen austreibe, so ist die Gottesherrschaft ja schon zu euch gelangt" (Mt 12,28). Dämonenherrschaft ist Fremdherrschaft. Mit der Vertreibung der Dämonen wird die Herrschaft Gottes wiederhergestellt. Und damit ist auch das Ende der Römerherrschaft gekommen, wenn auch nicht nur dieser Herrschaft.
Innerhalb einer Gesellschaft, die ihre Probleme und Intentionen in mythischer Sprache zum Ausdruck bringen kann, kann sozialer und politischer Druck als Herrschaft von Dämonen interpretiert werden. Oder vorsichtiger ausgedrückt: Politische Fremdherrschaft und der damit gegebene sozio-kulturelle Druck kann die im Dämonenglauben zum Ausdruck kommende Erfahrung verschärfen und zu jener massenhaften Verbreitung von Besessenheitsphänomenen führen, die in der Welt des Urchristentums vorauszusetzen ist. *W. E. Mühlmann* hat dieses Phänomen in einen größeren Zusammenhang gestellt:

„Eines der wesentlichsten Elemente der schamanischen sozialen Funktionen, vielleicht sogar das wesentlichste finden wir in den messianischen Bewegungen charismatischen Stils wieder: den Exorzismus böser Geister ... Aus dem Schamanismus sibirischer Stämme wissen wir, daß in einem Milieu starken interethnischen Druckes Phänomene der Besessenheit von Geistern eine besonders große Rolle spielen. ‚Bedrückung' durch ein fremdes herrschendes Volk erscheint mitunter chiffriert als ‚Besessenheit' durch einen fremden (fremdstämmigen) Geist; die Emphasis der schamanischen Aufgabe kann damit zusammenhängen. Etwas Ähnliches gilt nun aber auch für die Situation des Judentums zur Zeit Jesu. Jahrhundertelange Fremdherrschaft und Bedrückung waren vorangegangen. Der Makkabäeraufstand gegen die hellenistische Überfremdung lag erst wenige Generationen zurück, die römische Herrschaft war noch jünger. Dergleichen wirkt dämonisierend ..."[59]

Exorzistischer Glaube wäre dann ein ins Mythische transponierter Befreiungsakt. Exorzistische Wundergeschichten könnten als symbolische Handlungen verstanden werden, die den dämonischen Bann undurchschauter Abhängigkeit aufbrechen. Interethnische Spannungen und politischer Druck sind gewiß nur ein Faktor solcher Abhängigkeit. Und um Mißverständnissen vorzubeugen, sei ausdrücklich gesagt: Es wird den exorzistischen Wundergeschichten keine politische Intention unterstellt, sie werden vielmehr in einen funktionalen Zusammenhang gestellt, der im Rücken ihrer Intention wirksam ist. Ansatzweise wird aber dieser Zusammenhang schon im Urchristentum ins Bewußtsein gehoben. Mk 5,1ff. spricht ihn aus. Ihn zu leugnen, hieße, hinter den Bewußtseinsstand urchristlichen Wunderglaubens zurückzufallen.

Die Wundergeschichten zeigen, daß sie in der Spannung zwischen verschiedenen Kulturen und Völkern ihren sozialen Ort haben. Es ist daher vielleicht weniger wichtig, sie in einer bestimmten soziokulturellen Umwelt anzusiedeln und ihren juden-, heiden- oder hellenistisch-judenchristlichen Charakter nachzuweisen[60]. Wichtiger ist, daß sie von einer Dynamik zeugen, die über diese soziokulturellen Grenzen hinausdrängt. Die ihrer Struktur eigene Ambivalenz von Grenzüberschreitung und Grenzbetonung ist so u. a. sozial fundiert.

Soziokulturelle Spannungen zwischen unterworfenen und herrschenden Völkern waren nicht nur für den urchristlichen Wunderglauben ein wichtiger Faktor. Wenn die charismatischen Wundertäter des 1. Jahrhunderts n. Ch. durchweg aus dem Osten stammen, der fest unter der Herrschaft der Römer stand, so liegt die Vermutung nahe, der Glaube an charismatische Wundertäter sei als Reaktion unterworfener hellenistisch-orientalischer Kulturen zu verstehen: Der politisch Unterlegene proklamiert und propagiert seine Überlegenheit auf dem Gebiet wunderhafter Tätigkeit. Charakteristisch ist, daß jeweils Elemente der eigenen Kultur neu aufgegriffen werden. Dies ist ein allgemeiner Zug der Zeit: Bei Apollonius wird der Pythagoreismus neu belebt, die zweite Sophistik ist Renaissance klassischer Rhetorik, der Neuplatonismus Wiederentdeckung Platos. Die Stoa wird orthodox und besinnt sich auf die Schulgründer[61]. Die palästinensischen Wunderpropheten greifen auf Mose und Josua zurück und wollen das Wundercharisma israelitischer Frühzeit erneuern. Jesus gilt als Elia

59. *W. E. Mühlmann:* Chiliasmus und Nativismus, 1961, 252.
60. Vgl. *H. W. Kuhn:* Ältere Sammlungen im Markusevangelium, 1971, 191ff.
61. *K. Praechter:* Die Philosophie des Altertums, 14. Aufl., 1957, 486ff.

redivivus[62], obwohl das Urchristentum und sein Wunderglaube insgesamt mehr ist als eine „Renaissance". Es bot eine wirklich neue Lebensform an und maß sich mit Recht am Noch-nie-Dagewesenen der eschatologischen Zukunft. Diese Rückgriffe auf Momente der eigenen Kultur (oder Ansätze dazu) sind in einen größeren Zusammenhang zu stellen: Es handelt sich hierbei um eine häufig zu beobachtende Reaktion auf politisch überlegene Fremdkulturen[63]. Natürlich handelt es sich nicht um eine notwendige Reaktion. Wenn sie eintritt, verläuft sie jeweils individuell verschieden. Und erst recht ist der Wunderglaube kein notwendiger Bestandteil solch einer Reaktion. Aber er kann zu ihr gehören. Vergleichbar ist zum Beispiel die Konfrontation griechischer und orientalischer Kulturen im Hellenismus. Hier finden wir zum Teil Verwandtes: Apokalyptiker und Makkabäer greifen beide auf die israelitische Vergangenheit zurück. Wundercharismatiker fehlen jedoch. Und auch sonst verlief die Auseinandersetzung zwischen den Völkern und Kulturen anders. Im Hellenismus war die geistige Kultur der Sieger eindeutig überlegen. Selbst der Widerstand gegen sie mußte Momente der bekämpften Kultur aufnehmen. Es gab daher schöpferische Synthesen: Stoa, Astronomie und Astrologie, Mysterienreligionen und hellenistisches Judentums. Das Vordringen der Römer war keine vergleichbare geistige Herausforderung. Die unterworfenen Völker mußten ihre Traditionen nicht erst auf die Höhe der „herrschenden" Kultur bringen. Hier konnte es genügen, daß man Momente der eigenen Kultur wieder belebte, selbst wenn es sich um so volkstümliche Erscheinungen handelte wie den Glauben an charismatische Wundermänner.

Wir fassen zusammen: Charismatischer Wunderglaube hat legitimierende und motivierende Funktion in sozialen Konflikten. Dabei kann es sich um einen Konflikt politischer Ansprüche (Eunus und die palästinensischen Wunderpropheten) oder um einen Konflikt neuer Heilsverständnisse mit gültigen Lebensformen der Gesellschaft handeln; beides läßt sich nicht immer eindeutig scheiden. Im Urchristentum ist der Konflikt eines neuen Heilsverständnisses mit den bestehenden Lebensformen durch drei soziale Faktoren mitbedingt: durch den Gegensatz von Stadt und Land, der jedoch ohne entscheidende Bedeutung ist, den Unterschied verschiedener Schichten und die Spannung zwischen

62. In der von *K. Koch:* Ratlos vor der Apokalyptik, 1970, bekämpften „Profeten-Anschluß-Theorie" (dort S. 35ff.) steckt zweifellos ein Wahrheitsmoment.
63. Ethnologen haben diese Vorgänge als „Nativismus" charakterisiert und analysiert. Auch das Urchristentum wird dabei hin und wieder als ein Beispiel herangezogen. So bei *W. E. Mühlmann,* Chiliasmus und Nativismus, 1961. Vgl. ferner *R. Linton:* Nativistische Bewegungen, in: Religionsethnologie, hg. von *C. A. Schmitz* 1964, 390–403, *R. F. Wallace:* Revitalisations-Bewegungen, ebd. 404–427. Auch wenn man historisch auf schärfere Differenzierungen hinarbeiten muß, sind die Versuche der Ethnologen, typische Merkmale und Stadien charismatischer Bewegungen herauszuarbeiten, wie sie bei einer Konfrontation verschiedener Kulturen auftreten, für eine soziologische Analyse des Urchristentums nützlich. Zur Spannung zwischen Rom und dem Osten vgl. *H. Fuchs:* Der geistige Widerstand gegen Rom in der antiken Welt, 2. Aufl., 1964.

verschiedenen Kulturen und Volksgruppen. Alle drei Faktoren überlagern sich gegenseitig. Wichtig ist nun, daß im Urchristentum charismatischer Wunderglaube exklusiv wird, während alle anderen Arten wunderhafter Tätigkeiten ausgeschlossen und bekämpft werden. Das weist auf einen tiefgreifenden Wandel in der Einstellung zur Zukunft und zu den Grundrisiken des Lebens, auf eine neue Bewältigung existenzieller Angst, ein neues Daseinsverständnis.
Wer solchen soziologischen Erwägungen mißtraut (etwa, weil sie zu wenig „theologisch" sind), wird vielleicht den Aussagen des Kirchenvaters Origines mehr Vertrauen entgegen bringen. Hier findet man Aspekte des analysierten Sachverhalts mit bemerkenswerter Klarheit formuliert:

„Und bei den Christen, die sich auf wunderbare Weise zusammengeschlossen haben, wird man sehen, daß sie am Anfang mehr durch die Wunder als durch Ermahnungen bestimmt worden sind, die Sitten und Gebräuche der Väter aufzugeben und andere zu wählen, die von diesen ganz verschieden waren. Und sollten wir den wahrscheinlichen Grund für den Ursprung der christlichen Gemeinschaft anführen, so werden wir sagen müssen, es sei nicht wahrscheinlich, daß die Apostel Jesu, *Männer aus dem Volk und ohne Schulbildung,* sich durch etwas anderes ermutigen ließen, den Menschen die christliche Lehre zu verkündigen, als durch (das Vertrauen auf) die ihnen verliehene Kraft und auf die in ihrer Rede zur Darlegung der Dinge wirksame Gnade; und es *ebensowenig denkbar sei, daß sich ihre Zuhörer von altherkömmlichen Sitten und Gebräuchen ihrer Väter getrennt hätten, wenn sie nicht durch irgendeine bedeutende Macht und durch wunderbare Ereignisse bewogen worden wären,* Lehren anzunehmen, die so fremdartig und von den ihnen wohlvertrauten Lehren ganz verschieden waren" (c. Cels. VIII,47).

Origines hat damit die soziale Funktion des Wunderglaubens klar herausgestellt: Er dient der Durchsetzung und Legitimation einer neuen Lebensform. Dies geschieht unter sozialen Bedingungen, von denen Origines besonders eine heraushebt: Wunderglaube wird von den unteren Schichten getragen, von „Männern aus dem Volk und ohne Schulbildung". (Daß er durch Auseinandersetzungen verschiedener soziokultureller Gruppen bedingt ist, klingt in dem Hinweis auf die „Sitten der Väter" an.) Anders formuliert: Urchristliche Wundergeschichten sind kollektive symbolische Handlungen unterer Schichten, in denen traditionell legitimierte Lebensformen verlassen werden. Diese soziale Funktion urchristlicher Wundergeschichten ist mit seinen sozialen Bedingungen nicht identisch. Tatsache ist, daß sich urchristlicher Wunderglaube auch unter anderen Bedingungen verbreitet hat: Er drang in höhere Schichten und wurde gemeinsames Gut verschiedener soziokultureller Gruppen. Das läßt sich ohne Berücksichtigung seiner sozialen Intention nicht verstehen.

B. Die soziale Intention urchristlicher Wundergeschichten

Urchristliche Wundergeschichten haben eine soziale Intention; und diese Intention kann nicht besser als durch die Glaubensformel beschrieben werden: „Dein Glaube hat dich gerettet". Sie verheißen Rettung, Heil, Erlösung. Die angesprochenen Menschen sollen dazu bewegt werden, sich der Gemeinde anzuschließen, die dem Unheil entronnen ist. Im Unterschied zu Paränese, Hymnen, Kultformeln und Briefen – also Formen mit primär gemeindeinterner Funktion – wenden sie sich nach außen. Sie haben eine missionarische Intention. Diese Intention läßt sich konstruktiv aus der Analogie von Wundern und Wundergeschichten erschließen: Die Apostel sollen predigen und heilen (Lk 10,8f. Mt 10,7 Mk 3,15 6,15ff.). Wunder gehören zum Missionar (Mk 6,12 2 Kor 12,12 Hebr 2,4). Die Apg bezeugt es durchgehend. Origines betont wiederholt die missionarische Bedeutung der Wunder (c. Cels. I,38 I,46 VIII,47). Daß im Missionsbefehl des MtEv ein Wunderauftrag fehlt, gehört zu den bemerkenswerten Ausnahmen. Von dieser missionarischen Intention der Wunder darf man mit großer Wahrscheinlichkeit auf eine ähnliche Intention der Wundergeschichten schließen: Wundergeschichten konnten an die Stelle von Wundern treten. Die Apg zeigt, daß Bekehrungen nicht unmittelbar auf das Wunder selbst, sondern auf seine erzählerische Verbreitung hin erfolgten: „Es wurde bekannt in ganz Joppe und es glaubten viele an den Herrn" (9,42 vgl. 19,17f.). Ähnliche Verbreitungsnotizen (*κηρύσσειν* Mk 1,45 5,20 7,36, *ἀκοή* Mk 1,28 und *λόγος* Mk 1,45 Lk 7,17) finden wir in den Evangelien, wobei zwar keine Bekehrungen erzählt werden, die Begrifflichkeit jedoch urchristliche Missionsterminologie darstellt (vgl. Röm 10,10–17 Apg 2,41), so daß man sagen darf: die Wundererzähler sind missionarisch tätig. Wahrscheinlich gehörten Wundergeschichten zur *καινὴ διδαχή* des Urchristentums. Sergius Paulus glaubt auf ein Wunder hin: Er erstaunt angesichts der „Lehre des Herrn" (Apg 13,12). Menschen akklamieren der „neuen Lehre" (Mk 1,27). „Neue Lehre" wird die paulinische Verkündigung in Athen genannt.

Das analytische Rückschlußverfahren kommt zu demselben Ergebnis: Die Ausrichtung der Wundergeschichten auf die Akklamation, mag diese nun expressis verbis vorkommen oder als Bestandteil „mündlichen Rahmens" nur vorausgesetzt sein, gibt ihnen einen missionarischen, werbenden Zug. Aufschlußreich sind die Dämonenbekenntnisse: Ein missionierter Ort war für den Weltenherrscher in Beschlag genommen; andere numinose Mächte hatten zu weichen und den neuen Herrn anzuerkennen. Noch als Unterlegene müssen sie proklamieren: „Diese Menschen sind Knechte des höchsten Gottes, die euch den Weg des Heils verkünden" (Apg 16,17), „Jesus kenne ich und von Paulus weiß ich ..." (Apg 19,15). Ihre Bekenntnisse signalisieren einen Machtwechsel.

Die Macht der Götter und der mit ihnen verbundenen Wahrsage- und Zaubertechniken ist zu Ende (Apg 16,19 19,18f.). Der *höchste* Gott ist auf dem Plan, der allen anderen Göttern und Dämonen überlegen ist. Nicht zufällig begegnet dieser Titel in zwei Exorzismen (Mk 5,7 Apg 16,17). Die Dämonen weichen der Macht, „die Paulus verkündet" (Apg 19,13), sie weichen der „neuen Lehre" (Mk 1,27). Der Dämonenaustreibung im Namen Jesu entspricht die Taufe in seinem Namen[64]. Sie besiegelt die Befreiung von dämonischer Macht. Denn nicht auf die exorzistische Machtwirkung kommt es an, sondern „daß eure Namen in den Himmeln geschrieben sind" (Lk 10,20).

Auch eine analogisierende Rekonstruktion des Sitzes im Leben bestätigt die missionarische Verwendung der Wundergeschichten. Antiker charismatischer Wunderglaube hat in vielen Fällen propagandistischen Charakter. Das Wunder des Vespasians propagiert die Legitimität seines Kaisertums. Philostrat wirbt in seiner vita Apollonii für seinen Heiligen und dessen Lehre[65]. Die Wundergeschichten in Lukians Philopseudes werden erzählt, um einen Skeptiker zum „Glauben" zu bringen. Erst die Rahmenerzählung ironisiert diese Intention. Propagandistischen Charakter haben auch die Erzählungen aus Heilkulten: Die epidaurischen Inschriften werben ebenso für Asklepios wie die heiligen Reden des Aelios Aristeides. Eine „missionarische" Ausrichtung der Wundergeschichten ist kein Proprium des NT.

Urchristliche Wundergeschichten sind symbolische Handlungen einer religiösen Minderheit der antiken Gesellschaft, die dazu aufgebrochen ist, die ganze Welt zu erobern. Die Mission ist ihr „Sitz ihr Leben", die Gewinnung neuer Gemeindeglieder ihr Zweck. Aber damit ist noch wenig gesagt. Im weiteren Sinne waren ja alle Christen missionarisch tätig. Alle warben für ihren Glauben. Nur wenige waren Missionare im engeren Sinne, Charismatiker, die von Stadt zu Stadt zogen, neue Gemeinden gründeten und schon bestehende Gemeinden stärkten. Diese Missionare waren Wundertäter. Und so liegt die Frage nahe, ob diese Wandermissionare Träger der Wunderüberlieferung waren. Hin und wieder wird das für die Gegner des Paulus im 2 Kor angenommen[66]. Pau-

64. Zum Zusammenhang zwischen Taufe und Dämonenabwehr vgl. *O. Böcher*, Dämonenfurcht, passim.

65. Den missionarischen „kerygmatischen" Charakter der Apolloniustraditionen hat vor allem *G. Petzke:* Die Traditionen über Apollonius von Tyana und das Neue Testament, 1970, herausgearbeitet.

66. *D. Georgi*, Gegner, 210f. 213ff. behauptet dies indirekt, indem er den Gegnern des Apostels eine θεῖος-ἀνήρ-Christologie zuschreibt, die er mit synoptischen Wundergeschichten belegt. Seine These hat viel Zustimmung gefunden. Ich nenne den zusammenfassenden Aufsatz von *H. W. Kuhn:* Der irdische Jesus bei Paulus als traditionsgeschichtliches und theologisches Problem, ZThK 67 (1970) 295–320, wo die Literatur aufgeführt wird.

lus sagt dort polemisch: „Die Zeichen des Apostolates sind ja unter euch vollbracht worden in jeder Art von Geduld, Zeichen und Wundern und Kraftwirkungen“ (12,12). Er behauptet damit, genauso wie seine Gegner Wunder gewirkt zu haben. Umfaßte deshalb deren Predigt eines „anderen Jesus“ (2 Kor 11,4) die Verbreitung von Wundergeschichten? Wurden die synoptischen Wundergeschichten gegen die Verkündigung des Paulus ausgespielt? Dabei geht es in unserem Zusammenhang weniger um den Streit in Korinth als um die allgemeine Frage, ob missionierende, wandernde urchristliche Charismatiker Träger der Wundergeschichten waren. Folgende Argumente sind hier zu bedenken:

1. Erzählüberlieferung bedarf anders als die Wortüberlieferung zu ihrer Wiedergabe keines besonderen Charismas. Worte Jesu sind zum Beispiel häufig in der 1. Person formuliert. Der Tradent tritt hier an die Stelle Jesu. Er identifiziert sich mit ihm. Jesus spricht durch ihn und verleiht seinen menschlichen Worten Autorität. Man denke an die Amen-Formel. Wenn die Gegner des Paulus sich nach 2 Kor 13,3 rühmen, Jesus spräche aus ihnen, so sind damit kaum Wundergeschichten gemeint. Eher könnte man an Worte im Ich-Stil denken. Denn Erzählungen werden in der 3. Person erzählt. Der Erzähler hebt sich von der Erzählung ab. Er kann in einleitenden und kommentierenden Notizen Distanz zu ihr einnehmen. Er spricht über Jesus. Jesus spricht nicht aus ihm. Jeder erzählerisch Begabte kann solche Erzählungen weitergeben. Es bedarf dazu keines besonderen religiösen Charismas.
2. Hinzu kommt, daß die Wundergeschichten nicht vom Ethos urchristlicher *Wander*charismatiker geprägt sind. Es fehlt der Gedanke der Nachfolge und die daran geknüpften ethischen Forderungen. Es fehlt die Eschatologie. Das kann nicht nur gattungsbedingt sein. Es wäre durchaus möglich, die Geheilten zur Nachfolge zu rufen und zur Predigt zu verpflichten. Anstatt dessen werden sie meist in ihre bisherige Welt entlassen. Wir spüren kaum etwas von einem radikalen Wechsel der Lebensführung oder von jenen strengen Forderungen, denen urchristliche Missionare unterworfen waren (vgl. die Aussendungsrede Mt 10 und Didache). *É. Trocmé* empfand das Fehlen spezifisch christlicher Gedanken so sehr, daß er sogar Nicht-Christen als Träger vieler Wundergeschichten annehmen wollte[67]. In der Tat sind die Wundergeschichten in vieler Hinsicht schlicht volkstümlich und verraten nirgendwo, daß sie an eine so exzentrische Lebensform wie die der urchristlichen Missionare gebunden waren.
3. Es weist auch wenig darauf hin, daß die Wundergeschichten von Wunder*tätern* verbreitet wurden. Zwar hat man vermutet, daß sie als Anleitung christlicher Wundertäter gedient haben[68]. Aber die Anleitung zu Exorzismen (Mk 9,28f.) geschah nicht durch das öffentliche Wunder, sondern im Anschluß daran, getrennt von der Öffentlichkeit: *κατ' ἰδίαν* fragen die Jünger nach der Technik des Exorzismus. Auffällig ist dabei, daß als exorzistisches Mittel das Gebet empfohlen wird, das in der vorhergehenden Wundergeschichte gar nicht begegnet. Die wichtigsten wunderwirkenden Praktiken, das Gebet (Mk 9,28 11,23f. vgl. Jak 5,15 Apg 9,40) und der Name Jesu (Mk 9,39 Mt 7,22 Lk 10,17 Apg 3,6 u. ö.), fehlen in den Wundergeschichten. Bei einer Identität von Wundertätern

67. *É. Trocmé*, Formation, 37–44. Auch *M. Dibelius*, FE, 74 betont den weltlichen Charakter der Novellen.
68. Vgl. *M. Dibelius*, FE, 80ff.

und Wundererzählern würde man eine größere Angleichung der Wunderpraktiken Jesu an die Techniken urchristlicher Wundertäter erwarten.

Zu diesen (analytisch vorgehenden) Argumenten kommt, daß die konstruktive Auswertung direkter Notizen über die Verbreitung von Wundererzählungen ebenfalls gegen eine Identität von Wundertätern und Wundererzählern spricht: Nirgendwo erzählen die Wundertäter ihre Wundertaten. Immer erscheinen andere Menschen als Verbreiter der neuen „Nachrichten". Wenn es nach der Auferweckung der Tabitha durch Petrus heißt: „Und es wurde bekannt in ganz Joppe" (Apg 9,42), so ist vorausgesetzt, daß sich alle möglichen Leute das Wunder erzählten. Wundertäter erzählen keine Wunder, sie vollbringen sie. Die Propaganda überlassen sie anderen. Das wird in der apokryphen Abgarsage sehr schön deutlich; Abgar schreibt dort an Jesus:

„Ich habe von dir und deinen Heilungen gehört, daß sie nämlich ohne Arzneimittel und Kräuter von dir vollbracht werden. Denn wie die Rede geht, machst du Blinde sehend, Lahme gehend und reinigst Aussätzige und treibst unreine Geister und Dämonen aus und heilst die von langer Krankheit Gepeinigten und weckst Tote auf. Und als ich dieses alles über dich hörte, erwog ich, daß du entweder Gott selber und vom Himmel herabgekommen bist, um es zu tun, oder Gottes Sohn bist, wenn du es tust. Deshalb schreibe ich ..." (Eus. hist. eccl. I,13,6–7).

Die missionarische Intention der Erzählungen von Jesu Wundertaten ist deutlich. Auf sie hin glaubt Abgar. Es wird nicht gesagt, von wem er sie gehört hat. Aber es ist kaum an missionarische Charismatiker gedacht. Denn mit diesen wird Abgar erst später konfrontiert. Nach der Himmelfahrt wird ihm der Apostel Thaddäus gesandt. Dieser vollbringt Heilungen:

„Und es staunte Abgar, daß er so, wie er über Jesus gehört hatte, so auch in Werken erfuhr durch seinen Jünger Thaddäus, der ihn ohne Arzneimittel und Kräuter heilte, und nicht ihn allein, sondern Abdus, den Sohn des Abdus, der Podagra hatte. Der kam gleichfalls, fiel ihm zu Füßen und wurde durch Gebete mit Handauflegung geheilt. Und viele andere ihrer Mitbürger heilte er ebenso, indem er wunderbare Großtaten verrichtete und das Wort Gottes verkündete" (Eus. hist. eccl. I,13,18).

Es ist zwar möglich, daß Wundererzählungen zur Verkündigung von Wundercharismatikern gehörten. Aber die Erzählungen gingen ihnen offensichtlich voran. Sie sind zwar missionarisch, aber gehören ins Vorfeld der Mission; bereiten den Auftritt urchristlicher Wander- und Wundercharismatiker vor. Vergleichbar wären ihnen heute die Plakate und Traktätchen, mit denen sich eine Evangelisationsveranstaltung ankündigt. Natürlich steht auf den Plakaten das, was nachher auch in den Veranstaltungen thematisiert wird. Aber Mission und Werbung für die Mission lassen sich durchaus unterscheiden. Die Werbung für die urchristliche Mission wurde von Christen getragen, die selbst gar nicht Missionare waren. Vielleicht waren sie hin und wieder nur Sympathisanten des Christentums[69]. Wundergeschichten wurden vor und nach dem Auftritt urchristlicher Missionare erzählt. Sie schufen jenes Klima hochgespannter Erwartungen, ohne das sich Wundercharisma nicht hätte entfalten können.

Unsere religions- und literatursoziologischen Analysen zum antiken und urchristlichen Wunderglauben seien kurz zusammengefaßt: Während Heil- und Orakelstätten für die Aufrechterhaltung der gültigen Ordnung und Lebensform sorgen, Zauber und Magie dagegen eine individualistische Reaktion auf wachsende soziale Desintegration darstellen, erhebt im charismatischen Wunderglauben eine neue Lebensform ihren Anspruch. Dieser Prozeß ist einerseits sozial bedingt, andererseits von sozialen Intentionen getragen. Intentional wollen die urchristlichen Wundergeschichten von einer Offenbarung Gottes zeugen, die nach der ganzen Welt greift und alle Menschen zur Anerkennung dieser Offenbarung bringen will. Gleichzeitig sind sie aber von der Problematik unterer Schichten bedingt. Zwischen Intention und Bedingtheit herrscht ein hermeneutischer Konflikt. Eine funktionale Analyse kann diesen Konflikt nicht lösen, ihn jedoch überschreiten: Bestimmen wir Wundergeschichten als kollektive symbolische Handlungen, in denen eine neue Lebensform erschlossen wird, so transzendiert diese Funktion sowohl die sozialen Bedingungen, unter denen der urchristliche Wunderglaube geprägt wurde als auch die Intention, die er sich selbst zuschreibt.

69. *M. Dibelius,* FE, 66ff. nahm für die Novellen „Erzähler“ an, die er von den Predigern, den Trägern der Paradigmen, unterschied. Er hat m. E. richtig gesehen, daß Wort- und Erzählüberlieferung wahrscheinlich unter verschiedenen sozialen Voraussetzungen tradiert wurden.

II. Die religionsgeschichtliche Funktion urchristlicher Wundergeschichten

Wenn wir urchristliche Wundergeschichten als symbolische Handlungen verstehen, in denen eine neue Lebensform erschlossen wird, so gewinnt unsere Analyse einen historischen Aspekt. Denn nun wird nicht mehr ihre Funktion in einer relativ statisch vorgestellten Gesellschaftsstruktur untersucht, sondern ihre Bedeutung für einen historischen Wandlungsprozeß, der die antike Gesellschaft und ihre Kultur tiefgehend umstrukturierte. Dieser Wandel ist im folgenden religionsgeschichtlich zu untersuchen. Zu fragen ist: Welche Stellung haben Wunderglaube und -geschichten in diesem Wandlungsprozeß? Inwiefern führen sie ältere Entwicklungen fort, inwiefern liegt wirklich etwas Neues vor? Dabei tut sich eine neue Dimension des hermeneutischen Konflikts auf: Ihrem Selbstverständnis nach sind urchristliche Wundergeschichten durch ein unvergleichliches Geschehen hervorgerufen, religionsgeschichtliche Forschung stellt sie jedoch in Analogien und Entwicklungszusammenhänge hinein, die dies Selbstverständnis relativieren.

A. Religionsgeschichtliche Bedingungen urchristlicher Wundergeschichten

Urchristliche Wundergeschichten sind zweifellos zeitbedingt. Aber es kommt hier alles darauf an, was unter „Zeit" verstanden wird. Man kann die Zeit des 1. Jahrhunderts n.Ch. oder die ganze Antike meinen, die hellenistische oder die römische Zeit. Hier wird viel zu wenig differenziert. Etwa dann, wenn der „wild wuchernde Dschungel antiker Mirakelgläubigkeit" beschworen wird[1] oder festzustehen scheint, daß in der Antike „Wundertäter eine gewöhnliche Erscheinung" und „Wundergeschichten der antiken Welt überhaupt ganz vertraut" waren[2]. Derartige Feststellungen sind in dieser weiten Fassung problematisch: Die griechisch-römische Antike umfaßt ein ganzes Jahrtausend. Und innerhalb dieser Zeit hat es zweifellos eine Geschichte des Wunderglaubens gegeben. Es gab einen Wandel in Gestalt und Intensität des Wunderglaubens[3]. Dieser Gestaltwandel soll wenigstens kurz skizziert werden, um die

1. *G. Klein:* Wunderglaube und Neues Testament, in: Ärgernisse, 1970, 13–57, Zitat: S. 28.
2. *W. Schmithals:* Wunder und Glaube, 1970, 9.
3. *R. M. Grant,* Miracles and Natural Law, 41, nimmt ein zyklisches An- und Abschwellen des antiken Wunderglaubens an: „The credulity of the Greeks and Romans has often been exaggerated in modern times, and we shall see that credulity not only varies from person to person and from group to group, but also has a cyclical history of its own like the fever chart of a sick man". Attische Aufklärung und Hellenismus

Stellung urchristlichen Wunderglaubens in der religionsgeschichtlichen Entwicklung der Antike deutlich zu machen. Es lassen sich dabei drei Perioden unterscheiden: die archaische und klassische Zeit (bis ca. 300), die hellenistische Zeit (bis ca. Christi Geburt) und die Spätantike, die durch die Krise des 3. Jahrhunderts in zwei Perioden aufgegliedert wird. Der Wunderglaube hat in jeder Zeit ein eigentümliches Profil.

Relativ deutlich können wir zwischen den *θεῖοι ἄνδρες* der archaischen und klassischen Zeit und den Gottmenschen des Hellenismus unterscheiden: Die ältesten *θεῖοι ἄνδρες* stehen dem ekstatischen Schamanentum nahe (vergleichbar sind in Palästina die Wunderpropheten Elia und Elisa)[4]. Einige sind für uns kaum noch greifbar: Melampas und Abaris, Epimenides (7. Jahrhundert v.) und Aristeas (6. Jahrhundert v.): Diese Wundermänner und Sühnepriester schicken ihre Seele auf Wanderungen, vollbringen Heilungen und treten als Seher auf. Geschichtliche Bedeutung erhalten sie im Pythagoräismus. Pythagoras (6. Jahrhundert v.) und Empedokles (5. Jahrhundert v.) setzen diesen Typos fort. Sie vertreten eine philosophisch-religiöse Heils- und Sühnelehre und wollen den Menschen aus einem Unheilszustand befreien. Von beiden werden Wunder überliefert. Pythagoras[5] verfügt über wunderbares Wissen (zum Beispiel über die präexistente Seinsweise seiner selbst und anderer), er hat Macht über die Tiere, beherrscht Wind und Wellen, kann sich in einem Augenblick über weite Strecken bewegen, vertreibt eine Epidemie, heilt durch Musik und Gesang. Zu Empedokles strömen hilfesuchende Menschen. Er heilt und soll sogar Tote auferweckt haben. Sich selbst hielt er für einen göttergleichen Menschen. So wenig wie bei Jesus sind die Wunder hier isoliert zu sehen. Sie stehen im Zusammenhang mit einem neuen Heilsverständnis: Die Überlegenheit der Seele über das Körperliche erweist sich in ihrer wunderbaren Macht. Den Übergang zum hellenistischen Typos des *θεῖος ἀνήρ* bildet der Arzt Menekrates aus Syrakus (zweite Hälfte des 4. Jahrhunderts v. Chr.)[6], der sich für

sind danach die am wenigsten abergläubischen Zeitalter. Dazwischen und danach steigt die Wundergläubigkeit. *M. P. Nilsson:* Griechischer Glaube, 1950, 210, sieht dagegen einen großen Wandel „vom Rationalismus zum Mystizismus, von den klaren logischen Linien des griechischen Denkens zum Glauben an das Wunderbare, Übernatürliche, Unfaßbare".

4. Vgl. *M. P. Nilsson,* Geschichte I, 582–587. *W. Burkert:* ΓΟΗΣ. Zum griechischen ‚Schamanismus', RhM 102 (1962) 36–55. *M. Hengel,* Nachfolge, 28.
5. Die Wunder des Pythagoras finden sich Iambl. vita Pyth. 60–67. 134–136. 140–144; Porphyr. vita Pyth. 23–31. Zu den Quellen vgl. *I. Lévy*: Recherches sur les sources de la légende de Pythagore 1926; ders.: La légende de Pythagore de Grèce en Palestine 1927, wo Lévy zweifellos den Einfluß der Pythagoraslegende auf Judentum und Christentum überschätzt. Vgl. dazu *M. J. Lagrange:* Les légendes pythagoriciennes et l'évangile, RB 45 (1936) 481ff., 46 (1937) 5ff.
6. Vgl. *O. Weinreich:* Menekrates Zeus und Salmoneus, 1933. *M. P. Nilsson,* Geschichte II, 131.

Zeus hielt, Epileptiker heilte und sie zu Jüngern machte. Das Gottesbewußtsein ist bei ihm aufs äußerste gesteigert. Mag es sich auch um einen pathologischen Fall handeln, so ist doch charakteristisch, daß sein „Übermenschentum“ Nachfolger findet – und zwar bei Politikern und Feldherrn: Nikostratos aus Argos, sein Jünger, zieht als Herakles in den Kampf; der Tyrann Nikagoras tritt als Hermes auf usw.[7]. Aus dem wundertätigen „Gottmenschen“ wird der geschichtlich wirkende Übermensch. Als „göttlich“ gelten nun Könige und Söldnerführer. Als „göttlich“ gilt im Grunde jeder, der durch übermenschliche Gaben numinosen Glanz ausstrahlt: der Staatsmann, Dichter, Philosoph, Athlet und Arzt[8]. Der einzige Wundercharismatiker dieser Zeit, der Sklavenkönig Eunus, läßt sich von vergleichbaren Wundertätern anderer Zeiten klar unterscheiden: Er wirkt politisch und militärisch. Er versteht sich als hellenistischer Monarch; in vielen Zügen seiner Regierung ist das seleukidische Vorbild noch erkennbar. Wir haben ihn oben mit den messianischen Wunderpropheten des 1. Jahrhunderts n. Ch. zusammengestellt. Hier müssen wir die Unterschiede betonen: Eunus legitimiert seinen politischen Anspruch durch „Wunder“, aber diesen politischen Anspruch setzt er mit realistischen Mitteln durch. Er wartet nicht auf das Eingreifen der Götter, er kämpft. Er prophezeiht nicht Wunder. Er steht insgesamt den Makkabäern näher als den primär religiös ausgerichteten Wunderpropheten des 1. Jahrhunderts n. Ch. Die hellenistischen „Gottmenschen“ sind gelebter Euhemerismus: Über menschlich Außergewöhnliches legt sich göttlicher Glanz.
Gleichzeitig vollzieht sich ein Gestaltwandel auf dem Gebiet der Mantik. Die in klassischer Zeit mächtigen Orakel büßen ihren (politischen) Einfluß ein[9]. Plutarch, selbst Apollopriester in Delphi, beklagt am Ende der hellenistischen Zeit ihren Zerfall (de def. orac.): Ursprünglich taten in Delphi zwei Pythien Dienst und eine dritte stand zum Ersatz bereit. Im 1. Jahrhundert n. Ch. genügt eine. Dieser Rückgang der Orakelstätten hängt mit dem Aufkommen einer

7. Vgl. *M. P. Nilsson*, Geschichte II, 131. *H. Bengtson*: Griechen und Perser, 1965, 260: „Erscheinungen wie Klearchos und Menekrates machen die Begründung des hellenistischen Gottkönigtums durch Alexander und die hellenistischen Fürsten verständlich.“

8. Vgl. *H. Windisch*: Paulus und Christus, 1934, 25–59. Mit dem beliebten Hinweis auf einen allgemein verbreiteten Typos des ϑεῖος ἀνήρ kann man den Wundertäter Jesus nicht relativieren. Wohl kann man einen Wundercharismatiker ϑεῖος ἀνήρ nennen. Aber nicht jeder ϑεῖος ἀνήρ ist darum ein Wundertäter. Auch werden allzu verschiedene Personen diesem Typos zugerechnet: Plato und Eunus, Hannibal und Jesus, Augustus und Antonius. Vgl. den Überblick bei *M. Smith*, Prologomena, 174–199. Die klassische Arbeit über den „göttlichen Menschen“ von *L. Bieler* differenziert historisch allzu wenig.

9. Vgl. dazu *M. P. Nilsson*, Geschichte II, 97ff. 447ff.

mit der wissenschaftlichen Astronomie aufblühenden mantischen Kunst zusammen: der Astrologie [10], deren Faszination gerade in ihrer „Wissenschaftlichkeit“ liegt. An Stelle des Amtscharismas von Orakelstätten tritt zunehmend die methodisch getriebene „Zukunftsforschung“. Wie im Bereich der Traditionen des „Gottmenschen“ der geschichtlich wirkende Mensch in den Vordergrund tritt, so im mantischen Bereich der methodisch vorgehende „Forscher“. Auch die jüdische Apokalyptik ist in diesem Punkte von ihrer Zeit geprägt: An die Stelle charismatischer Prophetie tritt eine höhere Weisheit und Gelehrsamkeit[11].

Einen vergleichbaren Wandel gibt es auf dem Gebiet der Zauberei. Natürlich hat es immer Zauberei gegeben. Platos Gesetze (932e–933e) und die attischen Fluchtafeln aus dem 5./4. Jahrhundert v. bezeugen ihre Existenz im klassischen Griechenland. Das alles lebte im Hellenismus fort. Neu ist die wissenschaftliche Durchdringung dieser Zauberpraktiken. Sie werden durch eine vorwissenschaftliche Kraftphysik systematisiert und spekulativ begründet[12]. Bolos von Mendes (ca. 200 v.) schreibt *περὶ συμπαθειων καὶ ἀντιπαθειῶν* und untersucht die „Kräfte“ verschiedener Dinge, Tiere, Pflanzen und Steine. Volkstümlicher Zauber konnte durch diese Sympathielehre einen „physikalischen“ Anstrich erhalten. Auch hier verband sich irrationaler Wunderglaube mit rationalen Elementen.

Eine derartige Verbindung ist immer zugleich Individualisierung charismatischer und institutionell gebundener Formen außergewöhnlicher Daseinsbewältigung: Was quasi-methodisch erreichbar ist, ist grundsätzlich jedem zugänglich. Diese Wende zum Individualismus finden wir auch in den Heilkulten, obwohl diese zu den konstantesten Phänomenen der Religionsgeschichte gehören. Archäologische Funde bestätigen ihre Existenz für das 2. Jahrtausend v. Chr.; Lourdes demonstriert ihre Vitalität in der Gegenwart. In der hellenistischen Zeit aber treten die Heilgötter stärker hervor. Die epidaurischen Inschriften stammen aus der zweiten Hälfte des 4. Jahrhunderts v. Dankinschriften sind hier geschickt zu einer Selbstdarstellung des Heilkultes verarbeitet worden. Darin zeigt sich ein erhöhtes Selbstbewußtsein. Charakteristisch ist, daß Ptolemaios I. am Anfang des 3. Jahrhunderts v. Chr. Griechen und Ägypter im Kulte des Sarapis vereinen will und zu diesem Zweck einen ausgesprochenen Heilgott wählt[13], dessen Zentralheiligtum in Kanopos in der ganzen hellenistischen Zeit blüht. Im ptolemäischen Einflußbereich in der Ägäis werden bald Filialen

10. Zur Entstehung der Astrologie und besonders zum Anteil griechischer Rationalität an ihr vgl. *M. P. Nilsson,* Geschichte II, 256–267.
11. Vgl. *H. Hengel:* Judentum und Hellenismus, 1969, 319–394.
12. Vgl. *M. P. Nilsson,* Geschichte II, 512ff.
13. Vgl. *M. P. Nilsson,* Geschichte II, 147ff.

gegründet (zum Beispiel in Delos)[14]. Das Hervortreten von Asklepios und Sarapis hängt zweifellos mit den individualistischen Strömungen der Zeit zusammen. Die alten Götter waren allzusehr zu Selbstdarstellungen von Staaten und Städten geworden. Sie standen den Bedürfnissen des einzelnen fern. Obwohl die Epikuräer die religiösen Heilkulte kritisierten, verband beide, Epikuräer wie Asklepiosanhänger, der individualistische Zug der hellenistischen Zeit.
Möglicherweise war diese Zeit die am wenigsten abergläubische Zeit des Altertums[15], auch wenn wir mit einer im Verborgenen weiterexistierenden Unterströmung gewöhnlichen Wunder- und Aberglaubens rechnen müssen. Auf jeden Fall vollzieht sich mit der beginnenden Spätantike ein Wandel: Volkstümlicher Wunder- und Aberglaube tritt erneut hervor. Wurde im Hellenismus der Wunderglaube mit rationalen Elementen durchdrungen, so kehrt sich dies Verhältnis nun um: „Wissenschaftliche" Astrologie und Kraftphysik machen allen möglichen Wunderglauben auch in gebildeten Kreisen hoffähig, die neuen Spekulationen werden andererseits popularisiert. Ein zunehmender Irrationalismus überflutet die römisch-griechische Kultur[16].
Wir skizzieren diese Wende zunächst im Bereich religiöser Heilkulte. Trotz aller religionsgeschichtlichen Kontinuität lassen sich hier an vier Punkten neue Akzente feststellen:

1. Literarisch tritt ein Formenwandel ein. Die epidaurischen Inschriften sind knapp und volkstümlich. Die Zeugnisse der Kaiserzeit werden zunehmend ausführlich. Der Heilbericht wird literarisch. Umständlich werden in der Apellas-Stele (SIG^3 1170 = R. Herzog W 79) die verschiedenen Kuren aufgezählt. Literarischen Charakter hat die Imhotep-Aretalogie (PapOx XI,1381) und das in den „Heiligen Reden" des Aristeides verarbeitete Krankentagebuch (or. 47–52).
2. Dieser Formenwandel ist ein Symptom dafür, daß zunehmend gebildete Menschen Anhänger des Asklepioskultes werden. Die Anordnung des Claudius, die im römischen Asklepieion ausgesetzten Sklaven nach ihrer Heilung freizulassen, zeigt die soziologische Zusammensetzung der Heilkulte in der frühen Kaiserzeit. Ihr entsprechen die schlichten römischen Inschriften ($SIG^3$1173). Dies ändert sich: „Sind es in dieser Epoche wohl hauptsächlich Leute aus dem niederen Volk, die ihm (sc. dem Asklepios) anhängen, so ändert

14. Vgl. *O. Weinreich:* Neue Urkunden zur Sarapis-Religion, 1919. *M. P. Nilsson,* Geschichte II, 115ff.
15. So *R. M. Grant,* Miracles and Natural Law, 41.
16. Vgl. *R. M. Grant:* Miracles and Mythology, ZRGG 3 (1951) 124f.: „Nevertheless we can, I think, distinguish between the Hellenistic age and the period of the Roman empire. In the earlier period there was considerable scientific progress, some diffusion of the results of science, and widespread belief in relatively scientific explanations of the working of the universe. In the first century B. C. the tide begins to turn, and we find much greater emphasis on irrational and religious factors more than on divine law as expressed in nature." Er spricht von „the changing attitude toward miracles" (ebd. S. 125).

sich das im Verlauf der ersten Jahrhunderte unserer Zeitrechnung bald, und gerade die Kreise der Gebildetsten und geistig Bedeutendsten wenden sich Asklepios zu"[17]. Die berühmtesten heidnischen Rhetoren der Spätantike, Aelios Aristeides (2. Jahrhundert n.) und Libanios (4. Jahrhundert n.), waren Anhänger des Asklepios.

3. Mit dem formgeschichtlichen und soziologischen Wandel geht Hand in Hand eine Wandlung der religiösen Einstellung. Der Asklepioskult wird zunehmend von einer mystischen Frömmigkeit durchdrungen. Aelios Aristeides beschreibt sein Verhältnis zu Asklepios mit den Begriffen der Mysterienreligionen[18]. Den Empfang einer therapeutischen Anweisung beschreibt er mit folgenden Worten: „Die Offenbarung war unzweifelhaft, wie man ja auch in tausend anderen Fällen die Erscheinung des Gottes mit voller Gewißheit fühlte. Man hatte die Empfindung seiner Berührung und spürte sein Kommen in einem Zwischenzustand zwischen Schlaf und Wachen ... Welcher Mensch könnte diesen Zustand mit Worten schildern? Wer zu den Eingeweihten gehört, weiß davon und erkennt ihn wieder" (or. 48,32). Aristeides vertritt ein pietistisch gewordenes Heidentum[19]. Es ist verständlich, daß der so verehrte Asklepios zum Konkurrenten Christi werden konnte. Der religiösen Angleichung an die Mysterienreligionen entsprach eine institutionelle Verbindung zwischen epidaurischem Heilkult und eleusinischen Mysterien im 3./4. Jahrhundert: aus dieser Zeit sind einige Priester des Asklepios bezeugt, die gleichzeitig Ämter in Eleusis inne hatten[20].

4. Zuletzt muß noch ein medizinhistorischer Gesichtspunkt genannt werden: Im klassischen Griechenland und im Hellenismus gab es eine empirische Medizin. Diese Medizinwissenschaft tritt im römischen Kaiserreich zunehmend zurück[21], obwohl es nach wie vor empirisch arbeitende Ärzte gab (zum Beispiel den Skeptiker Sextus Empiricus). Symptomatisch ist jedoch, daß der Arzt Galen seine Ausbildung im Asklepieion in Pergamon erhielt, an dem gleichzeitig Aelios Aristeides Krankheiten und fromme Gefühle kultivierte.

Trotz aller religionsgeschichtlichen Konstanz der Heilkulte ist auch hier ein Wandel festzustellen. Sie blühen in der Kaiserzeit erneut auf und erhalten wachsende religiöse Bedeutung.

Unverkennbar ist der Wandel der Zeiten auch auf dem Gebiet der Mantik. Einige Orakelstätten erleben einen neuen Aufschwung (besonders in Kleinasien). Das Orakel von Kolophon scheint schon erloschen gewesen zu sein, im 2./3. Jahr-

17. *O. Weinreich*, AH, 31.
18. Vgl. *M. P. Nilsson*, Geschichte II, 539. Zu Asklepios in der Spätantike vgl. *F. J. Dölger:* Der Heiland 1950, 241–272. *H. Lietzmann:* Geschichte der alten Kirche II, 3. Aufl., 1961, 14f.
19. Zu diesem bei Aelios Aristeides hervortretenden Wandel der Frömmigkeit vgl. *C. Bonner:* Some Phases of Religious Feeling in Later Paganism, HThR 30 (1937) 119–140.
20. Vgl. *M. P. Nilsson*, Geschichte II, 321.
21. Ich gebe nur zwei Urteile wieder. *H. Sigerist:* Die historische Betrachtung der Medizin, in: Archiv f. Gesch. d. Medizin 13 (1926) 1–19, spricht von einer „Zeit der Dekadenz": „Eine äußerst bezeichnende Erscheinung ist ..., daß in dieser letzten Periode die religiöse Medizin laut in den Vordergrund tritt" (S. 18). *E. Stemplinger*, Volksmedizin, 2: „Seit dem römischen Kaisertum überwucherte die Volksmedizin die ärztliche Wissenschaft völlig."

hundert n. wird es noch einmal berühmt[22]. Aufschlußreich ist ferner der Erfolg des „Lügenpropheten“ Alexander von Abonuteichos im 2. Jahrhundert n., der in seiner Heimatstadt einen einträglichen Orakelbetrieb eröffnet[23]. Nach Schätzungen seines Feindes Lukian (Alex. 23f.) soll er jährlich 70 000 bis 80 000 Drachmen verdient haben. Dabei mußten die Orakelstätten mit anderen mantischen Praktiken konkurrieren. Erst jetzt wird die Astrologie populär, was sich ausnahmsweise einmal genau datieren läßt; denn die Popularisierung der Astrologie wurde erst mit der Einführung des julianischen Kalenders 46 v. Chr. möglich, weil nun auch Laien die astrologischen Berechnungen durchführen konnten[24].

Daß das Zauberwesen zunimmt, paßt ins gesamte Bild. Schon gegen Ende der römischen Republik tritt der pythagoräische Traditionen fortsetzende Kreis um Nigidius Figulus (in der Umgebung Ciceros) hervor[25], Zeichen einer allgemeinen Zunahme des Zauberglaubens – nicht nur in den oberen Schichten: Denn einfache Amulette, die von Leuten unterer Schichten stammen müssen, nehmen gerade mit dem 1. Jahrhundert n. Ch. auffällig zu. *C. Bonner* spricht in seinem Überblick von einem „marked change“[26].

Am besten ist der Wandel der Zeit jedoch bei den charismatischen Wundertätern zu beobachten. Der letzte Vertreter dieses Typs, Menekrates, lebte im 4. Jahrhundert v. Ch. Sieht man von König „Eunus“ ab, der einem hellenistischen Söldnerführer näher steht als religiösen Wundertätern, so hören wir 300 Jahre lang nichts von Wundercharismatikern. Gewiß können unsere Quellen lückenhaft sein. Aber selbst wenn wir postulieren, daß mehr Wundercharismatiker aufgetreten sind als uns bekannt ist, so können sie doch kaum größere Resonanz gefunden haben. Das wird im 1. Jahrhundert n. Ch. anders: Besonders im Osten des römischen Reiches finden wir nun Wundercharismatiker: Apollonius v. Tyana stammt aus dem östlichen Kleinasien, Jarbas ist ein indischer Weiser, den er auf seinen Reisen trifft (VA III,39). Plutarch erzählt von einem Wundermann am Roten Meer, der fast ohne Nahrung existierte, mit Nymphen und Dämonen zusammen lebte und die Gabe der Prophetie besaß (Mor V, 421 Aff.). Von geschichtlicher Bedeutung ist allein Apollonius von Tyana[27], Er-

22. Vgl. *M. P. Nilsson*, Geschichte II, 455ff.
23. Vgl. *M. P. Nilsson*, Geschichte II, 452ff.
24. So *M. P. Nilsson*, Geschichte II, 465ff.
25. Vgl. *M. P. Nilsson*, Geschichte II, 235, 400.
26. *C. Bonner*, Studies in Magical Amulets, 6.
27. Aus der umfangreichen Literatur nenne ich nur zwei neuere Arbeiten: *G. Petzke:* Die Traditionen über Apollonius von Tyana und das Neue Testament, 1970. Für die Wundergeschichten und formgeschichtliche Fragen sowie die religionsgeschichtliche Einordnung des Apollonius ist besonders *D. Esser:* Formgeschichtliche Studien, 1969, bes. S. 35–111 aufschlußreich.

neuerer des Pythagoräismus, ein religiöser Reformer, der für einen monotheistischen Glauben, unblutige Opfer und eine asketische Lebensführung eintrat. Wenn er dabei über vier Jahrhunderte hinweg auf Pythagoras zurückgreift, so entspricht diesem Selbstverständnis der religionsgeschichtliche Sachverhalt: Eine Verbindung von Wundercharisma und Heilslehre hatte in den vergangenen 400 Jahren kein Vorbild. Etwa gleichzeitig mit ihm wirkt Simon Magus in Samarien. Wir wissen nichts Zuverlässiges über seine Gedankenwelt. Aber wenn die Kirchenväter ihn an die Spitze aller Gnostiker stellen und spätere Gnostiker sich auf ihn berufen, so deutet das darauf hin, daß er gewiß mehr als ein „Zauberer" war, als der er in manchen christlichen Schriften angesehen wurde (vgl. Apg 8).

Im palästinensischen Raum treten zu dieser Zeit neben Jesus verschiedene Wundercharismatiker auf. Die messianischen Propheten verheißen eine Wiederkehr der großen Wunder israelitischer Frühzeit. Wunderrabbiner unterstreichen ihre Lehre durch Wundertaten: Der Rabbi Hanina ben Dosa (ca. 70–100 n. Ch.) vollzieht Heilungen und erweist sich gegen Schlangenbiß als immun. Rabbi Eliezer ben Hyrkanos (ca. 90–130 n. Ch.) untermauert seine Lehrentscheidung mit Wundern: Er läßt einen Johannisbrotbaum sich entwurzeln und wieder einwurzeln. Der Wundercharismatiker Jesus tritt zu einer Zeit auf, wo in Palästina Wundertäter verschiedener Art in erhöhtem Maße begegnen. Dabei muß man jedoch verschiedene Phänomene sorgfältig unterscheiden.

1. Literarische Rückgriffe auf die Wundertäter der israelitischen Vergangenheit sind vom Auftreten neuer Wundertäter zu unterscheiden. Vor allem das hellenistische Judentum stellte diese klassischen Wundertäter Israels als „Gottmenschen" dar: Artapanus läßt den Mose ein Türöffnungswunder vollbringen (Eus. praep. ev. IX,27)[28], Philo schildert ihn in seiner vita des Mose als einen mit göttlicher Kraft begnadeten Propheten, der in seinen Wundertaten seine göttliche Macht unter Beweis stellt[29]. Die sehr viel allgemeinere θεῖος ἀνήρ Vorstellung der Antike (θεῖος war alles, was übermenschlichen, göttlichen Glanz ausstrahlte) wird hier wieder fest mit Wundertaten verbunden, nicht weil solche Wundertaten für diese Vorstellung konstitutiv sind, sondern weil sie in der interpretierten israelitischen Tradition reichlich vorkamen. Zweifellos gehört dieser Rückgriff auf vergangene Zeiten zum Gestaltwandel des Wunderglaubens um die Zeitenwende: Apollonius greift auf Pythagoras zurück, die messianischen Propheten auf Mose und Josua. Man darf aus dem Interesse des hellenistischen Judentums an den vergangenen Wundermännern jedoch nicht ohne weiteres das Auftreten vergleichbarer Gestalten in der Gegenwart des hellenistischen Judentums folgern.

2. Vom Wundercharisma sind ferner exorzistische und therapeutische Traditionen zu unterscheiden. Diese Traditionen stehen der Volksmedizin nahe. Sie werden zwar auf große Charismatiker der Vergangenheit zurückgeführt; Salomo gilt als großer Exorzist (Jos. ant. Iud. VII 2,5; TestSal); in Qumran weiß man von Abraham und Daniel exor-

28. Vgl. *O. Weinreich*, Türöffnung, 298ff. *L. Bieler*, Theios Aner II,30ff.
29. *L. Bieler*, Theios Aner II, 34–35. Ausführlich *D. Georgi*, Gegner, 145ff.

zistische Tätigkeiten zu berichten (Genesis Apokryphon XX, 16–32; Gebet Nabonids). Aber daraus kann man nicht auf charismatische Exorzisten schließen, sondern nur auf exorzistische Praktiken[30], die man deshalb auf die großen Charismatiker der Vergangenheit zurückführt, weil in der Gegenwart das Charisma fehlt. Daß in den großen Qumranschriften keine Exorzisten erwähnt werden, zeigt wie gering ihre religiöse Bedeutung war. Hier handelt es sich um „schulmäßige" Überlieferung. Josephus berichtet (bell. Iud., 8,6), daß die Essener Kranke geheilt und zu diesem Zweck alte Bücher studiert hätten. Jub 10,12f. bestätigt die Existenz solcher Bücher: Noah soll sie geschrieben haben, nachdem ihn Engel über Arzneien und Wurzeln aufgeklärt haben. Es werden also Bücher studiert, Heilmittel gelehrt. „Schüler" der Pharisäer treiben Dämonen aus (Mt 12,27). Von charismatischen Wundertätern kann man diese Exorzisten und Therapeuten unterscheiden.

3. Bei den jüdischen Wundercharismatikern sind Wunderpropheten und -rabbiner zu unterscheiden. *P. Fiebigs* These, daß zur Zeit Jesu rabbinische Lehrer als Wundertäter galten und „Wundergeschichten etwas Geläufiges waren", hat berechtigten Widerspruch erfahren[31]. *A. Schlatter* ging in seinem Widerspruch so weit, die ältesten Wundertaten von Rabbinen erst auf das Ende des 2. Jahrhunderts n. Ch. zu datieren. Dagegen sprechen die Wundertaten Hanina ben Dosas und Eliezer ben Hyrkanos'. Richtig aber ist seine Feststellung: „Vom Anfang des dritten Jahrhunderts an wachsen die Wundergeschichten beständig sowohl an Zahl als auch an Phantasterei, parallel mit den Erscheinungen, die uns die kirchliche Literatur zeigt."[32] Im babylonischen Judentum gelten in sassanidischer Zeit die Rabbinen als Wundertäter[33]. Dieser Zweig der Wunderüberlieferung ist heute noch lebendig. Ein Typ von jüdischen Witzen thematisiert die „Wunder" der Rabbinen. Während sich die Rabbinen also erst langsam dem Wunderglauben öffneten, gehörte das Wunder schon früh zum Propheten: Wunder verheißende Propheten treten vor den wundertätigen Rabbinen im Judentum auf.

Die Zeitenwende ist durch eine allgemeine Intensivierung des Wunderglaubens charakterisiert. Dieser gewinnt eine neue Gestalt. Die Verbindung von rationalen und irrationalen Elementen im hellenistischen Wunderglauben verschiebt sich zugunsten der irrationalen Seite. Der „göttliche Mensch" ist nicht mehr

30. *A. Dupont-Sommer,* Exorcismes, 246ff.
31. *P. Fiebig,* Jüdische Wundergeschichten, 72. Gegen seine These wenden sich unabhängig voneinander *A. Schlatter:* Das Wunder in der Synagoge, 1912. *M. Smith:* Tannaitic Parallels to the Gospel, 1951: Wundergeschichten würden in der tannaitischen Literatur fast völlig fehlen (S. 84). Gegen die Annahme einer besonderen jüdischen Wundergläubigkeit wenden sich noch *L. Blau:* Das altjüdische Zauberwesen, 1898 = 1970, 28; *C. G. Montefiore:* Rabbinic Literature and Gospel Teachings, 2. Aufl., 1970, 247: „I see no adequate evidence that the Jews in the age of Jesus or the Rabbis suffered from Wundersucht, an exaggerated or unseemly desire for miracles and signs."
32. *A. Schlatter,* Das Wunder in der Synagoge, 57.
33. Vgl. zu dieser Entwicklung *J. Neusner:* A History of the Jews in Babylonia, Bd. 3, 102ff., Bd. 4,334ff. Bd. 5, 174ff.

derjenige, der sich durch überdurchschnittliche Wirkungen im geschichtlichen Bereich auszeichnet. Er tut paradoxe Wunder. In seiner ganzen Art steht er den Wundercharismatikern der archaischen Zeit nahe[34]. Oft nimmt er sich bewußt die Frühzeit zum Vorbild. Man könnte von einer Renaissance des Wunderglaubens sprechen. Es ist, als griffe die antike Welt auf vergangene Zeiten zurück, um neuen Impulsen zu folgen. Die Wundercharismatiker des 1. Jahrhunderts n. Ch. signalisieren zweifellos einen beginnenden Wandel der Lebenshaltung. Sie leiten die wichtigsten religionsgeschichtlichen Strömungen der Spätantike ein: Apollonius steht am Anfang des Neupythagoräismus, der im Neuplatonismus weitergeführt wird. Simon Magus wird in gnostischen Kreisen verehrt. Jesus leitet das Christentum ein. Über die historischen Bedingungen dieser Wende zu einem neuen Irrationalismus lassen sich nur Vermutungen anstellen. Die Ausdehnung des römischen Imperiums über die ganze Mittelmeerwelt könnte ein Faktor gewesen sein. *R. M. Grant* vermutet: „Perhaps one factor in the process was the concentration of power at Rome, combined with a decline in individual initiative as the republic gradually developed into the empire."[35] Dazu paßt die oben ausgesprochene Vermutung, daß der Wunderglaube eine Reaktion unterworfener Völker war. Dennoch bleibt das Aufleben des neuen Irrationalismus ein Rätsel. Die frühe römische Kaiserzeit war eine der stabilsten und friedlichsten Epochen Europas. Es wäre kurzsichtig, den neuen Irrationalismus als ein Krisenphänomen zu interpretieren.

Man muß freilich berücksichtigen, daß sich in der relativ friedlichen und stabilen Zeit der ersten zwei Jahrhunderte der um die Zeitenwende neu aufkommende Irrationalismus nicht hat durchsetzen können. Neben ihm gab es weiterhin rationalistische Strömungen: Lukian verspottet in seinen Dialogen den Wunderglauben der Zeitgenossen, Oinomaos von Gadara verhöhnte die Orakel, Sextus Empiricus faßte noch einmal alle Argumente der Skepsis zusammen. Auch dort, wo sich ein gesteigerter Irrationalismus bemerkbar macht – etwa in der Entwicklung Plutarchs[36] –, bleibt er maßvoll, ohne Exzentrik und Fanatismus. Ein entscheidender Wandel vollzog sich erst mit der großen sozialen und politischen Krise des 3. Jahrhunderts n. Ch.[37]. Innerhalb dieses Jahr-

34. *L. Bieler*, Theios Aner I, 3, spricht in diesem Zusammenhang von der „Spätantike, die dem frühen Griechentum in mehr als einer Hinsicht verwandt war". Dieser Eindruck beruht natürlich auch darauf, daß die Zeugnisse über die frühen griechischen Wundermänner zum Teil aus der Spätantike stammen, die „auch den Lebenslauf der alten Weisen nach dem Bilde ihrer eigenen θεῖοι φιλόσοφοι schilderte" (S. 3).
35. *R. M. Grant*, Miracles and Natural Law, 61.
36. Vgl. *M. P. Nilsson*, Geschichte II, 383ff.
37. Zu dieser Krise vgl. *M. Rostovtzeff:* Gesellschaft und Wirtschaft im römischen Kaiserreich, 1931, II, 143ff.: Hier wird sie aus dem Antagonismus Land/Stadt erklärt. *F. Millar:* Das Römische Reich und seine Nachbarn, 1966, 241–249, erwägt verschiedene soziale und politische Faktoren. In einen großen weltgeschichtlichen Zusammen-

hunderts wird die Vielzahl geistiger Strömungen auf Neuplatonismus und Christentum reduziert, beides Strömungen, in denen der neue Irrationalismus bestimmend geworden war. Die Neuplatoniker Prophyrios, Iamblichus und Proklos waren Theurgen. Ihre Philosophie des Zaubers sublimierte den Götterzwang zum mystischen Heilsweg. Dabei ist Porphyrios (3. Jahrhundert n.) noch sehr zurückhaltend: Nach ihm geschieht die wahre mystische Ekstase ohne Theurgie. Im 4. Jahrhundert fallen diese Vorbehalte weg. Philosophie wird vollends zur okkulten Theosophie. Bei allem Mystizismus bleibt jedoch ein spezifisch philosophisches Moment bewahrt: der Gedanke der Selbsterlösung. Mochte die Erlösungssehnsucht in Neuplatonismus und Christentum auch gleich stark sein, in der „Philosophie" geschah sie kraft menschlichen Wissens und Könnens, kraft der Theurgie. Im Christentum blieb dagegen das charismatische Moment des Wunderglaubens bestimmend[38] – und das um so mehr, als alle anderen Formen des Wunderglaubens abgelehnt wurden. Die Entwicklung führte so zu einer geistigen Alternative zwischen neuplatonischer Theurgie und christlicher Wundergnade. Das Christentum hat sich dabei durchgesetzt, hat aber dabei viel vom Neuplatonismus übernommen. Umgekehrt ist die Entwicklung des Neuplatonismus durch den Gegensatz zum Christentum bestimmt worden. Wenn Iamblichus die religionskritischen Gedanken des Prophyrios unterschlägt oder gar widerlegt, so ist das gewiß auch eine Folge jenes Selbstbehauptungskampfes des späten Heidentums gegen das aufkommende Christentum: Es sollen dem Gegner keine Argumente gegen die eigene Position zugespielt werden[39]. Urchristlicher Wunderglaube hat somit eine entscheidende Stellung in der religionsgeschichtlichen Entwicklung der Spätantike. Er steht an der Wende zum „neuen" Irrationalismus jener Zeit. Unsere knappe Skizze dieser Entwicklung möchte das verbreitete Bild eines geschichtslosen antiken Wunderglaubens korrigieren. Was wir hier feststellen können, ist kein wild wuchernder Dschungel antiker Mirakelgläubigkeit, sondern ein geschichtlicher Wandlungsprozeß, in dem sich Gestalten und Profile des Wunderglaubens ablösen. Sieht man es so, so muß man den Beteuerungen entschieden widersprechen, urchristlicher Wunderglaube stelle im Rahmen der damaligen Zeit nichts Ungewöhnliches dar.

hang wird die Krise des 3. Jahrhunderts bei *F. Altheim:* Gesicht vom Abend und Morgen, 1955, gestellt. Vgl. ferner *A. Alföldi:* Studien zur Geschichte der Weltkrise des 3. Jahrhunderts nach Christus, 1967. Zur geistigen Situation des Heidentums in dieser Zeit vgl. *J. Geffcken:* Der Ausgang des griechisch-römischen Heidentums, 1929.

38. Einen Überblick über die Entwicklung bis zur konstantinischen Wende gibt *J. Speigl:* Die Rolle des Wunders im vorkonstantinischen Christentum, ZKTh 92 (1970) 287–312. Vgl. ferner *H. Schlingensiepen:* Die Wunder des Neuen Testaments. Wege und Abwege ihrer Deutung in der alten Kirche bis zur Mitte des fünften Jahrhunderts, 1933.
39. *J. Geffcken,* Ausgang, 103ff.

Ungewöhnlich ist vielmehr die allgemeine Intensivierung und Expansion des Wunderglaubens um die Zeitenwende. Ungewöhnlich ist die Steigerung charismatischen Wunderglaubens im Urchristentum und die Polemik gegen andere Formen antiken Wunderglaubens. Man kann nicht einfach die damalige Zeit für diesen Wunderglauben verantwortlich machen. Man muß auch umgekehrt nach der Verantwortung des Urchristentums für den Wunderglauben der Zeit fragen. Denn der urchristliche Wunderglaube ist einer der Katalysatoren spätantiken Wunderglaubens überhaupt gewesen.

B. Die geschichtliche Intention urchristlicher Wundergeschichten

Ihrem Selbstverständnis nach sind die urchristlichen Wundergeschichten Zeugnisse eines einzigartigen, vergangenen Geschehens. Sie haben eine „historische" Intention[40]. Sie sind sich der Einzigartigkeit der erzählten Wunder bewußt. Die Erzähler wissen: Wo alle Ärzte nicht nur versagen (dies ist ein bekannter Topos), sondern schaden, da heilt Jesus. Eine Singularität der Wunder wird beansprucht, wenn die Menge akklamiert: „So etwas haben wir noch nie gesehen" (Mk 2,12 vgl. Mt. 9,33). Das JohEv betont: „Seit Ewigkeit wurde nicht bekannt, daß irgend jemand die Augen eines Blinden öffnete" (9,32). Es läßt Jesus von seinen Wundern sprechen als von Taten, „die niemand anders tut" (15,24 vgl. 3,2). Die Steigerung der Wunder im Laufe ihrer Überlieferungsgeschichte könnte auch mit diesem Singularitätsbewußtsein zusammenhängen, ebenso Analogie- und Konkurrenzbildungen zu außerchristlichen Wundergeschichten: In Joh 5,1ff. ist die Abhebung von antiken Heilstätten unverkennbar[41]. Joh 2,1ff. will wahrscheinlich andere Weinwunder überbieten[42]. Lk 7,11ff. könnte auf entsprechende antike Wundererzählungen gemünzt sein (VA IV, 45; Apuleius, flor. 19), die Gefangenenbefreiungen der Apg (12,3ff. 16,22ff.) könnten mit ähnlichen Befreiungswundern aus Dionysosüberlieferungen konkurrieren[43]. Um wirklich des Bewußtseins leben zu können, in Sachen Wunder einzig dazustehen, mußte das Urchristentum neue Wundergeschichten erzählen, alte steigern, konkurrierende Erzählungen übertrumpfen. Die eventuell als Konkurrenzbildungen zu verstehenden Wundergeschichten begegnen erst in der jüngeren Überlieferung. Aus all diesen Entwicklungen spricht aber das Bewußt-

40. Das hat *J. Roloff*, Kerygma, 111ff. mit Recht herausgearbeitet, mag man auch in der Einzelargumentation anderer Meinung sein.
41. *K. H. Rengstorf:* Die Anfänge der Auseinandersetzung zwischen Christusglaube und Asklepiosfrömmigkeit, 1953. *A. Duprez:* Jésus et les Dieux Guérisseurs. A Propos de Jean V., 1970, war mir nicht zugänglich.
42. Kritisch dazu *H. Noetzel:* Christus und Dionysos, 1960.
43. *O. Weinreich*, Türöffnung, 309–341.

sein der Einzigartigkeit der Wunder Jesu[44]. Erst rückblickende Betrachtung kann sie innerhalb eines größeren geschichtlichen Zusammenhangs relativieren. Aber diese relativierende Betrachtung widerspricht der geschichtlichen Intention der Wundergeschichten aufs schärfste. Diese wollen von unbedingt gültiger Offenbarung zeugen. Und wenn historische Betrachtungsweise diesen Anspruch auch in keiner Weise legitimieren oder begründen kann, so hat sie ihn doch als eine in den Texten vorhandene Gegebenheit zur Kenntnis zu nehmen. Und noch mehr: Sie kann ihr ein relatives Recht zugestehen. Die urchristlichen Wundergeschichten heben sich aus ihrem geschichtlichen Kontext heraus als etwas Neues, Singuläres und Individuelles. Dies Neue kann ihren Anspruch zwar in keiner Weise decken, aber es macht ihn verständlich. Dies Neue ist zunächst bei Jesus festzustellen und dann im Urchristentum.

1. Die Wundertätigkeit Jesu

Zweifellos hat Jesus Wunder getan, Kranke geheilt und Dämonen ausgetrieben. Die Wundergeschichten geben diese historischen Ereignisse jedoch in einer gesteigerten Gestalt wieder. Diese Steigerung des Historischen und Faktischen beginnt jedoch bei Jesus selbst. Auch für Jesus selbst waren die Wundertaten keine normalen Vorgänge, sondern Momente eines mythischen Dramas: In ihnen realisierte sich die wunderbare Verwandlung der ganzen Welt zur *βασιλεία θεοῦ*. Als apokalyptischer Wundercharismatiker steht Jesus singulär in der Religionsgeschichte[45]. Er verbindet zwei geistige Welten, die vorher nie in dieser Weise verbunden worden sind: die apokalyptische Erwartung universaler Heilszukunft und die episodale Verwirklichung gegenwärtigen Wunderheils. Diese These hat einen religionsgeschichtlichen und sachlichen Aspekt.
Religionsgeschichtlich ist vorausgesetzt, daß vor Jesus keine vergleichbare Verbindung von Apokalyptik und Wundercharisma vorliegt. Natürlich gibt es auch in apokalyptischen Texten und Zusammenhängen Wunder, aber sie haben einen anderen Charakter:

44. Anders *W. Schmithals*, Wunder und Glaube, 13: „Sie beanspruchen weder Originalität noch Einmaligkeit."

45. Das eschatologische Wunderverständnis wird mit Recht meist für ein Proprium der Verkündigung Jesu gehalten. So *R. M. Grant*, Miracles and Natural Law, 172; *R.* und *M. Hengel*, Heilungen, 352; *R. Pesch*, Taten, 151ff.; *H. Baltensweiler:* Wunder und Glaube im NT, ThZ 23 (1967) 241–256; *R. H. Fuller*, Wunder, 46ff. Vgl. ferner *W. Grundmann*, Kraft, 65–68; *A. Oepke*, ThW III, 213; *G. Delling:* Das Verständnis des Wunders im Neuen Testament, in: Studien z. NT und zum hellenist. Judentum, 1970, 146–159; *A. Richardson*, Miracle Stories, 54.

1. Im Danielbuch liegt eine Kombination zweier verschiedener Traditionen vor[46]: Die Legenden von wunderbaren Errettungen im ersten Teil sind nicht apokalyptisch, die Visionen in der zweiten Hälfte enthalten keine in der Gegenwart sich ereignenden Wunder. Diese Kombination von wunderbaren Errettungen und apokalyptischen Visionen ist natürlich als Kombination ernst zu nehmen. Anders als im Urchristentum treten jedoch keine auf Erden wirkenden Wundercharismatiker auf. Subjekt der Wunder ist immer Gott.

2. In Qumran werden Exorzismen vollzogen. Abraham und Daniel gelten als Dämonenaustreiber (Genesis Apokryphon XX, 16–32; Gebet Nabonids). Aber es handelt sich um exorzistische und therapeutische Kunst aufgrund alter Traditionen (vgl. Jos. bell. Iud. II, 8,6; Jub 10,12f.). Es fehlt eine sachliche Verbindung zwischen dem zukünftigen Ende der Welt und den gegenwärtigen Wundern.

3. Schließlich ist noch einmal an die gleichzeitig mit Jesus wirkenden messianischen Propheten zu erinnern[47]. Aber auch hier gibt es keine gegenwärtigen Wunder als anfängliche Realisierungen der zukünftigen Wende. Dazu kommt, daß die zukünftige Wende anders als bei Jesus vorgestellt ist: Die messianischen Propheten erwarten ein von Fremdherrschaft befreites Israel, Jesus und die genuinen Apokalyptiker einen kosmischen Umschwung. Jedoch lassen sich diese beiden (partikularistischen und universalistischen) Strömungen im Judentum viel weniger scharf auseinanderhalten, als häufig angenommen wird.
Es gab also schon vor Jesus verschiedene Verbindungen von apokalyptischen Gedanken mit Wundern. Aber entweder handelt es sich um Wundertaten Gottes, um exorzistische Traditionen oder angekündigte, aber nicht realisierte Wunder. Die Elemente liegen bereit. Sie wurden von Jesus neu verbunden. Nirgendwo sonst finden wir Wundertaten eines irdischen Wundercharismatikers, die Ende der alten Welt und Anfang einer neuen Welt sein sollen.
Die Verbindung von Wundercharisma und Apokalyptik ist jedoch auch ein sachliches Problem. Apokalyptischer Pessimismus, wie er sich in der Annahme eines universalen Unheilszusammenhangs zeigt, und die Hoffnung auf ein durch Wunder hier und da episodal verwirklichtes Heil stehen zueinander in Spannung. Die gegenwärtige Geschichte ist in der Apokalyptik zwar nicht verheißungslos. Die Verheißung ist aber an die Erfüllung göttlichen Willens gebunden, die eine Anwartschaft auf zukünftiges Heil verleiht[48]. Nur weil Apokalyptik und Wunder sich bei Jesus gegenseitig modifizieren, können sie eine innere Verbindung eingehen: Die Zukunftserwartung erhält bei Jesus einen präsentischen Zug, die

46. *O. Plöger:* Theokratie und Eschatologie, 1959, 18ff.
47. *R. M. Grant:* Miracles and Natural Law, 166f., hat hier die Unterschiede zu den Wundern Jesu zu wenig betont.
48. *W. Harnisch:* Verhängnis und Verheißung der Geschichte, 1969.

Wunder werden zu Zeichen universaler Wende[49]. Dies Verständnis der Wunder Jesu begegnet nur in der Logienüberlieferung.

Die präsentisch-eschatologischen Aussagen sind am deutlichsten in dualistischen Sinnkontexten: Der Satan ist vom Himmel gefallen (Lk 10,18), sein Reich zerfällt (Mk 3,24–26), sein Haus wird geplündert (3,27), die Vertreibung der Dämonen ist Anbruch der Gottesherrschaft (Mt 12,28). Das Ende des Negativen ist schon eingetreten, der Unheilszusammenhang der vergehenden Welt ist schon aufgebrochen. Daher fehlen apokalyptische Spekulationen über diesen Unheilszusammenhang, seine Dauer, seine Periodisierung. Die Realisierung des Positiven steht jedoch noch aus.

Ansatzpunkt für eine eschatologische Deutung der Wunder sind ebenfalls die Exorzismen – also Wunder mit ausgesprochen dualistischem, antagonistischem Zug. Alle vier dualistisch-präsentischen Aussagen stehen im Kontext exorzistischer Erfahrung. Weil Jesus Dämonen vertreibt, kann er das Ende als gegenwärtig hereinbrechend verkündigen. Präsentische Eschatologie und eschatologisch gedeutete Wunder gehören eng zusammen. Apokalyptik und Wunder haben sich gegenseitig modifiziert. Weil der negative Unheilszusammenhang schon aufgebrochen ist, kann sich episodales Heil ereignen. Weil sich episodales Heil ereignet, kann die Gegenwart des Endes schon verkündigt werden[50]. Für diese Verbindung von präsentischer und futurischer Eschatologie bieten auch die Qumrantexte keine Analogie.

H. W. Kuhn[51] hat in einer schönen Untersuchung gezeigt, daß sich in Qumran präsentische und futurische Eschatologie verbunden haben: die präsentische aus spiritualisierter kultischer Tradition, die futurische aus apokalyptisch-dualistischer Tradition. Eintritt in den kultischen Heilsraum der Gemeinde bedeutet gegenwärtiges Heil, Erwartung des eschatologischen Kampfes zwischen Gott und Belial zukünftiges Heil. Als Unterschiede zur Eschatologie Jesu seien hervorgehoben:

1. In Qumran stehen beide „Eschatologien" unverbunden nebeneinander. Wo Gott gegen Belial kämpft, fehlt die präsentische Eschatologie. „Umgekehrt verwenden die Gemeindelieder, deren Ineinander von Zukunft und Gegenwart wir untersucht haben, nie den Dualismus von Gott und Teufel."[52] In Mt 12,28 findet man dagegen präsentische Eschatologie und den Dualismus Gott – Satansreich in einem Wort sinnvoll verbunden.

2. Bei Jesus sind gerade die dualistischen Stellen Zeugnisse präsentischer Eschatologie: Die Macht des Satans ist schon gebrochen. Die Tempelthematik gehört dagegen zur futurischen Eschatologie. In Qumran ist es genau umgekehrt.

49. Diesen Zusammenhang hat *R. Otto,* Reich Gottes, 32f. 82f. herausgestellt.
50. Zur Eschatologie Jesu vgl. *W. G. Kümmel:* Verheißung und Erfüllung, 2. Aufl., 1953; *E. Grässer:* Das Problem der Parusieverzögerung in den synoptischen Evangelien und in der Apostelgeschichte, 1957, 3–75; *J. Becker:* Das Heil Gottes, 1964, 197–217; *H. W. Kuhn:* Enderwartung und gegenwärtiges Heil, 1966, 189–204.
51. Enderwartung, bes. 176–188.
52. Enderwartung, 202.

3. Bei Jesus wird das schon eingetretene Ende kosmisch verstanden: Dämonische und satanische Mächte weichen zurück. In Qumran beruht die präsentische Eschatologie auf einem individuellen Akt, dem Eintritt in die Gemeinde.

Die Verbindung von Eschatologie und Wunder ist bei Jesus singulär. Diese Verbindung ist nicht weniger charakteristisch als die von Eschatologie und Weisheitslehre. Jesus versteht seine Wunder selbst als Ereignisse, die auf etwas Nie-Dagewesenes hinzielen. Sie antizipieren eine neue Welt. Sie wollen „allemal schon neuer Himmel, neue Erde im Kleinen sein" (*E. Bloch*)[53]. Die neue Welt ist nicht gekommen. Und dennoch ist ihre Erwartung verständlich: Das urchristliche Wundercharisma leitete in der Tat eine tiefgehende Umstrukturierung der antiken Welt ein. Nicht die kosmische Welt, wohl aber die durch symbolische Handlungen gedeutete Welt wurde revolutioniert.

2. Die urchristlichen Wundergeschichten

Kommt man von der die Wunder thematisierenden Wortüberlieferung zu den Wundergeschichten, so muß das völlige Zurücktreten der eschatologischen Interpretation der Wunder auffallen. Was die Wunder Jesu auszeichnete, ist verschwunden: Der eschatologische Rahmen fehlt. Nur an einer Stelle wird die Vertreibung der Dämonen mit dem Endgericht in Verbindung gebracht: „vor der Zeit" quäle Jesus die Dämonen, das heißt vor ihrer endgültigen Vernichtung im Gericht (Mt 8,29). Nur an dieser sekundären Stelle erscheinen innerhalb ausgeführter Wundererzählungen die Wunder als Zeichen des Eschatons, sonst nie – ein oft übersehener Sachverhalt[54]. Die hier zu beobachtende Entwicklung von Jesus zum Urchristentum umfaßt zwei entgegenlaufende Tendenzen: Einerseits eine Tendenz zur Abschleifung des Charakteristischen, eine „volkstümliche Verschiebung", die wir auch in anderen Traditionen beobachten können. Andererseits eine Tendenz zur Steigerung, zur Überprägnanz der wundertätigen Erscheinung, die das Historische und Faktische weit überschreitet. Die Entwicklung ist ein Zurücktreten profilierter Züge, zugleich aber ein Hervortreten eines neuen Profils. Beide Tendenzen seien kurz beschrieben.
Die „volkstümliche Verschiebung" erfaßt man klarer, wenn vergleichbare Vorgänge herangezogen werden: die Überlieferungen von Paulus in der Apg und von Johannes dem Täufer in Mk 6,17ff. Hier wie dort werden alle exponierten und provokativen Züge dieser eschatologischen Prediger abgeschliffen. Was

53. *E. Bloch:* Prinzip Hoffnung, 1959, 1544.

54. *G. Delling:* Botschaft und Wunder im Wirken Jesu, in: Der historische Jesus und der kerygmatische Christus, 1964, 389–402, gibt zu, daß in den Wundergeschichten von der eschatologischen Bedeutung der Wunder „mit dürren Worten" nicht die Rede ist (401).

ihrem Auftreten Prägnanz und Eindringlichkeit verlieh, klingt nur noch vage nach. Was wüßten wir aus der Apg über die paulinische Rechtfertigungslehre, über ihre grundsätzliche Bedeutung und ihren polemischen Charakter? Nur in Apg 13,38f. begegnet sie, abgemildert zu einer Ergänzung der Gesetzesgerechtigkeit, ihrer provokativen Kraft, der Antithese Nomos/Christus, beraubt. Was wüßten wir über die Eschatologie des Paulus? Sie ist in der Apg „aus dem Zentrum paulinischen Glaubens ans Ende gerückt und ein locus de novissimis geworden"[55]. Durch volkstümliche Verschiebung unkenntlich gemacht, erscheint Johannes der Täufer in Mk 6,17–29. Es fehlt jede Anspielung auf seine Bußpredigt, jeder Hinweis auf das drohende, nahe Gericht. Wir sehen den mutigen Kritiker eines orientalischen Despoten, der recht auffällige Sünden anprangert, nicht aber die Selbstsicherheit der Frommen. Daß von der historischen Wahrheit ebenfalls wenig übriggeblieben ist, zeigt ein Vergleich mit Jos. ant. Iud. 18,116–119, wo die Hinrichtung des Täufers politisch motiviert wird. Liegt nicht eine ähnliche volkstümliche Verschiebung vor, wenn die eschatologische Deutung des Wirkens Jesu in den Wundergeschichten völlig verblaßt ist? Aus den Wundergeschichten ein prägnantes Bild des historischen Jesus rekonstruieren zu wollen, wäre so unsinnig, wie aus Apg 13,38f. die paulinische Rechtfertigung oder aus Mk 6,17ff. die Bußpredigt des Täufers rekonstruieren zu wollen.

Deshalb soll keiner radikalen historischen Skepsis das Wort geredet werden. Selbstverständlich liegt in Apg 13,28f. ein Nachklang der Rechtfertigungslehre vor. Zweifellos steht im Hintergrund von Mk 6,17ff. die Bußpredigt des Täufers. Selbst die Wunder des Paulus in der Apg lassen sich nicht einfach als Wandermotive, übertragene Geschichten und Erfindungen erklären[56]. Denn wir wissen aus den pln. Briefen (wenn auch nur am Rande) von charismatischen Fähigkeiten des Paulus: von Fernwirkungen (1 Kor 5,1ff.)[57], Gesichten (2 Kor 12,1ff.), Wundern (2 Kor 12,12 Röm 15,18f.), Zungenreden (1 Kor 14,18), Rettungen aus Seenot (2 Kor 11,25), Überleben einer Steinigung (2 Kor 11,25),

55. *Ph. Vielhauer:* Zum Paulinismus der Apostelgeschichte, in: Aufsätze, 18ff., Zitat S. 23. Vgl. *H. v. Campenhausen,* Entstehung, 57, der im Verfasser des LkEv den Reisebegleiter des Paulus vermutet. Er gibt zu: „Allerdings klingen die paulinischen Gedanken in lukanischer Wiedergabe alle weniger akzentuiert: Sie haben ihre Abstrusität ebenso wie ihren originalen Tiefsinn verloren und wirken blasser, allgemeiner, ins Leichtfaßbare abgeflacht und ein wenig verwischt" (S. 57). Eben dieser Vorgang wird hier „volkstümliche Verschiebung" genannt.

56. Vgl. *R. Otto,* Reich Gottes, 289–292, der allerdings von der problematischen Annahme ausgeht, Lk sei Augenzeuge. Zum Charismatiker Paulus vergleiche ferner *H. Windisch,* Paulus und Christus, passim.

57. *K. Thraede:* Grundzüge griechisch-römischer Brieftopik, 1970, 93–106, bes. 98 sieht hier zwar nur einen traditionellen Topos. Aber jeder Topos kann in einem konkreten Zusammenhang mit neuem Leben erfüllt werden.

wunderbarem Entkommen (2 Kor 11,32f.). Die entsprechenden Berichte der Apg haben zweifellos einen historischen Hintergrund. Die beliebte Rede vom historischen Kern ist jedoch irreführend. Sie suggeriert, der Kern sei tradiert worden. Richtig ist: Die historische Schale wurde tradiert, all das, dessen sich Paulus in Torheit rühmt. Auf die Jesusüberlieferung übertragen heißt das: So sehr der eschatologische Rahmen verblaßt ist, so ist der historische Hintergrund der Wundergeschichten nicht zu leugnen. Urchristliche Wundergeschichten sind durch den historischen Jesus provozierte symbolische Handlungen, in denen die historische Gestalt über alle Maßen hinaus gesteigert wird. Es lassen sich noch Vermutungen darüber anstellen, wo Historisches nachklingt:

1. Waren die Exorzismen bei Jesus mit seinem eschatologischen Wunderverständnis eng verbunden, so werden gerade sie im Urchristentum Anlaß, Jesus christologische Titel beizulegen: Heiliger Gottes (Mk 1,24) und Sohn des Höchsten (5,7). In der Beseitigung der unreinen Dämonen und Götzen konnten am ehesten messianische Hoffnungen anknüpfen[58].
2. In den Normenwundern, den Sabbatkonflikten, klingt zweifellos die Freiheit Jesu gegenüber den heiligen Institutionen seiner Umwelt nach.
3. Der Glaubensbegriff konnte in den Wundergeschichten deswegen so in den Vordergrund treten, weil „Glaube“ im Urchristentum ein zentraler Begriff war. Es ist nicht ausgeschlossen, daß dies direkt oder indirekt mit Jesus zusammenhängt.

Die Entwicklung vom Wunderverständnis Jesu zur Interpretation der Wunder in den urchristlichen Wundergeschichten läßt sich nicht nur als ein Prozeß der Verschiebung, des Abschleifens, Verblassens und Nachklingens ursprünglicher Züge betrachten. Vielmehr handelt es sich gleichzeitig um eine Stilisierung, Steigerung und Profilierung. Es ist ohnehin eine einseitige Perspektive, isolierte Motive zu betrachten und nach deren Ursprünglichkeit und Unverwechselbarkeit zu fragen. Für die urchristlichen Wundergeschichten ist das ganze formgeschichtliche Feld der Motive, Personen und Themen charakteristisch. Im Rahmen der gattungsspezifischen Struktur der Wundergeschichten wird Jesus in neuem Licht gesehen. Er erscheint als die wunderhaft gesteigerte Gestalt des historischen Jesus. Seine Wunder werden immer paradoxer, wunderbarer. Der Widerspruch zur normalen Erfahrung tritt immer stärker hervor. Gewiß hat auch diese Steigerung volkstümliche Züge. Aber sie läßt sich nicht allein als Angleichung an volkstümliche Erwartungen und Vorstellungen begreifen. Traditionelle Wundermotive werden hier vielmehr zu einer überprägnanten Wundergestalt gesteigert, die alles Zeitgenössische übertrifft. Von den alttestamentlichen Wunderpropheten bis zu den koptischen Heiligenlegenden, von den epidaurischen Inschriften bis zu den Wundern späterer Neuplatoniker, von den Gottmenschen des frühen Griechenlands bis zu den Wundern an christli-

58. *R. H. Fuller*, Wunder, 75f., interpretiert diesen Zug der Exorzismen als Übergang von einer impliziten zur expliziten Christologie.

chen Gnadenstätten ist wenig Vergleichbares überliefert. Ein Vergleich kann hier nur an einigen Punkten durchgeführt werden.
Die Motiv- und Formensprache der epidaurischen Wunder ist schlicht und spröde. Den Geschichten fehlt innere Dramatik; ihre religiöse Ausdruckskraft ist gering. Man muß sich ihren Zweck vor Augen halten: Sie sollen Hilfesuchenden Trost und Zuversicht geben, sollen die Erwartung steigern und Enttäuschungen auffangen. Unter diesem Gesichtspunkt sind sie geschickt komponiert[59]. Überall ist die Hand einer erfahrenen Kultstättenbürokratie zu spüren, die Hoffnungen und Hoffnungslosigkeit klug verwaltet. In den urchristlichen Wundergeschichten ist die Stimmung ganz anders. Während die epidaurischen Priester zu versichern scheinen: Wunder kommen bei uns alle Tage vor, erscheint hier das Wunder als etwas völlig Unwahrscheinliches: „So etwas haben wir noch nie gesehen" (Mk 2,12). Das Wunder ist nicht Gegenstand einer mit kontinuierlichen Institutionen verbundenen Erwartung und Hoffnung, sondern ein aller Erfahrung widersprechendes paradoxes Ereignis. Anders als in den Zuversicht ausstrahlenden Wundergeschichten von Epidauros, in denen die Stimmen der Angst und Verzweiflung nicht laut werden, begegnet uns hier oft ein trotziger Lebenswille, der sich über Hindernisse hinwegsetzen muß. Bei den antiken Heilkulten blieb es dem kynischen Philosophen Diogenes überlassen, auch andere Seiten der Sache anzudeuten. Als jemand die Menge der Votivtafeln in Samothrake bewunderte, sagte er: „Es wären noch viel mehr, wenn auch die nicht Geretteten Tafeln aufgestellt hätten" (Diog. Laert. VI,59).
Die epidaurischen Inschriften sind etwa 300 Jahre älter als die urchristlichen Wundergeschichten. Aufschlußreich ist auch ein Vergleich mit späteren Wundererzählungen, jenen Wundergeschichten des 2./3. Jahrhunderts n. Chr., die wir den Schriftstellern der zweiten Sophistik, Aelios Aristeides, Lukian und Philostrat, verdanken. Bei Lukian[60] begegnen die Wunder als Bestandteil satirischer Dialoge, teils als Gegenstand des Spottes, teils als Mittel geistreicher Unterhaltung. Die Lebendigkeit der lukianischen Erzählungen ist im spöttischen Abstand des Erzählers zu seinen Erzählungen begründet. Es handelt sich um Parodien. In ganz anderer Form erscheinen Wunderberichte in den „Heiligen Reden" des Aristeides[61], des größten Rhetors der zweiten Sophistik, in denen ein „Krankentagebuch" des Aristeides rhetorisch aufgearbeitet ist. Das alles ist in vollkommenem klassizistischen Stil gestaltet, aber auch von einer etwas penetranten Sentimentalität durchdrungen. Am ehesten ist Philostrats vita Apollonii den Evangelien vergleichbar, eine Biographie mit romanhaften

59. Vgl. zum Zweck der Inschriften *R. Herzog*, Epidauros, 59ff.; *M. Dibelius*, FE, 166ff.
60. Zur Form der lukianischen Dialoge vgl. *W. Schmid/O. Stählin:* Geschichte der griechischen Literatur, 1924, 710ff.
61. Zum literaturgeschichtlichen Aspekt dieser Reden vgl. *W. Schmid/O. Stählin*, Geschichte, 698ff.

Zügen[62] und propagandistischer Absicht. Aber auch hier gibt es große Unterschiede. Der aus der Reisefabulistik stammende Geschmack am Exotischen ist den Evangelien fremd, ebenso die verschämte Einstellung zum Wunder. Philostrat gibt sich erhebliche Mühe, den Apollonius nicht als einen Besitzer magischer Kräfte zu zeichnen, sondern als einen Weisen, der kraft seines wunderbaren Wissens die erstaunlichsten Dinge vollziehen kann. Charakteristisch ist, wie er die Auferweckung der verstorbenen Braut schildert. Philostrat schließt hier mit der Bemerkung: „Und sei es, daß er noch einen Funken Lebens in ihr gefunden hatte, der denen, die sie behandelt hatten, verborgen geblieben war (...), sei es, daß er das verloschene Leben wieder entfachte und zurückbrachte ..." (VA IV,45). Vorher spricht er vom „scheinbaren Tode" der jungen Frau und deutet damit diskret an, wie er selbst denkt. Das Wunder wird bei ihm, wo immer es geht, apologetisch eliminiert. So ist bei allen drei Schriftstellern der zweiten Sophistik die Einstellung zum Wunder durch eine Reflexion gebrochen: durch Ironie, Sentimentalität oder Apologetik. Mitglieder gebildeter Schichten rezipieren hier in verschiedener Weise volkstümliche Traditionen. Ihnen fehlt die Naivität. Man sollte daher die immer wiederholte Behauptung unterlassen, außerhalb des NT würden die Wunder nur um ihrer selbst erzählt. Eher verhält es sich umgekehrt: Die anziehende Gestalt urchristlicher Wundergeschichten beruht nicht zuletzt in einer ganz ungebrochenen Schätzung des Wunders, in seiner inneren Steigerung.

Mag diese Steigerung auch volkstümliche Züge haben, so beruht sie doch primär auf jener im formgeschichtlichen Feld von Motiven, Personen und Themen sichtbar werdenden Spannung von Grenzbetonung und -überschreitung. Es ist, als seien traditionelle Wundermotive in ein neues Kraftfeld geraten, das die gattungsimmanenten Möglichkeiten zu äußerster Entfaltung gebracht hat. Schärfer als anderswo fällt hier das Licht auf die Durchbrechung menschlicher Erwartungen und alltäglicher Sinnwelt. Anders als in Epidauros hören wir die Stimmen der Verzweiflung und Resignation. Anders als bei Philostrat fehlt jede Spur gebildeter und distanzierter Apologetik. Auch das Unmöglichste gilt schlicht als möglich. Eher wird aller menschlichen Erfahrung ihr Recht bestritten als menschlicher Not der Anspruch, überwunden zu werden. Anders als bei Aelios Aristeides wird kein persönliches Verhältnis zum Heilgott kultiviert. Zwar ist der „Glaube" zentral, aber er meint kein persönliches Verhältnis zu Jesus, sondern jenes unbedingte Wollen, dem das „*πάντα δυνατά*" zugesprochen wird (Mk 9,23). Das Wunder selbst ist Offenbarung, Erscheinung des Heiligen in faszinierender Fremdheit und rücksichtsloser Unbedingtheit. Davor verstummen alle Nebengeräusche von Ironie, Gefühl und Apologetik.

62. Zu dieser Gattungsbestimmung vgl. *D. Esser*, Formgeschichtliche Studien, 98ff. Er bestimmt die vita Apollonii als „eine zu religionspolitischen Zwecken verfaßte romanhafte Biographie eines ‚göttlichen Menschen'" (S. 98).

Charakteristisch ist gerade die Rücksichtslosigkeit des Einspruchs gegen jede Erfahrung. Und damit setzen die urchristlichen Wundergeschichten das Wunderverständnis Jesu fort: Auch Jesus sah seine Wunder im Zusammenhang einer alle Erfahrung sprengenden universalen Wende. Diese eschatologische Ausrichtung ist zwar verblaßt. Der Widerspruch gegen die Erfahrung aber, also das Wunderbare und Paradoxe, ist bis ins Extreme gesteigert.
Die innere Steigerung charismatischen Wunderglaubens ist mit einer Absage an alle anderen Formen antiken Wunderglaubens verbunden. Beides hängt eng zusammen. Der charismatische Wunderglaube wird wohl deshalb so sehr gesteigert, weil er nun alle Erwartungen auffangen muß, die sonst zu Zauberei und Wahrsagekunst führten und in Orakel- und Heilstätten institutionalisiert wurden. Das Urchristentum stand nicht nur im allgemeinen Strom der Zeit, der zu erhöhter Irrationalität führte; es bot in diesem Strom eine Alternative an, die sich in der ausgehenden Antike als Entscheidung zwischen neuplatonischer Theurgie und christlichem Wundercharisma darstellte. So sehr wir daher das Urchristentum in eine allgemeine religionsgeschichtliche Entwicklung einordnen müssen, so sehr ragt es doch aus dieser Entwicklung hervor. Auf die paradoxen Taten von Wundercharismatikern fällt hier ein Akzent religiöser Bedeutung wie nirgendwo sonst. Wenn man eine in anderen Zusammenhängen übliche Epocheneinteilung zur Illustrierung heranziehen darf, so könnte man sagen: Die urchristlichen Wundergeschichten bildeten den „klassischen" Höhepunkt der Gattung zwischen der archaischen Sprödigkeit epidaurischer Inschriften und den barokken Ausgestaltungen der späten Kaiserzeit. Keine historische Betrachtung kann ihren unbedingten Anspruch einholen, aber sie kann ihn verständlich machen: Die in symbolischen Handlungen sich durchsetzende neue Lebensform setzt sich in ihrem Unbedingtheitsanspruch von allen bestehenden Formen ab.

Die Analyse der religionsgeschichtlichen Bedingtheit urchristlicher Wundergeschichten und die Interpretation ihrer geschichtlichen Intention führt zu einem hermeneutischen Konflikt. Funktionale Analyse kann diesen Konflikt nicht lösen, aber sie kann ihn verständlich machen: Urchristliche Wundergeschichten gehören in eine übergreifende Entwicklung. Das relativiert ihren Anspruch. Aber sie konnten dieser Entwicklung nur deshalb neue Impulse geben, weil sie in symbolischen Handlungen die historische Gestalt Jesu über alle Maßen hinaus steigerten. Denn nur die in symbolischer Verwandlung gesteigerte Gestalt konnte die unbedingt motivierende Kraft ausstrahlen, die jenen tiefgreifenden Wandel antiken Daseinsverständnisses herbeiführen konnte, der mit dem Namen des Christentums verbunden ist.

III. *Die existenzielle Funktion urchristlicher Wundergeschichten*

Urchristliche Wundergeschichten sind symbolische Handlungen, in denen ein neues Daseinsverständnis erschlossen wird. Dies Daseinsverständnis ist abschließend für sich zu untersuchen. Methodisch ist dabei von den gattungsspezifischen Feldern von Personen, Motiven und Themen auszugehen. Diese sind ja nicht nur statische Strukturen. Was uns hier als vorgegebene Struktur begegnet, ist Vollzug und Niederschlag symbolischer Verwandlung und Bewältigung der Wirklichkeit.

Der Gegensatz grenzbetonender und -überschreitender Motive zeigt: Wundergeschichten sind symbolische Handlungen, in denen die Grenzen normaler Lebenswelt überschritten werden. Dies geschieht angesichts jener konkreten Probleme, die das thematische Feld der Gattung strukturieren. Es geschieht durch die in ihr auftretenden Personen. Ihr Feld ist für ein Verständnis der inneren Dynamik der Wundergeschichten entscheidend. Es weist auf jene Kräfte, welche die Grenzüberschreitung vollziehen. Im Mittelpunkt steht die Gestalt Jesu, des Heiligen Gottes (Mk 1,24). Gleichzeitig begegnen andere transzendente Mächte: Dämonen, die oft nur im Hintergrund agieren, aber als Bestandteil des formgeschichtlichen Feldes immer präsent sind. Liegt die Dynamik der Wundergeschichten vielleicht nicht nur in der Macht des Heiligen, sondern in unbewußten Kräften, die den Menschen beherrschen? Es müssen ja nicht dämonische Kräfte sein, es könnten menschliche Wünsche sein. Wenigstens hat man versucht, von daher die Wundergeschichten zu verstehen.

A. Existenzielle Bedingungen urchristlicher Wundergeschichten

L. Feuerbach sah in den Wundergeschichten phantasievolle Befriedigung von Wünschen: „So schnell wie der Wunsch, so schnell ist das Wunder. Die Wunderkraft verwirklicht augenblicklich, mit einem Schlage, ohne alles Hindernis die menschlichen Wünsche. Daß Kranke gesund werden, das ist kein Wunder, aber daß sie unmittelbar auf einen bloßen Machtspruch hin gesund werden, das ist das Geheimnis des Wunders."[1] Wundermacht ist „die Zaubermacht der Phantasie, die ohne Widerspruch alle Wünsche des Herzens erfüllt"[2]. *S. Freud* führte derartige Interpretationen weiter[3]: Die „Allmacht des Gedankens" ist für ihn ein infantiler Narzißmus. Die etwas komplizierte Theorie sei nur kurz skizziert:

1. *L. Feuerbach:* Das Wesen des Christentums, in: Sämtliche Werke, 6, 1903–1911, 156. Zum Wunder vgl. S. 151–162. Dazu ferner *H. J. Klimkeit:* Das Wunderverständnis Ludwig Feuerbachs in religionsphänomenologischer Sicht 1965.
2. *L. Feuerbach,* Wesen, 162.
3. *S. Freud:* Totem und Tabu, Ges. Werke IX, 3. Aufl., 1961, 93–121.

In einem frühkindlichen Stadium hat die Libido den eigenen Körper zum Gegenstand, ein Objekt, das jederzeit verfügbar ist. Auch in späteren Objektbindungen bleiben die Objekte gleichsam Emanationen der Libido. Beherrscht diese narzißtische Libido das Denken, so schreibt es sich eine Allmacht zu, in der die Außenwelt als emaniertes Ich jederzeit bestimmbar erscheint. Wunderglaube wäre dann Regression auf eine narzißtische Kinderwelt. Trotz persönlicher Skepsis gegen derartige psychoanalytische Deutungen bleibt die Frage: Sind in den Wundergeschichten kindliche Wünsche aufgehoben? Läßt sich das Wunder vom Wunsch her verstehen? Die reduzierende Interpretation *Feuerbachs* und *Freuds* dürfte etwas Richtiges gesehen haben. *P. Ricoeur* ist grundsätzlich zuzustimmen: „Die reduzierende Hermeneutik ist heute kein privates Ereignis mehr, sondern ein öffentlicher Vorgang, ein Kulturphänomen; ob wir sie nun Entmythologisierung nennen, wenn sie sich innerhalb einer gegebenen Religion entfaltet, oder Entmystifizierung, wenn sie von außen kommt – immer handelt es sich um dasselbe: um den Tod des metaphysischen und religiösen Objekts. Der Freudianismus ist einer der Wege dieses Todes ... Wir können die Zeichen des Absolut-Anderen heute nicht mehr anders – und dies ist unsere Ohnmacht und vielleicht unsere Chance und unser Glück – denn durch die Unbarmherzigkeit der reduzierenden Hermeneutik lesen und verstehen“[4]. Um die Wundergeschichten zu verstehen, bedarf es freilich einiger Korrekturen – auch dann, wenn man die in ihnen lebendige Wunschdynamik nicht bestreiten möchte.

Zunächst bedarf es m. E. keiner komplizierten psychoanalytischen Theorie, um zu erklären, daß Wundergeschichten auf eine kindliche Erfahrungswelt zurückgreifen. Für das Kind sind Speise und Trank einfach da. Allwissende und allmächtige Erwachsene haben es „herbeigezaubert“. Es lernt, daß es diese Erwachsene mit seinem Willen bestimmen kann. Daher neigt es dazu, „seinen Willen für unabhängig und relativ allmächtig“ zu halten[5]. Gerade seine Hilflosigkeit und Ohnmacht legt ihm den Schluß nahe: „Mein Wille muß wirklich mächtig sein, wenn ein winziges, hilfloses Wesen wie ich allwissende Erwachsene zwingen kann, meine Wünsche zu erfüllen.“ [5] Da Innen- und Außenwelt noch ineinanderfließen und die Welt physiognomisch wahrgenommen wird, kann (sekundär) ein magisches Weltbild entstehen, in dem die Dinge durch Gedanken bestimmbar sind[6]. Wenn wir nun bei unseren Kindern Allmachtsphantasien entdecken, sollten wir dann überrascht sein, sie auch in der Vergangenheit zu finden? Um hier etwas zu verstehen, bedarf es keiner psychoanalytischen Entlarvung. Wer die Herabsetzung des Kindlichen zum Infantilen

4. *P. Ricoeur,* Interpretation, 542.
5. Beide Zitate stammen aus *D. P. Ausubel:* Das Jugendalter, 1968, 171.
6. Vgl. *O. Kroh:* Die Psychologie des Grundschulkindes 4.–6. Aufl., 1930. Zum physiognomischen Wahrnehmen, S. 69, zum magischen Denken S. 226f.

nicht mitmacht, kann sich ohne Beklemmung den Gedanken zu eigen machen, daß die urchristlichen Wundergeschichten aus dem archaischen Stoff einer kindlichen Erfahrung gestaltet sind. Sie sind Ausdruck einer „kindlichen" Menschheit.

Dieser Rückgriff auf eine kindliche Erfahrungswelt ist keine Regression, die sich im Rücken menschlicher Subjektivität vollzieht. Wundergeschichten lassen sich vielmehr als symbolische Handlungen eines erwachsenen Subjekts verstehen, das auf seine Kindheit zurückgreift. Ihre Welt ist nicht die kindliche, in der die Grenzen von Innen und Außen verschwimmen. Der Wunsch setzt sich hier keineswegs „ohne alles Hindernis" und „ohne Widerspruch" durch[7]. Vielmehr zeigt eine Feldanalyse von Motiven, Themen und Personen, daß für die Wundergeschichten eine Grenzerfahrung zentral ist, die den Menschen mit allen seinen „Kräften" (Wollen, Fühlen und Denken) herausfordert. Seine ganze Subjektivität ist daran beteiligt, diese Grenze zu überschreiten – und nicht nur eine von seiner Person abgespaltene Wunschdynamik. Wundergeschichten sind symbolische Handlungen menschlicher Subjektivität, in denen die konkrete Negativität des Daseins transzendiert wird.

Diese Subjektivität kann sehr verschieden gewertet werden. Nach *V. Gardavsky* zeigt sich in den Wundern Jesu „die Subjektivität, die den Kausalketten eine neue Ordnung, ein anderes Gesetz aufprägt"[8]. Er bestimmt sie näher als Liebe, in der er „die radikale Subjektivität der Geschichte"[9] sieht: Liebe transzendiere die durch materielle Grenzen gesetzte Not und humanisiere die dem Menschen widersprechende Natur. *L. Feuerbach* kann in demselben Phänomen nur die Maßlosigkeit des Wunsches sehen, die er als „maßlose, überschwengliche, supranaturalistische Subjectivität"[10] kritisiert. Da ihm die von griechischer Philosophie geschaute Ordnung der Natur vorbildlich ist, muß er diese „Welt unbeschränkter Subjectivität"[11] ablehnen. *R. M. Grant* wertet sie dagegen sowohl negativ als auch positiv: „From one point of view the first centuries of our era represent the triumph of superstition. From another, they mark the rediscovery of ‚passionate subjectivity'. In the first sense, the miracle stories of the gospels are examples of human self-deception. In the second, they are myths which express the Christian's freedom from the world of nature, from fate, from destiny, from any chain of material causation."[12]

Diese Subjektivität, die an ihre materiell-leibliche Grenzen stößt und sie zu überwinden sucht, ist von der kindlichen Welt, in der Innen- und Außenwelt noch ineinanderfließen, tief getrennt. Wundergeschichten greifen wohl auf

7. *L. Feuerbach,* Wesen, 156.
8. *V. Gardavsky:* Gott ist nicht ganz tot, 1968, 59.
9. *V. Gardavsky*: Gott ist nicht ganz tot, 61.
10. *L. Feuerbach,* Wesen, 160.
11. *L. Feuerbach,* Wesen, 154.
12. *R. M. Grant,* Miracle and Mythology, 132.

eine kindliche Erfahrung zurück, formulieren sie jedoch im Lichte einer „erwachsenen“ Erfahrung neu.

Der so gestaltete menschliche Wunsch ist geschichtlich. *R. M. Grant* sprach von einer Wiederentdeckung leidenschaftlicher Subjektivität in der Spätantike. Man könnte auf die autobiographischen Reflexionen (Mark Aurel und Augustinus), auf den spätantiken Roman, auf das Porträt weisen. Die Erschließung neuer Dimensionen des Subjekts geht in sehr verschiedene Richtung. Mark Aurel beeindruckt durch die Illusionslosigkeit, in der das seiner Hinfälligkeit und Sterblichkeit bewußte Subjekt die Realität akzeptiert. Die Gnostiker vollziehen in mythischen Spekulationen eine radikale Distanzierung von dieser Welt. Gemessen daran sind die urchristlichen Wundergeschichten naiv. Weder wird in stoischer *ἀταραξία* der Realität der menschliche Wunsch geopfert, noch zieht er sich auf eine höhere Welt des Lichtes zurück. In den urchristlichen Wundergeschichten rebelliert er gegen die Realität und besteht darauf, daß sie sich in ihrer ganzen Handgreiflichkeit ändert, daß Kranke gesund, Hungernde satt, Blinde sehend werden. Der Realität wird widersprochen. Und dieser Widerspruch gegen die Erfahrung geschieht mit solch einer Radikalität, daß man ihn kaum noch „naiv“ nennen kann. Verwandt erscheint hier eher die ganz und gar nicht naive Radikalität des Parmenides[13], der den logischen Satz der Identität mit rücksichtsloser Konsequenz gegen alle Mannigfaltigkeit und Veränderung in der erfahrbaren Erscheinungswelt ausspielte. Auch hier wird die normale Sinnwelt des Menschen radikal überschritten, hier durch die innere Konsequenz des Gedankens, dort durch den Wunsch. Hier durch logische Operationen, dort durch eine leidenschaftliche Subjektivität. Die urchristlichen Wundergeschichten sind in ihrer Radikalität ein echtes Zeugnis der Antike – jener Antike, in der zum ersten Mal innerhalb einer Kultur die Mannigfaltigkeit menschlicher Möglichkeiten ausgelotet wurden.

Die urchristlichen Wundergeschichten sind zweifellos von Wünschen geprägt, nicht aber von infantilen Wünschen, die sich im Rücken menschlicher Subjektivität durchsetzen. Vielmehr handelt es sich um geschichtliche Gestaltungen des Wunsches in symbolischen Handlungen. Die Frage ist freilich berechtigt, ob es sich um mehr als einen ohnmächtigen Protest handelt, der seine Vergeblichkeit nicht wahrhaben will. Ob es sich um eine Illusion handelt, die zu „entlarven“ ist, die ihres heiligen Glanzes beraubt werden muß? So wenigstens will es die „Vorfreude auf jenen heute üblichen spekulativen Aschermittwoch, an dem alle Masken fallen“[14]. Steckt hinter der Maske des Heiligen nur der mensch-

13. Vgl. dazu *K. Heinrich:* Parmenides und Jona, 1966, 61–128.

14. *H. Plessner* in der Einleitung zu *P. Berger/Th. Luckmann,* Konstruktion, XVI. Vgl. auch das schöne Kapitel: „Das In den Bart Lächeln der Wissenschaft oder Erste ausführliche Begegnung mit dem Bösen“ in *R. Musil:* Der Mann ohne Eigenschaften, 1952, 301ff. (72. Kap.).

liche Wunsch? Daß der Konflikt von Wunsch und Realität eine existenzielle Bedingung der Wundergeschichten ist, läßt sich wohl kaum bestreiten – aber ist damit schon ihr existenzieller Sinn erfaßt?

B. Der existenzielle Sinn urchristlicher Wundergeschichten

Urchristliche Wundergeschichten zeugen von einer Offenbarung des Heiligen, von seiner Macht, das normale Weltgeschehen zu durchbrechen – von nichts anderem. Ein großer Teil der auf sie verwandten exegetischen Mühe besteht freilich darin, dies zu bestreiten oder zu relativieren. Dabei werden verschiedene Wege eingeschlagen. Wir unterscheiden im folgenden eine religionsgeschichtliche, redaktionsgeschichtliche, traditionsgeschichtliche, historische und innere Relativierung des Wunders in den Wundergeschichten.
Beliebt ist die *religionsgeschichtliche* Relativierung der neutestamentlichen Wunder. Teils wird betont, sie stellten in der antiken Welt gar nichts Besonderes dar, teils wird hervorgehoben, sie seien weniger mirakulös oder magisch als andere Wunder. Einerseits werden sie also in ihre Zeit eingeebnet, andererseits von ihr abgehoben. Nun müssen sich Einebnung und Abhebung nicht unbedingt widersprechen. Bedenklich ist jedoch, daß in der Exegese (und manchmal sogar bei denselben Exegeten) dieselben Züge einmal als Konvention, dann aber als Durchbrechung solcher Konvention aufgefaßt werden. Dies sei an drei Zügen aufgezeigt:

W. Grundmann vertritt z.B. die Meinung: „Die neutestamentlichen Wunder Jesu haben nichts zu tun mit Zauberei und magischen Mitteln und Vorgängen wie die meisten außerneutestamentlichen Wunder."[15] Andere geben die Existenz magischer Züge zu – man denke an ῥῆσις βαρβαρική, Handauflegung, Heilung durch Speichel –, versuchen diese jedoch durch Hinweis auf das damals Übliche zu entschuldigen: „Phänomene, die heute als ‚Aberglaube' ihr zähes Leben fristen, waren anerkannter Bestandteil der antiken Gesellschaft. Magische Züge in neutestamentlichen Wundererzählungen ... erzählten dem antiken Leser nichts Unbekanntes oder Einmaliges."[16] Damit kommt man der Wahrheit gewiß näher. Zu fragen ist jedoch: Warum machten die Gegner des Christentums Jesus den Vorwurf, er sei ein Zauberer, wenn magische Züge seiner Wunder „anerkannter Bestandteil antiker Gesellschaft" waren? Der jüdische Gelehrte *L. Blau* urteilt hier sehr viel vorurteilsloser: „In den Augen der Römer und Griechen ... waren die Wunder des Neuen Testaments und seiner Anhänger nichts Anderes als Zauberei, was man begreiflich finden wird, wenn man an die nachstehende, von einem christlichen Gelehrten gegebene Definition denkt: ‚Das Wunder ist legitime Zauberei, die Zauberei ist das illegitime Wunder!' "[17]

15. *W. Grundmann,* ThW II, 303. Gegen ihn wendet sich mit Recht *R. M. Grant,* Miracle and Natural Law, 172f.
16. *W. Schmithals,* Wunder und Glaube, 12.
17. *L. Blau,* Zauberwesen, 28f.

Bei anderen religionsgeschichtlichen Vergleichen wird auch die Moral bemüht. So meint *A. Oepke* feststellen zu können: „In Epidauros ist der Egoismus die zentrale Macht, in den Evangelien die Liebe"[18]. Daß in den epidaurischen Inkubationsträumen auch homosexuelle Handlungen begegnen, veranlaßt ihn zu der Feststellung: „Alles das wäre in den Evangelien undenkbar. Hier spielt sich alles im Wachen, im hellen Lichte des Tages ab, und die Luft ist rein."[19] Nun, die „reine Luft" mag auf sich beruhen, nicht aber der ungerechte Vorwurf des Egoismus. Vorurteilslosere Interpreten haben mit Recht die „soziale Gesinnung" im Kreise des Asklepios hervorgehoben[20]. Und umgekehrt ist sogar das Ethos urchristlicher Wundergeschichten in Frage gestellt worden: „ ... what we must say emphatically is that the Evangelists do not relate the miracle-stories primarily in order to illustrate the compassion of Jesus. They lived in an age unaffected by the humanistic approach and the humanitarian attitude ..."[21] Freilich ist auch dies Urteil ungerecht – sowohl, was die Zeit des Urchristentums angeht als auch hinsichtlich der urchristlichen Wundergeschichten.

Beliebt ist auch die Argumentation mit Form und Intention von Wundergeschichten. Unausrottbar scheint z. B. das Urteil zu sein, antike Wunder seien außerhalb des NT um ihrer selbst willen erzählt worden, die neutestamentlichen aber stünden im Dienste einer über das Wunder hinausweisenden Intention. *G. Klein* etwa schreibt: „Wir haben keinen Fall kennengelernt, in dem das Mirakel – so wie häufig in der Umwelt des Neuen Testaments – um seiner selbst willen erzählt wird; immer weist es über sich selbst hinaus; immer ‚bedeutet' es etwas."[22] Schon *M. Dibelius* hat mit wünschenswerter Deutlichkeit festgestellt, daß in den (von ihm „Novellen" genannten) Wundergeschichten das Wunder „Selbstzweck" sei, „das im Mittelpunkt der Schilderung steht und alles beherrscht"[23]. Freilich meint er, das unter Hinweis auf die zeitgenössische Hörerschaft entschuldigen zu müssen: Die Novellen seien „Ersatz der Predigt in einem Hörerkreis, der bereits an Wundertaten von Göttern und Propheten gewohnt ist"[24]. Waren die Wundergeschichten im Urchristentum wirklich nur ein Ersatz?

Die Argumentationsweise ist immer dieselbe: Die von der modernen Theologie als negativ empfundenen Züge gehen zu Lasten der damaligen Zeit, für die positiven ist dagegen der christliche Glauben verantwortlich. Es werden dabei immer auch zutreffende Beobachtungen gemacht. Dennoch kann man sich hin und wieder nicht des Eindrucks erwehren, daß hier ein apologetischer Opportunismus argumentiert, dem sich die Argumente nach Bedarf einstellen. Richtig ist, daß die Wundergeschichten in ihre Zeit hineingehören. Sie enthalten Individuelles und Konventionelles. Aber das gibt niemandem das Recht, In-

18. *A. Oepke*, ThW III, 208.
19. *A. Oepke*, ThW III, 209.
20. *A. v. Harnack*, Mission und Ausbreitung, 134; *J. Leipoldt*, Von Epidauros bis Lourdes, 13f., *E.* und *L. Edelstein*, Asclepius II, 178.
21. *A. Richardson*, Miracle Stories, 32.
22. *G. Klein*, Wunderglaube, 50.
23. *M. Dibelius*, FE, 76.
24. *M. Dibelius*, FE, 72.

dividuelles gegen Konventionelles auszuspielen, als seien die ersten Christen nur, um sich verständlich zu machen, in das Gewand ihrer Zeit geschlüpft, als wäre diese Zeit nicht mehr als ein äußerliches Gewand. Auch wird man mit der Ansicht, nur das Originelle sei einem Autor wertvoll gewesen, kaum einen antiken Schriftsteller verstehen können[25], geschweige denn die urchristlichen Schriften. Will man aber – auch gegen die Intention antiker Autoren – das Individuelle zu einem objektiven Maßstab erheben, so darf man doch um eins bitten: Daß dies Individuelle mit der größten uns möglichen Gerechtigkeit bestimmt werde ohne Herabsetzung der Äußerungen anderer Menschen. Das Individuelle urchristlicher Wundergeschichten scheint mir zum Beispiel nicht in einer Relativierung des Wunders zu liegen, sondern in einer inneren Steigerung[26].

Auch die vielen Versuche, die Wunder *redaktionsgeschichtlich* zu relativieren, sind wenig überzeugend. Immerhin wird hier zugestanden, daß die vorredaktionellen christlichen Traditionen einen ungebrochenen Wunderglauben hatten[27]. Erst ihre Redaktion habe das zurechtgerückt. So ist es nach *G. Klein* die Absicht des Mk und Joh, „die Leser nachdrücklich vor dem Mirakelglauben zu warnen"[28]. Nach *K. Kertelge* haben die mkn Wunder die Tendenz, „sich selbst überflüssig zu machen"[29]. Einige Zweifel an diesen Thesen dürften doch wohl erlaubt sein, Zweifel daran, daß die biblischen Autoren mit ihren Traditionen so lieblos verfuhren wie viele moderne Theologen mit den biblischen Traditionen: Daß man sie tradierte, um sich sogleich von ihnen zu distanzieren, um sie im Grunde überflüssig zu machen: Sollte Mk wirklich 16 Wundergeschichten allein deshalb erzählt haben, um vor dem Mirakelglauben zu warnen? Das hätte er doch etwas ungeschickt angefangen.

Für die redaktionsgeschichtliche Relativierung der Wunder beruft man sich vor allem auf Geheimnis- und Mißverständnismotive bei Mk und Joh: „Ganz ähnlich wie Markus baut also auch Johannes in die Wundergeschichten eine Bremse ein, und er zieht sie sogar noch stärker an als jener."[30] Richtig ist, daß die johanneischen Wunder in stärkerem Maße als

25. *U. Hölscher:* Die Chance des Unbehagens, 1965, 61ff.
26. Es sei hier auf den religionsgeschichtlichen Teil verwiesen. Die Steigerung des Wunders macht sich nicht nur qualitativ, sondern auch quantitativ bemerkbar. Nirgendwo sonst haben wir so viele Wunder von einem einzelnen Wundercharismatiker überliefert erhalten (von kultischen Heilstätten wird hier abgesehen). Die Evangelien enthalten 29 Wundertaten Jesu – ohne Summarien und Doppelüberlieferungen, die vita Apollonii umfaßt nur 9 Wundertaten (VA I,4 IV, 10.13.20.25.45 VI,27.43 VIII,38). VA V, 18 ist eine Variante zu IV, 13.
27. Vgl. z. B. *H. D. Betz:* Jesus as Divine Man, in: Jesus and the Historian, 1968, 114–133, S. 121.
28. *G. Klein,* Wunderglaube, 56.
29. *K. Kertelge,* Wunder, 206.
30. *G. Klein,* Wunderglaube 56.

die synoptischen Hinweischarakter haben. Aber Hinweischarakter hat der Offenbarer hier schlechthin: „Wer an mich glaubt, glaubt nicht an mich, sondern an den der mich gesandt hat, und wer mich sieht, sieht den, der mich gesandt hat" (Joh 12,44). So wenig im JohEv der Offenbarer kritisiert oder relativiert wird, so wenig werden die Wunder kritisiert – auch dadurch nicht, daß sie immer wieder mißverstanden werden. Denn auch das Wort Jesu wird mißverstanden (vgl. Joh 3,1ff. 7,31ff.) und ist deswegen noch lange kein defizienter Modus von Offenbarung.

Dasselbe gilt für das MkEv: Wenn das Geheimnis die Wunder relativiert, so relativiert sie auch die Gottessohnschaft – denn eben diese Gottessohnschaft unterliegt dem Geheimnis. Wenn Mißverständnisse einen Vorbehalt gegen Wunder zum Ausdruck bringen, so wären sie auch ein Vorbehalt gegenüber der Passion – denn auch die Leidensweissagungen werden mißverstanden. Die Lektüre des MkEv legt m. E. einen anderen Schluß näher: Was dem Geheimnis unterliegt, ist von besonderer Wichtigkeit; was mißverstanden wird, von besonderer Bedeutung. Wollte Mk vor dem Mirakelglauben warnen, so bliebe unverständlich, warum er die Wundertätigkeit Jesu in redaktionellen Summarien betont.

Ein zweites Argument ist die Passionsgeschichte: "Obviously, Mark radically criticizes and corrects the Christology of his sources, which present as it were, Jesus as the Divine Man and Messiah in a rather 'naive' way ... it is only through his death and resurrection that Jesus' messianic and divine nature can be fully revealed."[31] In der Tat läuft im MkEv alles auf die Passionsgeschichte hinaus. Aber das ist kein Argument gegen die vorhergehenden Wunder. Während der Kreuzigung Jesu geschehen Wunder: eine Sonnenfinsternis und das Zerreißen des Tempelvorhangs. Auferstehung und leeres Grab sind Wunder, die alles Vorhergehende in den Schatten stellen. Es soll nicht bestritten werden, daß die Passion neue Akzente setzt: Wundermacht wird hier mit Ohnmacht konfrontiert. Beides gerät zueinander in Spannung. Aber diese Spannung steigert beides: Macht und Ohnmacht, so wie Offenbarung und Verhüllung, Gnade und Zorn, Heil und Unheil in Spannung zueinander stehen. Diese Ambivalenz ist Grundzug jeder Offenbarung des Heiligen.

Schließlich könnte man auf Ansätze zu einem „allegorischen" Verständnis der Wunder hinweisen. Mt leitet die Seesturmgeschichte mit den Worten ein: „Und als er in das Boot stieg, folgten ihm seine Jünger" (8,23). Vorher stehen bei Mt Nachfolgesprüche[32]. Ist darum das Boot zum Zeichen der „nachfolgenden" Kirche geworden, die dem Sturm der Zeiten ausgesetzt ist? Zunächst meint die Wundergeschichte doch schlicht, daß man in der Nachfolge Jesu keine Angst vor Sturm und Wellen zu haben braucht. Die vorhergehenden Nachfolgesprüche reden konkret von Heimatlosigkeit und dem Bruch mit der Familie. Nichts spricht dafür, daß die nachfolgende Perikope weniger konkret gemeint sei.

Die vermeintlichen Vorbehalte neutestamentlicher Redaktoren gegenüber den Wundern erweisen sich bei näherem Hinsehen fast immer als Vorbehalte moderner Exegeten gegenüber den neutestamentlichen Autoren. Wenn man das Verhältnis von Tradition und Redaktion nicht als ein Verhältnis verschiedener

31. *H. D. Betz,* Jesus as Divine Man, 124.
32. Vgl. *G. Bornkamm:* Die Sturmstillung im Matthäusevangelium, in: Überlieferung und Auslegung, 48–53.

archäologischer Schichten bestimmt, sondern in ihnen Aktualisierungen einer virtuellen Gattungsstruktur sieht, kann man ohnehin nicht mehr Redaktion gegen Tradition ausspielen. Wohl setzt jede Redaktion neue Akzente. Aber neue Akzente sind noch keine Kritik. Neue Akzente betonen vielmehr das Akzentuierte.

Häufig werden die Wunder dadurch relativiert, daß man auf „wunderkritische" Traditionen im NT hinweist. In Verbindung mit religionsgeschichtlichen Argumenten findet sich diese *traditionsgeschichtliche* Relativierung der Wunder z.B. bei *G. Klein:* „Man muß sich den wild wuchernden Dschungel antiker Mirakelgläubigkeit vor Augen halten, um ermessen zu können, welche Provokation das Neue Testament in solcher Umgebung bedeutet. Nicht, als ob es die Möglichkeit von Mirakeln bestritte! Dazu waren die neutestamentlichen Autoren als Menschen ihrer Zeit mit dem konventionellen Weltbild ihrer Zeit gar nicht in der Lage. Aber gerade *weil* jene Möglichkeit als solche unangezweifelt bleibt, muß die Ausarbeitung eines mirakelkritischen Wundergedankens als ein unerhörter Angriff empfunden werden. Der neutestamentliche Wundergedanke in seiner reinen Ausprägung ist nämlich in der Tat schroff mirakelkritisch."[33] Für diese These beruft sich *G. Klein* vor allem auf den paulinischen Befund, den wir hier jedoch ausklammern können, da er für ein Verständnis der Evangelientraditionen nichts besagt[34]: Die synoptischen Wundergeschichten müssen aus sich heraus verstanden werden. Ob es einen einheitlichen ntl Wunderbegriff gibt, is a priori gar nicht sicher. Nur die in den Evangelien selbst enthaltene Wunderkritik ist für die Interpretation der Wundergeschichten relevant.

Die Ablehnung der Zeichen*forderung* ist keine Ablehnung des *Zeichens* (Mk 8,11f. parr.). Im Gegenteil: Die Verweigerung des Zeichens gilt als Strafe für den Unglauben, was sinnlos wäre, wenn die Wertlosigkeit des Zeichens feststünde. Kritisiert wird der Unglaube, nicht das Wunder. Das Wunder jedoch wird aufgewertet. Denn die Kehrseite der Zei-

33. *G. Klein*, Wunderglaube, 28.
34. Paulus weiß bekanntlich von der Verkündigung und vom Wirken Jesu sehr wenig. Das wird niemand als Einwand gegen die Bergpredigt anführen können, auch wenn Paulus von sich sagt, er wolle den Christus nach dem Fleische nicht mehr kennen (2 Kor 5,16). Falls sich 2 Kor 12,12 gegen eine ϑεῖος ἀνήρ Vorstellung wendet, die der Christologie der synoptischen Wundergeschichten entspricht (was hier offen bleiben soll), so hätte Paulus den in diesen Wundertraditionen enthaltenen Wundergedanken kaum als „schroff mirakelkritisch" empfunden. Überhaupt muß man sich immer wieder klar machen, daß die theologische Einheit des Kanons ein dogmatisches Postulat ist. Historisch läßt sich dagegen oft vermuten, daß sich manche in den ntl Schriften enthaltene Polemik gegen Vorstellungen wendet, die in anderen Schriften zu finden sind. Jede Schrift und jede Tradition ist aus sich heraus zu verstehen. Es gibt nicht *den* neutestamentlichen Wunderbegriff.

chenverweigerung lautet: Dem Glauben wird ein Zeichen gegeben[35]. Hier liegt gewiß kein unerhörter Angriff auf die antike Mirakelgläubigkeit vor. Das geht auch daraus hervor, daß Apollonius von Tyana ebenfalls ein Zeichen verweigert. Bei seinem Prozeß fordert ihn Domitian auf, er möge sich in Wasser oder in ein Tier verwandeln und sich so seiner Fesseln entledigen, um zu beweisen, daß er kein Goet sei. Apollonius aber lehnt das ab (VA VIII,2). Auch wenn Philostrat gewiß eine größere Distanz zum Wunder hat als die ntl Autoren, so wird man seinen Wunderbegriff in der vita Apollonii kaum „schroff mirakelkritisch" nennen können.

Die joh Wunderkritik wendet sich gegen den Zusammenhang von Sehen und Glauben: „Selig sind, die nicht sehen und glauben" (20,29). „Wenn ihr nicht Zeichen und Wunder seht, so glaubt ihr nicht" (4,48). Glauben ohne zu sehen – das ist die Problematik jeder späteren Generation. Hier liegt keine Kritik des Wunderglaubens vor, sondern Kritik einer Skepsis, die nicht glauben will, was sie nicht sieht (vgl. etwa Lukian Philops. 15). Es ist die Kritik des ungläubigen Thomas, nicht Korrektur einer wundersüchtigen Zeit, sondern Steigerung des Wunderglaubens zum nicht sehenden Glauben.

Aus dem Beelzebubgespräch (Mt 12,22ff. par.) folgert man häufig, „daß die Mirakel den Glauben nicht nur nicht begründen *dürfen*, sondern das auch gar nicht *können*. Und zwar können sie das nicht bloß in dem Augenblick nicht mehr, wo das menschliche Wirklichkeitsverständnis keinen Raum für das Mirakel läßt, sondern schon mitten in mirakelgläubiger Umwelt sind sie dazu nicht imstande. Denn sie sind ihrem Wesen nach zutiefst zweideutig. Der Betrachter kann hinter ihnen je nach Belieben Gott oder den Teufel wittern. Daß er ein Weltbild hat, in dessen Rahmen Mirakel möglich sind, hilft ihm dann überhaupt nichts. Denn das Mirakel vermag zwar Staunen, aber keine Entscheidung zu begründen."[36] Mir scheint, die Exorzismen werden gerade deshalb diskutiert, weil man nicht „nach Belieben" göttliches oder satanisches Werk in ihnen sehen kann, sondern weil eins außerhalb jeder Debatte steht: daß hier übermenschliche, numinose Mächte am Werk sind, daß daher eine Stellungnahme unausweichlich ist. Wunder stellen im NT durchaus in die Entscheidung. Das σκανδαλίζειν kann sich auf Wundertaten beziehen (Mk 6,1ff Mt 11,2ff.), die Bußforderung kann mit Wundertaten verbunden werden (Mt 11,20ff.). Daß die Wunder in Chorazim und Bethsaida nicht zur Buße führen, spricht nicht dagegen: Führt denn das Wort automatisch zur Buße?

35. Zu fragen ist, ob das „Zeichen" in Mk 8,11f. überhaupt eine Wundertat Jesus meinen kann, wie sie in den synoptischen Wundergeschichten geschildert wird. Bezieht es sich auf etwas ganz anderes, so kann man diese Tradition ohnehin nicht zur Relativierung der synoptischen Wunder anführen.
a) Das Zeichen soll „vom Himmel" geschehen. Es handelt sich um ein kosmisches Zeichen (vgl. den Sprachgebrauch in Mt 24,30 Lk 21,11.25 Apk 12,1). Auch bei Paulus gehören „Zeichen" und „Kosmos" zusammen (1 Kor 1,21f.).
b) Subjekt des Wunders dürfte Gott sein (vgl. *K. Kertelge*, Wunder, 26). Darauf weist das passivische δοθήσεται (vgl. ferner zum Sprachgebrauch Jes 7,14 LXX: διὰ τοῦτο δώσει κύριος αὐτὸς ὑμῖν σημεῖον).
c) Das Wunder soll Erfüllung einer Erwartung sein. So O. Linton: The Demand for a Sign from Heaven, StTh 19 (1965) 112–129.

36. *G. Klein*, Wunderglaube, 53.

Zweifellos gibt es im NT eine Kritik an einem falschen Wunderverständnis: einem Sehenwollen von Wundern, einem Verlangen nach Zeichen. Es gibt Kritik an manchen Formen des Wunders (vgl. die Versuchungsgeschichte). Aber diese Kritik ergibt sich mit innerer Notwendigkeit aus dem synoptischen Wunderglauben selbst: Dieser Glaube ist radikale Grenzüberschreitung, die die ganze Existenz des Menschen herausfordert. Dieser Glaube muß Zeichen ablehnen, die dem Menschen diesen Schritt ersparen, die ohne grenzüberschreitenden Glauben wären. Kritik bestimmter Wunderverständnisse ist jedoch keine Kritik des Wunders. Im Gegenteil: Kritik übt man dort, wo man engagiert ist. Abgrenzungen sind notwendig, wo die Nähe unbestreitbar ist. Und selbst wenn es irgendwo im NT wunderkritische Traditionen gäbe, so wäre ein unhistorisches Ausspielen ganz verschiedener Traditionen gegeneinander abzulehnen, etwa des Paulus gegen die Synoptiker, des Johannes gegen Lukas usw. Die alten Theologen verteidigten aus dogmatischen Gründen die Widerspruchsfreiheit der Bibel. Heute stürzt man sich auf die zweifellos vorhandenen Widersprüche. Die Absicht ist oft nicht weniger dogmatisch als bei den Alten: Man relativiert jeweils die Stellen und Traditionen, die unpassend sind. Historische Forschung wird so zum Organ moderner Apologetik.
Eine weniger aktuelle Relativierung der Wunder geschieht durch die Verwechslung von historischer Kritik und Interpretation. Diese „*historische*" Relativierung der Wunder liegt vor, wenn man die Wundergeschichten von ihrem „historischen Kern" her interpretieren will. Das Historische an ihnen sei natürlich. Erst die Interpretation mache daraus ein Wunder[37]. Das wird wohl stimmen. Die Intention der Wundergeschichten ist aber gerade, ein Aufbrechen des natürlichen und „historischen" Weltzusammenhangs zu proklamieren. Obschon durch historische Ereignisse provoziert, greifen sie doch weit über sie hinaus. Man erfaßt auf diese Weise nicht ihren Sinn, sondern nur ihre Genese.
Bleibt schließlich noch die *innere* Relativierung der Wundergeschichten: Die Wunder selbst seien nicht ihre Pointe. Sie wiesen auf etwas anderes. Dabei werden sie entweder als Hinweis auf die Wunder der Schöpfung oder auf eine (innerlich vorgestellte) Erlösung interpretiert. Man sieht etwa das eigentliche Wunder darin, daß blinde menschliche Augen einen Blick für die Schöpfung erhalten. *D. F. Schleiermacher* hat dieses Wunderverständnis in klassischer Weise formuliert: „Wunder ist nur der religiöse Name für Begebenheit."[38] Aber ist es im NT wirklich so, daß nur verschlossene Augen Gottes wunderbare

37. So z.B. *E. Hirsch:* Frühgeschichte des Evangeliums, 1941. Vgl. dazu die kritische Darstellung seines Wunderverständnisses bei *M. Lehmann:* Synoptische Quellenanalyse und die Frage nach dem historischen Jesus, 1970, 33–54.
38. *D. F. Schleiermacher:* Über die Religion, hg. von H. J. Rothert 1961, 118f. (2. Aufl., S. 65f.). Zu neueren Varianten dieses Wunderverständnisses vgl. z. B. *E.* und *M. L. Keller:* Der Streit um die Wunder, 1968, 293ff.

Schöpfung nicht sehen wollen? Warum wird in den Wundern diese Schöpfung selbst verändert? Im JohEv gelten sie als Fortsetzung der Schöpfung (5,17). Die größeren Werke Jesu gehen über die des Vaters hinaus (5,20). Sie wären nicht notwendig, gäbe es nicht eine im argen liegende Welt. Nein: Ort des Wunders ist nicht die Schöpfung, sondern die Erlösung. Deswegen ist es zutreffender, das eigentliche Wunder als Sündenvergebung zu bestimmen (*R. Bultmann*)[39]. Die radikale Diskontinuität zwischen Sünde und Gnade ist in der Tat ein Wunder – aber es ist nicht das in den Wundergeschichten gemeinte Geschehen, das immer ein leiblich-materielles Substrat hat. Die Wundergeschichten weisen auf das erlösende Handeln Jesu. Dies erlösende Handeln ist konkret. Es besteht darin, daß Jesus Krankheit und Dämonen besiegt. Es ist unzulässig, hier das erlösende Handeln des paulinischen Christus hineinzuinterpretieren – so sehr viel faszinierender der paulinische Christus auch sein mag, gemessen an der Jesusgestalt der Wundergeschichten. Die Wundergeschichten weisen auf etwas. Aber worauf sie hinweisen, ist ihnen selbst zu entnehmen. Kann man dann wirklich sagen: „Die Geschichten von den Blindenheilungen wollen nicht sagen, daß Gott auch Blinden ggf. das Augenlicht wiedergeben kann. Der Bericht von der Sturmstillung tröstet nicht Schiffbrüchige mit der Auskunft, Gott könne auch aus Seenot erretten. Die Dämonenaustreibungen laden nicht zu dem Glauben ein, Gott vermöchte von Besessenheit und Wahnsinn zu retten. Vielmehr spiegelt sich in den bestimmten einzelnen Zeichen und Machttaten Jesu gleichnishaft die *ganze* Botschaft des Evangeliums wider“[40]? Haben wir denn die elementare Angst vor Krankheit, Hunger und Tod schon so gründlich verdrängt, daß wir sie nun auch der Vergangenheit absprechen? Wer sich als Bibelleser etwas Unbefangenheit bewahrt hat, steht oft ratlos vor den Interpretationen „moderner“ Exegeten. Da heißt es etwa: „Das Wunder dürfte also dort Ereignis sein, wo die Zeit zum Worte Gottes gekommen ist: als *Zeit* zum Glauben, zum sich *sofort* Einlassen auf dieses Wort, das ja Zeitansage ist, Gegenwart eröffnet. Sagen das nicht die evangelischen Wundergeschichten?“[41] Vielleicht mißverstehe ich diese Interpretation, aber ich möchte doch meinen, daß man zwischen der Epiphanie einer zum gewährenden Subjekt hypostasierten Sprache und den Wundern der Evangelien ohne Schwierigkeiten unterscheiden kann.

Konnte *Goethe* noch behaupten, das Wunder sei des Glaubens liebstes Kind[42], so erwecken moderne Exegeten eher den Eindruck, das Wunder sei des Glau-

39. *R. Bultmann:* Zur Frage der Wunder, in: Glauben und Verstehen I, 214–228. Ihm folgt *G. Klein,* Wunderglaube, passim.
40. *W. Schmithals,* Wunder und Glaube, 25.
41. *E. Fuchs:* Über die Aufgabe einer christlichen Theologie, ZThK 58 (1961) 245–267, Zitat S. 267.
42. Faust I, Nacht.

bens illegitimes Kind, dessen Existenz man verlegen zu entschuldigen sucht. Der alten Kirche Stolz auf die Wunder ist ins Gegenteil umgeschlagen. Einem „philologischen Kulturprotestantismus" sind sie zu primitiv: Sie werden durch hermeneutischen Tiefsinn suspendiert, zurecht erklärt, de facto hinauskomplimentiert. Orthodoxes Bestehen auf ihrer Tatsächlichkeit hat das so wenig hindern können wie die apodiktische Einfalt fundamentalistischer Kreise. Ihr ohnmächtiger Einspruch gegen die moderne Exegese ist durchaus berechtigt, aber er muß erst auf seinen Begriff gebracht, muß von jedem vernunftfeindlichen Affekt befreit werden, um Gültigkeit zu erlangen. Dann aber ist festzustellen: Die Relativierung des Wunders durch eine moderne restaurative Hermeneutik ist oft nur etwas respektvoller (und nebulöser) als ihre desillusionierende Reduktion. Das Wunder wird einmal „von oben", das andere Mal „von unten" relativiert. All diese tiefsinnigen Exegesen verraten ja oft nur allzu deutlich, „wie große Stücke die Theologen auf die Wunder, die sie vertheidigen, halten, und wie wenig ihnen im Grunde daran liegt, unsere Welt durch diese fremden Gäste stören zu lassen"[43]. In der Tat: Die Wundergeschichten sind fremde Gäste in unserer Welt. Sollten wir ihnen deshalb nicht mit besonderer Aufmerksamkeit begegnen? Sollten wir nicht versuchen, sie in ihrer Eigenart und Fremdheit zu lieben? Pointe der Wundergeschichten ist die Offenbarung des Heiligen im Wunder, im konkreten, materiellen, rettenden Wunder. Die Achtung vor den Menschen des Urchristentums, die sie erzählten und an ihnen hingen, verpflichtet uns zu dieser Feststellung. Und alle modernen Verlegenheiten angesichts dieser Texte sind es nicht wert, diese Feststellung zu revidieren[44].

Ihr existenzieller Sinn läßt sich so beschreiben: Urchristliche Wundergeschichten sind symbolische Handlungen, in denen durch Berufung auf eine Offenbarung des Heiligen die konkrete Negativität menschlichen Daseins überwunden wird. Sie überschreiten in ihrem Vollzug die Grenzen des menschlich Möglichen. Sie berufen sich für diese Grenzüberschreitung auf den „Heiligen Gottes", der die Dämonen austreibt, das Brot vermehrt, übers Wasser geht und Tote erweckt. Der historische Wundercharismatiker Jesus erscheint in symbolischer Steigerung als göttlicher Wundertäter. Es wäre allzu einfach, in dieser symbolischen Steigerung eine Wunschprojektion zu sehen. Eher handelt es sich um eine Gestaltung

43. *F. Overbeck:* Über die Christlichkeit unserer heutigen Theologie, 1903 (= 1963), 52. Overbeck wendet sich gegen eine heute nicht mehr aktuelle Relativierung der Wunder: Sie seien zwar geschehen, aber bald überflüssig geworden.

44. Gegen die Neigung moderner Exegese zur Relativierung der Wunder sprechen sich aus z. B. *J. Roloff,* Kerygma, 111ff.; *J. Kallas:* The Significance of the Synoptic Miracles, 1961; *E. Gutwenger:* Die Machterweise Jesu in formgeschichtlicher Sicht, ZKTh 89 (1967) 176–190; *J. M. Court:* The Philosophy of the Synoptic Miracles, JThSt 23 (1972) 1–15. Vgl. ferner *K. Tagawa,* Miracles, 12: „Mais enfin, les miracles sont des miracles!"

und Umwandlung menschlichen Wunsches. Dieser wird sich in den Wundergeschichten ja auch seiner „normalen" Aussichtslosigkeit bewußt. Er begreift, daß er einer feindlichen Realität ausgesetzt ist, die in symbolischen Handlungen zu dämonischen Mächten gesteigert wird. Er rebelliert gegen diese Grenzen.
Ist es aber nur die Intensität des Wunsches, die diese Widerstände überwindet? Oder ist es nicht vielmehr so, daß der menschliche Wunsch von einer nicht aus ihm ableitbaren Erfahrung erst dazu herausgefordert wurde, „über bislang unüberschreitbare Grenzen"[45] hinauszugreifen? Die Wundergeschichten wären dann nicht nur symbolische *Handlungen*, in denen das menschliche Dasein bewältigt wird. Sie besäßen ebenso eine *symbolische* Dimension, die über jede menschliche Daseinsbewältigung hinausweist. In der Tat: Sie weisen auf eine Offenbarung des Heiligen, die sich phänomenologisch hinsichtlich ihrer wesentlichen Momente beschreiben läßt:

1. Prägnanz: Der Wundertäter Jesus fällt aus aller normalen Erfahrung heraus. Sein Handeln ist von größter Unwahrscheinlichkeit. Er erweckt Staunen und Verwundern. Wo er auftritt, ereignet sich ein Bruch in der normalen, alltäglichen Sinnwelt: „So etwas haben wir noch nie gesehen" (Mk 2,12).
2. Konkurrenz: Neben dem Wundertäter Jesus gibt es andere Gestalten. Besonders in den späteren Schichten der Wunderüberlieferung tritt der Konflikt mit ihnen hervor. Nicht zuletzt wegen dieser Konkurrenzsituation erscheint der irdische Wundercharismatiker in symbolischer Steigerung: Seine Wundermacht übertrifft Heilkulte (Joh 5,1ff.), Wahrsagekunst (Apg 16,16ff.), Ärzte (Mk 5,25ff.). Aber schon in der ältesten Überlieferung tritt der Wundercharismatiker Jesus in Gegensatz zu einer anderen Gestalt des Heiligen: zum Gesetz. Die Sabbatkonflikte zeigen, daß der Mensch sich zwischen zwei verschiedenen Gestalten des Heiligen entscheiden muß.
3. Dominanz: Jesus erscheint als machtvoller Überwinder von Krankheit und Not. Er befiehlt Dämonen (Mk 1,27), Wind und Wellen (Mk 4,41). Seine Macht erscheint sowohl als persönliche Autorität seines Wortes (Mt 8,5ff.) wie in einer fluidhaften Ausstrahlung (Mk 5,25ff.); aber sie führt immer zu einer Begegnung mit einem anredenden, verpflichtenden „Du".
4. Transparenz: Im Wunderhandeln Jesu erscheint göttliche Macht: „Gott hat sein Volk heimgesucht" (Lk 7,16). Die Epiphanien machen diesen Aspekt des Wunders zu ihrem ausschließlichen Thema: Jesus verwandelt sich hier in eine überirdische Gestalt oder erscheint in himmlischem Glanz. Wo aber etwas transparent wird, gibt es auch Verborgenheit. Das Geheimnis ist den Wundergeschichten strukturell immanent. Mk hat es in besonderer Weise akzentuiert.
5. Ambivalenz: Die Wundertätigkeit Jesu kann in verschiedenem Licht gesehen werden. Satanisches wie göttliches Wirken kann in ihm angenommen werden (Mt 12,22ff.). Aber auch dort, wo positive Stellungnahmen überwiegen, ist in der Faszination immer ein Moment des Zurückschreckens enthalten. Offenbarung des Heiligen läßt immer zugleich das negativ Heilige klarer hervortreten, sei es in der Gestalt feindlicher Dämonen oder

45. *V. Gardavsky*, Gott ist nicht ganz tot, 59.

in der Gestalt menschlicher Sünde (Lk 5,8). Vor allem aber läßt die Offenbarung des Heiligen in der Wundermacht Jesu klarer die Ohnmacht des Gekreuzigten hervortreten. Gerade weil diese Offenbarung des Heiligen so große Gegensätze umfaßt, hat sie existenzerhellende und existenzverwandelnde Kraft.

Die Struktur des Heiligen prägt die Wundergeschichten. Sie prägt damit auch die in ihnen gestalteten menschlichen Wünsche. Man muß sich dabei klar machen, daß es für diese Wünsche noch ganz andere Artikulationen gibt. Die Gattung der urchristlichen Wundergeschichten ergibt sich nicht mit innerer Notwendigkeit aus jenem Wunsch nach Leben, der in den Wundergeschichten zweifellos lebendig ist. Vielmehr tritt hier zum Wunsch etwas Neues hinzu: Nicht nur die Gestaltung dieses Wunsches durch die geschichtliche Subjektivität des Menschen, sondern ein Moment der Verpflichtung. Wo der Einspruch gegen menschliche Not durch Offenbarung des Heiligen geschieht, da ist deren Beseitigung nicht nur wünschenswert; da ist sie schlechthin verpflichtend. Das gilt auch dann, wenn sich diese Verpflichtung in Widerspruch zu aller bisherigen menschlichen Erfahrung stellt. Denn gerade darauf laufen die Wundergeschichten ja hinaus: Sie sprechen eher aller bisherigen Erfahrung ihre Gültigkeit ab als menschlicher Not das Recht, beseitigt zu werden. Sie proklamieren dies Recht als heiliges Recht, als etwas Unbedingtes. Sie vollziehen in symbolischen Handlungen ein radikales Nicht-Einwilligen in die konkrete Negativität menschlichen Daseins, einen Protest, der sich aus der vorhandenen und erfahrbaren Welt allein nicht legitimieren läßt. Dieser Protest ist unbedingt, weil von einem unbedingten Anruf evoziert: von einer Offenbarung des Heiligen in einer konkreten Gestalt. Die Wundergeschichten sind somit eine „radikale Antwort auf einen mit Notwendigkeit erhobenen Anruf" (*V. Gardavsky*)[46].

46. *V. Gardavsky,* Gott ist nicht ganz tot, 59.

Literaturverzeichnis

Abt, A.: Die Apologie des Apuleius von Madaura und die antike Zauberei, Diss. Gießen = Naumburg 1907.

Acquaviva, S. S.: Der Untergang des Heiligen in der industriellen Gesellschaft, Essen 1964.

Allemann, B.: Strukturalismus in der Literaturwissenschaft, in: Ansichten einer zukünftigen Germanistik, München 1969, 4. Aufl., 1970, 143–152.

Almquist, H.: Plutarch und das Neue Testament, ASNU 15, Uppsala 1946.

Altheim, F.: Gesicht vom Abend und Morgen, Fischer Bücherei 79, Frankfurt 1955.

Apel, K. O.: Szientistik, Hermeneutik, Ideologiekritik, in: Hermeneutik und Ideologiekritik, Frankfurt 1971, 7–44.

Ausubel, D. P.: Das Jugendalter, München 1968 (engl. 1954).

Baer, H. v.: Der Heilige Geist in den Lukasschriften, BWANT 3, 3, Stuttgart 1926.

Baltensweiler, H.: Wunder und Glaube im Neuen Testament, ThZ 23 (1967) 241–256.

Bammel, E.: „John did no Miracle", in: Miracles. Cambridge Studies in their Philosophy and History, ed. C. F. D. Moule, London 1965, 2. Aufl., 1966, 181–202.

Barb, A. A.: The Survival of Magic Arts, in: The Conflict between paganism and christianity in the fourth century, hg. v. A. Momigliano, Oxford 1963, 100–125.

Bauer, W.: Jesus der Galiläer, in: Aufsätze und kleine Schriften, Tübingen 1967, 91–108.

Bauernfeind, O.: Die Worte der Dämonen im Markusevangelium, BWANT 3, 8, Stuttgart 1927.

Baumann, H.: Mythos in ethnologischer Sicht, StudGen 12 (1959) 1–17. 583–597.

Bausinger, H.: Formen der „Volkspoesie", Grundlagen der Germanistik 6, Berlin 1968.

– Strukturen des alltäglichen Erzählens, Fab 1 (1958) 239–254.

Becker, J.: Das Heil Gottes. Heils- und Sündenbegriffe in den Qumrantexten und im Neuen Testament, StUNT 3, Göttingen 1964.

– Wunder und Christologie, NTS 16 (1969/70) 130–148.

Behm, J.: Die Handauflegung im Urchristentum, Leipzig 1911 = Darmstadt 1968.

Bengtson, H.: Griechen und Perser. Die Mittelmeerwelt im Altertum, Fischer Weltgeschichte 5, Frankfurt 1965.

– Syrien in der hellenistischen Zeit, in: Der Hellenismus und der Aufstieg Roms. Die Mittelmeerwelt im Altertum II, Fischer Weltgeschichte 6, hg. von P. Grimal, Frankfurt 1965, 244–254.

Bertram, G.: Art. θαῦμα ThW III, 27–42.

Berger, P., Th. Luckmann: Die gesellschaftliche Konstruktion der Wirklichkeit, Frankfurt 1969 (engl. 1966).

Best, E.: The Temptation and the Passion. The Markan Soteriology, Cambridge 1965.

Betz, H. D.: Jesus as Divine Man, in: Jesus and the Historian, Essays Written in Honor of Ernest Cadmann Colwell, Philadelphia 1968, hg. von F. Th. Trotter, 114–133.

– Lukian von Samosata und das Neue Testament, TU 76, Berlin 1961.

– Ursprung und Wesen des christlichen Glaubens nach der Emmauslegende (Lk 24,13 bis 32), ZThK 66 (1969) 7–21.

Bieler, L.: ΘΕΙΟΣ ΑΝΗΡ. Das Bild des „Göttlichen Menschen" in Spätantike und Frühchristentum, Wien 1935/36 = Darmstadt 1967.

Bierwisch, M.: Strukturalismus. Geschichte, Probleme und Methoden, Kursbuch 5 (1966) 77–152.
Bitter, W. (Hg.): Magie und Wunder, Stuttgart 1959.
Blau, L.: Das altjüdische Zauberwesen, Budapest 1898 = Westmead, Farnborough 1970.
Bloch, E.: Prinzip Hoffnung, Frankfurt 1959.
Böcher, O.: Dämonenfurcht und Dämonenabwehr. Ein Beitrag zur Vorgeschichte der christlichen Taufe, BWANT 10, Stuttgart und Berlin 1970
Bogatyrev, P. G., R. Jakobson: Die Folklore als eine besondere Form des Schaffens, in: Donum Natalicium Schrijnen, Nijmwegen-Utrecht 1929, 900–913.
Bolkestein, H.: Wohltätigkeit und Armenpflege im vorchristlichen Altertum, Groningen 1939 (= 1967).
– Theophrastos' Charakter der Deisidaimonia als religionsgeschichtliche Urkunde, RVV 21, 2, Gießen 1929.
Boman, T.: Die Jesus-Überlieferung im Lichte der neueren Volkskunde, Göttingen 1967.
Bömer, F.: Untersuchungen über die Religion der Sklaven in Griechenland und Rom, AbhMainz I 1957, II 1960, III 1961, IV 1963.
Bonner, C.: Some Phases of Religious Feeling in Later Paganism, HThR 30 (1937) 119–140.
– Studies in Magical Amulets, University Michigan Studies, Humanistic Series XLIX 1950.
– The Technique of Exorcism, HThR 36 (1943) 39–49.
– Traces of Thaumaturgic Technique in the Miracles, HThR 20 (1927) 171–181.
– The Violence of Departing Demons, HThR 37 (1944) 334–336.
Boobyer, G. H.: The Gospel Miracles: Views Past and Present, in: The Miracles and the Resurrection, London 1964, 31–49.
– Mark 2,10a and the Interpretation of the Healing of the Paralytic, HThR 47 (1954) 115–120.
Bousset, W.: Kyrios Christos, 6. Aufl., Göttingen 1967.
Bornkamm, G.: Die Sturmstillung im Matthäusevangelium, in: G. Bornkamm, G. Barth, H. J. Held: Überlieferung und Auslegung im Matthäusevangelium, WMANT 1, 4. Aufl., Neukirchen 1965, 48–53.
Bornkamm, K.: Wunder und Zeugnis, SGV 251/252, Tübingen 1968.
Braumann, G.: Jesu Erbarmen nach Matthäus, ThZ 19 (1963) 305–317.
– Die Schuldner und die Sünderin in Luk. vii. 36–50, NTS 10 (1963/4) 487–493.
– Der sinkende Petrus, ThZ 22 (1966) 403–414.
– Die Zweizahl und Verdoppelungen im Matthäusevangelium, ThZ 24 (1968) 255–266.
Breymayer, R.: Vladimir Jakovlevič Propp (1895–1970) – Leben, Wirken und Bedeutsamkeit, LB 15/16 (1972) 36–66.
– Bibliographie zum Werk Vladimir Jakovlevič Propps und zur strukturalen Erzählforschung, LB 15/16 (1972) 67–77.
Bultmann, R.: Das Evangelium des Johannes, MeyerK, 10. Aufl., Göttingen 1964.
– Die Geschichte der synoptischer Tradition, FRLANT 12, Göttingen 1921, 8. Aufl., 1970, mit Ergänzungsheft 4. Aufl.
– Neues Testament und Mythologie, in: Offenbarung und Heilsgeschehen, München 1941.
– Art. πιστεύω, ThW VI, 174–230.
– Theologie des Neuen Testaments, 4. Aufl., Tübingen 1961.

– Zur Frage des Wunders, in: Glauben und Verstehen I, 5. Aufl., Tübingen 1964, 214–228.

Burger, Ch.: Jesus als Davidssohn, FRLANT 98, Göttingen 1970.

Burke, K.: Dichtung als symbolische Handlung, edition suhrkamp 153, Frankfurt 1966 (engl. 1941).

Burkert, W.: ΓΟΗΣ. Zum griechischen ‚Schamanismus', RhM 102 (1962) 36–55.

Burkill, T. A.: The historical Development of the Story of the Syrophoenician Woman, NovTest 9 (1967) 161–177.

– The Syrophoenician Woman: The congruence of Mark 7,24–31, ZNW 57 (1966) 23–37.

– Mark 3,7–12 and the alleged Dualism in the Evangelist's Miracle Material, JBL 87 (1968) 409–417.

– Mysterious Revelation. An Examination of the Philosophy of St. Mark's Gospel, Ithaca N. Y. 1963.

– New Light on the Earliest Gospel, Ithaca/London 1972.

– The Notion of the Miracle with special Reference to St. Mark's Gospel, ZNW 50 (1959) 33–48.

Buschan, G.: Über Medizinzauber und Heilkunst im Leben der Völker, Berlin 1941.

Cairns, D. S.: The Faith that Rebels. A Re-examination of the Miracles of Jesus, London 1928.

Campenhausen, H. v.: Die Entstehung der christlichen Bibel, BHTh 39, Tübingen 1968.

Canaan, T.: Aberglaube und Volksmedizin im Lande der Bibel, Abhandlungen des Hamburgischen Kolonialinstituts XX Reihe B, 12, Hamburg 1914.

Cassirer, E.: Was ist der Mensch? Versuch einer Philosophie der menschlichen Kultur, Stuttgart 1960.

– Philosophie der symbolischen Formen, 4. Aufl., Darmstadt 1964.

– Wesen und Wirkung des Symbolbegriffs, 4. Aufl., Darmstadt 1969.

Ceroke, C. P.: Is Mk 2,10 a Saying of Jesus? CBQ 22 (1960) 369–390.

Clavier, H.: La multiplication des pains dans le ministère de Jésus, TU 73, Berlin 1959, 441–457.

Conzelmann, H.: Die Apostelgeschichte, HNT 7, Tübingen 1963.

– Historie und Theologie in den synoptischen Passionsberichten, in: Zur Bedeutung des Todes Jesu, 2. Aufl., Gütersloh 1967, 35–58.

– Die Mitte der Zeit, BHTh 17, 5. Aufl., Tübingen 1964.

Court, J. M.: The Philosophy of the Synoptic Miracles, JThSt 23 (1972) 1–15.

Cullmann, O.: Die Christologie des Neuen Testaments, Tübingen 1957.

Daube, D.: The Sudden in the Scripture, Leiden 1964.

Degh, L.: Die schöpferische Tätigkeit des Erzählens, in: Internationaler Kongreß der Volkserzählungsforscher, Berlin 1961, 63–73.

Deissmann, A.: Licht vom Osten, 4. Aufl., Tübingen 1923.

Delling, G.: Antike Wundertexte, KlT 79, Berlin 1960.

– Zur Beurteilung des Wunders durch die Antike, in: Studien zum Neuen Testament und zum hellenistischen Judentum, Göttingen 1970, 53–71.

– Botschaft und Wunder im Wirken Jesu, in: Der historische Jesus und der kerygmatische Christus, hg. von H. Ristow und K. Matthiae, 3. Aufl., Berlin 1964, 389–402.

– Josephus und das Wunderbare, in: Studien, 130–145.

– Das Verständnis des Wunders im Neuen Testament, in: Studien, 146–159.

– Wunder – Allegorie – Mythus bei Philon von Alexandreia, in: Studien, 72–129.
Derchain, Ph.: Die ägyptische Welt nach Alexander dem Großen, in: Der Hellenismus und der Aufstieg Roms. Die Mittelmeerwelt im Altertum II, Fischer Weltgeschichte 6, hg. von P. Grimal, Frankfurt 1965, 212–244.
Dibelius, M.: Die Formgeschichte des Evangeliums, 2. Aufl., Tübingen 1933, 4. Aufl., 1961.
Dobschütz, E. v.: Zur Erzählkunst des Markus, ZNW 27 (1928) 193–198.
Dodd, C. H.: The Appearances of the Risen Christ. An Essay in Form-Criticism in the Gospels, in: Studies in the Gospels. Essays in Memory of R. H. Lightfoot, Oxford 1955.
– The Framework of the Gospel Narrative, ET 43 (1931/2) 396–400.
Dölger, F. J.: Der Heiland, in: Antike und Christentum. Kultur- und religionsgeschichtliche Studien, Bd. IV, Münster 1950, 241–272.
Dundes, A.: From etic to emic Units in the structural Study of Folktales, JAF 75 (1962) 95–105.
Dupont-Sommer, A.: Exorcismes et Guérisons dans les écrits de Qoumrân, Supplementum VT VII, Leiden 1960, 246–261.
Duprez, A.: Jésus et les Dieux Guérisseurs. A Propos de Jean V, in: Cahiers de la Revue Bibliques 12, 1970.
Ebeling, H. J.: Das Messiasgeheimnis und die Botschaft des Markus-Evangelisten, BZNW 19, Berlin 1939.
Edelstein, E. und L.: Asclepius. A Collection and Interpretation of the Testimonies I. II., Publications of the Institute of the History of Medicine. The John Hopkins University, 2. Series Vol. II, Baltimore 1945.
Eitrem, S.: La magie comme motif littéraire, SO XXI (1941) 39–83.
– Some Notes on the Demonology in the New Testament, SO Fasc. Suppl. XII, Oslo 1950.
– La théurgie chez les Néoplatoniciens, SO 22 (1942) 49–79.
Eliade, M.: Das Heilige und das Profane, rde 31, Hamburg 1957.
– Mythen, Träume und Mysterien, Salzburg 1961.
– Die Religionen und das Heilige, Salzburg 1954.
Erman, E.: Die Literatur der Ägypter, Leipzig 1923.
Esser, D.: Formgeschichtliche Studien zur hellenistischen und zur frühchristlichen Literatur unter besonderer Berücksichtigung der vita Apollonii des Philostrat und der Evangelien, Diss. Bonn 1969.
Fascher, E.: Die formgeschichtliche Methode, BZNW 2, Berlin 1924.
– Kritik am Wunder. Eine geschichtliche Skizze, Stuttgart 1960.
Fenner, F.: Die Krankheit im Neuen Testament, UNT 18, Leipzig 1930.
Feuerbach, L.: Das Wesen des Christentums, in: Sämtliche Werke 6, hg. v. W. Bolin und F. Jodl, Stuttgart 1903–1911 (= 1960).
Fiebig, P.: Antike Wundergeschichten, KlT 79, Bonn 1911.
– Jüdische Wundergeschichten des neutestamentlichen Zeitalters, Tübingen 1911.
– Neues zu den rabbinischen Wundergeschichten, ZNW 35 (1936) 308–309.
Fiedler, P.: Die Formel „und siehe“ im Neuen Testament, München 1969.
Frankfort, H. und H. A., u. a.: Frühlicht des Geistes, Stuttgart 1954, 9–16.
Freud, S.: Neue Folge der Vorlesungen zur Einführung in die Psychologie, Gesammelte Werke XV, London 1940.
– Totem und Tabu, Ges. Werke IX, 3. Aufl., London 1961.

Fridrichsen, A.: Le problème du miracle dans le Christianism primitif, EHPhR 12, Strasbourg–Paris 1925.
Friedrich, H.: Strukturalismus und Struktur in literaturwissenschaftlicher Hinsicht, in: G. Schiwy: Der französische Strukturalismus, rde 310/311, Hamburg 1969, 219–227.
Fuchs, E.: Über die Aufgabe einer christlichen Theologie, ZThK 58 (1961) 245–267.
Fuchs, H.: Der geistige Widerstand gegen Rom in der antiken Welt, 2. Aufl., Berlin 1964.
Fügen, H. N.: Die Hauptrichtungen der Literatursoziologie, Abhandlungen zur Kunst-, Musik- und Literaturwissenschaft 21, 4. Aufl., Bonn 1970.
Fuller, R. H.: Die Wunder Jesu in Exegese und Verkündigung, Düsseldorf 1967 (engl. 1966).
Fürstenberg, F.: Religionssoziologie, Soziologische Texte 19, Neuwied 1964.
Gadamer, H. G.: Wahrheit und Methode, 1. Aufl., Tübingen 1960, 2. Aufl., 1965.
Gardavsky, V.: Gott ist nicht ganz tot, München 1968.
Geckeler, H.: Strukturelle Semantik und Wortfeldtheorie, München 1971.
Geffcken, J.: Der Ausgang des griechisch-römischen Heidentums, Religionswissenschaftliche Bibliothek 6 (1929) = Darmstadt 1963.
Gehlen, A.: Über die Verstehbarkeit der Magie, in: Studien zur Anthropologie und Soziologie, Neuwied 1963, 79–92.
– Urmensch und Spätkultur, Frankfurt–Bonn 1964.
Georgi, D.: Die Gegner des Paulus im 2. Korintherbrief. Studien zur religiösen Propaganda in der Spätantike, WMANT 11, Neukirchen 1964.
Gerber, W.: Die Metamorphose Jesu, ThZ 23 (1967) 385–395.
Gerhardson, B.: Memory and Manuscript. Oral Tradition and Written Transmission in Rabbinic Judaism and Early Christianity, ASNU XXII, Lund 1961.
– Tradition and Transmission in Early Christianity, CM XX, Lund 1964.
Gibbs, J. M.: Purpose and Pattern in Matthews's Use of the Title 'Son of David', NTS 10 (1963/4) 446–464.
Glade, D.: Zum Anderson'schen Gesetz der Selbstberichtigung, Fab 8 (1966) 224–236.
Glasswell, M. E.: The Use of Miracles in the Markan Gospel, in: Miracles. Cambridge Studies in their Philosophy and History, ed. C. F. D. Moule, London 1965, 151–162.
Glombitza, O.: Der dankbare Samariter, NovTest 11 (1969) 341–346.
Grässer, E.: Jesus in Nazareth, NTS 16 (1969) 1–23.
– Das Problem der Parusieverzögerung in den synoptischen Evangelien und in der Apostelgeschichte, BZNW 22, Berlin 1957.
Grant, R. M.: Miracle and Mythology, ZRGG 3 (1951) 123–133.
– Miracles and Natural Law in Graeco-Roman and Early Christian Thought, Amsterdam 1952.
Greimas, A. J.: Strukturale Semantik, Braunschweig 1971 (frz. 1966).
Gressmann, H.: Altorientalische Texte und Bilder zum Alten Testament, 2 Bde, 2. Aufl., Leipzig und Berlin 1926/27.
Greverus, I. M.: Thema, Typus und Motiv. Zur Determination in der Erzählforschung, in: Vergleichende Sagenforschung, hg. v. L. Petzoldt, WF CLII, Darmstadt 1969, 390–401.
Grobel, K.: Formgeschichte und Synoptische Quellenanalyse, FRLANT 53, Göttingen 1937.

Grundmann, W.: Der Begriff der Kraft in der neutestamentlichen Gedankenwelt, BWANT 4, 8, Stuttgart 1932.
– Art. δύναμαι ThW III, 286–318.
– Das Evangelium nach Lukas, ThHK 3, Berlin 1961.
– Das Evangelium nach Markus, ThHK 2, Berlin 1959, 4. Aufl., 1968.
– Das Evangelium nach Matthäus, ThHK 1, 2. Aufl., Berlin 1971.
Güttgemanns, E.: Offene Fragen zur Formgeschichte des Evangeliums, BEvTh 54, München 1970.
– Linguistisch-literaturwissenschaftliche Grundlegung einer Neutestamentlichen Theologie, LB 13/14 (1972) 2–18.
– Struktural-generative Analyse des Bildwortes ‚Die verlorene Drachme' (Lk 15,8–10), LB 6 (1971) 2–17.
– (zusammen mit anderen): Theologie als sprachbezogene Wissenschaft, LB 4/5 (1971) 7–41, gekürzt auch in: E. Güttgemanns: studia linguistica neotestamentica. BEvTh 60, München 1971, 184–230.
Guttmann, A.: The Significance of Miracles for Talmudic Judaism, HUCA 20 (1947) 363–406.
Gutwenger, E.: Die Machterweise Jesu in formgeschichtlicher Sicht, ZKTh 89 (1967) 176–1
Habermas, J.: Zur Logik der Sozialwissenschaften, PhR Beiheft 5, Tübingen 1967.
– Der Universalitätsanspruch der Hermeneutik, in: Hermeneutik und Ideologiekritik, Frankfurt 1971, 120–159.
Haenchen, E.: Die Apostelgeschichte, MeyerK, 13. Aufl., Göttingen 1961.
– Johanneische Probleme, in: Gott und Mensch, Tübingen 1965, 78–113.
– Der Weg Jesu. Eine Erklärung des Markus-Evangeliums und der kanonischen Parallelen, Berlin 1966.
Hahn, F.: Christologische Hoheitstitel, FRLANT 83, 3. Aufl., Göttingen 1966.
Hand, W. D.: Curative Practice in Folk Tales, Fab 8 (1966) 264–269.
– The Curing of Blindness in Folk Tales, in: Volksüberlieferung. Festschrift für K. Ranke zur Vollendung des 60. Lebensjahres, hg. von F. Harkort, K. C. Peeters und R. Wildhaber, Göttingen 1968, 81–87.
Harkort, F.: Volkserzählungstypen und -motive und Vorstellungsberichte, Fab 8 (1966) 208–223.
Harnack, A. v.: Die Mission und Ausbreitung des Christentums in den ersten drei Jahrhunderten, 4. Aufl., Leipzig 1924.
– Lukas der Arzt. Beiträge zur Einleitung in das NT 1, Leipzig 1906.
Harnisch, W.: Verhängnis und Verheißung der Geschichte, FRLANT 97, Göttingen 1969.
Haufe, G.: Hellenistische Volksfrömmigkeit, in: Umwelt des Urchristentums I, hg. von J. Leipoldt und W. Grundmann, Berlin 1965, 68–100.
Hay, L. S.: The Son of Man in Mark 2,10 and 2,28, JBL 89 (1970) 69–74.
Headlam, A. C.: The Miracles of the New Testament, London 1923.
Heinemann, I.: Die Kontroverse über das Wunder im Judentum der hellenistischen Zeit, in: Jubilee Volume in Honor of Prof. Bernhard Heller, Budapest 1941, 170–191.
Heinrich, K.: Parmenides und Jona. Vier Studien über das Verhältnis von Philosophie und Mythologie, Frankfurt 1966.

Held, H. J.: Matthäus als Interpret der Wundergeschichten, in: G. Bornkamm, G. Barth, H. J. Held: Überlieferung und Auslegung im Matthäusevangelium, WMANT 1, 4. Aufl., Neukirchen 1965, 155–310.

Hempel, J.: Heilung als Symbol und Wirklichkeit im biblischen Schrifttum, 2. Aufl., Göttingen 1965.

Hengel, R. und M.: Die Heilungen Jesu und medizinisches Denken, in: Medicus Viator, Festschrift R. Siebeck, Tübingen und Stuttgart 1959, 331–361.

Hengel, M.: Judentum und Hellenismus. Studien zu ihrer Begegnung unter besonderer Berücksichtigung Palästinas bis zur Mitte des 2. Jh. v. Chr., WUNT 10, Tübingen 1969.

– Nachfolge und Charisma, BZNW 34, Berlin 1968.

Hennecke, E., und W. Schneemelcher: Neutestamentliche Apokryphen I, Tübingen 1959.

Herrmann, W.: Das Wunder in der evangelischen Botschaft. Zur Interpretation der Begriffe ‚blind' und ‚taub' im Alten und Neuen Testament, Aufsätze und Vorträge zur Theologie und Religionswissenschaft 20, Berlin 1961.

Herzig, O.: Lukian als Quelle für die antike Zauberei, Diss. Tübingen 1933 = Würzburg 1931.

Herzog, R.: Die Wunderheilungen von Epidauros. Ein Beitrag zur Geschichte der Medizin und der Religion, Philol. Suppl. XXII, H. 3, Leipzig 1931.

Hirsch, E.: Frühgeschichte des Evangeliums I, Tübingen 1941.

Höfler, A.: Der Sarapishymnus des Aelios Aristeides, Tübinger Beiträge zur Altertumswissenschaft 27, Stuttgart und Berlin 1935.

Hölscher, U.: Die Chance des Unbehagens. Zur Situation der klassischen Studien, Göttingen 1965.

Holtzmann, H. J.: Die Synoptiker, Handkommentar zum Neuen Testament 1, 3. Aufl., Tübingen und Leipzig 1901.

Honko, L.: Genre Analysis in Folkloristics and Comparative Religion, Temenos 3 (1968) 48–66.

Hopfner, Th.: Art. Mageia, PW 14, 1, 301–393.

– Art. Μαντική, PW 14, 1258–1287.

– Griechisch-ägyptischer Offenbarungszauber I.II., Studien zur Palaeographie und Papyruskunde XXI.XXIII, Leipzig 1921. 1924.

Humboldt, W.: Schriften zur Sprachphilosophie, Werke III, hg. von A. Flitner und K. Giel, Stuttgart und Darmstadt 1963.

Iber, G.: Zur Formgeschichte der Evangelien, ThR 24 (1956/7) 283–338.

Iersel, B. von: Die wunderbare Speisung und das Abendmahl in der synoptischen Tradition, NovTest 7 (1964/5) 167–194.

Jakobi, J.: Komplex, Archetypus, Symbol in der Psychologie C. G. Jungs, Zürich und Stuttgart 1957.

Jahnow, H.: Das Abdecken des Daches Mc 2,4 Lk 5,19, ZNW 24 (1925) 155–158.

Jakobson, R., und J. Tynjanow: Probleme der Literatur und Sprachforschung, abgedruckt in Kursbuch 5 (1966) 74–76.

Jayne, W. A.: The Healing Gods of Ancient Civilization, New York 1925, 2. Aufl., 1962.

Jech, J.: Variabilität und Stabilität in den einzelnen Kategorien der Volksprosa, Fab 9 (1967) 55–62.

Jelke, R.: Die Wunder Jesu, Leipzig 1923.

Jeremias, J.: Die Gleichnisse Jesu, 7. Aufl., Göttingen 1965.
Jolles, A.: Einfache Formen, Tübingen 1930, 3. Aufl., 1965.
Jones, A. H. M.: The Cities of the Eastern Roman Provinces, Oxford 1937.
Judge, E. A.: Christliche Gruppen in nichtchristlicher Gesellschaft. Die Sozialstruktur christlicher Gruppen im ersten Jahrhundert. Neue Studienreihe 4, Wuppertal 1964.
Jülicher, A.: Die Gleichnisreden Jesu II, 2. Aufl., Tübingen 1910.
Jung, G. C.: Psychologische Typen, 7. Aufl., Zürich 1950.
Kasting, H.: Die Anfänge urchristlicher Mission, München 1969.
Kähler, M.: Der sogenannte historische Jesus und der geschichtliche biblische Christus, neu hg. von E. Wolf, ThB 2, 2. Aufl., München 1956.
Käsemann, E.: Begründet der neutestamentliche Kanon die Einheit der Kirche, in: Exegetische Versuche und Besinnungen I, Göttingen 1960, 214–223.
– Jesu letzter Wille nach Johannes 17, Tübingen 1966.
– Das Problem des historischen Jesus, in: Exegetische Versuche und Besinnungen I, 187–214.
– Zum Thema der Nichtobjektivierbarkeit, in: Exegetische Versuche und Besinnungen I, 214–236.
Kallas, J.: The Significance of the Synoptic Miracles, Biblical Monographs 2, London 1961.
Keck, L. E.: The Introduction to Mark's Gospel, NTS 12 (1965/6) 352–370.
– Mark 3,7–12 and Mark's Christology, JBL 84 (1965) 341–358.
Kee, H. C.: The Terminology of Mark's Exorcism Stories, NTS 14 (1967/8) 232–246.
Keller, E. und M. L.: Der Streit um die Wunder, Gütersloh 1968.
Kertelge, K.: Die Wunder Jesu im Markusevangelium, StANT 23, München 1970.
Klatt, W.: Hermann Gunkel, FRLANT 100, Göttingen 1969.
Klausner, Th.: Art. Akklamation, RAC I, 216–233.
Klein, G.: Wunderglaube und Neues Testament, in: Ärgernisse, München 1970, 13–57.
Klimkeit, H. J.: Das Wunderverständnis Ludwig Feuerbachs in religionsphänomenologischer Sicht. Untersuchungen zur allgemeinen Religionsgeschichte N.F. 5, Bonn 1965.
Klostermann, E.: Das Markusevangelium, HNT 3, 4. Aufl., Tübingen 1950.
– Das Matthäusevangelium, HNT 4, 3. Aufl., Tübingen 1938.
– Das Lukasevangelium, HNT 5, 2. Aufl., Tübingen 1929.
Koch, K.: Ratlos vor der Apokalyptik, Gütersloh 1970.
Kosack, W.: Der Gattungsbegriff ‚Volkserzählung', Fab 12 (1971) 18–47.
Köster, H.: Ein Jesus und vier ursprüngliche Evangeliengattungen, in: Entwicklungslinien durch die Welt des frühen Christentums (zusammen mit *J. Robinson*), Tübingen 1971, 147–190.
Kramer, W.: Christos Kyrios Gottessohn, AThANT 44, Zürich und Stuttgart 1963.
Krauss, S.: Das Abdecken des Daches Mc 2,4 Lc 5,19, ZNW 25 (1926) 307–310.
Kroh, O.: Die Psychologie des Grundschulkindes, 4.–6. Aufl., Langensalza 1930.
Kümmel, W. G.: Verheißung und Erfüllung, AThANT 6, 2. Aufl., Zürich 1953.
– Die Theologie des Neuen Testaments, NTD Ergänzungsreihe 3, Göttingen 1969.
Kuhn, H. W.: Enderwartung und gegenwärtiges Heil, StUNT 4, Göttingen 1966, 189–204.
– Der irdische Jesus bei Paulus als traditionsgeschichtliches und theologisches Problem, ZThK 67 (1970) 295–320.
– Ältere Sammlungen im Markusevangelium, StUNT 8, Göttingen 1971.

Kuhn, K. G.: Jesus in Gethsemane, EvTh 12 (1952/3) 260–285.
Lagrange, M. J.: Les légendes pythagoriciennes et l'évangile, RB 45 (1936) 481ff., 46 (1937) 5ff.
Lämmert, E.: Bauformen des Erzählens, Stuttgart 1955.
Langer, S. K.: Philosophie auf neuem Wege. Das Symbol im Denken, im Ritus und in der Kunst, (Frankfurt) 1965.
Lampe, G. W.: Miracles in the Acts of the Apostle, in: Miracles. Cambridge Studies in their Philosophy and History, ed. C. F. D. Moule, London 1965.
Laubscher, A.: Betrachtungen zur Inhaltsanalyse von Erzählgut, Paideuma 14 (1968) 170–194.
Leach, E. (Ed.): The Structural Study of Myth and Totemism, London 1967.
Leeuw, G. v. d.: Phänomenologie der Religion, 2. Aufl., Tübingen 1956.
Lehmann, A.: Aberglaube und Zauberei, Stuttgart 1925 = Aalen 1969.
Lehmann, M.: Synoptische Quellenanalyse und die Frage nach dem historischen Jesus, BZNW 38, Berlin 1970.
Leipoldt, J.: Von Epidauros bis Lourdes, Leipzig 1957.
– Gebet und Zauber im Urchristentum, ZKG 54 (1935) 1–11.
– Von Übersetzungen und Übersetzern, in: Antike und Orient, Festschrift W. Schubart, hg. von S. Morenz, Leipzig 1950.
Lembert, R.: Der Wunderglaube bei Römern und Griechen, Augsburg 1905.
Lévy-Strauss, C.: Die Sage von Asdiwal, in: Religionsethnologie, hg. v. C. A. Schmitz, Frankfurt 1964, 154–195 (frz. 1958).
– Die Struktur der Mythen, in: Strukturale Anthropologie, Frankfurt 1967 (frz. 1958), 226–254.
Lévy, I.: La légende de Pythagore de Grèce en Palestine, Bibliothèque de l'école des hautes études. Sciences historiques et philologiques 250, Paris 1927.
– Recherches sur les sources de la légende de Pythagore, Bibliothèque de l'école des hautes études. Sciences religieuses 42, Paris 1926.
Lietzmann, H.: Geschichte der alten Kirche, 4 Bde., 3. Aufl., Berlin 1961.
Lindars, B.: Elijah, Elisha and the Gospel Miracles, in: Miracles. Cambridge Studies in their Philosophy and History, ed. C. F. D. Moule, London 1965, 63–79.
Lindblom, J.: Gesichte und Offenbarungen. Vorstellungen von göttlichen Weisungen und übernatürlichen Erscheinungen im ältesten Christentum, Acta Reg. Soc. Hum. Litt. Lundensis LXV, Lund 1968.
Linton, O.: The Demand for a Sign from Heaven (Mk 8,11–12 and Parallels), StTh 19 (1965) 112–129.
Linton, R.: Nativistische Bewegungen, in: Religionsethnologie, hg. v. C. A. Schmitz, Frankfurt 1964, 390–403.
Linnemann, E.: Gleichnisse Jesu, 4. Aufl., Göttingen 1966.
Littleton, G. S.: A Two-Dimensional Schema for the Classification of Narratives, JAF 78 (1965) 21–27.
Lohmeyer, E.: Das Evangelium des Markus, MeyerK, 16. Aufl., Göttingen 1963.
– „Und Jesus ging vorüber", in: Urchristliche Mystik, Darmstadt 1955, 57–79.
– Die Verklärung Jesu nach dem Markus-Evangelium, ZNW 21 (1922) 185–215.

Lo Nigro, S.: Tradition et Style du Conte populaire, in: Internat. Kongreß der Volkserzählungsforscher, Berlin 1961, 152–160.

Loos, H. v. d.: The Miracles of Jesus, Supplem. NovTest 8, Leiden 1965.

Lord, A. B.: Der Sänger erzählt, München 1965 (engl. 1960).

Lorenzer, A.: Kritik des psychoanalytischen Symbolbegriffs, edition suhrkamp 393, Frankfurt 1970.

Lüthi, M.: Aspekte des Volksmärchens und der Volkssage, GRM N.F. 16 (1966) 337–350.

– Das europäische Volksmärchen, Bern 1947, 2. Aufl., 1960.

– Urform und Zielform in Sage und Märchen, Fab 9 (1967) 41–54.

Luz, U.: Das Geheimnismotiv und die markinische Christologie, ZNW 56 (1965) 9–30.

Maisch, I.: Die Heilung des Gelähmten, Diss. Freiburg 1970.

Malinowski, B.: Die Rolle des Mythos im Leben (= The Role of Myth in Life, in: Myth in Primitive Psychology, London 1926, 11–45) deutsch abgedruckt in: K. Kerényi: Die Eröffnung des Zugangs zum Mythos, WF 20, Darmstadt 1967, 177–193.

Marxsen, W.: Einleitung in das Neue Testament, Gütersloh 1963.

– Der Evangelist Markus, FRLANT 67, 2. Aufl., Göttingen 1959.

McCasland, S. V.: By the Finger of God, New York 1951.

– Signs and Wonders, JBL 76 (1957) 149–152.

– Portents in Josephus and in the Gospels, JBL 51 (1932) 323–335.

McDonald, A. H.: Herodotus on the Miraculous, in: Miracles. Cambridge Studies in their Philosophy and History, London 1965, 95–111.

McGinley, L. J.: Form-Criticism of the Synoptic Healing Narratives, ThSt 2 (1941) 451–480, 3 (1942) 47–68, 203–230, 4 (1943) 53–99, 385–419.

MacRae, G.: Miracles in the Antiquities of Josephus, in: Miracles. Cambridge Studies in their Philosophy and History, London 1965, 129–147.

Mead, R. T.: The Healing of the Paralytic – a Unit? JBL 80 (1961) 348–354.

Meletinskiy, E.: Zur strukturell-typologischen Erforschung des Volksmärchens, in: *W. Propp:* Morphologie des Märchens, München 1972 (russ. 1928), 179–214.

Mensching, G.: Soziologie der Religion, 2. Aufl., Bonn 1968.

– Das Wunder im Glauben und Aberglauben der Völker, Leiden, 1957.

Meyer, A.: Die Entstehung des Markusevangeliums, in: Festgabe für A. Jülicher, Tübingen 1927, 35–60.

Meyer, R.: Der Prophet aus Galiläa, Leipzig 1940 = Darmstadt 1970.

– Art. προφήτης ThW VI, 813–828.

Millar, F.: Das Römische Reich und seine Nachbarn. Die Mittelmeerwelt im Altertum IV, Fischer Weltgeschichte 8, Frankfurt 1966.

Minette de Tillesse, G.: Le secret messianique dans l'évangile de Marc, Lectio Divina 47, Paris 1968.

Monden, L.: Le miracle signe de salut. o. O. 1960.

Montefiore, C. G.: Rabbinic Literature and Gospel Teachings, New York 1930, 2. Aufl., 1970.

Moore, G. F.: Judaism in the first centuries of the Christian Era. The Age of the Tannaim, 2 Bde., Cambridge 1927.

Mosley, A. W.: Jesu Audiences in the Gospel of St. Mark and St. Luke, NTS 10 (1963/4) 139–149.

Moule, C. F. D.: The Classification of Miracles, in: Miracles, Cambridge Studies in their Philosophy and History. London 1965, 239–243.
– The Vocabulary of Miracle, in: Miracles. Cambridge Studies in their Philosophy and History, London 1965, 235–238.
Moulton, J. H.: A Grammar of New Testament Greek, Edinburgh 1963.
Mühlmann, W. E.: Chiliasmus und Nativismus, Studien zur Psychologie, Soziologie und historischen Kasuistik der Umsturzbewegungen. Studien zur Soziologie der Revolution Bd. 1, Berlin 1961.
– Umrisse und Probleme einer Kulturanthropologie, in: W. E. Mühlmann: Homo Creator, Wiesbaden 1962, 107–129, abgedruckt in: W. E. Mühlmann und E. W. Müller: Kulturanthropologie, Neue Wissenschaftl. Bibliothek 9, Köln und Berlin 1966, 15–49.
Müller, G.: Erzählzeit und erzählte Zeit, in: Festschrift P. Kluckhohn und H. Schneider, Tübingen 1948, 195–212.
Müller, H. P.: Die Verklärung Jesu. Eine motivgeschichtliche Studie, ZNW 51 (1960) 56–64.
Mussner, F.: Die Wunder Jesu. Eine Hinführung, Schriften zur Katechetik 10, München 1967.
Nathhorst, B.: Genre, Form and Structure in Oral Tradition, Temenos 3 (1968) 128–135.
Neil, W.: Expository Problems: the Natur Miracles, ET 67 (1955/6) 369ff.
Neusner, J.: A History of the Jews in Babylonia, Bd. 3, 4, 5, Leiden 1968, 1969, 1970.
Nikolaus, W.: Tempelzerstörung und synoptische Apokalypse, ZNW 57 (1966) 38–49.
Nilsson, M. P.: Geschichte der griechischen Religion. I: Bis zur griechischen Weltherrschaft, AW 5, 2, 1, München 1941, II: Die hellenistische und römische Zeit, HAW 5, 2, 2, München 1950.
– Die Religion in den griechischen Zauberpapyri, Bulletin de la société royale des lettres de Lund 1947–1948, Lund 1948.
Noetzel, H.: Christus und Dionysos, Arbeiten zur Theologie 1, Stuttgart 1960.
Oepke, A.: Art. ἰάομαι, ThW III, 194–215.
Olrik, A.: Gesetze der Volksdichtung, Zeitschrift f. deutsches Altertum 51 (1909) 1–12.
Ortutay, G.: Begriff und Bedeutung der Affinität in der mündlichen Überlieferung, in: Internat. Kongreß der Volkserzählungsforscher Berlin 1961, 247–252.
– Principles of oral Transmission in Folk Culture, Acta Ethnographica 8, Budapest 1959, 175–221.
Otto, W. F.: Die Gestalt und das Sein, Düsseldorf 1955.
– Theophania, rde 15, Hamburg 1956.
– Die Wirklichkeit der Götter, rde 170, Hamburg 1963.
Otto, R.: Das Heilige, Breslau 1917.
– Reich Gottes und Menschensohn, München 1934.
Overbeck, F.: Über die Christlichkeit unserer heutigen Theologie, Leipzig 1903 = 3. Aufl., Darmstadt 1963.
Pax, E.: ΕΠΙΦΑΝΕΙΑ. Ein religionsgeschichtlicher Beitrag zur biblischen Theologie, MThS I, Hist. Abt. 10, München 1955.
– Art.: Epiphanie, RAC V, 832–909.
Perels, O.: Die Wunderüberlieferung der Synoptiker in ihrem Verhältnis zur Wortüberlieferung, BWANT IV, 12, Stuttgart und Berlin 1934.

Pesch, R.: Jesu ureigene Taten? Quaestiones Disputatae 52, Freiburg 1970.
– Naherwartungen. Tradition und Redaktion in Mk 13, Düsseldorf 1968.
– Der reiche Fischfang (Lk 5,1–11/Jo 21,1–14), Wundergeschichte – Berufungserzählung – Erscheinungsbericht, Düsseldorf 1969.
– Ein Tag vollmächtigen Wirkens Jesu in Kapharnaum (Mk 1,29–34. 35–39) BL 9 (1968) 114–128, 177–195, 261–277.
Pfister, F.: Art. Beschwörung, RAC II, 169–176.
Percy, E.: Die Botschaft Jesu, Lund 1953.
Peterson, E.: Die Einholung des Kyrios, ZSTh 7 (1930) 682–702.
– εἷς Θεός, FRLANT 41, Göttingen 1926.
Petzke, G.: Die Traditionen über Apollonius von Tyana und das Neue Testament, Studia ad Corpus Hellenisticum Novi Testamenti 1, Leiden 1970.
Plöger, O.: Theokratie und Eschatologie, WMANT 2, Neukirchen 1959.
Pop, M.: Aspects actuels des recherches sur la structure des contes, Fab 9 (1967) 70–77.
Popkes, W.: Christus traditus, AThANT 49, Zürich 1967.
Praechter, K.: Die Philosophie des Altertums, in: F. Ueberwegs Grundriß der Geschichte der Philosophie, 14. Aufl., Basel und Stuttgart 1957.
Preisker, H.: Wundermächte und Wundermänner der hellenistisch-römischen Kultur und die Auferweckung des Lazarus im 11. Kap. des Johannesevangeliums. Wissenschaftl. Zeitschrift der Martin-Luther-Universität Halle–Wittenberg, Gesellschafts- und sprachwissenschaftliche Reihe Nr. 6 11 (1952/3) 519–523.
Preisigke, F.: Die Gotteskraft der frühchristlichen Zeit. Papyrusinstitut Heidelberg Schrift 6, Berlin und Leipzig 1922.
Preisendanz, K.: Papyri Graecae Magicae. Die griechischen Zauberpapyri, 2 Bde., Leipzig 1928. 1931.
Preuss, H. R.: Galiläa im Markus Evangelium, Diss. Göttingen 1966.
Propp, W.: Morphologie des Märchens, München 1972 (russ. 1928).
Prümm, K.: Religionsgeschichtliches Handbuch für den Raum der altchristlichen Umwelt, Freiburg 1943.
Ranke, K.: Betrachtungen zum Wesen und zur Funktion des Märchens, StudGen 11 (1958) 647–664.
– Orale und literale Kontinuität, in: Kontinuität? Geschichtlichkeit und Dauer als volkskundliches Problem, hg. von H. Bausinger und W. Brückner, Berlin 1969, 102–116.
– Einfache Formen, in: Internat. Kongreß der Volkserzählungsforscher, Berlin 1961, 1–11.
– Kategorienprobleme der Volksprosa, Fab 9 (1967) 4–12.
Reitzenstein, R.: Hellenistische Mysterienreligionen, 3. Aufl., Stuttgart 1927 = Darmstadt 1966.
– Hellenistische Wundererzählungen, Leipzig 1906 = 2. Aufl., Darmstadt 1963.
Rengstorf, K. H.: Die Anfänge der Auseinandersetzung zwischen Christusglaube und Asklepiosfrömmigkeit, Münster 1953.
Reploh, K. G.: Markus – Lehrer der Gemeinde, SBM 9, Stuttgart 1969.
Richardson, A.: The Miracle Stories of the Gospels, London 1941, 3. Aufl., 1948.
Richter, W.: Exegese als Literaturwissenschaft, Göttingen 1971.
– Formgeschichte und Sprachwissenschaft, ZAW 82 (1970) 216–225.
Ricoeur, P.: Die Interpretation. Ein Versuch über Freud, Frankfurt 1969 (frz. 1965).

– Symbolik des Bösen. Phänomenologie der Schuld II, Freiburg 1971 (frz. 1960).

Riesenfeld, H.: Tradition und Redaktion im Markusevangelium, in: Neutestamentliche Studien für R. Bultmann, BZNW 21 (1954) 157–164.

Robinson, J. M.: Das Geschichtsverständnis des Markus-Evangeliums, AThANT 30, Zürich 1956.

Robinson, W. C.: Der Weg des Herrn, ThF 36, Hamburg-Bergstedt 1964.

Rohde, E.: Psyche. Seelencult und Unsterblichkeitsglaube der Griechen, 5. und 6. Aufl., Tübingen 1910.

Röhrich, L.: Das Kontinuitätsproblem bei der Erforschung der Volksprosa, in: Kontinuität? Geschichtlichkeit und Dauer als volkskundliches Problem, hg. von H. Bausinger und W. Brückner, Berlin 1969, 117–133.

Roloff, J.: Das Kerygma und der irdische Jesus, Göttingen 1970.

– Das Markusevangelium als Geschichtsdarstellung, EvTh 27 (1969) 73–93.

Rostovtzeff, M.: Gesellschaft und Wirtschaft im römischen Kaiserreich, 2 Bde., Leipzig 1931.

Rüschemeyer, D.: Einleitung zu T. Parsons: Beiträge zur soziologischen Theorie, Soziologische Texte 15, Neuwied 1964, 9–29.

Rudberg, G.: ΕΥΘΥΣ, CN IX (1944) 42–46.

– Zur Diogenes-Tradition, SO 14 (1935) 22–43.

Rydbeck, L.: Fachprosa, vermeintliche Volkssprache und Neues Testament, Uppsala 1967.

Scheler, M.: Die Wissensformen und die Gesellschaft, 2. Aufl., Bern und München, 1960.

Schenk, W.: Tradition und Redaktion in der Epileptiker-Perikope Mk 9,14–29, ZNW 63 (1972) 76–94.

Schenke, L.: Auferstehungsverkündigung und leeres Grab, SBS 33, Stuttgart 1968.

Schick, E.: Formgeschichte und Synoptikerexegese, NTA 18,2–3, Münster 1940.

Schille, G.: Anfänge der Kirche. Erwägungen zur apostolischen Frühgeschichte, BEvTh 43, München 1966.

– Bemerkungen zur Formgeschichte des Evangeliums II, NTS 4 (1957/8) 101–114.

– Das Leiden des Herrn, ZThK 52 (1953) 161–203.

– Die Seesturmerzählung Markus 4,35–41, ZNW 56 (1965) 30–40.

– Die Topographie des Markusevangeliums, ZDPV 73 (1957) 133–166.

– Die urchristliche Wundertradition. Ein Beitrag zur Frage nach dem irdischen Jesus. Arbeiten zur Theologie I, 29, Stuttgart 1967.

Schiwy, G.: Der französische Strukturalismus, rde 310/311, Hamburg 1969.

Schlingensiepen, H.: Die Wunder des Neuen Testaments. Wege und Abwege ihrer Deutung in der alten Kirche bis zur Mitte des fünften Jahrhunderts, BFChTh 2,28, Gütersloh 1933.

Schlatter, A.: Das Wunder in der Synagoge, BFChTh 16, 5, Gütersloh 1912.

Schmid, W., O. Stählin: Geschichte der griechischen Literatur, HAW VII, 2, 2, München 1924.

Schmidbauer, W.: Mythos und Psychologie. Methodische Probleme, aufgezeigt an der Ödipus-Sage, München und Basel 1970.

Schmithals, W.: Wunder und Glaube, BSt 59, Neukirchen 1970.

Schnider, F., W. Stenger: Johannes und die Synoptiker, München 1971.

Schweizer, E.: Anmerkungen zur Theologie des Markus, in: Neotestamentica, Zürich und Stuttgart 1963, 93–104.
– Zur Frage des Messiasgeheimnisses bei Markus, ZNW 56 (1965) 1–8.
– Das Evangelium nach Markus, NTD 1, Göttingen 1968.
Schottroff, L.: Der Glaubende und die feindliche Welt. WMANT 37, Neukirchen 1970.
Schrage, W.: Art. τυφλός, ThW VIII, 270–294.
Schreiber, J.: Die Christologie des Markusevangeliums, ZThK 58 (1961) 154–183.
– Die Markuspassion, Hamburg 1969.
Schreuder, O.: Die strukturell-funktionale Theorie und die Religionssoziologie, IJR 2 (1966) 99–134.
Schubert, P.: The Structure and Significance of Luke 24, in: Festschrift R. Bultmann, BZNW 21, Berlin 1954, 165–186.
Schürmann, H.: Der ‚Bericht vom Anfang', TU 87, Berlin 1964, 242–258.
– Das Lukasevangelium. Erster Teil, HThK III, 1, Freiburg 1969.
Schütz, C.: Die Wunder Jesu, in: Mysterium Salutis III, 2, Einsiedeln 1969, 97–123.
Schütz, H. J.: Beiträge zur Formgeschichte synoptischer Wundererzählungen, dargestellt an der vita Apollonii des Philostratus, Diss. Jena 1953.
Schulz, S.: Die Bedeutung des Markus für die Theologiegeschichte des Urchristentums, TU 87, Berlin 1964.
Sherwin-White, A. N.: Roman Society and Roman Law in the New Testament, Oxford 1963.
Sigerist, H. E.: Die historische Betrachtung der Medizin, Archiv f. Gesch. d. Medizin 13 (1926) 1–19.
Smith, M.: Prolegomena to a Discussion of Aretalogies, Divine Man, the Gospels and Jesus, JBL 90 (1971) 174–199.
– Tannaitic Parallels to the Gospel, JBL Monograph Series 6, Philadelphia 1951.
Smitmans, A.: Das Weinwunder von Kana, Tübingen 1966.
Speigl, J.: Die Rolle des Wunders im vorkonstantinischen Christentum, ZKTh 92 (1970) 287–312.
Stählin, G.: Die Gleichnishandlungen Jesu, in: Kosmos und Ekklesia, Festschrift für W. Stählin, Kassel 1953, 9–22.
Steck, O. H.: Israel und das gewaltsame Geschick der Propheten, WMANT 23, Neukirchen 1967.
Steinleitner, F.: Die Beichte im Zusammenhang mit der sakralen Rechtspflege in der Antike, Diss. München 1913 = Leipzig 1913.
Stemplinger, E.: Antike und moderne Volksmedizin, Das Erbe der Alten, 2. Reihe H. 10, Leipzig 1925.
Strack, H. L.: Einleitung in Talmud und Midraš, 5. Aufl., München 1921.
Strecker, G.: Zur Messiasgeheimnistheorie im Markusevangelium, TU 88, Berlin 1964, 87–104.
– Der Weg der Gerechtigkeit, FRLANT 82, 2. Aufl., Göttingen 1966.
Sundwall, J.: Die Zusammensetzung des Markusevangeliums, Acta Academiae Aboensis, Humaniora IX, Abo 1934.
Suhl, A.: Die Wunder Jesu. Ereignis und Überlieferung, Gütersloh 1968.
Sweet, J. P. M.: The Theory of Miracles in the Wisdom of Solomon, in: Miracles Cambridge Studies in their Philosophy and History, ed. C. F. D. Moule, London 1965, 115–126.

Sydow, C. W. v.: On the Spread of Tradition, in: Selected Papers on Folklore, Copenhagen 1948, 11–43.
– Folk-Tale Studies and Philology, in: Selected Papers on Folklore, Copenhagen 1948, 189–219.
Tambornino, J.: De antiquarum daemonismo, RVV 7, Giessen 1909.
Taylor, V.: The Formation of the Gospel Tradition, 6. Aufl., London 1957.
– The Gospel according to St. Mark, 6. Aufl., London 1952.
Thraede, K.: Grundzüge griechisch-römischer Brieftopik, Zetem. 48, München 1970.
– Art. Exorzismus, RAC VII, 44–117.
Tillich, P.: Symbol und Wirklichkeit, Göttingen 1962.
– Systematische Theologie. 3 Bde., Stuttgart 1956ff.
Tödt, H. E.: Der Menschensohn in der synoptischen Überlieferung, Gütersloh 1959.
Traub, G.: Die Wunder im Neuen Testament, RV 5, 2, Tübingen 1907.
Trilling, W.: Das wahre Israel, StANT 10, München 1964.
Trocme, E.: La formation de l'Évangile selon Marc, ÉHPhR 57, Paris 1963.
Vernon, G. M.: The Symbolic Interactionist Approach to the Sociology of Religion, IJR 2 (1966) 135–155.
Vielhauer, Ph.: Erwägungen zur Christologie des Markusevangeliums, in: Aufsätze zum Neuen Testament, ThB 31, München 1965.
– Zum Paulinismus der Apostelgeschichte, in: Aufsätze zum Neuen Testament, ThB 31, München 1965.
Vogt, J.: Struktur der antiken Sklavenkriege, AbhMainz 1957, 1, 1–57.
Vögtle, A.: Jesu Wunder einst und heute, BL 2 (1961) 234–254.
Waagenvoort, H.: Art. Contactus, RAC III, 404–421.
– Roman Dynamism, Oxford 1947.
Walker, W. O.: Postcrucifixion Appearances and Christian Origins, JBL 88 (1969) 157–165.
Wallace, R. F.: Revitalisations-Bewegungen, in: Religionsethnologie, hrsg. v. C. A. Schmitz, Frankfurt 1964, 404–427.
Wallace, R. S.: The Gospel Miracles, Edinburgh–London 1960.
Waugh, B.: Structural Analysis in Literature and Folklore, Western Folklore 25 (1966) 153–164.
Weber, M.: Wirtschaft und Gesellschaft, in: Grundriß der Sozialökonomik, III. Abt., 3. Aufl., Tübingen 1947.
Weeden, T. J.: The Heresy that necessitated Mark's Gospel, ZNW 59 (1968) 145–158.
Weinreich, O.: Antike Heilungswunder. Untersuchungen zum Wunderglauben der Griechen und Römer, RVV 8, 1, Berlin 1909 (= 1969).
– Menekrates Zeus und Salmoneus, Tübinger Beiträge zur Altertumswissenschaft, Tübingen 1933.
– Türöffnung im Wunder-, Prodigien- und Zauberglauben der Antike, des Judentums und Christentums, in: Genethliakon W. Schmid zum 70. Geburtstag, Tübinger Beiträge zur Altertumswissenschaft H. 5, Stuttgart 1929, 200–264.
– Neue Urkunden zur Sarapis-Religion, SGV, 86, Tübingen 1919.
Weisgerber, L.: Die vier Stufen der Erforschung der Sprachen, Düsseldorf 1963.
Weiss, J.: εὐθύς bei Markus, ZNW 11 (1910) 124–133.

Wellek, R., A. Warren: Theorie der Literatur, Ullstein Buch 420/21, Frankfurt und Berlin 1963.
Wengst, K.: Christologische Formeln und Lieder des Urchristentums, StNT 7, Gütersloh 1972.
Wheelwright, Ph.: Notes on Mythopoeia, in: J. B. Vickers (ed.): Myth and Literature, University of Nebraska Press, Lincoln 1966, 574–591.
– The Semantic Approach to Myth, in Seboek, Th. A. (ed.): Myth. A Symposium, Bloomington 1958, 95–103.
Wilckens, U.: Auferstehung, Stuttgart 1970.
Windisch, H.: Paulus und Christus, UNT 24, Leipzig 1934.
Wrede, W.: Zur Heilung des Gelähmten (Mc 2,1ff.), ZNW 5 (1904) 354–358.
– Das Messiasgeheimnis in den Evangelien, 3. Aufl., Göttingen 1963.

Sach- und Stichwortregister

Stellenregister